Lungarno Soderini
Ponte alla Carraia
Lungarno Corsini
Via Porta Rossa
S. Trinità
Piazza della Signoria
Palazzo Vecchio
Buonarroti
Via Ghibellina
Borgo Allegri
Borgo S. Frediano
Lungarno Guicciardini
Ponte S. Trinità
Lungarno Acciaioli
V. Por S. Maria
Via dei Leoni
Borgo dei Greci
Via dei Benci
Piazza S. Croce
S. Croce
Piazza del Carmine
Via d. S.Spirito
Galleria degli Uffizi
Via dei Neri
Borgo S. Croce
S. Maria del Carmine
Borgo S. Jacopo
Ponte Vecchio
S. Spirito
Lungarno Gen. Diaz
Arno
Biblioteca Nazionale
Lungarno d. Grazie
V.S.Agostino
Piazza S. Spirito
Via Guicciardini
Costa di S. Giorgio
Lungarno Torrigiani
Ponte alle Grazie
Via della Chiesa
V.Mazetta
Via Maggio
Piazza dei Pitti
Via de' Bardi
Via de' Renai
Via d. Serragli
Museo Bardini
Via di S. Niccolo
Piazza
Palazzo Pitti
Ex Forte di Belvedere
Via Romana
Giardino di Boboli
Viale dei Cipressi
Viale della Meridiana
Via dei Platani
Via di S. Leonardo
Via dell'Etra Canina
Istituto d'Arte
Viale Niccolo' Machiavelli
N
0
200 m

Florenz

Kunst & Architektur

Florenz

Rolf C. Wirtz

Mit Beiträgen von Clemente Manenti

KÖNEMANN

Frontispiz

Blick auf Florenz vom Piazzale Michelangelo

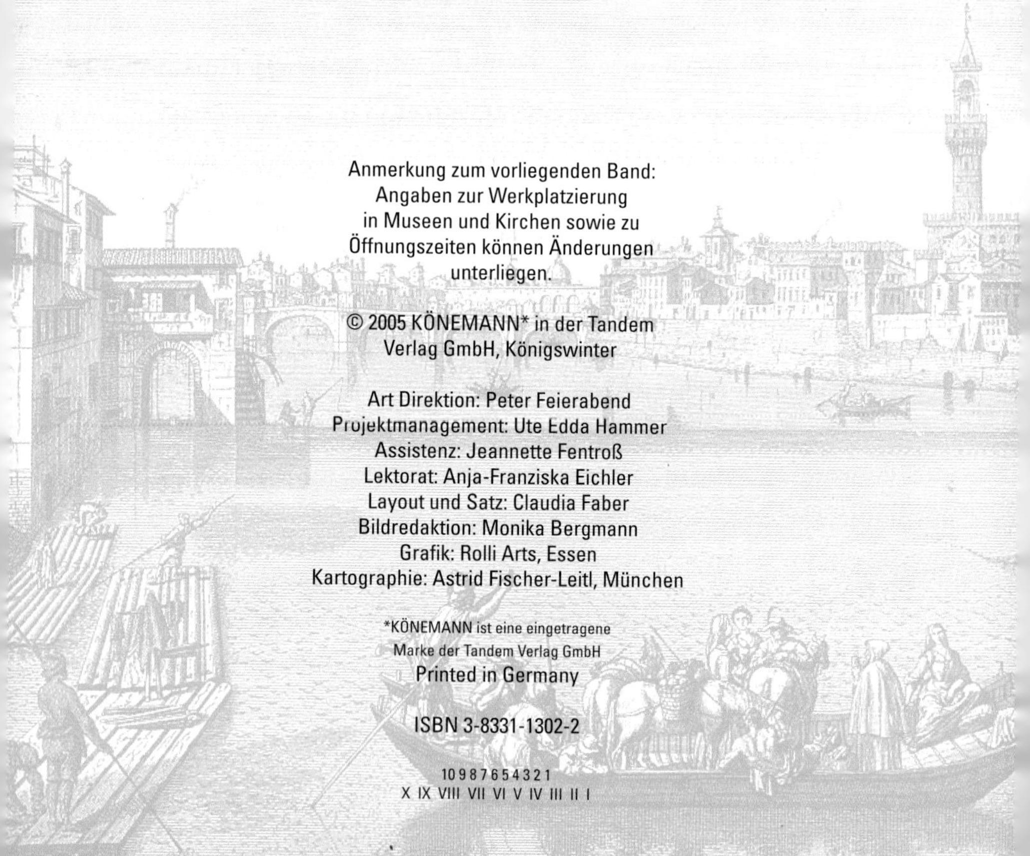

Anmerkung zum vorliegenden Band:
Angaben zur Werkplatzierung
in Museen und Kirchen sowie zu
Öffnungszeiten können Änderungen
unterliegen.

Art Direktion: Peter Feierabend
Projektmanagement: Ute Edda Hammer
Assistenz: Jeannette Fentroß
Lektorat: Anja-Franziska Eichler
Layout und Satz: Claudia Faber
Bildredaktion: Monika Bergmann
Grafik: Rolli Arts, Essen
Kartographie: Astrid Fischer-Leitl, München

*KÖNEMANN ist eine eingetragene
Marke der Tandem Verlag GmbH
Printed in Germany

ISBN 3-8331-1302-2

10 9 8 7 6 5 4 3 2 1
X IX VIII VII VI V IV III II I

Inhaltsverzeichnis

Blick auf das Stadtzentrum

Palazzi am Ufer des Arno

Piazza Santissima Annunziata

Blick auf die Cappella dei Pazzi und die Badia Fiorentina

Sicht auf Oltrarno vom Campanile

Blick von San Niccolò auf das Stadtzentrum

Florenz im Wandel der Jahrhunderte – Bemerkungen zur Geschichte der Stadt

Um die Entstehung von Florenz und die ursprüngliche Bedeutung des Stadtnamens ranken sich zahlreiche Mythen und Legenden. Im Gegensatz zum benachbarten Fiesole, das als etruskische Siedlung im 7. Jh. v. Chr. entstand, fällt die Florentinische Stadtgründung erst in römische Zeit.

Im Jahre 59 v. Chr. hatte Julius Caesar den fruchtbaren Boden im Tal des Arno verdienten Veteranen seines Heeres zur Erschließung überlassen (Lex Julia). Nach dem klassischen Typus eines römischen »Castrum« wurde die erste Siedlung über einem schachbrettartigen Grundriß errichtet und umfaßte zunächst nur ein kleines Areal, das von der heutigen Via dei Cerretani im Norden bis ungefähr zur Piazza della Signoria reichte. Deutlich haben sich im Stadtbild bis heute Spuren der damaligen Parzellierung erhalten. Als wichtigste Hauptstraßen und Handelswege durchquerten der Cardo (in nord-südlicher Richtung) und der Decumanus (ost-westlich) die Stadt. Ihren Kreuzungspunkt hatten beide auf Höhe der heutigen Piazza della Repubblica. Die Entwicklung der römischen Kolonie wurde durch die verkehrsgünstige Lage in der Nähe der berühmten Via Cassia, die Rom mit den nördlichen Regionen verband, gefördert. Schon im 3. Jh. n. Chr. war die Stadt beträchtlich gewachsen und zu einem bedeutenden Handelsplatz geworden. Aus jener Zeit stammen zudem die ersten Hinweise auf eine beginnende Christianisierung durch syrische Kaufleute. Im Jahr 250 soll der Hl. Miniato im Zuge der Christenverfolgung in Florenz das Martyrium erlitten haben, schon bald darauf wurde vor den Toren der Stadtmauern mit dem Bau der ersten Kirchen begonnen.

Lilienwappen der Stadt Florenz

Jahrhunderte des Aufstiegs

Giorgio Vasari: Die legendäre Gründung der Stadt Florenz durch Julius Caesar im Jahre 59 v. Chr.

Nach dem Niedergang des Römischen Reiches brachen für Florenz vorerst allerdings unruhige Zeiten an. Mit den Wirren der Völkerwanderungszeit gingen mehrfach Zerstörungen und Belagerungen durch wechselnde Stämme einher. Auf die Goten und Byzantiner folgten im Jahre 570 n. Chr. die Langobarden, die der Stadt zumindest für zwei Jahrhunderte ein verhältnismäßig friedliches Intermezzo bescherten. Mit der Eroberung durch Karl d. Gr. im Jahre 774 wurde Florenz Teil der fränkischen Markgrafschaft Tuszien (Toskana), die zunächst von Lucca aus regiert wurde. Die Bevölkerungszahl wuchs nun rasch an, der Handel erfuhr eine neuerliche Belebung. 854 wurde Florenz mit Fiesole zu einer Grafschaft zusammengeschlossen.

Als Markgraf Hugo um 1000 schließlich seine Residenz von Lucca nach Florenz verlegte, begann für die Stadt ein Jahrhundert, in dem mit den herausragenden Bauten der Protorenaissance – allen voran das Baptisterium und San Miniato al Monte – erstmals spezifisch florentinische Kunstäußerungen von einer bedeutenden kulturellen Blütezeit zeugen. Zugleich ist Florenz während des 11. Jh.s in zunehmendem Maße Schauplatz kirchlicher Reformbestrebungen und des sich ausweitenden Konfliktes zwischen päpstlicher und kaiserlicher Autorität, der als »Investiturstreit« in die Geschichtsbücher einging. Unter Markgräfin Mathilde (1046–1115), auf deren Burg bei Canossa im Jahre 1077 die Unterwerfung Heinrichs IV. durch Papst Gregor VII. stattfand, wandte sich Florenz schließlich vom deutschen Kaiser-

tum ab und bekannte sich zum Papst. Die Loyalität, mit der die Florentiner zu dieser Entscheidung standen, zahlte sich im Jahre 1082 aus, als die Stadt der Belagerung durch die kaiserlichen Truppen widerstand.
Beständig hatte die Markgräfin Mathilde, die sich als »Gran Contessa« bei den Florentinern einer außerordentlichen Beliebtheit erfreute, die Bestrebungen nach städtischer Autonomie unterstützt und für Florenz noch vor ihrem Tode im Jahr 1115 den Weg zu politischer Unabhängigkeit geebnet. Als Verwaltungsinstanz wurden nun aus den Reihen des städtischen Adels und der wohlhabendsten Kaufleute 12 Konsuln gewählt, denen als Kontrollgremium der sogenannte Rat der Einhundert zugeordnet war, während zu allen wichtigen Entscheidungen Versammlungen der Bürger einberufen wurden. Schon bald beschränkten sich die Florentiner jedoch nicht mehr darauf, die neugewonnene Städtefreiheit zu bewahren, sondern begannen damit ihre politischen und territorialen Machtansprüche in Gestalt militärischer Beutezüge auszuweiten. Im Jahre 1125 wurde zunächst die Nachbarstadt Fiesole eingenommen und beinahe vollständig zerstört. Zahllose Eroberungen und die Unterwerfung der Feudalherren im Umland (contado) sollten im weiteren Verlauf des 12. Jh.s folgen. Im Zuge dieser Expansionsbestrebungen wurde 1173 mit dem Bau einer neuen Stadtmauer begonnen, die erstmals auch das Territorium südlich des Arno umfaßte.

In die letzte Hälfte des 12. Jh.s fallen zugleich aber auch die ersten Anzeichen massiver innerstädtischer Zerwürfnisse. Vor allem der wechselvolle Konflikt zwischen den Parteien der Guelfen (den Anhängern des Papstes) und Ghibellinen (den Anhängern des Kaisertums) sollte die Geschichte der Stadt im 13. Jh. überschatten. Ungeachtet der fortwährenden Streitigkeiten und erbitterten Auseinandersetzungen, die den zu jener Zeit guelfisch gesinnten Florentinern 1260 bei Montaperti im Kampf gegen die Ghibellinen eine empfindliche Niederlage bescherten, strebte die Stadt im Duecento allerdings auch dem Höhepunkt ihrer wirtschaftlichen Blüte entgegen. Auf der Grundlage eines reformierten Zunftwesens waren Händler, Handwerker und Kaufleute zu wachsendem Einfluß gelangt

Fiorini d' oro (Goldflorin), Bargello, Florenz

und beherrschten schon bald die höchsten politischen Institutionen. Neben der Kaufmannszunft (Arte di Calimala) kam derjenigen der Wollhändler (Arte della Lana) besondere Bedeutung zu. Nicht zuletzt beruhte der enorme Reichtum, den die Stadt seit dem 12. Jh. erlangt hatte, auf dem Handel, der Manufaktur und der Veredelung von Stoffen aller Art. Die Tuchproduktion war neben dem Bankwesen zum wichtigsten Wirtschaftszweig geworden.

Im Jahr 1252 prägte die Stadt erstmals eine eigene Goldmünze, den sogenannten Goldflorin (Fiorino d' oro), der schon bald zur begehrtesten und stabilsten Währung in ganz Europa werden sollte.

Eine Metropole im Wandel

Auch das äußere Erscheinungsbild der Stadt wurde während des Duecento fundamentalen Veränderungen unterzogen. Um die Mitte des Jahrhunderts war die Silhouette von rund 170 jener ebenso berühmten wie berüchtigten Geschlechtertürme (Case torri) bestimmt, die sich über den Häusern der Wohlhabenden in die Höhe erstreckten. Sie trugen wehrhaften Charakter und dienten während der zahlreichen erbitterten Kämpfe unter den aristokratischen Familien als regelrechte Festungen innerhalb der Stadt. Nicht selten befehdete man sich von Turm zu Turm. Als 1250 der »primo popolo«, unter Federführung der Zünfte als oberste politische Instanz an die Macht gelangte, wurde dieser ausufernden Unsitte zum Schutze des Volkes Einhalt geboten, indem man anordnete, sämtliche Türme bis auf eine Höhe von maximal 40 Metern abzutragen. Parallel zu diesen Abrißarbeiten setzte um die Mitte des Jahrhunderts ein regelrechter Bauboom ein, in dessen Verlauf nicht nur die großen Ordenskirchen Santa Maria Novella (1246) und Santa Croce (um 1295) begonnen wurden, sondern u. a. auch die kommunalen Großbauten des Palazzo del Podestà (Bargello, begonnen 1255) und des Palazzo Vecchio (um 1300). Im Jahre 1294 wurde zudem mit dem Neubau der Kathedrale Santa Maria del Fiore begonnen, während bereits 1284 die Errichtung einer neuen Stadtmauer beschlossen worden war. Die gewaltigen Dimensionen all dieser Bauvorhaben trugen nicht zuletzt der Tatsache Rechnung, daß die Einwohnerzahl der Stadt um 1300 auf nahezu 100.000 angewachsen war. Florenz gehörte damit um die Wende zum 14. Jh. nicht nur zu den reichsten Städten der christlichen Welt, sondern galt auch als größte Stadt des Abendlandes. Papst Bonifatius VIII. schien es sogar, als sei den vier Elementen, Wasser, Erde, Luft und Feuer, nunmehr ein fünftes zuzuordnen, nämlich Florenz.

Die Zeit der Gegensätze

Im 14. Jh. sollte sich der Aufschwung nicht gänzlich ungetrübt fortsetzen, die Entwicklung der Stadt vielmehr von krassen Gegensätzen geprägt sein. Einerseits ist mit den Werken eines Dante Alighieri, Boccaccio oder Giotto unlösbar die Vorstellung eines goldenen Kunstzeitalters verknüpft, zeugt die unvermindert rege anhaltende Bautätigkeit – u. a. wird mit der Errichtung des Campanile und dem Neubau von Or San Michele begonnen – weiterhin von einem beträchtlichen Wohlstand. Zugleich beschert das Trecento der Stadt aber auch eine Vielzahl existenzieller Erschütterungen. Mit grausamer Regelmäßigkeit geißelten Hungersnöte die Bevölkerung, die sich überdies im Jahre 1333 einer verheerenden Arnoüberschwemmung ausgesetzt sah. Ihre schwerste Prüfung stand den Einwohnern allerdings noch bevor, als Florenz 1348/49 erneut von der Pest heimgesucht wurde. Nahezu zwei Drittel der Bevölkerung fielen der Epidemie zum Opfer. Zu all diesen, scheinbar unvermeidbaren Katastrophen gesellten sich die hausgemachten Krisen. Militärische Niederlagen gegen Pisa (1315) und Lucca (1325) schwächten die florentinische Vormachtstellung in der Region. Im Jahre 1346 trieb der Zusammenbruch der bedeutenden Bankhäuser der Peruzzi und Bardi die Stadt in eine schwere wirtschaftliche Krise. Die unter wechselnden Machtverhältnissen während des ganzen 14. Jh.s anhaltenden innenpolitischen Auseinandersetzungen und sozialen Unruhen erreichten ihren Höhepunkt schließlich 1378 mit dem Aufstand der Wollarbeiter (»Tumulto dei Ciompi«). Schon 1382 hatte sich in Florenz wieder eine oligarchische Regierung gebildet, innerhalb derer die Familie Albizzi zur federführenden Macht aufgestiegen war. Im Kampf um die Vormachtstellung im poltischen Gefüge der Stadt sollten diese in den Medici bald ihre erbittertsten Widersacher finden. Giovanni de' Averardo de' Medici (genannt: di Bicci) gelang es im frühen 15. Jh., die gesellschaftliche und geschäftliche Position seiner Familie gleichermaßen zu konsolidieren. Seit 1413 waren die Medici sogar in die ebenso einträgliche wie repräsentative Rolle der offiziellen päpstlichen Bankiers gerückt. Damit war der Grundstein für den beispiellosen Aufstieg der Dynastie gelegt, die schon bald die Geschicke der Stadt Florenz leiten und ihre Geschichte, abgesehen von kurzen Unterbrechungen, für nahezu drei Jahrhunderte prägen sollte.

Die Familie der Medici

Mit der Renaissance beginnt für Florenz im Quattrocento die Epoche seiner höchsten kulturellen Blüte. Es ist das Jahrhundert des Humanismus, dessen wissenschaftliche und geistig-philosophische Errungenschaften bis heute das abendländische Weltbild prägen. Beginnend mit Masaccio, Brunelleschi und Donatello, ließe sich die Aufzählung der überragenden Künstlerpersönlichkeiten, die im Florenz des 15. Jh.s heranreiften, über Botticelli, bis hin zu Leonardo da Vinci und Michelangelo, beinahe endlos fortführen. Bis heute zählen ihre Werke zu den berühmtesten Schöpfungen der Kunstgeschichte. Schwerlich wird sich andernorts eine derartige Vielzahl künstlerischer Talente benennen lassen, wie sie Florenz im Quattrocento über Generationen hinweg hervorbrachte. Die Entfaltung dieses einzigartigen kulturellen Klimas ist zu

Donatello: Marzocco, 1419/20, Museo Nazionale, Florenz

Anonymer Florentiner Meister: Bildnis Lorenzo de' Medici, Museo Mediceo, Florenz

einem gewichtigen Teil dem ebenso kunstsinnigen wie großzügigen Mäzenatentum der Medici zu verdanken.

Mit Cosimo il Vecchio (dem Alten) war 1434 eine der überragenden und faszinierendsten Gestalten der Zeit in den inoffiziellen Rang des Stadtoberhauptes gelangt. Bis zu seinem Tode 1464 sollte er die politische, soziale und kulturelle Entwicklung seiner Heimatstadt bestimmen. Voller Hochachtung verliehen die Florentiner ihm den Titel des »pater patriae« (Vater des Vaterlandes). Florenz hatte er zu einem Zentrum humanistischer Gelehrsamkeit gemacht und durch immense Stiftungen die Verwirklichung zahlloser Bau- und Kunstdenkmäler gefördert. Diese Tradition führten auch die nachfolgenden Oberhäupter der Medici fort.

Mit Cosimos Enkel Lorenzo (1449–1492), den man wegen seiner außerordentlichen Prunkliebe »il Magnifico« (den Prächtigen) nannte, erlebte die glorreichste Zeit des Hauses Medici gegen Ende des Jahrhunderts ihren Höhepunkt. Lorenzos Sohn Piero blieb das Glück hingegen nur für wenige Jahre treu. Aufgrund seines politischen Versagens beim Einmarsch des französischen Heeres Karls VIII. wurde er 1494 mitsamt seiner Familie aus der Stadt verjagt.

In den dramatischen letzten Jahren des 15. Jh.s entwickelte sich der charismatische Bußprediger Girolamo Savonarola zum einflußreichsten Mann der Stadt, deren Geschicke er von einer theokratischen Regierungsform bestimmt wissen wollte. Sein unbeirrbarer Fanatismus führte ihn jedoch schon bald in zunehmende Konflikte mit dem Papst in Rom. Am Ende seines radikalen Wirkens wurde der Dominikanermönch 1498 wegen Ketzerei zum Tode verurteilt und auf der Piazza della Signoria hingerichtet.

Von den Medici zum Risorgimento

Nach dem Tode Savonarolas blieb Florenz zunächst um eine freiheitlich-republikanische Regierungsform bemüht. 1502 wurde

Piero Soderini auf Lebenszeit zum Oberhaupt (gonfaloniere) der Volksregierung gewählt. Giovanni de' Medici, dem späteren Papst Leo X., gelang es allerdings schon 1512 den Sturz Soderinis zu bewirken und seiner Familie damit die Rückkehr nach Florenz zu ermöglichen. Nach der Plünderung Roms durch die Truppen Karls V. (Sacco di Roma) wurden die Medici zwar erneut aus der Stadt vertrieben, konnten 1531 nach dem Friedensschluß zwischen dem Kaiser und Clemens VII. – dem zweiten bedeutenden Papst, der sich aus den Reihen der Medici rekrutierte – jedoch abermals zurückkehren und mit Unterstützung des Heiligen Stuhls erneut die Macht an sich reißen. Für Florenz endete damit die Zeit der republikanischen Staatsverfassung. Bis zu seiner Ermordung im Jahre 1537 übte zunächst der skrupellose und verhaßte Alessandro d' Medici eine brutale Schreckensherrschaft aus und ebnete der absolutistischen Herrschaftsform der Folgezeit den Weg. Sein Nachfolger Cosimo rückte im Alter von nur 18 Jahren in die Rolle des Stadtoberhauptes. Mit seiner 37jährigen Regentschaft, die durchaus erfolgreich auf Machtkonsolidierung ausgerichtet war, begann die lange Reihe der Medici-Großherzöge. Über zwei Jahrhunderte beherrschten sie Florenz, konnten im 17. Jh., der Zeit des Dreißigjährigen Krieges und schwerster Krisen, den zunehmenden politischen, wirtschaftlichen und kulturellen Niedergang der Stadt allerdings nicht aufhalten. Mit dem Tode des letzten Medici-Fürsten Gian Gastone fiel das Großherzogtum im Jahre 1737 an das Haus Habs-

Vedute der Stadt Florenz (sogenannter Kettenplan), um 1472, Museo di Firenze com' era, Florenz

burg-Lothringen, unter dessen Herrschaft umfangreiche Reformen durchgeführt wurden, die eine Modernisierung der Wirtschaft und des Handels, des Sozialwesens und der Justiz förderten. Durch die französische Besatzung im Jahre 1799 sahen sich die österreichischen Herzöge gezwungen, Florenz zu verlassen. Für einige Jahre fiel die Toskana als Teil des Königreichs Etrurien an Elisa Bacciocchi, die Schwester Napoleons. Das französische Intermezzo währte allerdings nur bis 1815 und endete nach dem Wiener Kongreß mit der vielumjubelten Rückkehr Ferdinands III. Schon bald sahen sich die Habsburg-Lothringer durch die Ereignisse der Revolution von 1848 und die italienischen Unabhängigkeitskriege wachsendem Druck ausgesetzt. Nach dem Sieg der Piemonteser über Österreich sah sich Leopold II. 1859 schließlich gezwungen abzudanken. Die Bestrebungen zur nationalen Einheit (Risorgimento) fanden 1861 ihren Abschluß.

Auf dem Weg in die Moderne

Während der ersten Hälfte des 20. Jh.s war auch Florenz von den beiden Weltkriegen und dem Terror des Faschismus betroffen. Benito Mussolini fand in der Arno-Metropole be- geisterte Anhänger, aber auch erbitterte Feinde, die die Stadt zu einem Zentrum der italienischen Widerstandsbewegung machten. Von kriegerischen Zerstörungen war Florenz glücklicherweise vor 1943 nur in geringem Maße betroffen. Zu den schwersten Beschädigungen kam es

Giorgio Vasari: Stadtansicht von Florenz während der Belagerung durch das kaiserliche Heer im Jahre 1529, Palazzo Vecchio (Sala di Clemente VII), Florenz

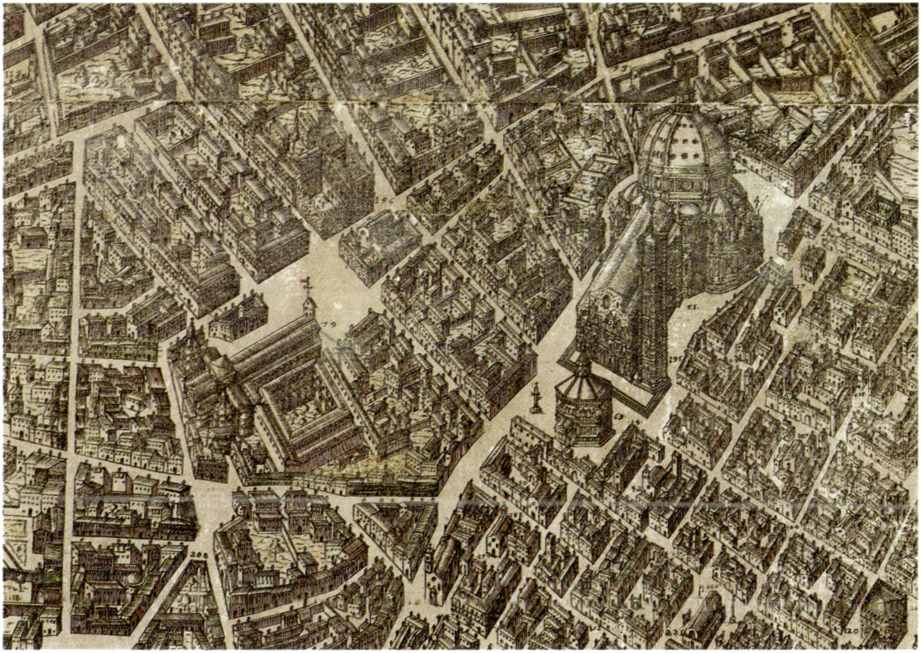

Stefano Buonsignori: Stadtplan von Florenz, 1584, Gabinetto dei Disegni e delle Stampe, Galleria degli Uffizi, Florenz

erst, als die deutschen Besatzungstruppen 1944 alle Arno-Brücken – mit Ausnahme des Ponte Vecchio – sprengten.

Nach den schwierigen Jahren der Nachkriegszeit entwickelte sich Florenz zunehmend zu einer modernen Dienstleistungsmetropole, die als Hauptstadt der Toskana nicht nur zahlreiche Verwaltungsbehörden beherbergt, sondern sich auch als Universitäts- und Kongreßstadt, als Mode- und Geschäftszentrum einen Namen gemacht hat.

Dem unvergleichlichen Reichtum an herausragenden Kunstwerken verdankt Florenz seine weltweite Bewunderung. Längst ist die Stadt zu einem Zentrum des Tourismus geworden und lockt alljährlich gewaltige Besucherströme an den Arno. Das immense kulturelle Erbe bedeutet allerdings nicht nur einen Segen, sondern ist zugleich auch mit der Verpflichtung zu Erhalt und Pflege der Bau- und Kunstdenkmäler verbunden.

Die Schlacht von Anghiari

Clemente Manenti

Die Schlacht von Anghiari (29. Juni 1440) ist ein Beispiel für die Ironie der Geschichte, steht ihre Bedeutung für das Schicksal von Florenz doch

Bonifacio Bembo: Bildnis des Francesco Sforza, Pinacoteca di Brera, Mailand

in keinem Verhältnis zum eigentlichen Geschehen. Aufgrund dieser Schlacht fielen der Stadt die östlichen Gebiete der Toskana zu: das Casentin und das obere Valtiberina, eine bergige Landschaft mit zwei ausgedehnten Tälern, durch die die Oberläufe von Arno und Tiber fließen. Diese Ausdehnung nach Osten machte Florenz zu einer regelrechten mittelitalienischen Territorialmacht. Die Tatsache, daß sich die Quellen der beiden »schicksalhaften« Flüsse in der Hand der Florentiner befanden, hatte einen hohen symbolischen Wert für die Stadt, die sich das neue Athen nannte, aber danach strebte, das neue Rom zu werden. Die hinzugewonnen Gebiete umfaßten blühende Städte wie Borgo Sansepolcro, die Heimatstadt von Piero della Francesca und Luca Pacioli. Wichtige Straßen durchquerten sie und garantierten die Kontrolle der Verbindungen zwischen dem Norden und der Mitte Italiens. Bereits 30 Jahre zuvor hatte Florenz seinen jahrhundertealten Feind Pisa unterworfen, dadurch Zugang zum Meer erlangt und mit dem Aufbau einer eigenen Flotte begonnen. Mit den neuen Gebieten im Apennin rückte ein weiterer Zugang zum Meer, näher. Damals wurde Florenz, ursprünglich eine Stadt von ins Tal hinabgestiegenen Bergbewohnern, zu einer Seemacht.

Bei dem Ereignis, das dem Traum von der Größe Florenz' Flügel verlieh, handelte es sich um einen puren Zufall. Denn eigentlich führten Mailand und Venedig gegeneinander Krieg, und das

Die Stadtstaaten Italiens im 15. Jahrhundert

schon seit Jahren. Es ging um die Herrschaft über die Poebene und reiche Städte wie Brescia, Cremona und Padova, die alle weit von Anghiari entfernt lagen. Doch Venedig, die Serenissima, hatte mit dem Papst und mit Florenz, die beide daran interessiert waren, der Expansionspolitik der Visconti Einhalt zu gebieten, einen Bund gegen Mailand geschlossen. Die verfeindeten Mächte bekämpften sich mit Söldnerheeren, die von Kondottieri angeführt wurden. Nicolò Piccinino kämpfte für Filippo Maria Visconti von Mailand, Francesco Sforza für den Bund. Keiner war daran interessiert, den Kampf auf offenem Felde auszutragen. Vielmehr lag beiden daran, die eigene Position auch gegenüber ihren jeweiligen Auftraggebern zu stärken. 1439 hatte sich Francesco Sforza endlich dazu entschlossen, den Po zu überschreiten und in Richtung Brescia zu marschieren, das seit drei Jahren von den Mailänder Truppen belagert wurde. Anstatt sich ihm entgegenzustellen, hatte Piccinino den Krieg in die Toskana getragen und seine Mannen im oberen Tibertal, in Borgo Sansepolcro und Città di Castello, zusammengeführt.

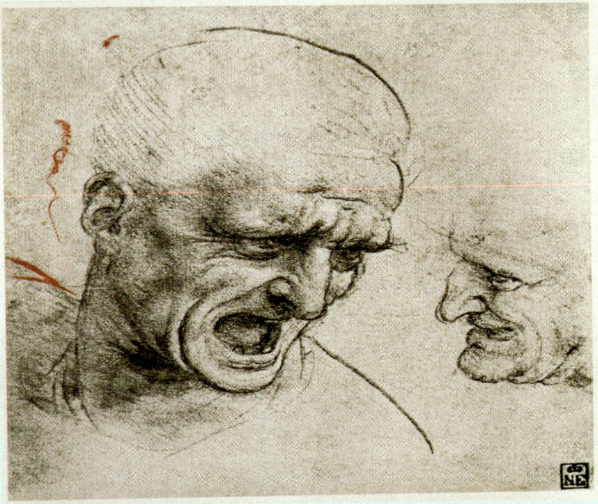

Leonardo da Vinci: Kopfstudien zur Schlacht von Anghiari, um 1503–1505, Metallstift, 19,1 x 18,8 cm (Faksimile), Gabinetto dei Disegni e delle Stampe, Galleria degli Uffizi, Florenz

Die Unternehmungen Piccininos hatten die Florentiner verwirrt und in Alarmbereitschaft versetzt. Hatten sie doch geglaubt, sich auf dem Parkett der Diplomatie und Finanzpolitik zu bewegen und mußten nun feststellen, daß sie im eigenen Land in kriegerische Auseinandersetzungen verwickelt wurden. »Wir waren überzeugt und sind es noch, dass wir in diesem Kampfe (...) Zuschauer bleiben konnten« (Neri Capponi). Angesichts der unerwarteten Gefahr hatte Florenz seine wenig eindrucksvollen Verteidigungskräfte in Anghiari, fünf Kilometer südlich von Sansepolcro, mit den päpstlichen Truppen vereinigt. So sah die Lage aus, als Piccinino eine Depesche von Filippo Maria Visconti erhielt, der ihm befahl, die Toskana zu verlassen und in die Lombardei zurückzukehren. Dort hatte Francesco Sforza nämlich Brescia von der Belagerung befreit und bedrohte nun das gesamte Mailänder Herrschaftsgebiet. Schweren Herzens mußte Piccinino dem Befehl Folge leisten. Die Florentiner, die sich in Anghiari verschanzt hatten, wurden über die Niederlage Mailands in Brescia und von dem Rückzugsbefehl an Piccinino informiert. Damit war der Krieg für sie beendet, und am Abend des 28. Juni 1440 erhielten die Soldaten des florentinischen und des päpstlichen Heeres Ausgang. Am Morgen des folgenden Tages sah der florentinische Kondottiere Micheletto Attendolo während seiner Frühgymnastik auf dem Wehrgang der Stadtmauern plötzlich »große Staubwolken«, die aus der Ebene aufstiegen. »Sobald er merkte, es sei der Feind, rief er zu den Waffen. Groß war der Tumult im Lager der Florentiner, denn, wie diese Heere überhaupt unordentlich lagerten, war hier noch doppelte Nachlässigkeit, weil sie den Feind ferne und eher auf Flucht als auf Angriff sinnend wähnten. So waren denn alle ungerüstet, der eine hier, der andere dort ...« (Niccolò Machiavelli).

Piccinino hatte sein Glück herausgefordert und dabei auf den Überraschungseffekt gesetzt; er wollte den Florentinern vor seinem Aufbruch nach Norden eine Lektion erteilen. Diesen war es aber gelungen, sich zur Verteidigung des Hügels von Anghiari zu formieren. Der Kampf um eine kleine Brücke, die die Truppen Piccininos hätten passieren müssen, währte einige Stunden, »während deren bald die Florentiner, bald die Feinde Herren der Brücke waren. Und obgleich bei diesem Kampfe die beiden Truppenmassen einander das Gleichgewicht hielten, so ward doch diesseits und jenseits der Brücke zum grossen Nachteil Niccolòs gestritten (...). Als aber die Florentiner der Brücke so sich versichert, dass ihre Mannschaft auf der jenseitigen Strasse vorrücken konnte, so blieb dem Piccinino bei dem heftigen Angriff und der ungünstlichen Örtlichkeit keine Zeit mehr, frische Scharen vorrücken zu lassen, so dass sich die vorderen mit den hinteren Linien vermengten, der eine den andern drängte, das ganze Heer umkehrte und alle, ohne weitere Rücksicht, nach dem Borgo flohen«. Niccolò Machiavelli beendet die Beschreibung der Schlacht mit den Worten: »Bei einer so entschiedenen Niederlage, in einem Kampfe, der von der 20. bis zur 24. Stunde währte, starb ein einziger Mann, und dieser nicht an einer Wunde, sondern durch einen Sturz, wobei er unter die Pferdehufe kam«.

Die Florentiner wußten die Gunst der Stunde zu nutzen und besetzten sogleich die von Piccinino verlassenen Städte, die vorher dem Papst gehört hatten. Die wichtigste, Borgo Sansepolcro, stand ihnen ohnehin zu, weil sie als Sicherheit für 25 000 Gulden gedient hatte, die die Florentiner dem Papst 1439 geliehen hatten. Danach belagerten sie die Ortschaften des Casentins und die Burg von Poppi und beendeten damit die Lehnsherrschaft der Grafen Guidi, die so unvorsichtig gewesen waren, Piccinino in die Toskana zu holen. Der Sieg von Anghiari führte zu einer Konsolidierung der internen Machtverhältnisse in Florenz: Nach dieser Schlacht löste sich das Lager der Medici-Gegner um Rinaldo degli Albizzi auf, und er brach zu einer Pilgerreise ins Heilige Land auf. Die Helden von Anghiari wurden in Florenz bei ihrer Rückkehr begeistert gefeiert.

Peter Paul Rubens: Studien für eine Reiterschlacht (nach Leonardo da Vinci' s Anghiari-Schlacht), Département des Arts Graphiques, Musée du Louvre, Paris

Im Herzen der Stadt

Battistero San Giovanni

Schon Dante Alighieri (1265–1321), der berühmte Dichter der »Divina Commedia« (Göttliche Komödie), bewunderte die Schönheit der Taufkirche seiner Heimatstadt Florenz. Wie seine Zeitgenossen hielt er das Gebäude allerdings für ein Beispiel antiker römischer Architektur, nämlich einen ursprünglich dem Gott Mars geweihten Tempel aus der Zeit des Kaisers Augustus. Obwohl die Geschichte der Vorgängerbauten tatsächlich weit zurückreicht, wurde mit der Errichtung des Baptisteriums in seiner heutigen Gestalt vermutlich jedoch erst in romanischer Zeit, um das Jahr 1059, begonnen. Nach einer vergleichsweise kurzen Bauzeit von nur rund 70 Jahren waren die Arbeiten schon 1128 abgeschlossen. Die bekrönende Laterne wurde um 1150 aufgesetzt, die rechteckige Chorkapelle – ihrer Form wegen »scarsella« (Pilger- oder Geldbeutel) genannt – im Jahre 1202 angefügt.

Der Irrtum Dantes ist durchaus verständlich, denn die Gestaltung des Bauwerks weist tatsächlich so zahlreich Rückgriffe auf antike Vorbilder auf, daß auch die bedeutenden Baumeister und Architekturtheoretiker der Renaissance das Baptisterium im frühen 15. Jh. noch für ein beispielhaftes Werk des klassischen Altertums hielten. Filippo Brunelleschi (1377–1446), der geniale Erbauer der Domkuppel, leitete wesentliche Impulse für seine eigenen Entwürfe aus hier vorgegebenen Formen

Im Herzen der Stadt

Battistero San Giovanni, Piazza San Giovanni, S. 30

Loggia del Bigallo, Piazza San Giovanni 1, S. 84

Or San Michele, Via dell' Arte della Lana 1, S. 92

Corridoio Vasariano, S. 122

Galleria degli Uffizi, Loggiata degli Uffizi, S. 150

Duomo Santa Maria del Fiore, S. 52

Museo dell' Opera del Duomo, Piazza del Duomo 9, S. 70

Campanile, Piazza del Duomo, S. 68

Piazza della Signoria, S. 98

Palazzo Vecchio, Piazza della Signoria, S. 94

Loggia dei Lanzi, Piazza della Signoria, S. 99

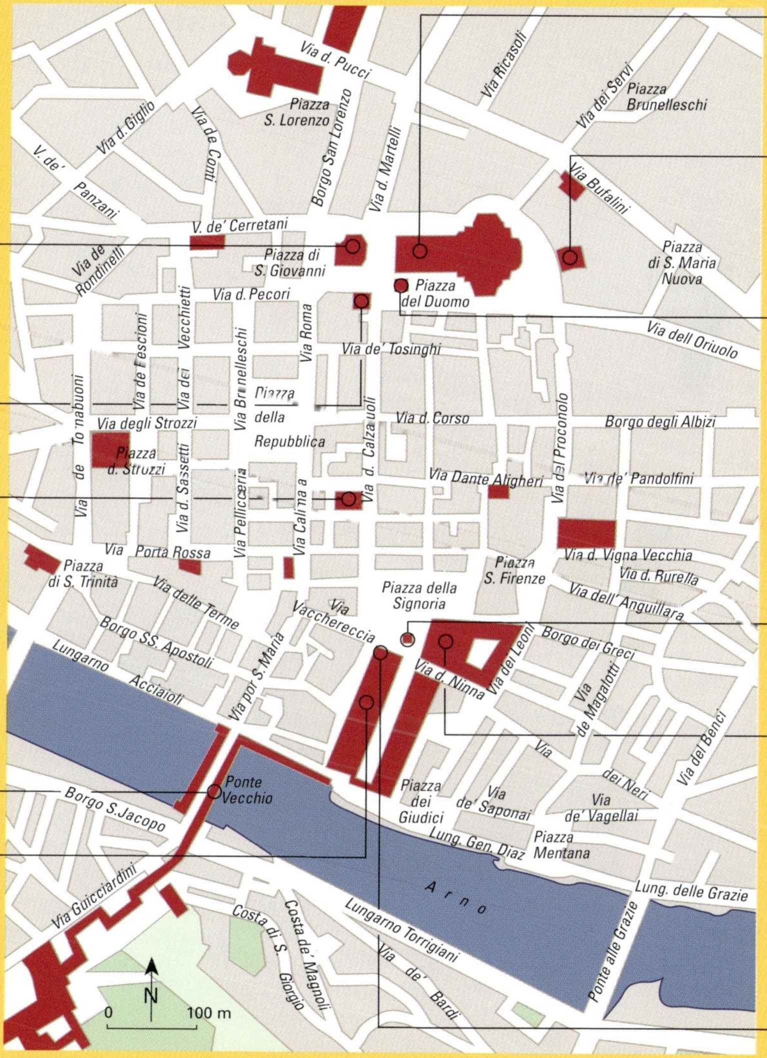
Via d. Pucci
Piazza
S. Lorenzo
Borgo San Lorenzo
Via Ricasoli
Via dei Servi
Piazza
Brunelleschi
Via d. Giglio
Via de Conti
V. de' Panzani
Via d. Martelli
Via Bufalini
V. de' Cerretani
Piazza di
S. Giovanni
Via de
Rondinelli
Piazza
di S. Maria
Nuova
Piazza
del Duomo
Via d. Pecori
Via dell Oriuolo
Via Vecchietti
Via de Pescioni
Via Roma
Via de' Tosinghi
Via de Tornabuoni
Via dei Vecchietti
Via Brunelleschi
Piazza
della
Repubblica
Via d. Calzaiuoli
Via d. Corso
Via del Proconsolo
Borgo degli Albizi
Via degli Strozzi
Piazza
d. Strozzi
Via d. Sassetti
Via Pellicceria
Via Calimala
Via Dante Alighieri
Via de' Pandolfini
Via Porta Rossa
Piazza
di S. Trinità
Piazza
S. Firenze
Via d. Vigna Vecchia
Via d. Burella
Via delle Terme
Piazza della
Signoria
Via dell' Anguillara
Via
Vaccherecia
Borgo SS. Apostoli
Lungarno
Acciaioli
Via por S. Maria
Borgo dei Greci
Via dei Leoni
Via d. Ninna
Via de Magalotti
Via
dei Neri
Via del Benci
Ponte
Vecchio
Borgo S. Jacopo
Piazza
dei
Giudici
Via
de' Saponai
Via
de' Vagellai
Piazza
Mentana
Lung. Gen. Diaz
Lung. delle Grazie
Arno
Via Guicciardini
Costa di S. Giorgio
Costa de' Magnoli
Lungarno Torrigiani
Via de' Bardi
Ponte alle Grazie
N
0
100 m

Ansicht vom Campanile

Das Battistero San Giovanni wurde in großzügigen Dimensionen über oktogonalem Grundriß errichtet. Das ursprüngliche Erscheinungsbild des Gebäudes wurde durch spätere Eingriffe allerdings in empfindlichem Maße beeinträchtigt. Hierzu zählen das heutige Pyramidendach, die Anhebung des umgebenden Straßenniveaus und die aufdringliche, zebrastreifenartige Verzierung der Eckpilaster durch Arnolfo di Cambio.

Von der herausragenden Bedeutung, die dem Baptisterium über Jahrhunderte hinweg im religiösen Leben der Stadt zukam, zeugt nicht zuletzt die Tatsache, daß hier noch bis ins späte 19. Jh. alle Florentiner getauft wurden. Darüber hinaus wurde San Giovanni lange Zeit sogar der Rang einer Bischofskirche zugemessen. Johannes der Täufer, dem das Baptisterium 1059 geweiht worden war, wurde schon bald auch als Schutzheiliger der Stadt Florenz verehrt.

und Details ab. Das Baptisterium, ein achteckiger Kuppelbau, gilt neben San Miniato al Monte (vgl. S. 422) als eines der herausragenden Werke der florentinischen Protorenaissance.

Ostfassade mit Paradiespforte

Die Außenansichten des Baptisteriums verraten kaum, daß sich hinter der harmonisch durchgliederten Wandgestaltung ein komplizierter zweischaliger Aufbau verbirgt. Neben zahlreichen Details – wie etwa den Kapitellformen, kannelierten Pilastern und Fensterumfassungen – bezeugt auch der Gesamtaufbau eine Orientierung an Vorläufern der römischen und byzantinischen Baukunst. Die Erbauer von San Giovanni scheinen in der Tat von einem renaissancehaften Interesse für die Architektur des Altertums beseelt gewesen zu sein. Das gesamte Erscheinungsbild wird durch die ornamentale Marmorinkrustation bestimmt. Grüne und weiße Marmorplatten von jeweils nur fünf Zentimetern Dicke sind dem Bau vorgeblendet. In wohlkalkulierten geometrischen Formen rhythmisieren sie die Wandflächen nach rein optischen Gesetzen und Proportionsregeln. Auf dieses System der geradezu malerischen Wand- und Fassadenverzierung treffen wir an zahlreichen Sakralbauten der Stadt.

Bedeutendste Bestandteile der skulpturalen Ausstattung des Gebäudes sind die drei Bronzeportale von Andrea Pisano und Lorenzo Ghiberti. Die Marmorgruppe der Taufe Christi oberhalb der Paradiespforte stammt im wesentlichen von Andrea Sansovino (1502–1505) und wurde von Innocenzo Spinazzi 1792 um die Figur des Engels ergänzt. Über dem Nordportal findet sich die Bronzegruppe der Predigt des Täufers von Francesco Rustici (1506–1511), am Südportal die Gruppe der Enthauptung des Täufers von Vincenzo Danti (um 1570).

Andrea Pisano: Südportal, 1330–1336

Bronze (teilweise vergoldet), Vierpässe je 53 x 40 cm

Im Auftrag der Florentiner Kaufmannszunft (Arte di Calimala), der die Verantwortung für die künstlerische Ausstattung des Gebäudes oblag, schuf Andrea Pisano die heutige Südtür des Baptisteriums. Die Wachsmodelle waren 1330 vollendet und wurden von venezianischen Spezialisten in Bronze gegossen. 1336 konnte das Portal montiert werden. Auf den zwanzig oberen Reliefteldern sind Episoden aus dem Leben des Täufers Johannes erzählt, die acht unteren tragen Darstellungen christlicher und weltlicher Tugenden. Alle Szenen sind durch einfache gotische Vierpaßrahmen umfangen und lassen erkennen, daß Pisano wesentliche Impulse der Malerei seines Lehrmeisters Giotto verdankte, der kurz zuvor in Santa Croce die Fresken der Peruzzi-Kapelle vollendet hatte. Bei aller gotischen Schönlinigkeit in der Figuren- und

Verkündigung der Geburt des Johannes	Zacharias verläßt den Tempel	Johannes beschuldigt Herodes	Einkerkerung
Heimsuchung	Geburt des Johannes	Jüngerbesuch am Kerker	Jesus predigt und heilt
Zacharias schreibt den Namen »Johannes«	Johannes im Jordanland	Tanz der Salome	Enthauptung des Johannes
Predigt des Johannes	Johannes verweist auf Jesus	Der Kopf wird Salome gebracht	Salome übergibt den Kopf an Herodias
Johannes bei der Taufe des Volkes	Taufe Jesu	Jünger tragen den Leichnam	Begräbnis des Täufers
Spes	Fides	Caritas	Humilitas
Fortitudo	Temperantia	Justitia	Prudentia

Gewandgestaltung wirkt Andrea Pisanos Erzählweise durchweg auf das Wesentliche konzentriert, ohne jemals in Pathos abzugleiten. Charakteristisch ist eine klare Abgrenzung des Bildraumes durch den schlichten Reliefgrund, vor dem die Figuren häufig in Gruppen zusammengefaßt sind. In gänzlich verschiedenartiger Manier ist der reichhaltig verzierte Rahmen des Portals gestaltet. Ihn schuf Vittorio, ein Sohn Lorenzo Ghibertis, um die Mitte des 15. Jh.s.

Andrea Pisano: Johannes bei der Taufe des Volkes
(Detail des Südportals)

Wie in der Szene, die Johannes bei der Taufe des Volkes darstellt, sind in den einzelnen Bildfeldern des Südportals alle Handlungsabläufe zumeist auf ein zentrales inhaltliches Moment ausgerichtet. Das Hauptaugenmerk liegt auf der Vergegenwärtigung des Inhaltes. Um dies zu erreichen, wird auf überflüssiges Beiwerk und weitere anekdotische Details weitestgehend verzichtet. Landschaftliche oder auch architektonische Versatzstücke erscheinen als bloße dekorative Staffage. Sie wirken beinahe wie Requisiten.

Andrea Pisano: Tanz der Salome vor Herodes
(Detail des Südportals)

Auf Geheiß ihrer Mutter Herodias hatte Salome Herodes durch einen betörenden Tanz zur Hinrichtung Johannes d. T. bewogen. Pisano symbolisierte das bedeutsame Geschehen ohne jede Dramatisierung. Während links ein Musikant aufspielt, hat die hinter der Tafel plazierte Tischgesellschaft den Blick starr auf Salome gerichtet, deren tänzerische Darbietung nur in verhaltenen Gesten angedeutet ist.

Kreuztragung	Kreuzigung	Auferstehung	Pfingsten
Gethsemane	Gefangen-nahme	Geißelung	Christus vor Pilatus
Verklärung	Auferweckung des Lazarus	Einzug in Jerusalem	Letztes Abendmahl
Taufe	Versuchung	Vertreibung aus dem Tempel	Jesus wandelt auf dem Wasser
Verkündigung	Geburt	Anbetung der Könige	Christus unter den Schrift-gelehrten
Johannes	Matthäus	Lukas	Markus
Hl. Ambrosius	Hl. Hieronimus	Hl. Gregor	Hl. Augustin

Lorenzo Ghiberti: Nordportal, 1403–1424
Bronze (teilweise vergoldet), H. 450 cm (mit Rahmen), Vierpässe je 39 x 39 cm

Der Realisierung des zweiten Baptisteriumsportals ging im Winter der Jahre 1401/ 1402 ein legendärer künstlerischer Wettbewerb voraus, den der damals gerade 23-jährige Lorenzo Ghiberti für sich entscheiden konnte. Wie seine namhaften Konkurrenten hatte Ghiberti binnen eines Jahres ein Probestück anzufertigen, das formal dem Vorbild der ersten Baptisteriumstür von Andrea Pisano entsprechen und die Opferung Isaaks darstellen sollte. Von den eingereichten Entwürfen sind heute leider nur noch diejenigen Ghibertis und Filippo Brunelleschis erhalten und im Bargello (vgl. S. 414) ausgestellt. Daß Ghiberti den Auftrag zugesprochen bekam, wird man nicht zuletzt auf die Tatsache zurückführen können, daß seine kostengünstige Arbeitsweise, die es im Gegensatz zu derjenigen Brunelleschis erlaubte, Reliefgrund und Figuren in einem einzigen Guß auszuführen, für die gesamte Tür eine enorme Ersparnis bedeutete. Zugleich war an Ghibertis Probestück schon jene lyrische Eleganz zu erkennen, die auch die in seiner Werkstatt nachfolgend gefertigten Reliefs des Nordportals auszeichnet. Als die Türen 1424 nach mehr als 20 Jahren schließlich montiert werden konnten, hatte sich Ghiberti als führender Meister in der besonderen Kunstform des Bronzereliefs, die seit den Zeiten Andrea Pisanos nur sehr spärlich gepflegt und weiterentwickelt worden war, etabliert.

Wie die Türen Andrea Pisanos trägt auch das Nordportal insgesamt 28 einzelne Relieftafeln, von denen die acht unteren Evangelisten und Kirchenväter zeigen. Unten links mit der Verkündigung an Maria beginnend und oben rechts mit dem Pfingstwunder endend, ist darüber auf 20 Tafeln das Leben Jesu erzählt, wobei die ungewöhnliche Leserichtung einer nordalpinen Tradition entspricht.

Die beeindruckenden Figuren, auf die wir in Ghibertis Reliefs treffen, verraten einerseits noch ein gotisches Gespür für vollendete Linienführung, zugleich aber auch eine an Naturbeobachtung geschulte Stimmigkeit der Körpermodellierung, der Gesten und Gebärden. Während die frühesten Szenen noch in die Breite der Reliefflâche entwickelt sind, zeigt sich mit Voranschreiten der Arbeiten in zunehmendem Maße ein gesteigertes Interesse an tiefenräumlicher Gliederung.

Gebäude und Landschaftsausschnitte verdeutlichen gleichermaßen Ghibertis beginnende Auseinandersetzung mit den Regeln der Zentralperspektive, wie sie zu jener Zeit in Florenz neu entdeckt und entwickelt wurden.

Als besonderes Detail verdienen am Nordportal überdies die kleinen Porträtköpfe Beachtung, die zwischen den Reliefs an den Kreuzungspunkten der durchlaufenden Rahmenleisten angebracht sind. In einem der Köpfe (linke Tür, mittlere Reihe, fünfter Kopf von oben) hat man ein Selbstporträt Ghibertis wiedererkannt.

Lorenzo Ghiberti: Christus unter den Schriftgelehrten
(Detail des Nordportals)

Die biblische Episode, derzufolge Christus im Alter von zwölf Jahren einer Versammlung von Schriftgelehrten während des Passahfestes Rede und Antwort stand, ist Thema dieses Reliefs. Den Knaben rückte Ghiberti ins Zentrum seiner Darstellung. Ratlosigkeit und Verwunderung hat die vor ihm versammelten Gelehrten erfaßt. Eine bereits zentralperspektivisch aufgefaßte, in flachem Relief gearbeitete Architekturkulisse erinnert im Hintergrund an den Tempel, der Schauplatz des Geschehens war.

Lorenzo Ghiberti: Vertreibung aus dem Tempel
(Detail des Nordportals)

Lorenzo Ghiberti: Verkündigung
(Detail des Nordportals)

Geldwechsler, Scharlatane und Händler vertrieb Jesus von Nazareth in Jersualem gewaltsam aus dem Tempel. Ghiberti vergegenwärtigt in seinem Relief den dramatischsten Moment des Geschehens. Wir werden Zeuge einer tumultartigen Szene, einer Rauferei der widerstreitenden Parteien. Im komplizierten Aufbau und dem höchst anspruchsvollen Arrangement der dichten, vielfach ineinander verschränkten Figurengruppe drückt sich eine enorme Dynamik aus. Diese wird durch den formalen Gegensatz der flachen, statisch wirkenden Architektur zur bewegten figürlichen Szene noch verstärkt

Dem Anschein nach berühren die Füße des heranschwebenden Erzengels den Boden kaum, als er Maria die himmlische Botschaft überbringt. Im verhaltenen Zurückweichen Mariä teilt sich ihre Verwunderung mit. Ghiberti zeigt sich in diesem frühen Relief, das an seinen Vorgänger Pisano erinnert, noch deutlich einem gotischen Stilempfinden verbunden. Die von Ghiberti später so virtuos vorgetragene Akzentuierung der Kontraste von Hoch- und Flachrelief scheint hier noch nicht ausgereift. Auf die Illusion räumlicher Tiefe ist beinahe ganz verzichtet, und der Reliefgrund ist noch nicht in die Darstellung einbezogen.

Lorenzo Ghiberti: Paradiespforte, 1425–1452
Bronze (teilweise vergoldet), 521 x 321 cm (gesamt), Reliefs je 80 x 80 cm

Angesichts des grandiosen Nordportals verwundert es nicht, daß an die Werkstatt Lorenzo Ghibertis in der Nachfolge auch der Auftrag zur Gestaltung der dritten, noch ausstehenden Baptisteriumstür erging. In Anlehnung an einen Ausspruch Michelangelos, der das Werk für würdig befand, die Pforten des Paradieses zu schmücken, hat sich bis heute die Bezeichnung Paradiespforte eingebürgert. 27 Jahre seines Lebens widmete Ghiberti den Arbeiten an dem Portal, mit dem er 1425 begonnen hatte und das Giorgio Vasari in seiner posthumen Lebensschilderung des Künstlers sogar das vollkommenste und schönste Kunstwerk dieser Erde nannte. Auch Ghiberti selbst äußerte sich in seinen »Commentari« (Denkwürdigkeiten), einer in seinen letzten Lebensjahren verfaßten Schrift, nicht ohne Stolz ausführlich über sein vielbewundertes Meisterwerk und verriet, daß er bei der Gestaltung der Tür nach eigenem Gutdünken verfahren durfte. Auf diesen Umstand wird man vermutlich zurückführen dürfen, daß die Paradiespforte im Gegensatz zu den älteren Portalen in nur zehn quadratische Reliefs unterteilt ist. In jedem Bildfeld werden gleich mehrere biblische Episoden vergegenwärtigt. Der Zyklus umfaßt bedeutsame Ereignisse des Alten Testaments, beginnend oben links mit der Erschaffung des ersten Menschenpaares, dem Sündenfall und der Vertreibung aus dem Paradies.

Wie Ghiberti selbst betonte, sind die Landschaften und Architekturen gemäß den Regeln der Perspektive so dargestellt, wie sie dem Auge auch in Wirklichkeit erscheinen, die Größe und plastische Hervorhebung der Figuren entsprechend ihrer tiefenräumlichen Staffelung. Die ausdrucksstark aufeinander bezogenen Personengruppen sind von enormer Lebendigkeit durchdrungen,

Paradies	Kain und Abel
Noah	Abraham und Isaak
Jakob und Esau	Joseph
Moses	Josua
David	Salomo und die Königin von Saba

die Gestaltfindung oftmals bis in Einzelheiten an klassischen Vorbildern geschult. In alledem waren die Darstellungen auch von enormem Einfluß auf die Florentinische Malerei der Folgezeit.
Bald nach ihrer Vollendung wurden die Türen für so schön befunden, daß man sie an dem bedeutsamen Platz gegenüber der Domfassade montierte und das dort befindliche Portal Andrea Pisanos an die Südseite versetzte. Die einzelnen Reliefs wurden in jüngerer Zeit zum Schutz vor Umwelt- und Witterungseinflüssen durch Kopien ersetzt, die Originale werden im Dom-Museum aufbewahrt.

Lorenzo Ghiberti: Geschichte des Noah
(Detail der Paradiespforte)

Innerhalb einer landschaftlichen Kulisse sind in diesem Relief verschiedene Begebenheiten der Geschichte des Noah dargestellt. Im Hintergrund erkennen wir den Auszug aus der Arche, die hier nicht als gestrandetes Boot, sondern in Gestalt einer Pyramide erscheint. Vorne rechts ist die Darbringung des Dankopfers vergegenwärtigt, auf der gegenüberliegenden Seite die biblische Geschichte von der Trunkenheit Noahs. Während Cham den vom Wein berauschten Vater ob seiner Nacktheit verspottet, nähern sich ihm seine beiden anderen Söhne, indem sie rückwärts gehen. Die Blöße des hilflos niedergesunkenen Noah wollen sie mit einem Tuch bedecken, ohne ihrer ansichtig zu werden.

Lorenzo Ghiberti: Geschichte des Joseph
(Detail der Paradiespforte)

Zahlreiche Begebenheiten aus dem Leben des Joseph von Ägypten – dem Lieblingssohn Jakobs, der durch die Schuld seiner Brüder nach Ägypten verschleppt wurde – sind in diesem vielfigurigen Relief geschildert.

Lorenzo Ghiberti demonstrierte hier einmal mehr sein bemerkenswertes erzählerisches Talent. In lebensnahen, überaus variantenreichen Posen bevölkern unzählige Gestalten die Darstellung. Vor allem beeindruckt allerdings die vituose Manier, in der hier die Landschafts- und Architekturkulissen nach wohlkalkulierten perspektivischen Regeln eine enorme räumliche Tiefe suggerieren.

Innenraum

Schon während des 12. und 13. Jh.s wurde das Straßenniveau rund um das Baptisterium erhöht. Da dieser Eingriff die äußeren Proportionen des Gebäudes nachteilig verändert hatte, entwarf Leonardo da Vinci (1452–1519) sogar einen Plan, das Bauwerk als Ganzes anzuheben, um es wieder auf einem untergebauten Sockel plazieren zu können. Das kühne Vorhaben wurde allerdings niemals verwirklicht. Noch heute steigt demzufolge der Besucher in den von oben belichteten, mit einer Kuppel überfangenen Zentralraum einige Stufen hinab. Entsprechend dem Außenbau ist auch das Innere mit ornamentalen Marmorinkrustationen versehen. Vorgestellte antike Säulenpaare und Doppelpilaster bewirken hier allerdings im Vergleich mit außen eine plastischere Auflösung der Wandfläche. Verstärkt ist dieser Eindruck im zweiten Geschoß, wo offene Bogenreihen zwischen rahmenden Pilastern den Blick auf die engen Emporen freigeben und zugleich den zweischaligen Aufbau erkennen lassen.

Bei der Innendekoration des Baptisteriums wurde über Jahrhunderte hinweg beträchtlicher Aufwand betrieben. Abgesehen von den prachtvollen Kuppelmosaiken verdient der mit geometrischen Mustern versehene Fußboden Beachtung. In seiner Mitte lassen sich noch die Umrisse eines gewaltigen Taufbeckens ausmachen, das sich hier bis 1557 befand.

IOANES QVONDAM PAPA
XXIII OBIIT FLORENTIE A
NO DNI MCCCCXVIIII XI
KALENDAS IANVARII

Donatello und Michelozzo: Grabmal des Gegenpapstes Baldassare Coscia, 1424–1428
Marmor und vergoldete Bronze, 713 x 200 x 213 cm

Bis zu seiner Amtsenthebung durch das Konzil von Konstanz hatte Baldassare Coscia als Gegenpapst Johannes XXIII. das Pontifikat ausgeübt. Bei seinem Tod (1419) hinterließ er testamentarisch zahlreiche Reliquien und größere Geldsummen zur Ausstattung des Baptisteriums. Eingedenk dieser Großzügigkeit wurde den Verwaltern seines Erbes um 1424 die Errichtung eines Grabmonumentes in San Giovanni gestattet. Donatello und Michelozzo bewältigten die Aufgabe in ungewöhnlicher Manier. Zwischen zwei Säulen des Innenraumes gestalteten sie das erste Baldachingrabmal der Renaissance. Oberhalb allegorischer Figuren des Glaubens, der Liebe und der Hoffnung tragen vier Konsolen den Sarkophag des Verstorbenen. Dessen vergoldete Liegefigur findet sich darüber auf einer Art Totenbett wiedergegeben. Das Haupt des Dargestellten ist zur Seite geneigt. Den oberen Abschluß bildet ein aufgezogener, in Stein gemeißelter Vorhang.

Kuppelmosaik

Unter Leitung des Franziskaners Jacopo da Torrita wurde um 1225 in der Chorkapelle mit den Arbeiten an den gewaltigen Kuppelmosaiken des Baptisteriums begonnen. Über nahezu ein Jahrhundert sollte sich deren Ausführung hinziehen. Eine Vielzahl von Künstlern und spezialisierten Kunsthandwerkern war an der Realisierung beteiligt. Die verschiedenen Hände im einzelnen zu unterscheiden ist heute allerdings nahezu unmöglich. Venezianische Mosaizisten, die in besonderem Maße mit der byzantinischen Kunsttradition vertraut waren, scheinen einen gewichtigen Beitrag geleistet zu haben. Unter den beteiligten Florentiner Künstlern werden so namhafte Meister wie Cimabue, Coppo da Marcovaldo und Giotto genannt. Über einem Durchmesser von nahezu 26 Metern entstand einer der imposantesten Mosaikzyklen des Abendlandes.

In acht konzentrisch angeordneten Ringen umfaßt das ikonographische Programm im obersten Register Darstellungen der himmlischen Engelsscharen, darunter Genesis-Szenen und Episoden aus den Lebensgeschichten Josephs, Christi und Johannes des Täufers. Unterbrochen ist die streifenartige Abfolge durch die mehr als acht Meter große Gestalt Christi als Weltenherrscher. Zu seinen Seiten verweisen weitere Einzelszenen auf das Jüngste Gericht (vgl. Detail).

Duomo Santa Maria del Fiore

Nach den Kathedralen von Rom, Mailand und London ist der Florentiner Dom die viertgrößte Kirche der Christenheit. Anstelle einer wesentlich kleineren, der Hl. Reparata geweihten Basilika wurde mit den Arbeiten 1296 unter Leitung des ersten Dombaumeisters Arnolfo di Cambio (um 1250–1302) begonnen. Geweiht wurde der Neubau der Jungfrau Maria, in der Benennung Santa Maria del Fiore wird zugleich aber auch an den früheren Stadtnamen »Fiorenza« erinnert. In den benachbarten und konkurrierenden Städten Siena und Pisa war zu dieser Zeit längst die Errichtung gewaltiger Kathedralbauten auf den Weg gebracht, in Florenz selbst mit dem Bau der großen Ordenskirchen Santa Croce und Santa Maria Novella begonnen worden. Von Seiten der Stadt sollte der noch gewaltiger dimensionierte Florentiner Dom nunmehr sicherlich auch in angemessener Weise von der Bedeutung, dem Reichtum und der außerordentlichen Macht zeugen, die Florenz um die Wende zum Trecento erlangt hatte. Das großangelegte Bauprojekt geriet mit dem Tode Arnolfos jedoch schon im ersten Jahrzehnt des 14. Jh.s ins Stocken. Erst ein Geschoß der Fassade und wenige Joche der Seitenschiffwände waren zu diesem Zeitpunkt vollendet.

Während verschiedener Bauphasen wurden die ursprünglichen Pläne unter der Leitung unterschiedlicher Architekten –

darunter Francesco Talenti, Giotto und Giovanni di Lapo Ghini – in der Folgezeit mehrfach geändert. Eine eigens einberufene Kommission einigte sich schließlich 1368 auf ein Modell, das fortan für die Weiterführung der Arbeiten als verbindlich gelten sollte. Einen vorläufigen Abschluß fanden die Arbeiten mit der furiosen Kuppelüberwölbung des Chorraumes durch Filippo Brunelleschi gegen Mitte des 15. Jh.s. Im Jahre 1472 waren die Arbeiten an der Laterne beendet.

Domfassade

Die Baugeschichte von Santa Maria del Fiore erstreckt sich über mehrere Jahrhunderte. Die heutige Fassade der Kathedrale ist ein Werk des 19. Jh.s. Eine ältere, unvollendet gebliebene Fassade Arnolfos di Cambio war schon 1588 abgerissen worden. Die zu jener Zeit bereits dort angebrachten Skulpturen sind heute im benachbarten Dom-Museum (vgl. S. 69 f.) ausgestellt. Hier finden sich auch Zeichnungen und Modelle, die ein Bild von den Plänen Arnolfos und der nachfolgenden Baumeister vermitteln.
Erst nach 1871 konnte man sich auf eine neogotische Neugestaltung nach Entwürfen des Architekten Emilio de Fabris einigen. Nur schwer wird man der unruhig wirkenden, übertrieben dekorierten Fassade die harmonische Wirkung baulicher Geschlossenheit nachsagen können, die andere Teile des Domes auszeichnet.

Nanni di Banco: Himmelfahrt und Gürtelspende Mariä (Giebelrelief der Porta della Mandorla), 1414–1421
Marmor, 407 x 387 cm (Bildfeld)

Die »Porta della Mandorla« an der nördlichen Langhausseite des Domes verdankt ihren Namen dem mehr als vier Meter hohen Giebelrelief des Nanni di Banco. Von einer mandelförmigen Gloriole hinterfangen, wird die Jungfrau Maria von Engeln emporgetragen. Verbunden ist das Thema der Himmelfahrt Mariä mit demjenigen der Gürtelspende an den zweifelnden Apostel Thomas. Für den Bereich der Reliefkunst gilt das Werk in seiner dynamischen Bewegtheit als wegweisende Meisterleistung der Florentinischen Frührenaissance.

Domkuppel

Im verbindlichen Baumodell des Jahres 1368 waren Größe und Form der zu errichtenden Domkuppel im wesentlichen vorgegeben. Über Jahrzehnte hinweg ungelöst blieben die immensen technischen Probleme, die die gewaltigen Dimensionen von 45 Metern Breite am Kuppelansatz und eine Höhe von nahezu 100 Metern mit sich brachten. Vor allem die Errichtung des vermeintlich notwendigen Baugerüstes schien in derartigen Ausmaßen unmöglich. Zwischenzeitlich erwog man sogar, den Innenraum mit einem gewaltigen Erdhügel aufzuschütten und diesem Münzen beizumischen, um nach Abschluß der Bauarbeiten die Kinder und Bedürftigen der Stadt zum Abtragen der Geröllmassen bewegen zu können. Verständlicherweise verwarf man derartige Pläne bald. Im Bemühen, eine realisierbare Lösung für das Problem zu finden, schrieb die Domopera 1418 jenen Wettbewerb aus, den überraschenderweise Filippo Brunelleschi nach langwierigen Disputen für sich entscheiden konnte. Wenige Jahre später konnte der Baumeister mit der Realisierung seiner gewagten Kuppelkonstruktion beginnen (um 1420).

Axometrie der Kuppel von Santa Maria del Fiore (nach Sanpaolesi), Istituto Germanico, Florenz

Die Domkuppel ist das alles überragende Baumonument der Stadt und die architektonische Meisterleistung der Frührenaissance. Als ingenieurtechnische Pioniertat wurde die Konstruktion in ihren Ausmaßen erst 150 Jahre später durch Michelangelos Kuppel des Petersdomes übertroffen. So gewaltig erhebt sie sich über Florenz, daß Leone Battista Alberti sie schon 1434 voller Bewunderung für geeignet befand, in ihrem Schatten gleichsam alle Völker der Toskana zu überwölben.

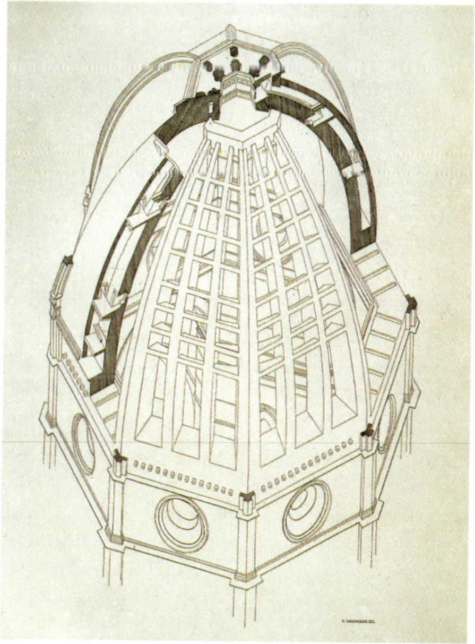

Innerer Treppenaufgang

Zwischen den beiden Kuppelschalen gewährleisten horizontal und vertikal eingefügte Verstrebungen die Stabilität der Konstruktion. Acht dieser »sproni« sind ohne statische Funktion auch am Außenbau in Marmor fortgeführt und gliedern das Erscheinungsbild der Kuppel in harmonisch proportionierte Segmente. Nicht nur wegen des überwältigenden Blicks über die Dächer der Stadt und das Umland gehört ein Aufstieg zur Laterne der Domkuppel zu den unvergeßlichen Eindrücken eines Florenzbesuches. Der Weg führt zwischen den beiden Mauerschalen hinauf und läßt unmittelbar die Gewagtheit des Konstruktionsprinzips, aber auch die ungeheuren Dimensionen der bautechnischen Leistung nachvollziehen.

Ludovico Cigoli: Aufrißzeichnung der Domkuppel

Brunelleschis genialer Entwurf sah vor, auf ein Standgerüst zu verzichten und den Bau in zwei durch Querverstrebungen verbundenen Schalen unterschiedlicher Stärke nach oben zu führen. Diese sollten ein bewegliches, mit der Kuppel Ring um Ring emporwachsendes Gerüst tragen. Die Stabilität des Ganzen versuchte Brunelleschi durch eine Vielzahl bautechnischer Kunstgriffe zu gewährleisten. Er selbst wählte akribisch die Baumaterialien, die ebenso leicht wie tragfähig zu sein hatten. Die präzise Ausführung der Mauerung im Fischgratverbund überwachte er und entwarf zudem manches bis dato unbekannte Werkzeug. Nicht zuletzt kümmerte sich Brunelleschi überdies um all jene alltäglichen Probleme, die die Koordinierung und Organisation des gigantischen Werkstattapparates mit sich brachte.

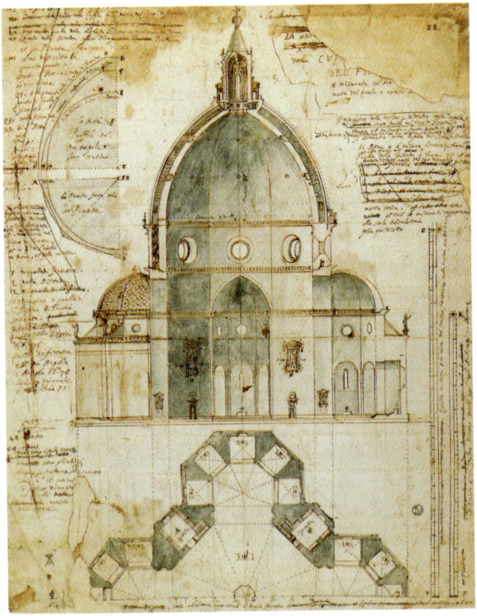

Östliche Chorpartie

Der einheitliche Gesamteindruck, den der Dom vermittelt, ist durch die reichhaltige, um alle Seiten geführte Inkrustation aus weißem, rotem und grünem Marmor bedingt. In der östlichen Chorpartie findet der wuchtige Baukörper seinen imposanten Abschluß. Beinahe im Sinne eines eigenständigen Zentralbaus sind dem Kuppeloktogon drei gleichförmige Chorarme angefügt, die ihrerseits jeweils fünf Seiten eines Achtecks umschreiben. In ihrem Grundriß bereiten sie damit die Formen des Tambours vor, während ihre kleineren Kuppeln unmittelbar auf die mächtige Wölbung der Hauptkuppel bezogen sind. Unterhalb des Tambours leiten vier von Brunelleschi entworfene Exedren einen Teil des gewaltigen Schubes ab, setzen in ihren antikisierten Formen aber auch einen renaissancetypischen Akzent. Die Pläne Brunelleschis sahen am Fuße der Kuppel jenen kleinen Bogenumgang vor, der nur an einer Seite ausgeführt wurde (1508–1512), da man ihn als allzu zierlich empfand und der Kritik Michelangelos folgte, der diesen »Grillenkäfig« bespöttelt hatte.

Duomo Santa Maria del Fiore

Paolo Uccello: Reiterbild des Sir John Hawkwood (um 1436), S. 64

Domenico di Michelino: Dante und die Göttliche Komödie (1465), S. 63

Uhr des Paolo Uccello (1443), S. 62

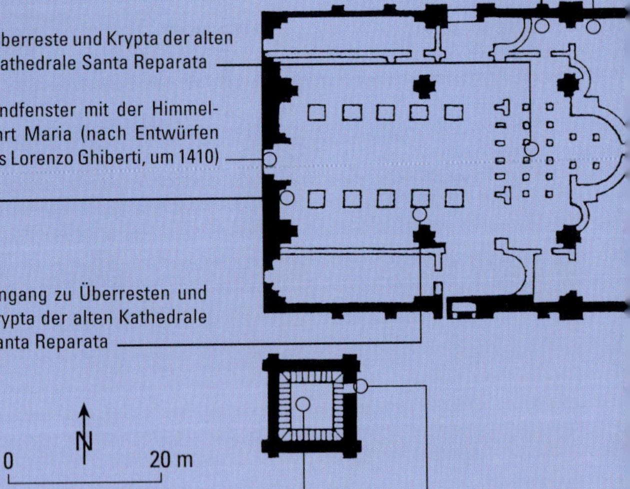

Andrea del Castagno: Reiterbild des Niccolò da Tolentino (1456), S.65

Überreste und Krypta der alten Kathedrale Santa Reparata

Rundfenster mit der Himmelfahrt Maria (nach Entwürfen des Lorenzo Ghiberti, um 1410)

Eingang zu Überresten und Krypta der alten Kathedrale Santa Reparata

Porta del Campanile

Campanile, S. 68

Porta della Mandorla, S. 53

Kuppelfresko von Giorgio Vasari und Federico Zuccari (1572–1579), S. 61

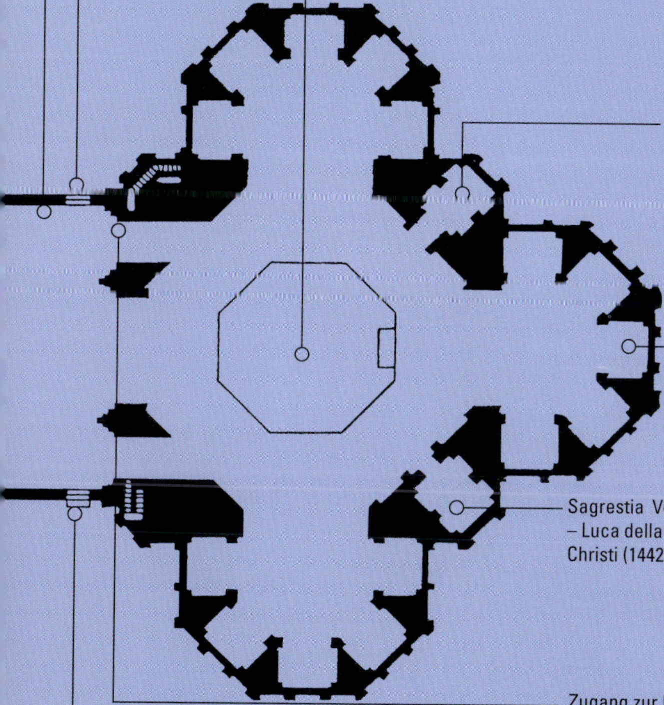

Sagrestia Nuova – Luca della Robbia: Auferstehung Christi (1444)

Ostkapelle – Lorenzo Ghiberti: Reliquienschrein des Hl. Zenobius (1432–1442), Luca della Robbia: Kandelaberengel (um 1450)

Sagrestia Vecchia/Sagrestia dei Canonici – Luca della Robbia: Relief der Himmelfahrt Christi (1442–1445)

Zugang zur Kuppel des Filippo Brunelleschi

Porta dei Canonici

Innenraum

Die Kathedrale ist über einem lateinischen Kreuz als dreischiffige Basilika errichtet. Wesentliche Teile einer ehemals weitaus üppigeren Dekoration des Inneren sind im Laufe der Jahrhunderte verlorengegangen, oder – wie die Sängerkanzeln Luca della Robbias und Donatellos – inzwischen im Museum der Domopera (vgl. S. 69 f.) ausgestellt. Deshalb wirkt der Innenraum heute eher kahl und in seinen gewaltigen Dimensionen beinahe »erschlagend«. Immerhin 153 Meter mißt der Bau in der Länge, eine Höhe von 23 Metern erreichen schon die Bögen der Seitenschiffarkaden.

Giorgio Vasari (und Federico Zuccari): Das Jüngste Gericht (Kuppelfresko), 1572–1579
Fresko

Oberhalb des Kuppeltambours, der durch sehenswerte farbige Glasfenstern belichtet ist, die unter anderem nach Entwürfen von Donatello, Lorenzo Ghiberti und Paolo Uccello angefertigt wurden, findet sich das gewaltige, anstelle einer ursprünglich geplanten Mosaizierung von Giorgio Vasari entworfene Fresko des Jüngsten Gerichtes. 1572 wurde mit der Ausmalung begonnen, die Arbeiten nach Vasaris Tod (1574) von Federico Zuccari und Gehilfen vollendet (1579). Beim Aufstieg zur Kuppel lassen sich die Malereien näher betrachten.

Paolo Uccello: Uhr, 1443
Fresko, 460 x 460 cm

An der Innenseite der Domfassade hat sich mit der Uhr des Paolo Uccello ein interessantes Stück der quattrocentesken Ausstattung erhalten. Ein einziger sternförmiger Zeiger erfaßte – wie damals üblich – mit einem Umlauf alle 24 Stunden des Tages. Der Uhrzeigersinn verhielt sich entgegengesetzt zum heute gebräuchlichen; die 24 Uhr-Marke findet sich unten, nicht oben. Die Köpfe von vier nicht mehr genau identifizierbaren Heiligen (Propheten oder Evangelisten), führte Uccello »al fresco« aus.

Domenico di Michelino: Dante und die Göttliche Komödie, 1465
Fresko

Aus Florenz war Dante Alighieri (1265–1321) im Jahre 1302 vertrieben worden. Den Rest seines Lebens verbrachte der berühmte Literat im Exil, nie mehr setzte er einen Fuß auf den Boden seiner geliebten Heimat. Zu einer Zeit, da man sich in der Arno-Metropole längst wieder gerne an ihn erinnerte, die Erforschung seines Werkes förderte und in der Stadt öffentliche Lesungen seiner Schriften veranstaltete, wurde Domenico di Michelino 1465 mit der Ausführung des Gemäldes im Dom beauftragt. Anläßlich seines 200. Geburtstages wurde dem berühmten Dichter damit an prominentem Ort eine posthume Ehrung zuteil, der im Laufe nachfolgender Jahrhunderte noch manch andere folgen sollte.

Mit einem bekrönendem Lorbeerkranz auf der legendären roten Dichtermütze hält Dante in Domenicos Gemälde sein berühmtes Hauptwerk, die »Divina Commedia« aufgeschlagen in der Linken. Mit dem Gestus der rechten Hand leitet er unseren Blick auf die Hintergrundszenen. Seine Motive entlehnte der

Maler Domenico di Michelino den Jenseitsbeschreibungen der »Göttlichen Komödie«. Links wird die Schar der Verdammten von scheußlichen Dämonen in den Höllentrichter geleitet. Daneben erhebt sich der Läuterungsberg, auf dessen Gipfel die Darstellung des Paradieses mit Adam und Eva zu erkennen ist. Eine interessante Ansicht des zeitgenössischen Florenz, wie es Dante selbst niemals hatte sehen können, findet sich rechts. Die Domkuppel ist bereits vollendet und von Brunelleschis Laterne bekrönt. Noch nicht abgeschlossen sind dagegen die Arbeiten an der grünweißen Marmorverkleidung.

Dante selbst bleibt allerdings ausgeschlossen und steht bezeichnenderweise außerhalb der Stadtmauern. Vom Buch in seiner Hand gehen jedoch Lichtstrahlen aus, die Florenz symbolisch »erhellen«.

Paolo Uccello: Reiterbild des John Hawkwood (Giovanni Acuto), 1436
Fresko (übertragen),
820 x 515 cm

Im Mai des Jahres 1436 erhielt Paolo Uccello den Auftrag, im Dom das Gemälde eines Reiterstandbildes des John Hawkwood auszuführen. Der englische Söldner hatte lange Jahre in Diensten der Stadt Florenz gestanden und sich um deren Wohl verdient gemacht. Zum Dank wollte man ihm ursprünglich ein bronzenes Monument errichten, konnte das Vorhaben aber aus Kostengründen nicht realisieren. Schließlich entschied man sich für die billigere Freskovariante. Ausdrücklich verlangten die Auftraggeber eine weitestgehend monochrome Ausführung in »terra verde«, jenem grünlichen Farbton, der der Patina einer Bronze angenähert ist. Zweifellos war eine direkte Anspielung auf erhaltene Reiterdenkmäler der Antike beabsichtigt. John Hawkwood sollte als würdiger Nachfolger des berühmten römi-

schen Feldherren Fabius Maximus geehrt werden.
Ein erster Entwurf Uccellos stieß auf wenig Gegenliebe und erschien der Domopera »nicht so gemalt wie es sich gehört«. Der Maler wurde aufgefordert, Änderungen vorzunehmen, über deren Umfang wir heute nur noch Vermutungen anstellen können. Auffällig ist allerdings, daß Reiter und Pferd in klaren Konturen vor dem dunklen Hintergrund in streng durchgehaltener Profilansicht wiedergegeben sind, während der Sockel in extremer Untersicht dargestellt ist.

Andrea del Castagno: Reiterbild des Niccolò da Tolentino, 1456
Fresko (übertragen), 833 x 512 cm

Als direktes Gegenstück zu Uccellos Fresko des John Hawkwood malte Andrea del Castagno 1456 dasjenige des Söldnerführers Niccolò da Tolentino. Beide Bildnisse, die ursprünglich höher angebracht waren, wurden im 19. Jh. auf Leinwand übertragen. Sie entsprechen einander in den identischen Maßen, der formalen Konzeption und dem augenfälligen Bemühen, Skulptur nachzuahmen. Zugleich sind aber auch die Unterschiede zwischen beiden Meistern deutlich erkennbar.
Wesentlich akzentuierter tritt bei Castagno die plastische Körpermodellierung von Pferd und Reiter hervor, dynamischer ist ein Moment der Bewegung und Belebtheit eingefangen. Gegenüber Uccellos Reiterbild zeichnet sich dasjenige von Castagno durch dekorativen Reichtum aus. Ganz bewußt scheint der Maler sein Fresko überdies der Illusion eines marmornen Denkmals angenähert zu haben. Auf diese Weise schuf er einen Gegenpol zu Uccello, der einen Bronzeguß imitiert hatte.

Filippo Brunelleschi – Ein »uomo universale« der Frührenaissance

Im Jahre 1377 wurde Pippo di Ser Brunellesco – heute berühmt unter dem Namen Filippo Brunelleschi – als Sohn eines Notars in Florenz geboren. Während der letzten Jahre des 14. Jh.s erhielt er in seiner Heimatstadt eine Ausbildung zum Goldschmied und ersuchte 1398 um Aufnahme in die übergeordnete und hochangesehene Zunft der Seidenweber (Arte della Seta). Aus wohlhabendem Hause stammend, scheint Filippo allerdings kaum darauf angewiesen gewesen zu sein, den Lebensunterhalt in seinem erlernten Beruf zu verdienen. Von seiner Hand sind uns lediglich einige Bronzearbeiten für den Jakobus-Altar in Pistoia (1399) und das Relief der Opferung des Isaak, mit dem er 1402 im Wettbewerb um die Ausführung der zweiten Baptisteriumstüren seinem langjährigen Konkurrenten Lorenzo Ghiberti unterlag, bis heute erhalten geblieben. Darüber hinaus bezeugt allein das hölzerne Kruzifix in Santa Maria Novella – Vasari zufolge entstand es in künstlerischem Wettstreit zu Donatello – ein hohes bildhauerisches Talent.

Auf der Grundlage einer soliden Schulbildung widmete sich Filippo mit unerschöpflicher Begeisterung vielfältigsten mathematischen und architekturtheoretischen Studien. Während einer gemeinsam mit Donatello angetretenen Romreise skizzierte er ohne Unterlaß die Baudenkmäler der Antike. »Keinen Ort in und außerhalb Roms ließ er unbesehen, nichts unvermessen, was gut und erreichbar war« (Vasari).

In Florenz verblüffte er seine Zeitgenossen um 1415–1420 mit der ersten mathematisch-präzisen Darlegung der Gesetzmäßigkeiten zentralperspektivischer Darstellung. Anhand zweier,

Florentiner Schule: Fünf berühmte Männer (Die Väter der Perspektive), um 1500–1565, Tempera auf Holz, 42 x 100 cm, Musée du Louvre, Paris

heute leider verlorenen Tafeln des Baptisteriums und der Piazza della Signoria, demonstrierte er anschaulich die Möglichkeiten der Wiedergabe dreidimensionaler Gegenstände auf der zweidimensionalen Bildfläche. Mit dieser, auf den Gesetzen der Optik und der Geometrie basierenden Erfindung, bereicherte er die Kunstgeschichte um eine ihrer folgenreichsten Neuerungen.

Das architektonische Hauptwerk Filippo Brunelleschis nahm schließlich ab 1418 Gestalt an. Eine eigens zur Lösung des Problems eingesetzte Komission befand ihn unter zahlreichen Konkurrenten für geeignet, die Realisierung der Domkuppel anzugehen. Seine Berufung ins Amt des Dombaumeisters rief zunächst aber auch zahlreiche Kritiker auf den Plan, die hinsichtlich seiner Befähigung Zweifel anmeldeten. Zwar war Brunelleschi im Umfeld der Domopera längst kein Unbekannter mehr, hatte seine architektonischen Kenntnisse bislang allerdings nur in theoretischen Fragen nachgewiesen, ohne ein einziges Gebäude als verantwortlicher Baumeister errichtet zu haben. Mit Beginn der zwanziger Jahre sollte sich dies grundlegend ändern. In rascher Folge entwarf er nun jene Bauten, die zum Teil zwar erst nach seinem Tode vollendet wurden, in ihrer konzeptuellen Klarheit bis heute aber seinen Ruhm als bedeutendster Baumeister der italienischen Frührenaissance begründen. Die Kuppel des Florentiner Domes, die sogenannte Alte Sakristei, das Ospedale degli Innocenti (begonnen 1419) und die beiden Basiliken San Lorenzo (1421) und Santo Spirito (1434) zählen zu den architektonischen Meisterwerken, mit denen Filippo nicht nur Florenz ein neues Gesicht verlieh, sondern

Andrea di Lazaro Cavalcanti, genannt Buggiano: Grabbildnis und -inschrift Filippo Brunelleschis, 1446, Santa Maria del Fiore, Florenz

auch weit über die Grenzen seiner Heimatstadt hinaus den Verlauf der Architekturgeschichte prägte.

In den außergewöhnlichen Konturen seines Lebens und Schaffens verkörperte Filippo Brunelleschi geradezu beispielhaft das Renaissance-Ideal eines vielseitig gebildeten und universell interessierten Menschen, des »uomo universale«. Als er am 14. Mai des Jahres 1446 in Florenz verstarb, war man sich in der Wertschätzung seiner herausragenden Leistungen einig. Im Dom Santa Maria del Fiore wurde Brunelleschi beigesetzt und durch ein Grabbildnis geehrt. Die von von Carlo Marsuppini verfaßte Grabinschrift preist ihn als »divino ingenio«, einen göttlichen Schöpfergeist.

Campanile

Die Errichtung des Florentiner Campanile erfolgte unter der Leitung dreier aufeinanderfolgender Dombaumeister. Als erster von ihnen wurde Giotto di Bondone im Jahre 1334 in das Amt berufen. Sein vorrangiges Interesse scheint nicht der Weiterführung des Dombaus, sondern der Errichtung des zugehörigen Glockenturmes (ital. Campanile) gegolten zu haben. In wesentlichen Strukturen geht der Bau in seiner heutigen Gestalt noch auf die Pläne Giottos zurück, wenngleich bei seinem Tod im Jahre 1337 erst das untere Geschoß vollendet war. Der quadratische Grundriß mit den akzentuierten Eckpfeilern und die für Florenz typische, beinahe malerisch gegliederte Marmorinkrustation waren bereits vorgegeben, als Andrea Pisano den Bau bis 1443 fortführte. Unter Francesco Talenti wurden schließlich die drei oberen Fenstergeschosse vollendet. Auf die von Giotto entworfene, spitz zulaufenden Bekrönung des Turmes verzichtete Talenti und realisierte statt der ursprünglich vorgesehenen Gesamthöhe von 122 m nur 84,70 m. Eine Aussichtsplattform, die Talenti in das oberste Geschoß einfügte, ist noch heute über 416 Stufen zu erreichen. Die während der verschiedenen Bauphasen vorgenommenen Änderungen der ursprünglichen Entwürfe beeinträchtigen die harmonische Gesamtwirkung des Glockenturmes, der zu den schönsten Italiens zählt, glücklicherweise nicht.

Zur plastischen Ausstattung des Turmes gehört in der unteren Zone ein geradezu enzyklopädischer Reliefzyklus der menschlichen Tätigkeiten, der Tugenden, der Sakramente, der Planeten und der freien Künste. Für die Nischen der darüberliegenden Geschosse schufen bedeutende Bildhauer wie Donatello und Nanni di Bartolo Marmorstatuen verschiedener Heiliger, Propheten und Sibyllen. Die Originale sind heute im Dom-Museum ausgestellt (vgl. S. 69 f.) und am Campanile durch Kopien ersetzt.

Museo dell' Opera del Duomo

1891 wurde das Museum der Dombauhütte, die hier seit dem 15. Jh. ansässig war, an der Ostseite des Domplatzes eröffnet. Zunächst sollten vorrangig die beiden schon 1688 aus dem Inneren des Domes entfernten Cantorien von Luca della Robbia und Donatello der Öffentlichkeit wieder zugänglich gemacht werden. Im Laufe des 20. Jh.s wuchsen die Bestände kontinuierlich an, als immer mehr Originale, insbesondere Bildwerke aus dem Dom, vom Campanile und aus dem Baptisterium hier untergebracht wurden. Heute darf das Museum zu den bedeutendsten Skulpturensammlungen der Welt gezählt werden und beherbergt zudem wichtige dokumentarische Zeugnisse zur Baugeschichte des Domes.

Arnolfo di Cambio: Hl. Reparata, um 1290
Marmor, H. 142 cm

Im Saal der Domfassade sind die Skulpturen ausgestellt, die sich ursprünglich an der alten, 1588 abgerissenen Fassade des Doms befanden. Von der Hand des ersten Dombaumeisters Arnolfo di Cambio stammt die Marmorskulptur der Hl. Reparata. In ihr begegnet uns jene frühchristliche Märtyrerin, der die alte Kathedrale der Stadt geweiht war.

Aus den Nischen der zerstörten Domfassade stammen die im gleichen Raum ausgestellten Sitzfiguren der vier Evangelisten, mit deren Ausführung Niccolò di Pietro Lamberti (Hl. Markus), Donatello (Hl. Johannes), Nanni di Banco (Hl. Lukas) und Bernardo Ciuffagni (Hl. Matthäus) in den Jahren zwischen 1408 und 1411 beauftragt wurden.

Michelangelo Buonarroti: Pietà, um 1550
Marmor, H. 226 cm

Die berühmte Pietà hatte Michelangelo zur Ausstattung seines eigenen Grabmals in Rom begonnen. Er selbst zertrümmert das noch unvollendete Werk allerdings, als sich Mängel am Material heraustellten und das linke Bein der Christusfigur abbrach. Tiberio Calcagni, ein Schüler Michelangelos, restaurierte die Arbeit und führte unter anderem die Figur der Hl. Maria Magdalena (links) aus. Erst im 18. Jh. gelangte die Pietà nach Florenz, wo sie bis 1981 im Dom aufgestellt war. Das Thema der Beweinung des Leichnams Christi ist in der Skulptur auf eigentümliche Weise mit demjenigen der Kreuzabnahme verschmolzen. In einer pyramidal aufsteigenden Komposition sind die Figuren der Muttergottes, des toten Christus und des Hl. Nikodemus, in dessen Gesichtszügen man ein Selbstporträt Michelangelos wiedererkannt hat, blockhaft aneinander gefügt.

Donatello: Prophet mit Schriftrolle, 1415–1418
Marmor, H. 190 cm

Ein neuartiges, an der Anschauung lebendiger Realität geschultes Empfinden wird in Donatellos (1386–1466) früher Statue des Propheten mit der Schriftrolle deutlich. Die Gesichtszüge, in denen Vorbilder der römischen Porträtplastik wirken, sind von eindringlicher Individualität. Der finstere Blick des Propheten ist nach unten gerichtet, während er mit dem Zeigegestus der rechten Hand auf die von ihm gehaltene Schriftrolle verweist.
Das Werk Donatellos gehört zu jenen fünf Skulpturen, die der Meister zwischen 1415 und 1436 für den Florentiner Campanile schuf. Eingedenk des ursprünglichen Aufstellungsortes im zweiten Geschoß des Turmes scheint es, als sollte den von unten emporblickenden Bürgern der Stadt eine eindringliche Warnung ausgesprochen werden.

Donatello: Zuccone, 1413–1426
Marmor, H. 195 cm

Wegen der markanten Glatzköpfigkeit bezeichneten die Florentiner Donatellos Skulptur des Propheten Habakuk als »Zuccone« (= Kürbiskopf). Angesichts der lebensnahen Wirkung der Skulptur verwundert es nicht, daß Donatello einer Anekdote zufolge bei der Arbeit ausgerufen haben soll: »Sprich, nun sprich doch endlich, sonst sollst du verflucht sein«.

Saal der Sängerkanzeln
(Abb. nachfolgende Doppelseite)

In der »Sala delle Cantorie« sind, unterhalb der prächtigen Kanzeln Donatellos und della Robbias, die Originale jener sechzehn Sibyllen- und Prophetenstatuen (u. a. von Andrea Pisano und Nanni di Bartolo) ausgestellt, die sich ehemals in den Figurennischen des Campanile befanden.

ANTE FACIEM
DOMINI

Donatello: Hl. Maria Magdalena, um 1455
Holz (polychrom gefaßt), H. 188 cm

Donatellos Skulptur der Hl. Maria Magdalena entstand ursprünglich für das Baptisterium. Mit seiner farbig gefaßten Holzstatue gestaltete der Meister um 1455 ein ebenso drastisches wie beindruckendes Bildwerk der biblischen Büßerin, das gänzlich ohne die üblichen Attribute der Heiligen – den Salbtopf, das Kruzifix oder den Totenschädel – auskommt.
Der neutestamentarischen Überlieferung nach hatte Christus ihr im Hause des Pharisäers Simon ein sündhaftes Leben als Dirne vergeben. Mehrere Jahrzehnte hatte Maria Magdalena später zurückgezogen in der Einöde Südfrankreichs verbracht.
Hager und ausgezehrt, scheint die ehemals ihrer Schönheit wegen gerühmte Frau in Donatellos Vision dem Tode näher zu sein als dem Leben. Gezeichnet von den Spuren asketischer Entsagungen ist sie barfüßig dargestellt und nur noch in ein zotteliges Haarkleid gehüllt. Die Hände sind zum Gebet erhoben, der Mund wie zu einem Seufzer leicht geöffnet. Kaum jemals ist die Vergänglichkeit alles Irdischen eindringlicher in einer Skulptur formuliert worden. Die dem Werk scheinbar innewohnende, tiefgehende Bitterkeit ist in der Kunst der florentinischen Frührenaissance mit vergleichbarer Intensität nicht anzutreffen. Vielleicht spiegelt sich in der Darstellung Maria Magdalenas die Seelenlage des gealterten, inzwischen beinahe siebzigjährigen Bildhauers wider.

Luca della Robbia: Cantoria, um 1431 – 1438
Marmor, 328 x 560 cm

Donatello: Cantoria, 1433 –1438
(Abb. nachfolgende Doppelseite)
Marmor, 348 x 570 cm

Ihre sogenannten Sängerkanzeln schufen Luca della Robbia und Donatello für den Florentiner Dom. Beide Werke waren 1688 anläßlich der Hochzeit von Ferdinando de' Medici mit Violante von Bayern demontiert und erst 1895 wieder in ihrer heutigen Gestalt rekonstruiert worden.
Die Kanzel Lucas ist in ihrem Aufbau durch die architektonische Gliederung dominiert. In acht separaten Relieffeldern ist auf den 150. Psalm Bezug genommen, den auch die Inschriften zitieren. Darin wird zur Lobpreisung des Herrn zum Musizieren aufgefordert. Keines der im biblischen Text aufgeführten Instrumente läßt della Robbia aus.

Der lebhafte Reigen der musizierenden Putti ist bei Donatellos Sängerkanzel als durchgängiger Fries wiedergegeben. Freistehende Säulenpaare, die den gleichen Mosaikdekor tragen wie der hintere Reliefgrund, vermögen dem ausgelassenen Tanz der Engelsknaben keine Schranken zu setzen. Während della Robbias Figuren verinnerlicht und würdevoll wirken, treffen wir bei Donatello auf ein wildes, geradezu bacchantisches Treiben. Die präzise Ausarbeitung aller Details ist der dekorativen Wirkung des Ganzen untergeordnet, der strenge Aufbau zugunsten einer einheitlichen Rhythmisierung geopfert.

Andrea Pisano: Die Erschaffung Evas, um 1335
Marmor, 83 x 69 cm

Dem Reliefzyklus des Campanile ist im Dom-Museum ein eigener Raum vorbehalten. Die Hängung entspricht der ursprünglichen Anordnung am Untergeschoß des Turmes, wo die Originale heute durch Kopien ersetzt sind. In der unteren Zone stammen die Arbeiten größtenteils von Andrea Pisano, lediglich fünf sind spätere Ergänzungen von Luca della Robbia.
Den Darstellugen liegt ein komplexes ikonographisches Programm zugrunde. Auf der Grundlage scholastischen Denkens scheint die Summe allen menschlichen Tuns und Seins gezogen. Den Anfang bilden die Genesis-Szenen der Erschaffung des ersten Menschenpaares.

Andrea Pisano: Der Ackerbau, um 1335
Marmor, 83 x 69 cm

Der Zyklus beinhaltet markante Darstellungen menschlicher Erfindungen. Erstmals wurden über die freien Künste (artes liberales) hinaus auch die niederen handwerklichen Tätigkeiten (artes mechanicae) in das Bildprogramm mit aufgenommen. Anschaulich sind die einzelnen Themen in eine klare Bildsprache umgesetzt. Den Akkerbau verkörpern zwei Männer, die mit Hilfe eines Ochsengespannes ein Feld bestellen. Enorm lebensnah ist die Beschwerlichkeit der Arbeit zum Ausdruck gebracht. Dem mühsamen Voranschreiten der Tiere ist anzusehen, daß es einiger Kraft bedarf, den schweren Pflug durch das Erdreich zu bewegen.

Alberto Arnoldi: Die Taufe, um 1375
Marmor, 83 x 63 cm

Die rautenförmigen Reliefs der oberen Zone zeigen je sieben Darstellungen der Planeten, der christlichen Tugenden und der freien Künste. Den Abschluß bilden die Alberto Arnoldi zugeschriebenen Tafeln der Hl. Sakramente. Auch hier ist die Bildsprache eindeutig, und die Inhalte sind klar und prägnant veranschaulicht. Deutlich heben sich die weißen Figuren vor dem blauen Majolikagrund ab. Am Anfang steht das Sakrament der Taufe, dem die weiteren gottesdienstlichen Weiheakte (Buße, Ehe, Priesterweihe, Firmung, Abendmahl und Letzte Ölung) folgen.

Andrea Pisano: Die Bildhauerei, um 1335
Marmor, 83 x 69 cm

Neben der Architektur und der Malerei war am Campanile auch der Bildhauerei ein eigenes Relief gewidmet. Darin gewährt uns Pisano Einblick in die Werkstatt eines Bildhauers. Vermutlich ist es Phidias, der legendäre attische Urahn dieser Kunstform, den wir in Profilansicht bei der Arbeit antreffen. In Reichweite sind um ihn die Gerätschaften plaziert, die er zur Ausübung seiner Tätigkeit benötigt. Beeindruckend ist vor allem die bravouröse Manier, mit der es Pisano innerhalb des kleinen sechseckigen Bildfeldes gelungen ist, seiner Darstellung mittels einer harmonischen Kompositon einen zeitlos universellen Charakter zu verleihen.

Platon in Florenz – Die Florentiner Akademie, die den Lauf der Kultur Europas veränderte

Clemente Manenti

Raffaels berühmtes Fresko, »Schule von Athen« in der Stanza della Segnatura im Vatikan in Rom, zeigt Platon und Aristoteles im Gespräch miteinander: Der eine weist mit einer Geste nach oben, der andere nach unten. Das Hier und das Anderswo, die Erde und der Himmel, sind der Gegenstand ihrer Unterhaltung. Das Fresko (1508–1511) vermittelt uns eine eindrucksvolle Synthese der Sichtweise dieser beiden großen griechischen Philosophen, die sich im Laufe des 15. Jh.s herausgebildet hatte und noch ein Jahrhundert früher unvorstellbar gewesen wäre. Sie war das Ergebnis der Wiederentdeckung Platons, die in Florenz dank der Platonischen Akademie und des Wirkens um Marsilio Ficino Verbreitung fand. Seinem Lehrmeister wieder zur Seite gestellt, konnte nun auch der nie in Vergessenheit geratene Aristoteles eine eigene Sprache sprechen, und seine Worte nahmen eine neue Bedeutung an.

Francesco Furini: Lorenzo il Magnifico bei den Poeten und den Philosophen der platonischen Akademie, Fresko, Museo degli Argenti, Florenz

Platon hatte im Athen des 5. Jh.s v. Chr. gelebt. Er ging aus der philosophischen Schule des Pythagoras hervor, der das Universum als ein mathematisches Gefüge interpretiert hatte. Für Platon bestand ein Zusammenhang zwischen der Mathematik und der Musik. Er begriff die Himmelskörper als Entitäten, die durch rhythmische Intervalle, denen der Musik vergleichbar, voneinander getrennt waren. Die himmlischen Sphären paßten sich denselben Prinzipien der Harmonie an, die in der Musik galten: Sie waren selbst göttliche Musik. Die gesamte Welt der Schöpfung, die wir durch unsere Sinne wahrnehmen, ist nach Platon nur der Schatten der wirklichen Welt, der Welt der göttlichen Kausalität, der Welt der Musik. Nur ein zum kontemplativen Gebrauch des Verstandes erzogener

Geist kann zur Erkenntnis der Welt der reinen Harmonien, der einzigen wirklichen Welt, gelangen.

Diese Lehre Platons war im Europa des Mittelalters genauso verloren gegangen wie die Kenntnis und das Studium der griechischen Sprache. Von Platons Werk kannte man, neben vereinzelten Zitaten bei den lateinischen Autoren, nur die lateinische Übersetzung des Traktats über die Mathematik, den Timaios.

Aristoteles löste sich von den Ideen seines Lehrmeisters, insofern er es für möglich hielt, daß der Mensch die Gesetze des Universums mit seinen Sinnen erfassen kann und mit Hilfe der Logik erforscht. Der aristotelische Verstand ist nicht kontemplativ, sondern praxisbezogen, klassifizierend und sich selbst genug. Die in der Kirche des Mittelalters vorherrschende Glaubenslehre gründete auf den aristotelischen Kategorien.

Raffael: Die Schule von Athen (Detail): Die zwei Philosophen, 1509, Fresko, Breite an der Basis 770 cm, Stanza della Segnatura, Vatikan, Rom

Die intellektuelle Leidenschaft der mittelalterlichen Theologieschulen galt logischen Denkspielen, die, im übrigen durchaus vergleichbar sind mit jenen, die unsere Epoche geprägt und zur Erfindung des Computers geführt haben. Was am Gebäude der aristotelischen Lehre eine gewisse Verunsicherung hinterließ, war der Umstand, daß schlußendlich ausgerechnet das Universum, von der Logik verschlungen, verschwand. Bei dem Versuch, die Welt zu erklären, verlor sich die aristotelische Vernunft in einem Spiegelkabinett.

Anfang des 15. Jh.s, als der Grieche Manuel Chrysoloras zu einem Vorlesungszyklus an die

Florentiner Universität berufen wurde, begann sich der Platonismus in der Stadt am Arno langsam zu verbreiten. Im Kreis von Chrysoloras' Schülern finden wir auch den jungen Cosimo de' Medici. Um Ambrogio Traversari im Kloster von Santa Maria degli Angeli scharten sich weitere Personen, die am Studium der Philosophie interessiert waren, und auch dieser Gruppe gehörte der junge Cosimo an. Traversari, Generalprior der Camaldulenser Mönche, war einer der wenigen Männer seiner Zeit, die sowohl Griechisch wie Latein sprachen, und er machte das Kloster von Camaldoli, hoch oben in den Bergen des Casentins, zu einer Werkstatt der Übersetzung klassischer Autoren.

Domenico Ghirlandaio: Verkündigung an Zacharias (Detail), 1486–1490, Fresko, Cappella Tornabuoni, S. Maria Novella, Florenz

Im Alter von vierzig Jahren zog sich Cosimo von den philosophischen Studien zurück; der Tod seines Vaters Giovanni de' Medici im Jahre 1429 zwang ihn fortan, die Geschäfte der Familie zu übernehmen. Trotzdem fuhr er fort, Bücher zu kaufen, und einen Teil seines beträchtlichen Vermögens für die Unterstützung der Humanisten und ihrer Arbeit auszugeben. Insbesondere Poggio Bracciolino und Niccolò Niccoli unternahmen es, von Cosimo finanziert, die Klosterbibliotheken ganz Europas nach Texten des klassischen Altertums zu durchsuchen, die dank der Bemühungen der Benediktiner Jahrhunderte hindurch aufbewahrt worden waren. 1437 war Cosimo de' Medici beim Konzil von Ferrara zugegen, das die Repräsentanten der beiden christlichen Kirchen – der griechischen und der römischen Kirche – zu einem letzten Einigungsversuch zusammengeführt hatte. Dort begegnete er den griechischen Gelehrten, die der byzantinischen Delegation angehörten, und dem Kaiser von Konstantinopel, Johannes VIII. Palaiologos.

Als die Stadt Ferrara nicht mehr in der Lage war, das Konzil zu beherbergen, bot Cosimo an, es auf Kosten der Medici in Florenz fortzuführen. Diese Geste reichte aus, um den Lauf der europäischen Geistesgeschichte zu ändern. Unter den griechischen Gelehrten, die mit der byzantinischen Delegation nach Florenz übersiedelten, befand sich auch Georgis Gemisto Plethon, dessen Name soviel wie »der neue Platon« bedeutete. Er hielt eine Reihe denkwürdiger Vorträge an der Florentiner Universität, denen die gesamte Runde der humanistischen Gelehrten, die sich in jenen Monaten in der Stadt aufhielt, beiwohnte. Die Bedeutung der Vorlesungen Platons, der damals über achtzig Jahre alt war, hängt auch mit der Tatsache zusammen, daß Platons Dialoge bereits ein Jahrzehnt durch Giovanni Aurispa nach Italien gelangt waren. Der Humanist Giovanni war ein bibliophiler Antiquitätenhändler, der unaufhörlich zwischen Konstantinopel und Rom unterwegs war und eine große Anzahl klassischer Werke gerettet hatte.

Die Idee, Platons Akademie wieder aufleben zu lassen und aus Florenz ein neues Athen zu machen, kam Cosimo während des Konzils. Doch diese Idee konnte erst in den sechziger Jahren verwirklicht werden. Für sein Vorhaben wählte Cosimo den Sohn seines Leibarztes, Marsilio Ficino, den er bei Traversari hatte studieren lassen.

Dem jungen Ficino wurde die Aufgabe übertragen, Platon zu übersetzen und dadurch die Akademie auf den Weg zu bringen. Ficino übertrug die Hymnen des Orpheus und die Orakel der Chaldäer und 1463 die Werke von Hermes Trismegistus ins Lateinische. 1464 begann er mit der Übersetzung von Platons Dialogen. Cosimo war schon am Ende seiner Tage angelangt, als er Platons Worte zum ersten Mal in Ficinos Übersetzung vernehmen konnte. Cosimo wollte in der Haltung eines Sokrates sterben, offen für das, was mit ihm geschah. Einen schöneren Lohn für sein Streben hätte er sich nicht wünschen können. Denn mit der kleinen Freundesschar, die sich um Cosimos Sterbebett versammelt hatten um Ficinos Übersetzungen zu lauschen, nahm die Platonische Akademie tatsächlich ihren Anfang. Diese erste moderne Akademie Europas war nie an ein bestimmtes Gebäude gebunden und traf sich an verschiedenen Orten der Stadt

Botticelli: Anbetung der Heiligen Drei Könige (Detail): Cosimo di Medici-Porträt, um 1475, Holz 111 x 134 cm, Galleria degli Uffizi, Florenz

oder im Sommer auch in den Villen der Medici in den Hügeln um Florenz.

Den Einfluß, den die Wiederentdeckung Platons im Florenz des 15. Jh.s auch auf die bildende Kunst und ihre Blüte während des goldenen Zeitalters der toskanischen Stadt hatte, kann gar nicht groß genug veranschlagt werden. Die Werke Sandro Botticellis werden heute allgemein als eine Übertragung der platonischen Mythologie auf die Malerei interpretiert; vor allem die Kunst Piero della Francescas, der in Florenz zu künstlerischer Reife gelangte, wirkt, als sei sie wie der Philosophie Platons nachempfunden. Die sublime Ruhe seiner Gestalten und ihre Unerschütterlichkeit machen sie zu »idealen« Gestalten im platonischen Sinne.

Loggia del Bigallo

In den fünfziger Jahren des Trecento wurde das reizvolle spätgotische Gebäude durch den Dombaumeister Alberto Arnoldi errichtet. Zunächst diente es der noch heute bestehenden Asconfraternità della Misericordia, später auch der Compagnia del Bigallo als Stammhaus. Beide mildtätigen Bruderschaften, die von 1425 bis 1489 zwischenzeitlich zusammengeschlossen waren, widmeten sich in besonderem Maße der Pflege von Kranken und Waisen, von Alten und Bedürftigen. Unter den Bögen der offenen Loggia wurden, wie glaubhaft überliefert ist, im 15. Jh. die bedauernswertesten Findelkinder »ausgestellt«, um für sie auf diesem Wege Adoptiveltern zu finden.

Am Außenbau haben sich bis heute sehenswerte skulpturale Dekorationen des 14. Jh.s erhalten, die größtenteils wohl ebenfalls auf Alberto Arnoldi zurückgehen. In den Innenräumen wurde das Museo del Bigallo untergebracht, das hauptsächlich Florentinische Malerei und Skulptur des späten 13., 14. und 15. Jh.s zeigt. Unter den hier ausgestellten Werken erkennt man in Bernardo Daddis Fresko der Schutzmantelmadonna (um 1342) eine der ältesten Stadtansichten von Florenz.

Or San Michele

Inmitten eines Gemüsegartens (ital. = in orto) befand sich schon im 9. Jahrhundert das kleine Oratorium San Michele in orto. In der Bezeichnung Or San Michele hat sich die Erinnerung an den Vorgängerbau bewahrt, obwohl dieser im 13. Jh. einem überdachten Getreidemarkt weichen mußte. Die besondere Verehrung eines hier weiterhin aufbewahrten wundertätigen Madonnenbildes führte dazu, daß die Markthalle bald auch als Gebetsstätte genutzt wurde. Nach der Zerstörung der Markthallen durch einen Brand 1304 folgte nach 1337 die Errichtung des mehrstöckigen, bis heute erhaltenen Gebäudes. Die oberen Stockwerke dienten nun als Kornspeicher, während die Erdgeschoßhalle der religiösen Nutzung vorbehalten blieb.

Den Zünften der Stadt wurden die vierzehn um die Außenseiten des Gebäudes verteilten Figurennischen überlassen, um hier Statuen ihrer Schutzheiligen aufzustellen. In rascher Folge wurden zu Beginn des 14. Jh.s hochkarätige Meister mit deren Ausführung betraut. Or San Michele wurde so zu einem kunsthistorisch bedeutsamen Kulminationspunkt für die Bildhauerei der Florentinischen Frührenaissance.

Or San Michele

Lorenzo Ghiberti: Hl. Matthäus (um 1419–1422), S. 89

Nanni di Banco: Die vier gekrönten Heiligen (1410–1415), S. 91

Donatello: Hl. Georg; Kopie, Original im Bargello (um 1415)

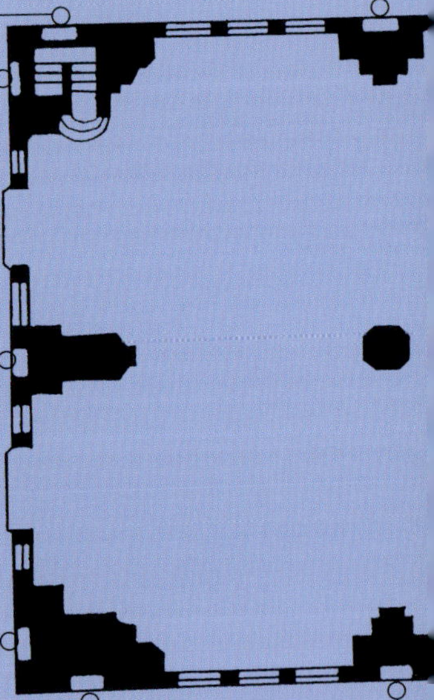

Lorenzo Ghiberti: Hl. Stephanus (1425–1429)

Nanni di Banco: Hl. Egidius (um 1415)

Donatello: Hl. Markus (um 1411–1414), S. 89

Niccolò di Pietro Lamberti: Hl. Jakobus (um 1422)

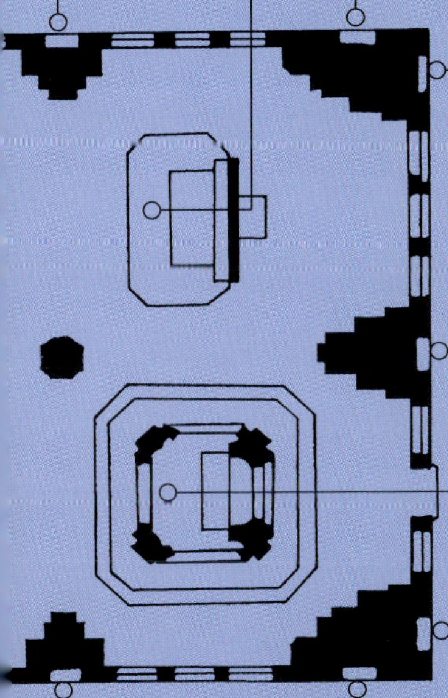

Andrea del Verrocchio: Der Ungläubige Thomas (1467–1483), S. 90

Lorenzo Ghiberti: Johannes d. T. (um 1414), S. 88

Lorenzo Ghiberti: Johannes der Täufer, um 1414
Bronze, H. 255 cm

Die Figur Johannes des Täufers schuf Lorenzo Ghiberti für die Zunft der Großkaufleute (Arte di Calimala). Mit einer Höhe von mehr als 2,5 m darf dieses Werk als eine der ersten überlebensgroßen Bronzeplastiken seit der Antike gelten. Die Schwierigkeit, einen Bronzeguß in derart monumentaler Größe auszuführen, spiegelt sich nicht zuletzt in dem Umstand, daß der Künstler diese Arbeit ausdrücklich auf eigenes unternehmerisches Risiko auszuführen hatte. Als führender Meister in dieser besonderen Technik bewältigte Ghiberti die Aufgabe in souveräner Manier. Ausdrucksstark ist der Kopf des Heiligen modelliert, in mächtigen Bahnen das Gewand dekorativ nach unten geführt. Im Kontrast von Stand- und Spielbein, betont durch den Faltenwurf, deutet sich trotz aller Reduzierung der anatomischen Erscheinung ein Kontrapost an.

Lorenzo Ghiberti: Hl. Matthäus, 1419–1422
Bronze, H. 236 cm

Nach dem Hl. Johannes führte Ghiberti auch die Statue des Hl. Matthäus aus. Im Zusammenwirken von Gewandgestaltung und Körperlichkeit des Heiligen gelangte er dabei zu einer vergleichsweise überzeugenderen Lösung. Der Kontrapost wirkt organischer, die gesamte Gestalt in der Summe aller Details glaubhafter. Dynamischer als dem früheren Werk wohnt der Figur ein Moment der Bewegung inne. Die blockhafte Starre, die dem Hl. Johannes noch unübersehbar anhaftete, ist hier zugunsten einer in sich stimmigeren Belebtheit gewichen, unterstützt durch die verhaltene Gestik des Dargestellten. Anregung, so scheint es, empfing Ghiberti bei alledem nicht zuletzt auch aus den furiosen Neuerungen, die sich in den ersten Werken seines früheren Schülers Donatello so eindrucksvoll ihren Weg gebahnt hatten.

Donatello: Hl. Markus, 1411–1414
Marmor, H. 236 cm

Die Statue ihres Schutzheiligen Markus gab die Zunft der Leinen- und Altwarenhändler (Arte dei Linaioli e Rigattieri) 1411 bei Donatello in Auftrag. Einer berühmten Anekdote Vasaris zufolge zählte schon Michelangelo zu den Bewunderern dieses frühen Meisterwerkes seines Vorläufers: Wenn der Hl. Markus tatsächlich so ausgesehen habe, könne man jedes Wort glauben, das er geschrieben hat. Treffend ist in diesem Kommentar die besondere, für die Kunst der italienischen Frührenaissance wegweisende Qualität der Skulptur beobachtet. Donatello gelang es, ein glaubhaftes Bild des Menschen zu entwerfen und den biblischen Evangelisten ganz und gar im Irdischen anzusiedeln.

Andrea del Verrocchio: Christus und der Ungläubige Thomas, 1467 – 1483
Bronze, H. 230 cm (Christus)

Das Tabernakel der Christus-und-Thomas-Gruppe von Andrea del Verrocchio (1436–1488) wurde vielleicht noch von Donatello und Michelozzo gestaltet. Ursprünglich war hier der Standplatz von Donatellos vergoldetem Bronzeguß des Hl. Ludwig von Toulouse (heute im Museum von Santa Croce, vgl. S. 385). Als die Parte Guelfa, der frühere Eigentümer der Nische, aufgrund schwindender Macht das Tabernakel im Jahre 1460 an die Università de' Mercatanti abtreten mußte, wurde Andrea del Verrocchio mit der schwierigen Aufgabe betraut, eine Figurengruppe in dem engen, ehemals für nur eine Figur angelegten Tabernakel unterzubringen. Eine befriedigende Lösung fand Verrocchio, indem er den Ungläubigen Thomas in seitlicher Drehung vor der ihm zugewandten, dominierenden Christusfigur plazierte.

Nanni di Banco: Die vier gekrönten Heiligen (I Quattro Coronati), um 1410–1415
Marmor, H. 184 cm

Die Zunft der Steinmetze und Holzschnitzer (Maestri di pietra e di legname) beauftragte um 1414 Nanni di Banco mit der Anfertigung einer Figurengruppe ihrer vier Schutzpatrone, den antiken Bildhauern und Märtyrern Claudius, Castor, Symphrosian und Nikostratus, die der Überlieferung nach zur Zeit der Christenverfolgung unter Kaiser Diokletian in Rom den Märtyrertod erlitten hatten. In Entsprechung zur thematischen Vorgabe orientierte sich Nanni di Banco deutlich am Vorbild antiker Skulpturen. Die Köpfe der Heiligen erinnern an römische Porträtbüsten, die Gewänder sind in der Manier römischer Togen gearbeitet. In ihrer fast statischen Blockhaftigkeit erreichen die im Halbkreis positionierten Figuren allerdings nicht jene Belebtheit des Ausdrucks, die wir etwa zeitgleich bei Donatello und Ghiberti antreffen.

Innenraum

Der Innenraum von Or San Michele ist als zweischiffige Halle in sechs quadratische Joche unterteilt und zählt zu den hochrangigsten Beispielen spätmittelalterlicher Raumgestaltung in Florenz. An die frühere Nutzung als Getreidespeicher erinnern im Erdgeschoß bis zum heutigen Tag Schachtöffnungen an den nördlichen Pfeilern. Neben den Gewölbefresken des frühen 15. Jh.s verdient insbesondere der etwa zeitgleich entstandene und weitestgehend erhaltene Fensterzyklus mit Szenen aus dem Leben der Jungfrau Maria Beachtung. Bedeutendstes Stück der Innenausstattung ist das monumentale Marmortabernakel des Andrea Orcagna (1359). Die Pracht der Ausführung entspricht der Bedeutung, die dem hier aufbewahrten Madonnenbild zugemessen wurde, das Bernardo Daddi 1347 zum Ersatz für das ältere, 1304 verbrannte Gemälde angefertigt hatte.

Piazza della Signoria

Die Piazza della Signoria diente den Bürgern der Stadt Florenz seit dem 14. Jh. als Versammlungsort in allen Belangen des weltlich-politischen Lebens. Während der achtziger Jahre unseres Jahrhunderts wurden bei umfangreichen archäologischen Ausgrabungen unterhalb des Platzes zahlreiche Funde gemacht, die in mittelalterliche, römische und etruskische Zeit, ja sogar in die Bronzezeit zurückreichen. In seiner heutigen Gestalt ist der Platz wesentlich durch den Palazzo Vecchio und die Loggia dei Lanzi dominiert. Bedeutende Akzente sind durch die Skulpturen gesetzt, die hier im Laufe der Jahrhunderte Aufstellung fanden und den Platz heute zu einer Art Freilichtmuseum machen.

Giambologna: Reiterdenkmal des Großherzogs Cosimo I., 1587 – 1594

Bronze, H. 450 cm (ohne Sockel)

Ferdinando de' Medici ließ das bronzene Reiterdenkmal 1594 zum Gedenken an sei-

Bartolomeo Ammanati: Fontana del Nettuno, 1560–1575
Marmor und Bronze, H. 560 cm

Die Hochzeit von Francesco de' Medici mit Johanna von Österreich bot 1565 den Anlaß zur Errichtung der größten Brunnenanlage der Stadt. Der Meergott Neptun steigt in Anspielung auf die neuerrungene Seeherrschaft der Florentiner aus dem Wasser empor. Bartolomeo Ammanatis Plastik stieß bei den Florentinern nur auf wenig Gegenliebe. Die massige Gestalt des Meergottes bezeichneten sie spöttisch als »biancone«, den großen Weißen, und verurteilten die Plastik in einem drastischen Vers: »Ammanato, che bel marmor ha rovinato!« (Ammanato, welch schönen Marmor hast du ruiniert).

nen verstorbenen Vater Cosimo I. auf der Piazza della Signoria errichten. Den Auftraggeberwünschen gemäß, gelang es Giambologna, die kluge Weitsicht und Würde des mächtigen Fürsten eindrucksvoll zu veranschaulichen und damit zugleich den dynastischen Anspruch des Herrscherhauses zu bekräftigen. Ausgestattet mit dem Kommandostab als Attribut der Macht sitzt Cosimo auf dem majestätisch einherschreitenden Pferd. An bedeutsame Ereignisse der Familiengeschichte erinnern die Sockelreliefs mit den Darstellungen der Verleihung des Großherzogtitels an Cosimo, seiner Krönung durch Pius V. und dem triumphalen Einzug ins besiegte Siena.

David – Der überragende Heros der Stadt Florenz

Um 1500 war Italien in eine Vielzahl einzelner Stadtstaaten zersplittert, die nationale und politische Einheit des Landes sollte noch beinahe vier Jahrhunderte auf sich warten lassen. Florenz hatte eine hohe Einwohnerzahl erreicht und es zu beträchtlichem Wohlstand und kultureller Blüte gebracht, von denen nicht zuletzt die prachtvollen, das Stadtbild prägenden Bauten und Kunstwerke zeugten. Zugleich sah sich die Stadt allerdings auch beständig der Bedrohung auswärtiger Übergriffe ausgesetzt. An militärischer Stärke und Einfluß waren das Herzogtum Mailand und die Republik Venedig im Norden zumindest ebenbürtig, während im Süden der Kirchenstaat und das Königreich Neapel die beherrschenden Zentren der Macht darstellten. Im Ränkespiel der Politik, das immer wieder auch ausländische Heere nach Italien führte, bedurfte die Stadt neben der weitsichtigen Klugheit ihrer Oberen seit jeher lebensnotwendig einer Wehrhaftigkeit und Stärke, wie sie dem mythologischen Heros Herkules, den die Stadt zu einem ihrer Patrone erkoren hatte, zu Eigen waren. Zudem schien den Bewohnern nicht erst seit den Zeiten Savonarolas eine den göttlichen Beistand sichernde Frömmigkeit angeraten. In besonderem Maß sah man all diese Tugenden traditionell in den alttestamentarischen Vorbildern David und Judith aufs beispielhafteste verkörpert, hatten doch beide ihr Volk vor der drohenden Vernichtung durch scheinbar übermächtige Feinde gerettet.

Michelangelo Buonarroti: David (Detail), 1501–1504, Marmor, H. 410 cm (ohne Sockel), Galleria dell' Accademia, Florenz

Wohl aus diesem Grunde hatte die Signoria der Stadt schon im Jahre 1416 die frühe, marmorne David-Statue des Bildhauers Donatello angekauft und im Regierungspalast aufstellen lassen. Eine bei dieser Gelegenheit verfaßte Inschrift ließ keinen Zweifel an der damit verknüpften politischen Symbolik. Sie besagte, daß die Götter den tapferen Kämpfern für das Vaterland auch gegen die schrecklichsten Feinde ihren Beistand schenken. Acht Jahrzehnte später – gerade ein Jahr nach der Vertreibung der Medici – ließ die Signoria im Jahre 1495 erneut zwei bedeutungsträchtige Skulpturen Donatellos aus dem Palazzo Medici zum Rathaus transportieren. Im Inneren des Kommunalpalastes wurde nun der Bronze-David aufgestellt, vor dem Hauptportal die Judith-und- Holofernes-Gruppe. In jenen, von zahlreichen innen- wie außenpolitischen Krisen erschütterten Tagen hätten die Stadtoberen das Selbstverständnis der Republik kaum anschaulicher zum Ausdruck bringen können. An ihrem prominenten Aufstellungsorte war die Judith vollends in den Rang einer für jedermann sichtbaren Symbolfigur der Stadt gerückt.

Donatello: Judith (Detail), um 1455, Bronze, H. 236 cm (ohne Sockel); Palazzo Vecchio, Florenz

Nach dreijähriger Arbeit konnte Michelangelo im Jahre 1504 seinen Auftraggebern die Marmorstatue des David präsentieren. Schnell mußten diese einsehen, daß sich die ehemals geplante Aufstellung, oberhalb eines Strebepfeilers im Inneren der Kathedrale Santa Maria del Fiore, angesichts der immensen Dimensionen des Werkes schon in technischer wie statischer Hinsicht kaum würde realisieren lassen, während überdies auch die antikische Nacktheit der Figur an dieser Stelle eher bedenklich erschienen sein muß. Eine hochkarätig besetzte Kommission, der u. a. die Künstler Filippino Lippi, Botticelli, Andrea della Robbia und auch Leonardo angehörten, wurde einberufen, um über einen neuen Platz für das Werk zu befinden. Nach langen Diskussionen fiel die Wahl schließlich auf jenen symbolträchtigen Platz vor dem Eingang zum Palast der Signoria, im politischen Herzen der Stadt. Man hatte damit genau jene prominente Stelle gewählt, an der ein Jahrzehnt zuvor Donatellos Judith aufgestellt wurde. Noch vehementer als das vergleichsweise kleine Werk seines Vorgängers erinnerte Michelangelos David, der heute zu den Wahrzeichen der Stadt Florenz zählt, damals auswärtige Besucher und Florentiner gleichermaßen unübersehbar daran, »daß wie jener sein Volk verteidigt und gerecht regiert habe, auch die, die über die Stadt gebieten, sie mutig verteidigen und gerecht regieren müßten«. (Vasari)

Skulpturenensemble vor dem Palazzo Vecchio

Meisterwerke der europäischen Bildhauerkunst fanden im Laufe der Jahrhunderte auf der Piazza della Signoria, dem berühmten Platz vor dem Palazzo Vecchio, Aufstellung. Obwohl viele der Skulpturen aus restauratorischen Gründen in Innenräumen untergebracht werden mußten, bezeugen die Kopien vor dem Palazzo Vecchio noch den qualitativen Rang und die Wirkung des einzigartigen Ensembles.

Vorne rechts sehen wir Baccio Bandinellis Marmorgruppe von Herakles und Cacus (1525–1534), die als Gegenstück zu Michelangelos David entstand. Letztere war 1504 als Symbolfigur der Republik vor dem Hauptportal des Stadtpalastes aufgestellt worden. Das Original ist heute Hauptattraktion der Accademia (vgl. S. 311), eine weitere Kopie befindet sich auf dem Piazzale Michelangelo.

Von wesentlich kleineren Dimensionen, aber durchaus von vergleichbarem Rang,

sind die Judith-und-Holofernes-Gruppe und der berühmte Marzocco (Löwe) Donatellos (vgl. S. 13).
Auch bei diesen Statuen handelt es sich um Kopien, die Originale sind im Bargello (vgl. S. 406) und in der Sala dei Gigli des Palazzo Vecchio (vgl. S. 113) ausgestellt. Im Hintergrund ragen der gewaltige Neptunbrunnen Ammanatis sowie Giambolognas Reiterdenkmal des Großherzogs Cosimo I. (1587–1594) auf.

Loggia dei Lanzi

Benci di Cione und Simone Talenti begannen 1376 mit der Errichtung der Loggia dei Lanzi. Im Jahre 1381 wurde das Bauwerk als repräsentative Empfangs- und Festhalle eingeweiht. Ihre heutige Benennung erhielt sie im 16. Jh., in Anlehnung an die »lanzichenecci« (Landsknechte), die Leibgarde Cosimos I., die hier ihren Sitz hatte.

Giambologna: Raub der Sabinerin, 1581 – 1583
Marmor, H. 410 cm

Beispielhaft begegnet uns in Giambolognas Raub der Sabinerin das manieristische Ideal der »figura serpentinata«, einer in spiralartigen Drehungen nach oben gewundenen, allansichtigen Skulptur. Der flämische Bildhauer (eigentlich Jean de Boulogne, 1529–1608) hatte in Rom und Florenz ausgiebig Werke der Antike und Michelangelos studiert. In zunehmendem Maße gelangte er schließlich zu eigenständigen Lösungen, die weit über den Kontext der Renaissanceplastik hinausreichen und Ausdrucksformen des Barock vorwegnehmen.

Benvenuto Cellini: Perseus mit dem Haupte der Medusa, 1545 –1554
Bronze, H. 320 cm (mit Sockel)

Vom exzentrischen Wesen des Benvenuto Cellini (1500–1571) legt nicht zuletzt seine autobiographische Lebensschilderung Zeugnis ab. Cosimo I. hatte die Skulptur des Perseus 1545 bei ihm in Auftrag gegeben. Sich selbst setzte Cellini Donatellos Judith und den David Michelangelos zum Maßstab. Beide wollte er mit seinem Werk gleich »dreifach übertreffen«. Die Arbeiten an der Skulptur verliefen jedoch nicht ohne dramatische Vorfälle und Rückschläge. Die Mühsal der neun Jahre andauernden Arbeiten trieben Cellini nach seinen eigenen Worten sogar bis an den Rand des Todes. Das Resultat zählt jedoch zu den Meisterwerken der europäischen Plastik. In vortrefflicher Modellierung des muskulösen Körpers ist Perseus als Triumphator gezeigt. Das abgeschlagene Haupt der Medusa, deren Anblick jeden Menschen versteinerte, präsentiert er hoch erhoben. Zu seinen Füßen liegt der leblose Leib der Enthaupteten. An den Beistand, die der Heros durch die Götter Minerva und Merkur erhalten hatte, erinnern die Figuren und Reliefs des Sockels (Originale im Bargello).

Giorgio Vasari und die Stadt aus Pappmaché

Clemente Manenti

Ein Spiel war zu Zeiten Cosimos des Alten ein Spiel, ein Fest war ein Fest und eine Trauerfeier eine Trauerfeier. Doch mit der Rückkehr der Medici im 16. Jh. brach die Zeit der großen Maskeraden an. Die wichtigsten fanden zu folgenden Anlässen statt: 1515 zum Besuch von Papst Leo X.; 1536 zum Einzug von Kaiser Karl V.; 1539 zur Ankunft von Eleonora von Toledo, der Braut von Cosimo I.; 1564 im Rahmen der Trauerfeierlichkeiten für Michelangelo Buonarroti und schließlich 1565/66 zur Hochzeit von Johanna von Österreich und Francesco de' Medici. Bei jeder dieser Gelegenheiten wurde die Stadt »maskiert«: Man konstruierte kunstvolle Fassaden und Ausblicke, Bauwerke, Triumphbögen, Statuen, Standbilder von Giganten und Nachbildungen antiker Monumente. Die Arbeiten, für die man bemaltes Holz, Gips und Pappmaché verwendete, wurden in Rekordzeit ausgeführt und nahmen immer größere Dimensionen an. Geschaffen wurden sie von den wichtigsten Künstlern der Stadt.

Beim ersten Mal handelte es sich um eine Familienfeier: Leo X. war zwar Papst, aber gleichzeitig auch der Sohn von Lorenzo il Magnifico, dem Erfinder des modernen Karnevals. An der Verkleidung der Stadt hatten Dutzende Künstler gearbeitet. Andrea del Sarto und Iacopo Sansovino verkleideten die Fassade von Santa Maria del Fiore mit bemaltem Holz; Antonio da Sangallo errichtete auf der Piazza della Signoria einen achteckigen Tempel; Baccio Bandinelli erstellte auf dem Mercato Nuovo eine Nachbildung der Trajanssäule; Rosso erbaute am Canto de' Bischeri einen Triumphbogen; Baja richtete neben der Kirche Santa Trinità ein Theater ein. Der päpstliche Geleitzug bahnte sich seinen Weg unter Bögen hindurch, vorbei an Tempeln, Statuen, Flüssen und Riesenstandbildern. Der Papst erklärte, daß die Stadt noch nie so schön gewesen sei. Alle unterhielten sich bestens.

Das Muster der ersten Maskerade wurde anläßlich des Besuchs von Karl V. am 29. April 1536 wieder aufgegriffen. Der Kaiser war jedoch kein erfolgreicher Verwandter, sondern ein furchtbarer, fremder Sieger, der Florenz belagert, Rom geplündert und die Familie der Medici damit zweimal hintereinander an verschiedenen Orten erniedrigt hatte. Zum Empfang des Kaisers versteckte Florenz sich hinter einer Maske aus Pappmaché. Diesmal war der 25jährige Giorgio Vasari unter den beteiligten Künstlern. In einem Brief an Pietro Aretino beschrieb Vasari am darauffolgenden Tag, dem 30. April 1536, den Weg des kaiserlichen Geleitzugs und die zu diesem Anlaß aufgebauten Dekorationen. Einem Weltenherrscher, dem ersten, der bis nach Amerika vorgedrungen war, konnte das Repertoire der antiken Mythologie natürlich nicht genügen. Für den Besuch des Kaisers schuf man Seeungeheuer, die an den Säulen des Herkules kämpften, man stellte die Unterwerfung der Inkas nach, die Eroberung Tunesiens, die Festnahme Barbarossas und die Flucht der Türken vor den

Toren Wiens. Darüber hinaus gab es zweiköpfige Kaiseradler, die siebenköpfige Hydra, geflügelte Siegesgöttinnen, riesige Grabinschriften auf falschem Marmor, deren »Buchstaben man noch eine Drittel Meile entfernt lesen konnte«, Scharen von afrikanischen, sarazenischen und türkischen Gefangenen, tote Pappmaché-pferde entlang des Weges, Allegorien der theologischen Tugenden (Glaube, Liebe, Hoffnung), des Glücks, des Schicksals, der Vorsicht, der Gerechtigkeit, des Friedens und der Ewigkeit. Alles war für einen einzigen Tag geschaffen worden.

Vincenzo de' Rossi (1528–1587): Gemme mit Cosimo I. de' Medici und seiner Familie, Museo degli Argenti, Florenz

Für Giorgio Vasari, der schon ein bekannter Künstler war, bedeutete dies der Beginn einer neuen Laufbahn als Regisseur, Choreograph, Impresario, Geschichtsschreiber und Techniker der Florentiner Maskeraden in der zweiten Hälfte des 15. Jh.s, die alle auf Kosten von Cosimo I. stattfanden. Vasari war ein sehr talentierter Erfinder von Moden, was sich nicht zuletzt daran zeigt, daß er den Begriff »Rinascimento«, Renaissance, eingeführt hat. In dieser Rolle wurde ihm das Wohlwollen Cosimos zuteil, der ihm eines Tages plötzlich das »Du« anbot. Mit der Festigung der Diktatur Cosimos wurde Vasari zum Bevollmächtigten des Mäzenatentums der Medici.

Anläßlich der Hochzeit des jungen Herzogs Francesco mit Johanna von Österreich übertraf Vasari sich selbst. Die Feierlichkeiten begannen am 16. Dezember 1565 mit der Ankunft der Braut in der Stadt und endeten am 23. März 1566 mit einem großen Bankett. Hunderte von Künstlern und Arbeitern waren dafür tätig. Die Stadt wurde mit Dutzenden von Gebäuden verkleidet. Theatervorstellungen, religiöse Aufführungen, Feuerwerke, Züge mit Maskenwagen (der Triumph

Bernardino Gaffum: Piazza Signoria, Museo degli Argenti, Florenz

der Träume, die Genealogie der Götter), die Nachstellung einer Schlacht zur Eroberung einer Pappmaché-Burg auf der Piazza Santa Maria Novella mit Hunderten von Pferden und etwa tausend Menschen: Es handelte sich um das größte Schauspiel, das je ein Herrscherhaus in der Stadt inszeniert hatte.

Am 18. Februar 1564 starb Michelangelo Buonarroti in Rom. Die Überführung seiner sterblichen Überreste und die Ausrichtung der Begräbnisfeier wurden in Florenz wie eine Staatsangelegenheit behandelt. Cosimo I. hatte seit Jahren vergeblich versucht, Michelangelo wieder nach Florenz zu holen, damit die Arbeiten am Familienmausoleum in der Kirche San Lorenzo fertiggestellt würden. In der letzten Zeit hatte Cosimo einige seiner Vertrauensleute in Rom damit beauftragt, den Künstler im Auge zu behalten und sich im Falle seines plötzlichen Ablebens mit allen Mitteln seines künstlerischen Erbes zu bemächtigen. Als die Nachricht von seinem Tode eintraf, äußerte der Herzog den Wunsch, daß der Meister wenigstens als Toter mit all seinen Unterlagen nach Hause gebracht würde. In der zweiten Ausgabe seiner Lebensbeschreibungen schildert Vasari die Überführung des Sarges und die Trauerfeierlichkeiten in allen Einzelheiten. Der Sarg traf am 9. März 1564 in Florenz ein und wurde zunächst zum Palazzo Vecchio gebracht, um die Zollangelegenheiten zu erledigen. Danach überführte man ihn in das Kloster der Confraternità dell' Assunta. Am Abend des 12. März trugen Künstler der Accademia del Disegno, der Mal- und Zeichenakademie, den Sarg auf ihren Schultern zur Kirche Santa Croce, wo bereits der Vater von Michelangelo beigesetzt war. Der Bahre folgte ein langer Zug von Florentiner Künstlern und anderen Persönlichkeiten, etwa tausend Personen, von denen jede eine brennende Fackel trug. Das gemeine Volk hatte man bis zu diesem Zeitpunkt ferngehalten. Am Tage nach der Beisetzung in Santa Croce begannen die Vorbereitungen für die allgemeinen, prunkvollen Trauerfeierlichkeiten. Es wurde ein Komitee aus zwei Malern und zwei Bildhauern eingerichtet, nämlich Vasari, Cellini, Bronzino und Ammannati, sowie Borghini, der soeben die Accademia del Disegno gegründet hatte. Benvenuto Cellini überwarf sich jedoch gleich zu Beginn mit Vasari und zog sich zurück. Die Zeremonie wurde mehrfach verschoben und fand schließlich am 14. Juli 1564 in der Kirche San Lorenzo statt, wo der Meister seine wichtigsten Florentiner Werke hinterlassen hatte und wo sich sein noch vollständig erhaltener Leichnam befand. Herzog Cosimo, der inzwischen in Pisa lebte, nahm an den Feierlichkeiten nicht teil. Die Dekoration, die das Komitee mit der Hilfe Dutzender Künstler vorbereitet hatte, bestand aus einem zweistufigen Katafalk, den eine globusbekrönte Pyramide überragte, die in der allegorischen Figur des Ruhms gipfelte. Im unteren Teil des Katafalks veranschaulichten eine Reihe von Ölgemälden und Fresken Szenen aus dem Leben Michelangelos, an denen immer auch ein Gönner aus dem Hause Medici beteiligt war. Insgesamt enthielt der 16,5 m hohe Katafalk 13 Statuen, 15 Gemälde und einige Flachreliefs mit allegorischen Darstellungen. Die Konstruktion sollte mindestens ein Jahr in der Kirche ausgestellt werden, mußte aber aufgrund der Beisetzung von Kaiser Ferdinand am 21. August 1564 in eben dieser Kirche vorzeitig abgebaut werden.

Giorgio Vasari: Grabmonument Michelangelos, Santa Croce, Florenz

Palazzo Vecchio

Der Palazzo Vecchio zählt zu den bedeutendsten profanen Baudenkmälern der Stadt. 1299 wurde nach Plänen Arnolfos di Cambio der Grundstein gelegt, schon 1314 konnten die Zunftvorsteher (Priori) und die obersten Gerichtsherren (Gonfaloniere della Giustizia) hier als entscheidende Regierungsgremien der Stadt ihren Sitz nehmen. Die verschiedenen Namen des Palastes, der zeitweise als Palazzo del Popolo, Palazzo della Signoria, Palazzo dei Priori oder auch Palazzo Ducale bezeichnet wurde, spiegeln die wechselhafte Nutzungs- und Baugeschichte während der nachfolgenden Jahrhunderte wider. Außer einem Museum sind hier noch heute Teile der Stadtverwaltung untergebracht. Architektonisch ist der würfelförmige Baukörper durch seinen wehrhaften Charakter gekennzeichnet. Die Außenwände sind mit einem mächtigen Rustikamauerwerk versehen, den oberen Abschluß bildet ein zinnenbesetzter, vorkragender Wehrgang. Die asymmetrische Position des 94 m hoch aufragenden Turmes an der Hauptfassade erklärt sich aus der Einbeziehung eines mittelalterlichen Geschlechterturmes an dieser Stelle.

Innenhof

Gegen Mitte des 15. Jh.s erfolgte eine Umgestaltung des mittelalterlichen Innenhofs durch Michelozzo. Die von ihm harmonisch proportionierten Arkaden wurden anläßlich der Hochzeit von Francesco I. mit Johanna von Österreich mit einem überreichen Dekor versehen. Veduten zahlreicher Städte aus dem Einflußbereich der Braut schmücken die Wände, vergoldete Stuckornamente finden sich auf Säulen und Pfeilern, groteske Motive verzieren die Gewölbe. Der Putto mit Delphin auf dem zentralen Brunnen ist die Kopie eines heute im Palast aufbewahrten Originals von Andrea del Verrocchio.

Sala dei Cinquecento

Zu den imposantesten Innenräumen des Palazzo Vecchio zählt der Versammlungsraum des Großen Rats, jener fünfhundert Volksvertreter, die Savonarola 1494 nach venezianischem Vorbild als wichtigstes politisches Gremium der Stadt installiert hatte. Zur Ausstattung des Saales hatten Leonardo und Michelangelo ursprünglich ihre berühmten, aber nie zur Vollendung gelangten Gemäldeentwürfe der Schlachten von Cascina und Anghiari gefertigt. Die heutige Gestalt des Raumes geht im wesentlichen auf Giorgio Vasari zurück und gilt als Hauptwerk des Manierismus. Die Deckengemälde stellen bedeutsame Episoden und Ereignisse der florentinischen Stadtgeschichte vor, die riesigen Schlachtenbilder an den Seitenwänden – ebenfalls von Vasari – erinnern an die militärischen Erfolge von Florenz über Pisa und Siena. Unter den Skulpturen verdient insbesondere Michelangelos allegorische Figur des Siegers (südliche Mittelnische) besondere Aufmerksamkeit.

Studiolo

Bei der Einrichtung dieses außergewöhnlichen Studierzimmers für Francesco I. hatte 1570–1575 einmal mehr Giorgio Vasari die Federführung inne. Ohne Fenster, dafür aber mit Geheimtüren versehen, erinnert der tonnengewölbte Raum an eine Schatzkammer. Die Konzeption des Ganzen bezeugt auf prägnante Weise die Geisteshaltung des Manierismus. Ein besonderes Interesse an Naturwissenschaften, Alchemie und Kunst spiegelt sich in der Ausstattung. Nach einem in hohem Maße vergeistigten ikonographischen Programm umfaßt der Gemäldezyklus (verschiedener Künstler) an den Seitenwänden Darstellungen der vier Elemente Wasser, Erde, Feuer und Luft. Im Sinne einer kosmologischen Weltanschauung sind diese als Wirkkräfte der Natur hier zum Mikrokosmos des menschlichen Daseins in Bezug gesetzt. Neben Schätzen und Sammlungsstücken wie Edelsteinen, Mineralien und Preziosen der Goldschmiedekunst wurden in den Wandschränken wohl auch zahlreiche Gerätschaften aufbewahrt, mittels derer der Hausherr hier in laborartiger Abgeschiedenheit seiner Experimentierlust nachging.

Sala degli Elementi

Fünf Räume und zwei Loggien umfaßt das Quartiere degli Elementi im zweiten Obergeschoß des Palastes. Der Auftrag zur Errichtung der Räume geht auf Cosimo I. zurück und wurde von Battista del Tasso ausgeführt. Nach dessen Tod wurde Vasari, der hier für die Medici debütierte, mit der Ausstattung betraut. Mit Darstellungen der »himmlischen Götter« nehmen die Gemälde direkten Bezug auf den unmittelbar darunter im ersten Obergeschoß befindlichen Saal Leos X. Dieser war mit Verherrlichungen der Angehörigen der Medici-Familie, also der »irdischen Götter«, ausgestattet worden.

Loggia del Saturno

Ein herrlicher Ausblick auf das Arnotal und die süd-östlich gelegene Landschaft bietet sich von der offenen Loggia des Saturn aus. Die Terrasse verdankt ihre Benennung den Deckengemälden, die Giovanni Stradano nach Entwürfen Giorgio Vasaris ausführte. Im Zentrum ist Saturn dargestellt, der seine Kinder verschlingt.

Sala dell' Udienza

Im Audienzsaal fanden ursprünglich Gerichtsverhandlungen und Zusammenkünfte der Prioren statt. Wie in der benachbarten Sala dei Gigli – beide Räume wurden erst in den siebziger Jahren des Quattrocento separiert – haben sich hier älteste Teile der Innendekoration des Palastes erhalten.

Giuliano da Maiano wird die reichverzierte Kassettendecke zugeschrieben (1470–1476). Gemeinsam mit Benedetto da Maiano gestaltete er auch die Marmorumfassung des Portals. Die Freskierung der Wände erfolgte schließlich gegen Mitte des 16. Jh.s durch Francesco Salviati (1510–1563). Dieser stammte ursprünglich zwar aus Florenz, hatte seine künstlerische Ausbildung zu wesentlichen Teilen aber im Umkreis der Raffaelschule in Rom erfahren und sich bald als Spezialist für großformatige Freskodekorationen einen Namen gemacht. Dementsprechend sind die Wandmalereien in der Sala dell' Udienza eher römischen Vorbildern verpflichtet. Für Florenz sind sie dagegen untypisch. Nach einer textlichen Vorlage des antiken Philosophen und Historikers Plutarch sind in diesem Saal Szenen aus dem Leben des römischen Feldherrn Furius Camillus dargestellt.

Sala dei Gigli

Die illusionistisch gestaltete Freskendekoration der Hauptwand des Liliensaales geht auf Domenico Ghirlandaio und seine Werkstatt zurück (1482–1484). Römische Denker und Staatsmänner sind zu beiden Seiten des Hl. Zenobius, des ersten Florentiner Stadtpatrons, versammelt.

Die Liliendekoration, die dem Saal ihren Namen gibt, verweist hier auf die traditionell guten Verbindungen zur französischen Krone und zum Hause Anjou. Im Wappen dieses Herrscherhauses findet sich ebenfalls die Lilie.

Donatello: Judith und Holofernes, um 1455
Bronze, H. 236 cm (ohne Sockel)

Nach langjähriger Restaurierung fand die Judith-und-Holofernes-Gruppe im Jahre 1988 in der Sala dei Gigli des Palazzo Vecchio Aufstellung. Im fortgeschrittenen Alter von mehr als 65 Jahren hatte Donatello die lebensgroße Bronzeplastik um 1455 ursprünglich als Brunnenfigur für den Innenhof des Medici-Palastes ausgeführt. Erst nach der Vertreibung der Medici gelangte das Werk 1495 auf die Piazza della Signoria. Mittels einer dort angebrachten Inschrift wurde die »Giuditta« nun als beispielhafte Verkörperung freiheitlich-repu-

blikanischer Gesinnung gedeutet. Wie ihr männliches Pendant David in seinem Kampf gegen Goliath, hatte auch Judith ihre Heimatstadt Bethulia aus den Klauen eines scheinbar übermächtigen Tyrannen befreit. In der Nacht vor der drohenden Vernichtung durch das vor den Toren der Stadt lagernde Heer Nebukadnezars hatte sie sich in das Lager des feindlichen Feldherren Holofernes begeben. Als dieser, von Trunkenheit und Wollust erschöpft, eingeschlafen war, enthauptete sie ihn mit seinem eigenen Schwert. Die nunmehr führerlosen assyrischen Truppen ergriffen daraufhin die Flucht.

In Donatellos vielschichtiger Skulptur erscheint die biblische Heroin als Verkörperung christlicher Tugendhaftigkeit, die über das Laster der Superbia (Stolz, Hochmut) triumphiert. Der muskulöse Körper Holofernes' hat seine Kraft vollends eingebüßt und müßte in sich zusammensinken, hielte ihn Judith nicht am Schopf gepackt. Die zarten Züge der feingliedrigen Frauengestalt stehen in auffälligem Kontrast zur Rohheit des Tyrannen. Triumphierend und nachdenklich zugleich hat Judith das Schwert zur Tötung ihres Widersachers erhoben. Es scheint, als sei genau jener Moment der inneren Besinnung und Zwiesprache mit Gott vergegenwärtigt, der sich im Wortlaut der Bibel beschrieben findet: »Sie näherte sich dem Bett, ergriff das Haar seines Hauptes und sprach: »Stärke mich Herr, Gott Israels, am heutigen Tage!« Und sie hieb zweimal in den Hals mit aller Macht.

Niccolò Machiavelli

In seinem ebenso berühmten wie berüchtigten Traktat »Il Principe« (Der Fürst) skizzierte Niccolò Machiavelli (1469–1527) im Jahre 1513 ein ernüchterndes Bild von den Mechanismen und Erfordernissen erfolgversprechender Fürstenherrschaft. Wesenszüge eines Fuchses und eines Löwen in sich vereinend, müsse der Herrschende zur Wahrung der eigenen Interessen stets auch die Optionen des Betruges, der Heuchelei und arglistiger Täuschung in sein politisches Kalkül einbeziehen. Zugleich, so empfahl Machiavelli, dürfe der Fürst den Ruf der Grausamkeit nicht scheuen, wo allein unnachgiebige Härte die Ehrfurcht der Untertanen zu sichern vermöge. In den Augen der Nachwelt brachten derart zynisch anmutende Passagen ihrem Verfasser schon bald nach der ersten, posthumen Veröffentlichung (1532) den Ruf eines kaltherzigen und intriganten Verfechters skrupelloser Machtpolitik ein. In geradezu diabolischen Zügen entstand das Klischee eines gewissenlosen Zynikers, der bedingungslose Staatsräson allen moralisch-ethischen Grundsätzen übergeordnet habe. Über den Bereich des Politischen hinaus wird mit dem abwertenden Begriff »Machiavellismus« in diesem Sinne noch heute eine rücksichtslose, allein auf den persönlichen Vorteil ausgerichtete Handlungs- und Denkweise gebrandmarkt.

Wie wenig derartige Vorstellungen der historischen Leistung und dem Charakter Machiavellis tatsächlich gerecht werden, zeigt hingegen eine differenziertere, den Zeitkontext berücksichtigende Betrachtung seines Lebensweges und seiner umfangreichen literarischen Hinterlassenschaft. 1469 als Sohn eines Notars geboren, war Machiavelli im Florenz Lorenzos des Prächtigen aufgewachsen. Verläßliche Nachrichten zu seinem Werdegang setzen jedoch erst 1498 ein – die Medici waren bereits seit vier Jahren aus Florenz vertrieben – als Machiavelli wenige Wochen nach der Hinrichtung Savonarolas in seiner Heimatstadt zum Kanzleisekretär des Rates der Zehn (»Consiglio dei Dieci«) gewählt wurde. Vierzehn ereignisreiche Jahre lang sollte er dieses Amt innehaben und währenddessen zum engen Vertrauten des auf Lebenszeit gewählten Staatsoberhauptes Piero Soderini avancieren. Sein Aufgabengebiet umfaßte fortan nicht nur den weiten Bereich militärischer Organisation und Verwaltung, sondern insbesondere auch zahllose diplomatische Missionen, die ihn immer wieder an die Höfe der bedeutendsten Machthaber seiner Zeit führten. Die Notizen und Depeschen, in denen Machiavelli schon während dieser Reisen überall seine Eindrücke festhielt, bezeugen nicht nur jene scharfsinnige Beobachtungsgabe und analytische Brillanz, die auch seine späteren Schriften auszeichnen sollte, sondern zudem die Leidenschaftlichkeit, mit der er seinen politischen Auf-

Tito di Santi: Bildnis des Niccolò Machiavelli, Palazzo Vecchio, Florenz

gaben nachging. Als infolge der turbulenten Ereignisse des Jahres 1512 die Medici aus achtzehnjähriger Verbannung nach Florenz zurückkehrten und es zum Sturz der Regierung Soderinis kam, fand die aktive politische Laufbahn Machiavellis allerdings ein jähes Ende. In der Gesellschaft von »Ratten, groß wie Katzen, und Läusen, groß wie Schmetterlinge«, fand er sich nun unter dem Vorwurf der Verschwörung gegen die Medici eingekerkert. Die Entkräftung der Anklage brachte zwar bald die Entlassung aus der Haft, aber keine Rehabilitierung des ehemals so loyalen Staatsdieners. Seiner Ämter enthoben war Machiavelli gezwungen, sich mit seiner Familie auf das ihm verbliebene Landgut bei San Casciano zurückzuziehen. Verzweifelt angesichts drohender Armut und deprimiert vom Gefühl, nunmehr ein nutzloses Dasein fernab aller politischen Alltagsgeschäfte zu führen, beklagte er in Briefen an Freunde sein qualvolles Los. Fortwährende Bemühungen, wieder mit

Innocenzo Spinazzi: Grabmal des Niccolò Machiavelli, 1787 Santa Croce, Florenz

politischen Ämtern und Aufgaben betraut zu werden, sollten für Machiavelli bis zum Ende seines Lebens weitestgehend erfolglos bleiben. Der tragischen Zäsur, die das Jahr 1512 für Niccolò Machiavelli bedeutete, verdankt die Nachwelt allerdings die Entstehung der literarischen Werke, deren Niederschrift er sich aus der Not des unfreiwilligen Exils heraus nun widmete und die bis heute seinen Ruhm begründen. Binnen weniger Monate vollendete er noch 1513 die Niederschrift des »Principe« und begann zugleich mit den inhaltlich noch erheblich weiter gespannten Betrachtungen über Politik und Staatsführung, den berühmten »Discorsi«. Ausgehend von der pessimistischen Grundüberzeugung, daß der Mensch im Grunde schlecht sei, erweist sich Machiavelli in beiden Werken, die zu den Meisterwerken politischen Schrifttums gezählt werden müssen, als schonungsloser Realist, der seinen Blick ganz und gar auf diesseitige Notwendigkeiten richtet. Den seit mittelalterlicher Zeit überkommenen, religiös geprägten Wertekanon leugnete er dabei keinesfalls, ersetzte diesen im Bereich des politischen Handelns allerdings durch einen leidenschaftlichen Pragmatismus. Oberste Maxime blieb ihm stets die Bewahrung der Freiheit seiner Heimatstadt und seines Vaterlandes, deren Bedrohung er miterlebt hatte. Von diesen Erfahrungen sollte noch die achtbändige Geschichte der Stadt Florenz durchdrungen sein, die Machiavelli 1525 – zwei Jahre vor seinem Tod – Papst Klemens VII. überreichen konnte. In seiner überragenden sprachstilistischen Qualität und der Systematik, mit der das umfangreiche Thema bewältigt wird, begründete dieses Werk Machiavellis Ruf als Wegbereiter der modernen Historik.

Einen besonderen Rang unter den italienischen Literaten des 16. Jh.s erwarb sich Machiavelli überdies durch seine berühmte Komödie »La Mandragola« (Die Alraunwurzel), die zu den originellsten Lustspielen der Renaissance zählt. Neben einer Reihe kleinerer Versdichtungen und Novellen bezeugt dieser Text die außerordentliche poetische Begabung des »uomo politico« Niccolò Machiavelli.

Niccolò Machiavelli: I Discorsi (c. 174 s. 88), Tusche auf Papier, Biblioteca Nazionale, Florenz

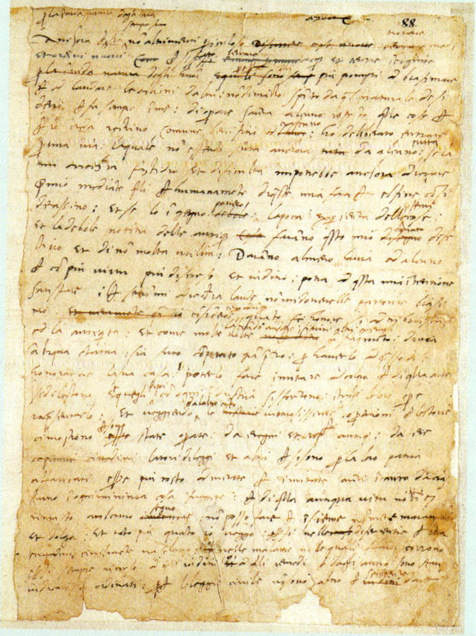

Galleria degli Uffizi

Die Uffizien beherbergen eine der sehenswertesten und berühmtesten Kunstsammlungen der Welt. Der Name (ital. ufficio = Büro) verweist allerdings noch darauf, daß der Bau auf Veranlassung Cosimos I. ursprünglich als zentraler Ämter- und Verwaltungssitz der Stadt errichtet worden war. Seit 1559 hatte Giorgio Vasari die Bauleitung inne. Aufgrund der vorgegebenen topographischen Lage, unmittelbar neben dem repräsentativen Palazzo Vecchio, hatte Vasari mit verschiedensten Schwierigkeiten zu kämpfen. Die Nähe zum Arno brachte wegen der wenig tragfähigen Bodenbeschaffenheit statische Probleme mit sich, während die räumlich begrenzte Fläche des Bauplatzes zu ästhetischen Kompromissen zwang. Zudem mußten zunächst noch zahlreiche ältere Gebäude abgerissen oder zum Teil auch in den Neubau integriert werden. Über U-förmigem Grundriß errichtete Vasari – und nach seinem Tod im Jahre 1574 die nachfolgenden Baumeister Buontalenti und Alfonso Parigi – einen langgestreckten, straßenförmigen Innenhof. Die Gestaltung der Fassaden folgt hier weniger den baulichen Vorgaben der Innenräume, als architekturtheoretischen, an Proportionen und Flächengliederung ausgerichteten Überlegungen. Ganz im Sinne manieristischer Architekturauffassung steht der akzentuierten Längsausdehnung des Gebäudes die enorme Höhenstreckung gegenüber.

Arnoseite

Nicht erst seit dem schockierenden Bombenattentat im Jahre 1993 wird in den Uffizien umgebaut und renoviert. Beinahe 80 Millionen Mark sollen bis ins Jahr 2001 in die »Neuen Uffizien« investiert werden. Weite Teile der Galerie werden sukzessiv umgestaltet, die Ausstellungsfläche dabei auf nahezu 20 000 Quadratmeter verdreifacht. Bisher verborgene Schätze aus den Depots sollen in neuen Sälen der Öffentlichkeit zugänglich gemacht werden. Für die alljährlich rund anderthalb Millionen Besucher wird ein Kommen noch lohnender.

II. und III. Korridor der Galerie

Auf Francesco I., den Sohn Cosimos I., geht der Entschluß zurück, im Obergeschoß der Uffizien die beträchtlich angewachsene Kunstsammlung der Medici-Familie unterzubringen. Zu diesem Zweck ließ er schon bald nach der Fertigstellung des Gebäudes im Jahre 1581 den oberen, ursprünglich als offene Loggia angelegten Umgang schließen. Die lichtdurchfluteten Korridore dienten fortan als Galerieräume. Heute sind hier neben wertvollen Gobelins unter anderem auch Teile der Skulpturensammlung ausgestellt.

Corridoio Vasariano

Eine beachtenswerte städtebauliche Besonderheit stellt der Verbindungsgang dar, der die Uffizien (und den Palazzo Vecchio) über die Ponte Vecchio mit dem Palazzo Pitti auf der gegenüberliegenden Arnoseite verbindet. Nach nur fünfmonatiger Bauzeit hatte Giorgio Vasari den berühmten Korridor im Auftrage Cosimos I. vollendet. Anläßlich der Hochzeit des Großherzogs Francesco de' Medici mit Johanna von Österreich erfolgte im Herbst des Jahres 1565 die Einweihung. Bis 1866 blieb der Gang ausschließlich der privaten Nutzung durch die Herrscherdynastien der Medici und der Lothringer vorbehalten. Im Falle eventueller Bedrohung wollten sie diesen wohl auch als Fluchtweg nutzen.

Heute beherbergt der »Corridoio Vasariano« auf einer Länge von mehr als 1000 Metern eine Auswahl bedeutender Gemälde, die in den Uffizien selbst keinen Platz mehr fanden. Neben zahlreichen Meisterwerken des 17. und 18. Jh.s ist hier ein gewichtiger Teil jener einzigartigen, von Kardinal Leopoldo de' Medici initiierten Sammlung der Künstlerselbstbildnisse untergebracht. Neben italienischen Meistern – wie beispielsweise Raffael, Andrea del Sarto, Guido Reni oder Salvatore Rosa – sind auch zahlreiche auswärtige Maler verschiedener Epochen vertreten.

Saal der Toskanischen Malerei des 13. Jh.s

Duccio di Buoninsegna: Madonna Rucellai, 1285
Tempera auf Holz, 450 x 290 cm

Drei monumentale Madonnentafeln bieten dem Besucher im zweiten Saal der Gemäldegalerie die einzigartige Möglichkeit zu einem direkten Vergleich dreier Hauptmeister der Sienesischen und Florentinischen Malerei um 1300. Duccios Thronende Madonna, benannt nach ihrem früheren Aufstellungsort in der Cappella Rucellai in Santa Maria Novella, bezaubert durch eine fast melancholische Anmut. Es dominiert eine raffinierte gotische Linienführung, etwa im Goldsaum des Madonnengewandes, über räumliche Wahrhaftigkeit.

Giotto di Bondone: Madonna Ognissanti, um 1310
Tempera auf Holz, 325 x 204 cm

Mit Giotto (um 1266–1337) begegnen wir jenem überragenden Meister, der eine neue Epoche der Malerei einleitete. In der Raumauffassung weist seine Madonna Ognissanti bereits ein deutliches Interesse an realistischer Tiefenstaffelung auf. Auf ihrem Baldachinthron hat Maria als Monumentalfigur, deren angewinkelte Beine sich unter dem Gewand abzeichnen, glaubhaft Platz gefunden. Feste Volumina treten an die Stelle flächiger Auffassung. In feinsten farblichen Abstufungen sind die Gesichter und Stoffe modelliert.

Cimabue: Thronende Madonna, um 1280
Tempera auf Holz, 385 x 223 cm

Wie im Werk des Sienesen Duccios zeigen sich auch bei Cimabue, dem Lehrmeister Giottos, deutlich Berührungspunkte mit der byzantinischen Kunsttradition. Zugleich weist seine Tafel auch schon verhaltene Ansätze einer perspektivischen Wiedergabe in der Thronarchitektur auf. Der räumlicheren Staffelung der Engel entspricht eine gesteigerte Körperlichkeit in der Gestalt Mariä.

Saal der Florentinischen Malerei des 14. Jh.s

Simone Martini: Verkündigung, um 1333
Tempera auf Holz, 184 x 210 cm

Die berühmte Verkündigung des Simone Martini (um 1290–1347) zählt zu den herausragenden Werken der Sienesischen Malerei des 14. Jh.s. Das großformatige Altarretabel wurde ursprünglich für den Ansanus-Altar des dortigen Domes angefertigt. Bei der Ausführung assistierte Lippo Memmi, der Schwager und Schüler Simones. Ihm werden vor allem die beiden äußeren Figuren der Heiligen zugeschrieben, die die Mitteltafel flankieren.

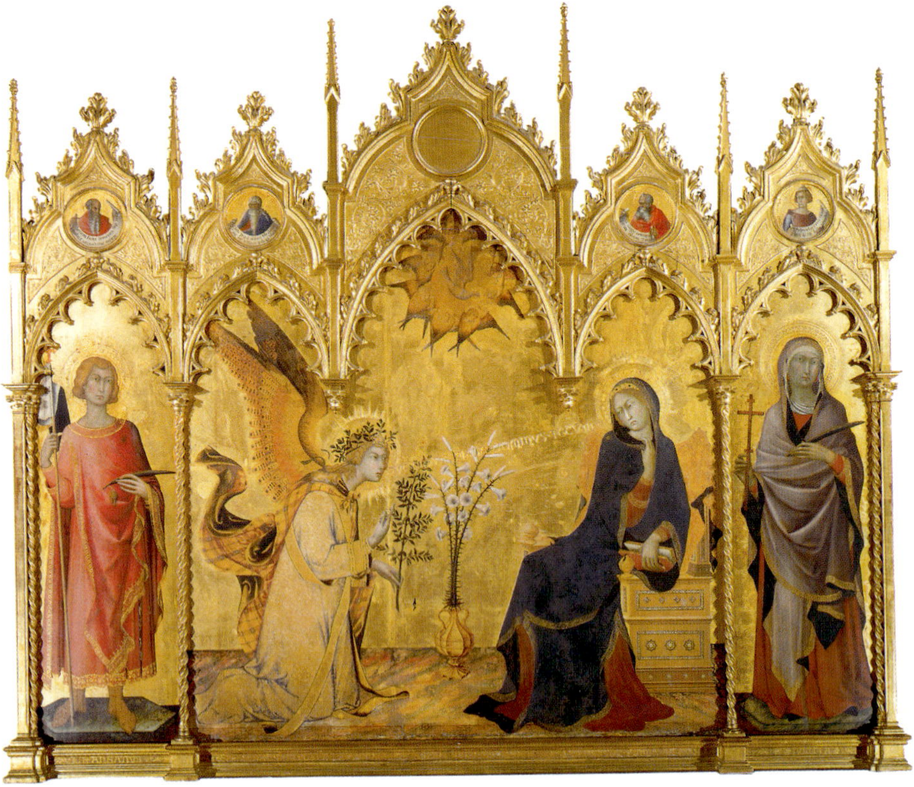

Zu der üppigen Verwendung von Gold gesellt sich eine ganz und gar von gotischem Empfinden durchdrungene Raffinesse in der Wiedergabe der beiden Hauptfiguren. Zeichnerische Eleganz bestimmt die in scharfen Umrissen betonten Linien der Gewänder, eine subtile Ausgewogenheit der Gesten und korrespondierenden Bewegungen verleiht der Szene ihre unvergleichliche Atmosphäre. Es scheint, als habe Martini insbesondere die Transzendenz des Ereignisses zum eigentlichen Gegenstand seines Gemäldes erheben wollen. Wie sich mit der Geburt Christi die Menschwerdung Gottes vollziehen wird, so ist in dieser wundervollen Verkündigungs-Darstellung bereits die Überbringung der Botschaft des Erzengels Gabriel an Maria in den Rang eines zeitlos-metaphysischen Ereignisses erhoben. Vor der Jungfrau, die erschrocken zurückweicht, ist der Engel in die Knie gegangen, um die Worte zu sprechen: »Sei gegrüßt, Begnadete: der Herr ist mit dir« (Lk. 1, 26–38).

Galleria degli Uffizi

Saal der Frührenaissance, S. 137

Saal der Toskanischen Malerei des 13. Jh.s, S. 124

Saal des Filippo Lippi, S. 139

Saal des Botticelli, S. 148

Saal des Guido Reni

Weitere Säle

1 Archäologischer Saal – Antike Skulpturen
2 Saal der Sienesischen Malerei des 14. Jh.s
3 Saal der Florentinischen Malerei des 14. Jh.s
4–5 Saal der Internationalen Gotik
6 Saal der Landkarten
7 Saal des Hermaphroditen
8 Saal der Venezianischen Malerei des 15. Jh.s
9 Saal der Niederländischen und Deutschen Malerei
10 Kabinett der Emilianischen Malerei
11 Korridor des 16. Jh.s
12 Saal der Niobe
13 Saal der Malerei des 18. Jh.s
14 Saal der Monumentalskulpturen
15 Saal des Bartolomeo Manfredi
16 Saal der Caravaggio-Schüler

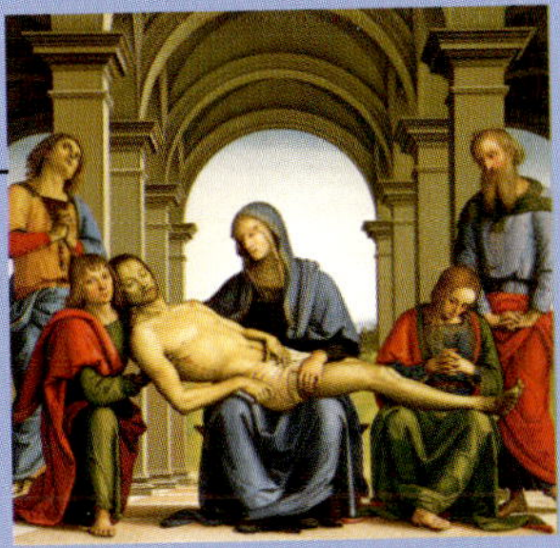

Saal des Perugino und des L. Signorelli, S. 159

Saal der Deutschen, S. 164

Saal der Miniaturen

Saal des S. del Piombo

Saal des Michelangelo und der Florentinischen Malerei des frühen 16. Jh.s, S. 171

Saal des Raffael und des A. del Sarto

Saal des Pontormo und des R. Fiorentino

Saal des Dossi

rdo

Saal des Tizian, S. 178

Saal des Parmigianino, S. 181

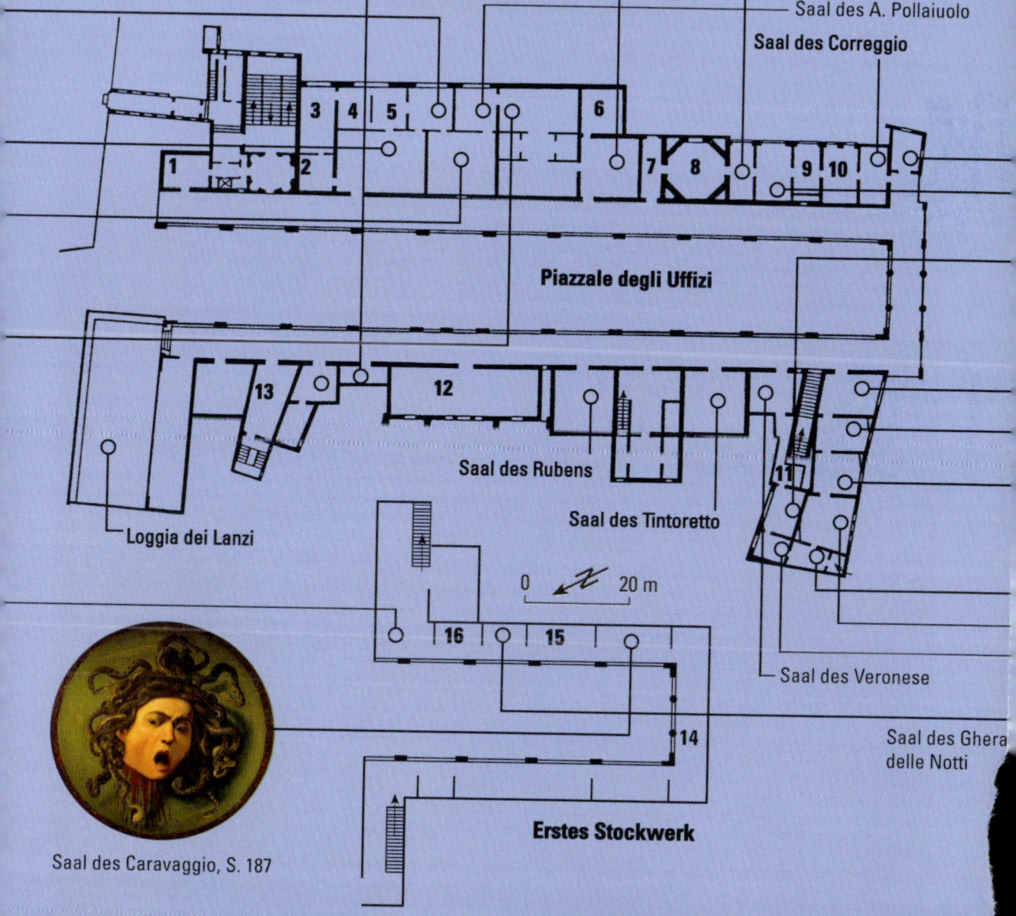

Saal des Leonardo, S. 156

Saal des Caravaggio, S. 187

Gentile da Fabriano: Anbetung der Könige, 1423
Tempera auf Holz, 303 x 282 cm

Gentile da Fabriano war einer der Hauptmeister der »Internationalen Gotik«, des sogenannten höfischen Stils. Sein Gemälde der Anbetung der Könige entstand 1423 für die Familienkapelle der Strozzi in Santa Trinità. Palla Strozzi, der Auftraggeber des Bildes, zählte damals zu den wohlhabendsten Bürgern von Florenz. Von diesem Reichtum zeugt einerseits die üppige Verwendung kostbarster Materialien, zum anderen aber auch die im Auftrag ausdrücklich gewünschte malerische Vielfalt in der Figuren- und Landschaftsdarstellung. Vorne links vollzieht sich die Anbetungsszene vor der Hl. Familie, während sich der Troß im Gefolge der Heiligen Drei Könige weit in die Landschaft hinein erstreckt.

OPVS GENTILIS DE FABRIANO
MCCCCXXIII MENSIS MAII

Saal der Frührenaissance

Paolo Uccello: Die Schlacht von San Romano, um 1456
Tempera auf Holz, 182 x 323 cm

Das Gemälde der Schlacht von San Romano gehörte ursprünglich einem dreiteiligen Zyklus an, dessen rechte und linke Tafel heute im Louvre zu Paris und in der Londoner National Gallery aufbewahrt werden. Cosimo de' Medici (genannt »Il Vecchio«) hatte die Bilder um 1456 bei Paolo Uccello, einem der rätselhaftesten und exzentrischsten Künstler der Florentinischen Frührenaissance, in Auftrag gegeben. Mit der Wahl des Themas wurde an jenen militärischen Sieg erinnert, den die Florentiner Truppen unter Führung des Niccolò da Tolentino – an ihn erinnert im Dom das gemalte Reiterstandbild Cantagnos – 1432 bei San Romano über die vereinten Streitkräfte Mailands und Sienas errungen hatten. In einem Inventar des Jahres 1598 vermochte man das dargestellte Geschehen allerdings nur noch als »antike Turnierszene« zu identifizieren. Diese Fehleinschätzung beruht nicht zuletzt auf dem Umstand, daß in dem Gemälde ein Arrangement von enormer Künstlichkeit die glaubhafte Schilderung eines tatsächlichen Kampfgeschehens überlagert und dem Ganzen einen geradezu surrealen Charakter verleiht.
Paolo Uccello (1397–1475), der nach Giorgio Vasaris Worten »keine andere Freude kannte, als einigen schweren und unausführbaren Problemen der Perspektive nachzusinnen«, unterwarf jedes Detail des Gemäldes seinem skurrilen, bis an die Grenzen der Abstraktion vordringenden

Erfindungsreichtum. Wie ein perspektivisches Liniennetz sind die abgebrochenen Lanzen der Krieger auf dem Boden des Kampfplatzes verteilt. In unwirklichen Farben ausgeführt wirken die Soldaten selbst beinahe wie Puppen, während ihre Pferde an Holzmodelle denken lassen, die der Maler vermutlich in immer neuen Drehungen und Haltungen studierte und in sein Bild rückte.

Piero della Francesca: Doppelbildnis des Federico di Montefeltro und seiner Gattin Battista Sforza (und Rückseiten mit den allegorischen Triumphzügen des Herrscherpaares), um 1465–72
Tempera auf Holz, je 47 x 33 cm

Piero della Francesa (um 1416/17–1492) stammte ursprünglich aus dem kleinen, nahe Urbino gelegenen Städtchen Borgo Sansepolcro. Sein künstlerischer Werdegang führte ihn schon früh nach Florenz und mit steigendem Ansehen schließlich an einige der wichtigsten italienischen Höfe seiner Zeit. Sein Schaffen ist durch eine tiefgehende intellektuelle Auseinandersetzung mit allgemeinen Fragestellungen der Kunst, der Mathematik und der Geometrie gekennzeichnet, die nicht zuletzt in seinen theoretischen Traktaten »De Prospectiva Pingendi« (Von der Perspektive beim Malen) und »Libellus de Cinque Corporibus Regularibus« (Buch von den fünf regelmäßigen Körpern der Geometrie) Niederschlag fanden.

Die ungewöhnlichen Porträts des Fürstenpaares von Urbino verraten in ihrer ungeschönten Realistik, der Farbgebung und den subtil ausgeführten Landschaftshintergründen Piero della Francescas Kenntnis der flämischen Malerei seiner Zeit. Federico ist mit Warzen und einer charakteristischen Adlernase dargestellt. Sein Bildnis war vermutlich schon 1465 vollendet, während dasjenige seiner 1472 verstorbenen Gemahlin posthum entstand. Nach einer zeitgenössischen Mode ist sie mit rasierter Stirn ebenfalls im Profil wiedergegeben. Dem Herrschaftsgebiet um Urbino entspricht die panoramaartig von Hügeln und Ebenen durchzogene, am Horizont in diffusem Licht aufgelöste Landschaft, die sich weit in den Hintergund erstreckt. Auf den Rückseiten beider Bildnisse finden sich die miniaturhaft ausgeführten Allegorien eines Triumphzuges des Herrscherpaares. Federico erscheint hier als Feldherr, Battista als Verkörperung der ehelichen Tugend.

Domenico Veneziano: Sacra conversazione, um 1445
Tempera auf Holz, 209 x 213 cm

Das Tafelbild des Domenico Veneziano (um 1400–1461) zeugt vom schimmernden Licht seiner Heimatstadt Venedig. Das einfallende Tageslicht wirft leichte Schatten, läßt die Farben in feinen Abstufungen aufleuchten und umfängt die Versammlung der Heiligen in einer Atmosphäre von zauberhafter Stimmigkeit. Merkmale Venezianischer Malerei sind hier mit einer florentinischen Nüchternheit der räumlichen Bildkonstruktion verbunden.

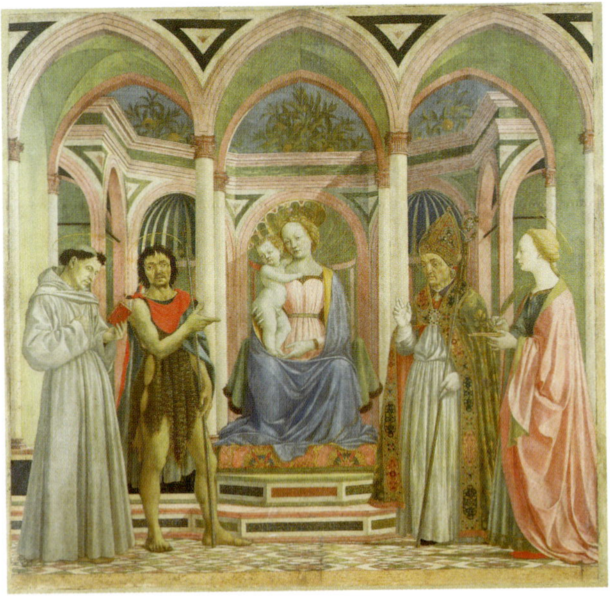

Saal des Filippo Lippi

Filippo Lippi: Madonna mit Kind und zwei Engeln, um 1460
Tempera auf Holz, 92 x 63 cm

Fra Filippo Lippi (1406–1469) verlieh seinem Gemälde der Maria mit dem Kind und zwei Engeln eine eigentümliche Stimmung zwischen Heiterkeit und stiller Besinnung. Vor einer ungewöhnlichen Fensterrahmung ist die Mutter Gottes im Halbprofil, mit mädchenhaften, überaus anmutigen Zügen wiedergegeben. Ungeachtet des biblischen Bildthemas ist sie der zeitgenössischen Mode entsprechend in ein vornehmes blaues Gewand gekleidet und trägt einen kunstvoll aufgesetzten Kopfschmuck. Andächtig hat sie die Hände gefaltet, während sich der Sohn tastend zu ihr wendet. Die Nachdenklichkeit ihres Blicks ist vermutlich in der Vorausahnung des bevorstehenden Kreuzigungstodes Christi begründet, auf den im Hintergrund der Berg (Golgatha) bereits verweist. Im Kontrast hierzu ist das spitzbübische Lächeln des vorderen Engels dem freudigen Ereignis der Ankunft des Erlösers zuzuschreiben.

Saal des Antonio del Pollaiolo

Sandro Botticelli: Rückkehr der Judith aus dem feindlichen Lager, um 1470
Tempera auf Holz, 31 x 24 cm

Die kleinformatige Tafel zeigt jene ausgeprägte Dynamik der Linienführung, der Botticelli (1444/45–1510) seine Bildthemen in frühen Jahren beinahe unterordnete. Mit wehendem Gewand schreitet Judith trumphierend voran, während ihre Dienerin mit dem abgetrennten Haupt des feindlichen Feldherren Holofernes geradezu hinterherspringt.

Piero del Pollaiolo: Die Mäßigung (Temperanza), um 1469
Tempera auf Holz, 167 x 88 cm

Die Florentiner Händler- und Kaufmannsgilde beauftragte die Brüder Piero und Antonio del Pollaiolo mit sechs allegorischen Gemälden der Tugenden. Komplettiert wurde der Zyklus durch Botticellis Darstellung der Tapferkeit (Fortitudo). Aus dem Ratssaal des Handelsgerichtes, zu dessen Ausstattung sie bestellt worden waren, gelangten die großformatigen Tafeln 1717 in die Uffizien. Die Tugend der Temperantia kennzeichnete Piero vortrefflich durch die Handlung des maßvoll vorgenommen Vermischens von Wasser mit Wein.

Sandro Botticelli: Die Tapferkeit (Fortitudo), um 1470
Tempera auf Holz, 167 x 88 cm

Die Allegorie der Tapferkeit ist eines der frühesten gesicherten Werke des damals 25jährigen Malers. Durch ihren Harnisch und den Kommandostab ist die Frau in Sandro Botticellis Gemälde als Verkörperung der Fortitudo ausgewiesen. Zu diesen eher martialischen Attributen kontrastiert allerdings die melancholische Sanftmut in den Zügen des leicht zur Seite geneigten Hauptes.

Antonio del Pollaiolo: Herkules im Kampf mit Antäus, um 1460
Tempera auf Holz, 16 x 9 cm

Antonio del Pollaiolo (um 1430–1498), der seinen jüngeren Bruder Piero in Talent und Ausdrucksvermögen überragte, war auch als Goldschmied, Graphiker und Bildhauer tätig. Der neunte Saal der Uffizien ist nach ihm benannt und beherbergt in einer Vitrine diese beiden bemerkenswerten Herkules-Täfelchen. Bei den Bildern handelt es sich vermutlich um kleinformatige Repliken weitaus größerer Leinwandbilder, die der Maler für Piero de' Medici ausgeführt hatte, die heute aber verloren sind.
Als Sohn der Gaia (Mutter Erde) gewann der Riese Antäus allein durch die Berührung mit dem Boden seine ungeheure Kraft. Herkules gelang es, den Koloß zu besiegen, indem er ihn in die Luft hob und erdrückte.

Antonio del Pollaiolo: Herkules im Kampf mit der Hydra, um 1460
Tempera auf Holz, 17 x 12 cm

Nach der mythologischen Überlieferung ging Herkules auch aus dem Kampf mit der neunköpfigen Wasserschlange Hydra als Sieger hervor. Antonios Schilderung der Kampfszene verrät den anatomisch geschulten Blick des Bildhauers, der hier das Ideal einer dramatischen aufgeladenen Figurendarstellung in der Malerei zu bannen versuchte. »Mit bewegten und spannungsvollen Umrißlinien, die bisweilen von leidenschaftlicher Kraft und Schärfe geprägt sind, gelang es ihm, die Muskelanspannung der nackten Körper, das wilde Aufbrechen physischer und psychischer Lebenskräfte, kurz das Urbild des menschlichen Kampfes gegen widrige Mächte darzustellen.« (L. Berti)

Die Florentiner Zeichenkunst und das »Gabinetto dei Disegni e delle Stampe«

Andrea del Verrocchio: Kopf eines Engels, Feder und Kohlestift auf weißem Papier, 21 x 18 cm, Gabinetto dei Disegni e delle Stampe, Galleria degli Uffizi, Florenz

Zu den markanten Charakteristika, die der künstlerischen Praxis im Florenz der Renaissance traditionell zugeschrieben werden, gehört nicht zuletzt die besondere Bedeutung, die hier der Beherrschung und Weiterentwicklung der Zeichenkunst zugemessen wurde. Während venezianischen Künstlern Virtuosität in allen Belangen des »Colorire» (der Farbgebung) nachgesagt wird, darf man florentinische Maler und Bildhauer zu den Meistern des »Disegno« (wörtl. Zeichnung) rechnen.

Zu Beginn des Quattrocento hatte schon Cennino Cennini allen angehenden Künstlern emp-

Paolo Uccello: Kelchstudie, Feder und Tusche auf weißem Papier, 29 x 24 cm, Gabinetto dei Disegni e delle Stampe, Galleria degli Uffizi, Florenz

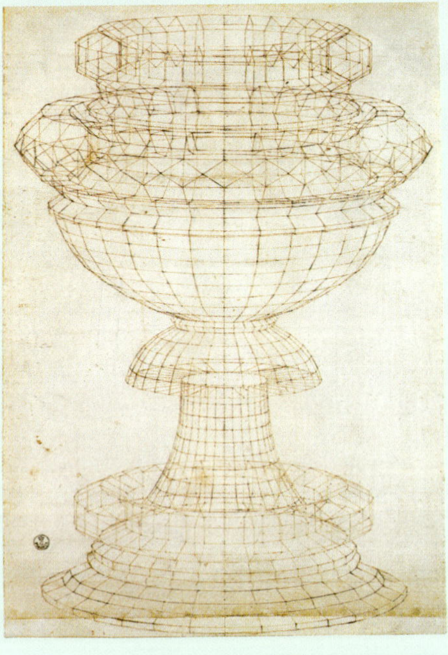

fohlen, sich zuerst in der Kunst der Zeichnung zu üben. Giorgio Vasari erklärte die Gattung der Zeichenkunst zur »Mutter der Malerei« und maß ihr als Grundlage aller künstlerischen Tätigkeit – auch der Bildhauerei und Architektur – eine exponierte Stellung zu.

In beträchtlicher Zahl und von unvergleichlicher Qualität, zählen die von florentinischen Künstlern erhalten gebliebenen Blätter noch heute zu den reichhaltigsten und kostbarsten Hinterlassenschaften der Renaissancekunst. Restauratorische Gründe und die Lichtempfindlichkeit dieser fragilen Meisterwerke machen heute zumeist jedoch eine Aufbewahrung im Verborgenen erforderlich.

Mit dem »Gabinetto dei Disegni e delle Stampe« beherbergen die Uffizien in Florenz eine der weltweit bedeutendsten Sammlungen zeichnerischer sowie druckgraphischer Werke verschiedenster Epochen. Die Bestände, deren Grundstock auf die Sammlung des Kardinals Leopoldo de' Medici (1616–1676) zurückgehen, umfassen heute weit mehr als 100.000 Blätter italienischer und ausländischer Künstler.

Sandro Botticelli: Minerva, Feder und Bister über schwarzer Kreide, mit weiß gehöht, auf rosa Grund, zur Vergrößerung durchstochen und quadriert, 22 x 14 cm, Gabinetto dei Disegni e delle Stampe, Galleria degli Uffizi, Florenz

Saal des Botticelli

Sandro Botticelli: Anbetung der Könige, um 1475
Tempera auf Holz, 113 x 134 cm

Vor einer Ruine aus Stein und Holz ist in diesem Gemälde, anstelle der biblischen Könige, eine Versammlung von Angehörigen der Florentiner Oberschicht zur Anbetung des Kindes versammelt. Allen voran sind die berühmtesten Mitglieder der Medici-Familie poträtiert. Zur Entstehungszeit des Bildes hatte deren Vormachtstellung unter Lorenzo dem Prächtigen ihren Höhepunkt erreicht und Florenz ein »Goldenes Zeitalter« beschert. Botticellis Gemälde wirkt in diesem Sinne fast wie eine Hommage an das Herrscherhaus, der das eigentliche Bildthema nur noch als Anlaß dient.

Sandro Botticelli: Pallas Athene und Kentaur, um 1485
Tempera auf Leinwand,
207 x 148 cm

Nach den wahrscheinlichen Auftraggebern, an die das kunstvolle Ornament der verschlungenen Diamantringe im Gewand der Frauengestalt erinnert, wird dieses Leinwandgemälde Sandro Botticellis auch als »Pallas Medicea« bezeichnet.

Die verbindliche Identifizierung der jugendlichen Dame ist allerdings umstritten. In ihr hat man Athene (bzw. Minerva), die Göttin der Weisheit, oder auch Camilla, eine tugendhafte Heldin aus Vergils »Aenais«, erkannt. In seinem Buch »Von den berühmten Frauen« hatte Boccaccio diese mythologische Frau allen Bräuten als Vorbild empfohlen.

In jedem Falle aber läßt sich das Bild als Allegorie des Triumphes der Tugend über das Laster deuten, denn mit dem Kentauren, der hier mit verschüchtertem Gesichtsausdruck Mitleid zu erflehen scheint, ist der anmutigen Frau jenes eigentlich so wollüstig-gierige Mischwesen aus Mensch und Tier gegenübergestellt, das der Bändigung durch Vernunft (Athene) oder Keuschheit (Camilla) bedarf. Der Wesenunterschied der beiden Figuren spiegelt sich im Hintergrund, wo der zerklüftete Felsen links dem weiten Landschaftsausblick gegenübersteht.

Sandro Botticelli: Geburt der Venus, um 1485
Tempera auf Leinwand, 172 x 278 cm

Piero Francesco de' Medici gab das Gemälde vermutlich für seine Landvilla in Castello bei Botticelli in Auftrag. Das Bildthema ist der antiken Mythologie entnommen, die heute eingebürgerte Betitelung allerdings leicht irreführend. Nicht die eigentliche Geburt der Venus ist dargestellt, sondern die Ankunft der Liebesgöttin an den Gestaden der Insel Cythera, wie sie der Dichter Angelo Poliziano (1454–1494) in einer seiner Stanzen beschrieb. Venus, die Schaumgeborene, ist als Verkörperung vollkommener Schönheit den Wogen des Meeres entstiegen. Auf einer Muschel stehend wird sie von den Windgottheiten Zephir und Aura an Land getrieben, wo eine Frühlingshore bereitsteht, sie mit einem blumenverzierten Mantel zu umfangen. Während der Windhauch das Wasser kräuselt, Blumen durch die Luft trägt und Haare ebenso wie die Gewänder durchweht, ist die Liebesgöttin selbst in statuarischer Ruhe nach dem Vorbild der antiken »Venus pudica« (der schamhaften Venus) wiedergegeben. Die Komposition erinnert zugleich aber auch an christliche Bildthemen wie dasjenige der Taufe Christi. Dem Ganzen liegt ein heute schwer nachvollziehbares gedankliches Konzept zugrunde im Sinne der literarisch-philosophischen Bestrebungen des Humanismus, der letztlich aber auf eine Versöhnung christlicher und mythologischer Vorstellungsbereiche abzuzielen scheint.

Sandro Botticelli: Der Frühling (Primavera), um 1478
Tempera auf Holz, 203 x 314 cm

In diesem frühen Gemälde zeigt sich Botticelli bereits als ausgereifte Künstlerpersönlichkeit. Er gewährt uns Einblick in den Frühlingsgarten der Göttin Venus, die in der Mitte des Bildes mit einladendem Gestus dargestellt ist.
Das geheimnisvolle Bild stellt vermutlich eine Allegorie der Ankunft des Frühlings dar, wie sie die Dichter Angelo Poliziano und Ovid geschildert hatten. Die Nymphe Chloris wird rechts vom geflügelten Windgott Zephir bedrängt. Vor beiden erkennen wir Chloris in einem blumenverzierten Gewand, zudem bereits in Gestalt der Frühlingsgöttin Flora, in die Zephir sie aus Reue über seine gewaltsame Annäherung verwandeln wird. Drei Grazien, die einander in tänzerischen Posen an den Händen gefaßt halten, feiern den Beginn des Frühlings, während Merkur als Beschützer des Gartens letzte Wolkenschleier vertreibt.

Hugo van der Goes: Portinari-Altar (Mitteltafel), um 1475
Öl auf Holz, 253 x 304 cm

Der italienischen Malerei des Quattrocento stand nördlich der Alpen eine nicht weniger reizvolle, aber doch gänzlich anders geartete künstlerische Entwicklung gegenüber. Rogier van der Weyden und Jan van Eyck gehörten zu den Meistern, deren Ruhm in Italien schon früh weitverbreitet war.

Als der Altar des flämischen Malers Hugo van der Goes (1435–1482) im Jahre 1483 in Florenz eintraf, löste er unter den dortigen Künstlern jedoch eine kleine Sensation aus. Tommaso Portinari, ein Repräsentant der Medici-Bank in Brügge, hatte das

monumentale Altarbild bei Hugo van der Goes in Auftrag gegeben und nach Florenz überbringen lassen. Obwohl empirische Proportionsregeln im Werk des Flamen zugunsten einer altertümlich anmutenden Bedeutungsperspektive vernachlässigt waren, die Größenverhältnisse des figürlichen Personals gemäß ihres ideellen Rangs gestaffelt erschienen, war eine derart krasse, bis ins letzte Detail durchgehaltene Präzision der Naturnachahmung den Vertretern der zeitgenössischen Florentinischen Malerei so noch nicht begegnet.

Rogier van der Weyden: Grablegung Christi, um 1450
Öl auf Holz, 110 x 96 cm

Dieses Tafelbild des flämischen Malers Rogier van der Weyden (1400–1464) war ursprünglich in der mediceischen Landvilla in Carregi aufgestellt. In Cosimo de' Medici dürfen wir somit den Auftraggeber vermuten. Obwohl das Gemälde höchstwahrscheinlich während Rogiers Italienaufenthalt im Jahre 1450 entstanden ist und zudem unübersehbare Ähnlichkeiten zu einer älteren Predellentafel (München, Alte Pinakothek) des Fra Angelico aufweist, zeigt sich in diesem Ölgemälde deutlich die detailreiche und kompromißlose Realistik der Naturbeobachtung, die die nordalpine Malerei der Zeit von derjenigen des Quattrocento Italiens unterscheidet. Innerste menschliche Regungen vermeint man an den famos wiedergegebenen Gesichtern der Heiligen ablesen zu können, die den hageren Leichnam Christi gleichsam »präsentieren«.

ECCE

Andrea del Verrocchio und Leonardo da Vinci: Taufe Christi, um 1475–1478
Öl und Tempera auf Holz, 180 x 152 cm

In der Werkstatt des Andrea di Cione (genannt Verrocchio, 1435–1488), der uns heute in erster Linie als Bildhauer und Schöpfer von Bronzeskulpturen bekannt ist, erhielt der junge Leonardo da Vinci (1452–1519) seine künstlerische Ausbildung. Das aus der Kirche San Salvi stammende Gemälde der Taufe Christi wird oft als gemeinschaftliche Arbeit beider Künstler angesehen. In jedem Falle scheint der Lehrmeister seinem talentierten Schüler die Ausführung umfangreicher Partien überlassen zu haben. Teile der Hintergrundlandschaft tragen Züge, die bereits die Hand Leonardos vermuten lassen. Daneben wird ihm vor allem aber der äußere Engelskopf im Bildvordergrund zugeschrieben, dessen zarte Ausführung sich deutlich von der weitaus kraftvolleren Modellierung der Gesichter Christi und Johannes d. T. unterscheidet.
Vasari zufolge soll Verrocchio, von dem wir tatsächlich nur wenige gesicherte Gemälde kennen, von der überlegenen Kunstfertigkeit des noch kindlichen Leonardo derart überwältigt gewesen sein, daß er beschloß, die Malerei aufzugeben. Da schon ein Kind mehr wisse als er selbst, so heißt es, wolle er fortan selbst nicht mehr mit Farben umgehen. Bei der Christusfigur vermutet man aufgrund stilistischer Unterschiede die Hand eines dritten Malers, vermutlich Lorenzo di Credis.

Leonardo da Vinci: Verkündigung, um 1473–1475
Öl und Tempera auf Holz, 98 x 217 cm
(nachfolgende Doppelseite)

Das Gemälde der Verkündigung an Maria befand sich ehemals im Chiostro San Bartolomeo in Monteoliveto nahe Florenz. Die Zuschreibung an Leonardo da Vinci, der das Bild noch im Hause seines Lehrmeisters Andrea del Verrocchio gemalt haben könnte, ist umstritten. Die alleinige Ausführung durch den gerade zwanzigjährigen Künstler, der erst seit 1472 eingetragenes Mitglied der Florentiner Malerzunft war, wird von einigen Forschern bezweifelt.
Vor der an einem Lesepult sitzenden Maria, deren Gestalt durch das architektonische Eckmotiv im Hintergrund akzentuiert wird, ist auf der linken Seite der Verkündigungsengel in die Knie gegangen. Während dieser als klassische Profilfigur mit segnendem Gestus erscheint, ist die Jungfrau beinahe frontalansichtig wiedergegeben. Durch das Portal zu ihrer Linken ist ein Innenraum erkennbar, der, so verrät es das Bett, das Schlafzimmer Mariä sein könnte. Der einfachen, einem quattrocentesken Kompositionsschema folgenden Figurenanordnung steht eine Vielzahl durchaus ungewöhnlicher Einfälle gegenüber, mittels derer dem Betrachter nahezu beiläufig eine glaubhafte Schilderung des Ereignisses geboten wird. In bemerkenswerter Manier sind die Gesichter und Gewänder, die Flügel des Engels und vor allem auch die herrliche, so stimmungsreiche Hintergrundlandschaft ausgeführt.

Leonardo da Vinci: Anbetung der Könige, 1481/82
verschiedene Malmittel auf Holz, 243 x 246 cm

Die Mönche von San Donato a Scopeto gaben das Gemälde mit der Anbetung der Könige in Auftrag. In weiten Partien trägt die großformatige Tafel bis heute den Charakter einer virtuosen Zeichnung, denn Leonardo brach die Arbeit frühzeitig ab, als er 1482 nach Mailand aufbrach.

Ungeachtet dessen zeigt schon der »Entwurf« jene Charakteristika, mit denen Leonardo die Malerei seiner Zeit bereichern und letztendlich die Hochrenaissance einleiten sollte. Das Bild enthält im Vordergrund das früheste Beispiel einer pyramidal aufgebauten Komposition, um die eine Vielzahl weiterer Figurengruppen geschart ist. Ein unerschöpflicher Erfindungsreichtum zeigt sich nicht nur in den vielfältigsten Gesten und bewegten Gesichtszügen der Personen, die in respektvollem Abstand um Maria und Christus versammelt sind, sondern auch im Entwurf des Hintergrundes. Obwohl das Bild in seinem fragmentarischen Zustand einen einzigartigen Einblick in die Arbeitsweise des Künstlers gewährt, wird man bedauern, daß Leonardo dieses Werk nicht vollendete.

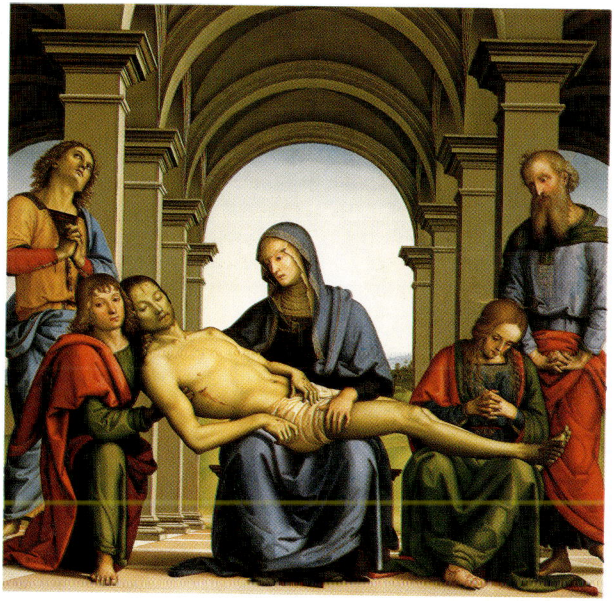

Perugino: Pietà, um 1493
Öl auf Holz, 168 x 176 cm

Perugino (eigentl. Pietro Vannucci, um 1445–1523) genoß während der letzten Jahrzehnte des Quattrocento außerordentlichen Ruhm, der ihn zeitweilig zu einem der begehrtesten Maler Italiens machte. Die Beweinung Christi der Uffizien entstand um 1493, auf dem Schaffenshöhepunkt dieses bedeutenden umbrischen Malers.

Eine mystische Entrücktheit kennzeichnet die edlen Figuren. Die vollkommene Balance aller Bildelemente ist Ziel der Komposition. In den Körperhaltungen und Kopfneigungen der Heiligen finden sich die bestimmenden Linien der einfachen architektonischen Formen fortgeführt. Die Gestalt Mariä ist in der Bildmitte vor einer Bogenstellung plaziert, während die spärliche Andeutung der Landschaft Unendlichkeit suggeriert.

Tribuna

Francesco I. de' Medici beauftragte Bernardo Buontalenti (1541–1587) damit, einen idealen Gallerieraum für einige bevorzugte Stücke der mediceischen Kunstsammlung zu konzipieren. Zum Ruhme des Herrscherhauses folgen Gestaltung und Dekoration der Tribuna einem kosmologischen Programm, innerhalb dessen die Medici, an deren Wappen und Symbole zahlreiche Details erinnern, in den Kontext einer gottgewollten Weltordnung gerückt werden. So läßt sich der Raum als sinnbildhafte Vergegenwärtigung der vier Elemente lesen. Eine bekrönende Wetterfahne symbolisiert die Luft, im Perlmuttbesatz und dem Blau des Tambours ist auf das Element Wasser angespielt. Mit feuerrotem Stoff sind die Wände bespannt, während die Grüntöne der »Pietra-Dura« des Bodens an die Erde erinnern. Buontalentis Idee, den achteckigen Zentralraum indirekt von oben zu beleuchten und die fensterlosen Wände gänzlich mit Gemälden zu bestücken, wurde zum vielfach kopierten Vorbild früher Museumsarchitektur. Über Jahrhunderte hinweg äußerten Bildungsreisende aber auch ihre Begeisterung angesichts der hier aufbewahrten Kunstwerke. Unter diesen kam der Mediceischen Venus besondere Berühmtheit zu. Die Figur gilt als hellenistische Kopie nach einem Original des Praxiteles, das schon während der Antike als eines der schönsten Bildwerke der Welt galt.

Agnolo Bronzino: Bildnis der Eleonora da Toledo mit ihrem Sohn Giovanni, um 1545
Öl auf Holz, 115 x 96 cm

Während der 40er Jahre des 16. Jh.s war Agnolo Bronzino (1503–1572) zum Hofmaler und herzoglichen Porträtisten der Medici aufgestiegen. Das Gemälde der Eleonora von Toledo mit ihrem Sohn Giovanni ist ein Meisterwerk spätmanieristischer Bildniskunst und bezeugt eindrucksvoll das aristokratische Selbstverständnis um die Mitte des 16. Jh.s. Die starren Gesichtszüge der Dargestellten verraten kaum eine innere Regung, erhabene Distanz drückt sich im strengen Blick aus. Von der Steifheit höfischer Etikette kündet die Pose, auch wenn eine Hand Eleonoras mütterlich auf der Schulter des Kindes ruht. Als malerisches Bravourstück ersten Ranges beeindruckt die Wiedergabe des kostbaren Kleides. Wie sich bei der Öffnung ihres Grabes im Jahre 1857 zeigte, ist es dasjenige, in dem die Herzogin nach ihrem frühen Tode 1562 auch bestattet wurde.

Agnolo Bronzino: Kinderbildnis des Giovanni de' Medici, 1545
Öl auf Holz, 58 x 45 cm

Seine erste Gemahlin Eleonora, Tochter des Vizekönigs von Neapel, gebar Cosimo I. acht Nachkommen. In anrührenden Kinderbildnissen verewigte Bronzino (1503–1572) einige dieser jüngsten Sprößlinge der Familie.

Bei dem Knaben im purpurroten Wams handelt es sich vermutlich um den gerade zweijährigen Giovanni de' Medici. In seiner rechten Hand hält er einen kleinen Vogel vor seine Brust. Dem pausbäckigen Gesicht und den drallen Händchen haftet deutlich noch der Babyspeck an. Erste Zähnchen zeigen sich im fröhlich geöffneten Mund. Eindringlich erfaßt Bronzino einen spontanen Ausdruck kindlich-verspielter Unbekümmertheit. Dem Dargestellten war allerdings nur eine kurze Lebensdauer beschert. Im Alter von neunzehn Jahren verstarb Giovanni de' Medici schon 1562 an jenem Fieber, das auch seine Mutter dahinraffte.

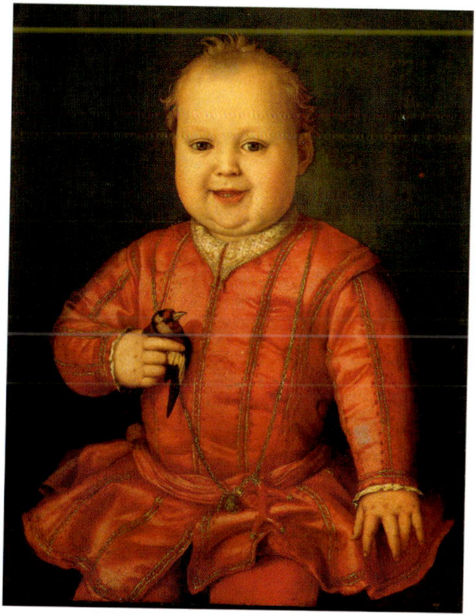

Saal der Deutschen

Albrecht Dürer: Bildnis des Vaters, um 1490
Öl auf Holz, 47 x 39 cm

Albrecht Dürer der Ältere, (1427–1502) der Vater des berühmten Malers, stammte ursprünglich aus Ungarn und war über Wanderjahre in den Niederlanden 1455 nach Nürnberg gelangt, wo er sich als Goldschmied niederließ. Sein Porträt zählt zu den frühesten erhaltenen Gemälden des gleichnamigen Sohnes Albrecht Dürer des Jüngeren (1471–1528). Bei genauem Hinsehen wird man noch kleinere Mängel eines Jugendwerkes konstatieren können. Etwas zu schmächtig scheint der Oberkörper geraten, der Kopf angesichts der schmalen Schultern zu groß. Die Darstellung des Gesichtes ist allerdings schon von einer imponierenden malerischen Qualität, die keinen Zweifel am Talent des Künstlers mehr zuläßt. Wir sehen das ausdrucksstarke, ebenso einfühlsam wie detailgenau ausgeführte Porträt eines ernsten, sehr ruhig und nachdenklich wirkenden Mannes, der seine Frömmigkeit durch den Rosenkranz in seinen Händen bezeugt. Spürbar bestätigt das Bild die distanziert-respektvolle Haltung des damals vermutlich gerade erst neunzehnjährigen Sohnes. Ein Bildnis der Mutter bildete ursprünglich das Pendant zu diesem kleinformatigen Gemälde. Die beiden Familienwappen auf der Rückseite der Tafel belegen die Zusammengehörigkeit der Bildnispendants.

Albrecht Dürer: Die Anbetung der Könige, um 1504
Öl auf Holz, 100 x 114 cm

Das Gemälde belegt Dürers Auseinandersetzung mit der italienischen Malerei seiner Zeit, insbesondere derjenigen des Andrea Mantegna, dessen Werke er anhand von Stichen schon früh studiert hatte. Nach genauen perspektivischen Beobachtungen sind die Ruinen und die Landschaft im Hintergrund ausgeführt, in klarer Plastizität und leuchtenden Farben die Hauptfiguren des Vordergrundes wiedergegeben. Im akribischen Detailreichtum zeigt sich eine typisch nordalpine Eigenart.

Saal der Venezianischen Malerei des 15. Jh.s

Giovanni Bellini: Heilige Allegorie, um 1485
Öl auf Holz, 73 x 119 cm

Dieses Gemälde des venezianischen Malers Giovanni Bellini (um 1430–1516) wurde oft als Allegorie des Fegefeuers bezeichnet. Letztendlich ist es der Forschung allerdings nicht gelungen, den Bildinhalt verbindlich zu deuten, so daß das Werk bis heute zu den rätselhaftesten Gemälden der Uffizien zählt. Von der vorderen Terrasse reicht die ungewöhnliche räumliche Staffelung über einen See zu der Felsenlandschaft und der Stadt im Hintergrund. Als meisterlicher Kolorist erweist sich Bellini im zurückhaltenden Einsatz gedämpfter Farbtöne, die alles in einem warmen Licht von großer atmosphärischer Kraft umfangen und die Gestalten der allgegenwärtigen Natur unterordnen.

Saal des Correggio

Andrea Mantegna: Triptychon mit Anbetung der Könige, Beschneidung und Himmelfahrt Christi, um 1466
Tempera auf Holz,
Mitteltafel: 77 x 75 cm,
Seitentafeln: je 86 x 43 cm

Albrecht Dürer reiste im Jahre 1506 eigens aus Venedig nach Mantua, um dort Andrea Mantegna (1431–1506), den berühmten Hofmaler der Fürstenfamilie Gonzaga, zu treffen. Bei seiner Ankunft mußte er feststellen, daß der von ihm hochgeschätzte Meister kurz zuvor verstorben war. Wie Dürer zeigten sich zahlreiche Künstler der Zeit von der ungemein kraftvollen Malerei von Andrea Mantegna beeindruckt. Die Errungenschaften der Florentinischen Malerei des Quattrocento übersetzte Mantegna in eine höchst eigenständige Bildsprache.
Die drei Tafeln des Uffizien-Triptychons stammen aus dem Besitz des Don Antonio de' Medici und entstanden vermutlich schon um 1466, als Mantegna sich für einige Monate in Florenz aufhielt. Die Mitteltafel mit der Anbetung der Könige zeigt einen phantasievollen Detailreichtum und ist von enormer Plastizität. In ihren bunten Gewändern heben sich die Figuren deutlich von der zerklüfteten Felslandschaft ab.

Demutsvoll nähern sich vorne die drei Könige Melchior, Caspar und Balthasar dem Christusknaben. Sie sind im Begriff, vor dem Christuskind niederzuknien und ihm ihre Ehrerbietung zu erweisen, während ihr Gefolge im Hintergrund verharrt. Die Anbetung der Könige wird von den beiden Tafeln der Himmelfahrt Christi (rechts) und der Beschneidung (links) flankiert.

Correggio: Ruhe auf der Flucht nach Ägypten, um 1515
Öl auf Leinwand, 123 x 106 cm

Antonio Allegri (1489–1534) wurde nach seinem Heimatort kurz Correggio genannt. Als Referenz an den Bestimmungsort des Bildes, eine Kapelle der Kirche San Francesco, kniet hier ein Franziskanermönch zu Füßen der Hl. Familie. Schauplatz der Szene ist ein Wald, vor dessen undurchdringlichem Dickicht sich die Hauptfiguren in hell aufleuchtenden Farben abheben. Schon in diesem Frühwerk begegnet uns die charakteristische Diagonalkomposition, mit der Correggio auch in späteren Werken die Bewegtheit barocker Bildschöpfungen vorwegnahm.

Saal des Michelangelo und der Florentinischen Malerei des frühen 16. Jh.s

Michelangelo Buonarroti: Heilige Familie (Tondo Doni), um 1504
Tempera auf Holz, Dm. 120 cm

Der nach seinem Auftraggeber Agnolo Doni benannte Tondo (um 1504) ist nicht nur das einzige erhaltene Tafelgemälde Michelangelos, sondern zudem bis heute in seinem Originalrahmen zu sehen.
Deutlich zeigt sich der Meister einem bildhauerisch empfundenen Körperideal verpflichtet. In den hellen Farben und dem komplizierten, von artifiziell übersteigerten Drehungen bestimmten Aufbau der Hauptgruppe wirkt das Gemälde wie eine Vorwegnahme des Manierismus.

Giorgio Vasari – Der »Vater der Kunstgeschichte«

Giorgio Vasari (1511 – 1574) stammte ursprünglich aus Arezzo, wo sein Vater, wie zuvor schon der Großvater, als Töpfer (ital. = vasario) tätig war. Bereits in seiner Heimatstadt war Giorgio zum Glasmaler ausgebildet und in humanistischer Gelehrsamkeit geschult worden. Als er im Alter von dreizehn Jahren erstmals nach Florenz gelangte, setzte er seine künstlerische Ausbildung dort zunächst bei Andrea del Sarto und Baccio Bandinelli fort. Vielleicht hatte der Jüngling bald auch Gelegenheit, Michelangelo in dessen Werkstatt bei der Arbeit über die Schulter zu schauen. Im Umfeld der Medici wurde er überdies weiterhin in den klassischen Altertumswissenschaften unterwiesen. Der erste Florenzaufenthalt endete für den jungen Mann jedoch schon 1527, als die Medici zeitweilig aus Florenz vertrieben wurden. Für Vasari begann damit ein zunächst äußerst unsteter, wechselhafter Lebensweg. Für zwei Jahre gelangte er zurück nach Arezzo, dann wieder nach Florenz und 1531 auf Veranlassung des Kardinals Ippolito de' Medici schließlich für einige Zeit nach Rom. Im Verlauf zahlloser Reisen, die ihn unter anderem auch nach Venedig und Bologna führten, wechselte er während der nachfolgenden Jahre des öfteren seinen Aufenthaltsort. Dabei ist er als Maler und Architekt tätig gewesen, versuchte sich in der Bildhauerei, beschäftigte sich mit naturwissenschaftlichen Fragestellungen und bewegte sich allerorten sehr bald schon in den Kreisen der gebildetsten Humanisten seiner Zeit. Erst 1545 ließ er sich schließlich dauerhaft in Florenz nieder.

Giorgio Vasari: Selbstbildnis, 1566–1568, Öl auf Holz, 100 x 80 cm, Galleria degli Uffizi, Florenz

Bei aller Vielfalt seines künstlerischen Schaffens – in Florenz wurde ihm unter anderem die Ausführung des Kuppelfreskos im Dom und die Errichtung der Uffizien anvertraut – gründet der besondere Ruhm Vasaris heute in erster Linie allerdings auf seinen »Lebensbeschreibungen der ausgezeichnetsten Maler, Bildhauer und Architekten« (»Le Vite de' più eccelenti pittori, scultori e architetti«). Mit diesem 1550 (und schließlich 1568 in einer erweiterten Ausgabe) erschienenen Werk lieferte Vasari die erste systematisch gegliederte Sammlung von Künstlerviten. Sie beginnt mit Cimabue und reicht bis zu den Meistern seiner Zeit. Lebensläufe und Werke der namhaftesten italienischen Renaissance-Künstler – darunter Giotto, Masaccio, Ghiberti, Brunelleschi, Donatello, Botticelli, Uccello, Mantegna, Leonardo und Raffael – finden sich darin auf ebenso anschauliche wie unterhaltsame Weise geschildert. Obgleich nicht immer zuverlässig in den historischen Fakten und an mancher Stelle mit wenig glaubwürdigen Anekdoten ausgeschmückt, stellen die Texte bis heute einen nahezu unerschöpflichen Quellenfundus dar. Ihrem Verfasser brachten die »Viten« den Ruf eines »Vaters der Kunstgeschichte« ein. Alle vorausgegangenen biographischen Darstellungen – wie etwa diejenige des Brunelleschi-Biographen Antonio Manetti (1423–1491) – übertraf Vasari nicht nur im geradezu enzyklopädischen Umfang des von ihm vermutlich über Jahrzehnte hinweg zusammengetragenen Materials. »Einzigartig ist, wie er in der Mitte des 16. Jh.s vermochte, eine Geschichtskonstruktion zu geben und eine Fülle kunsthistorischer Fakten zu einem Gesamtwerk von monumentaler Größe zu vereinen. Er ist als erster in einen Bereich eingedrungen, den man erst sehr viel später die Wissenschaft von der Kunst genannt hat.« (U. Kultermann)

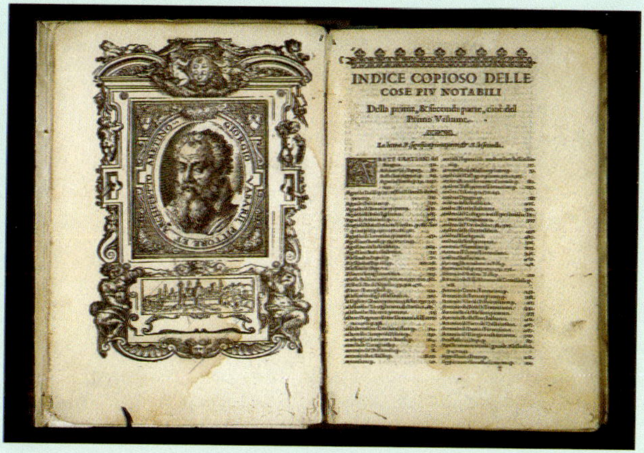

Giorgio Vasari: »Le Vite de' più eccelenti pittori, scultori e architetti«, 2. Auflage 1568

Kennzeichnend für Vasaris Auffassung vom Entwicklungsgang der Kunst ist eine Unterteilung in drei historische Phasen: Auf die bewundernswerte Blütezeit der Künste im Altertum folgten während des finsteren Mittelalters die Jahrhunderte des Verfalls und erst seit dem Trecento eine neuerliche Wiederbelebung. In Analogie hierzu vollzog sich letztere ihrerseits in drei, den Lebensabschnitten Kindheit (14. Jh.), Jugend (15. Jh.) und Reife entsprechenden Stufen. Mit Michelangelo Buonarotti, dessen Werken Vasari geradezu hymnische Verehrung entgegenbrachte, schien ihm das Ideal der Antike dann endlich nicht nur erreicht, sondern sogar übertroffen und die Kunst zu ihrer höchsten Vollendung gereift.

Saal des Raffael und des Andrea del Sarto

Raffael: Madonna mit dem Stieglitz, um 1507
Öl auf Holz, 107 x 77 cm

Eine geheimnisvoll schimmernde, in gedämpfter Farbskala ausgeführte Landschaft bildet den Hintergrund für die Gruppe der Madonna mit den Knaben Christus und Johannes. Gegen Ende seiner Florentiner Zeit zeigt sich Raffael in diesem Bild noch von Leonardo und auch Michelangelo beeinflußt. Der Sohn hat zwischen den Knien der Mutter Platz gefunden. Er wendet sich Johannes zu und streichelt den ihm entgegengehaltenen Vogel, einen Distelfink, das Symbol der Passion. Dem heiteren Beieinander der Kinder entspricht die Zärtlichkeit in den behutsamen Gesten der Mutter. Aufs glücklichste finden sich Landschaft und Figuren hier zu einer stimmungsreichen Einheit gebracht.

Raffael: Bildnis des Papstes Leo X. mit seinen Nepoten, um 1518
Öl auf Holz, 155 x 119 cm

Mit Giovanni, dem zweiten Sohn Lorenzos des Prächtigen, gelangte im Jahre 1513 erstmals ein Nachkomme des Hauses Medici auf den Stuhl Petri. Bis zu seinem Tode 1521 hatte er das Pontifikat als Papst Leo X. inne. Das Porträt zeigt ihn in der Gesellschaft seiner Neffen, der Kardinäle Luigi de' Rossi und Giulio de' Medici. Ohne jede Beschönigung der wenig ansprechenden Gesichtszüge zeichnet Raffael das Bild des willensstarken, in sich ruhenden Charakters. An Leos humanistisch geprägte Affinität zu allen Bereichen der schönen Künste erinnert das wunderbar gemalte Buchstilleben auf dem Tisch. Virtuos ist der Duktus je nach materieller Beschaffenheit der verschiedenen Gegenstände und Stoffe variiert. Zahllose Schattierungen beleben die weitgefächerte Palette der dominierenden Rottöne, während zur kompositorischen Geschlossenheit ein ganzes Netz einander durchdringender Diagonalen beiträgt. Diese münden in der Gestalt des Papstes.

AND·SAR·FLO·FAB
AD SVMMV
REGINA TRO
NV DEFER
TVR IN AL
TVM
·M·D·XVII

Andrea del Sarto: Harpyienmadonna, um 1517
Öl auf Holz, 207 x 178 cm

Aus der Kirche San Francesco gelangte dieses berühmte Hauptwerk des Andrea del Sarto 1865 in die Uffizien. Ein fortwährendes Bemühen, Figuren und Raum in ein organisches Ganzes von dichter atmosphärischer Geschlossenheit einzubinden, kennzeichnet sein malerisches Schaffen. Die »Madonna delle Arpie« – benannt nach den Harpyien am Postament der Marienfigur – läßt in der Weichheit der Formgebung den Einfluß Leonardo da Vincis erkennen, während die Komposition an Vorbildern Fra Bartolommeos und Raffaels geschult ist. Das Gemälde strahlt eine feierliche Monumentalität aus, obwohl den dynamischen Posen und Drehungen der Figuren eine enorme Lebendigkeit innewohnt.

Pontormo: Christus in Emmaus, um 1525
Öl auf Leinwand, 230 x 175 cm

Eine unwirkliche, fast mystische Atmosphäre prägt die Emmaus-Szene des Jacopo Carrucci, genannt Pontormo (1494–1556), der zu den Haupmeistern des sogenannten Florentinischen Frühmanierismus zählt.
Vor dem Halbdunkel des Hintergrundes steigert sich die Palette zu den hell leuchtenden Farbakzenten in der Kleidung der beiden Jünger, die vorne vor dem Tisch plaziert sind. Über ein räumliches Dreieck sind sie kompositorisch mit der beherrschenden Gestalt Christi verbunden, oberhalb derer in einer Lichtaureole das Auge der Heiligen Dreifaltigkeit prangt. Der Moment, da der Auferstandene sich den Gefährten durch das Brechen des Brotes zu erkennen gibt, scheint noch bevorzustehen, obwohl Christus die rechte Hand bereits zum segnendem Gestus erhoben hat. Mehrere Kartäusermönche sind wie Zeugen um die Szene versammelt. Vermutlich handelt es sich um Porträts von Angehörigen der Certosa di Galluzzo, für die das Bild bestimmt war.

Tizian: Venus von Urbino, 1538
Öl auf Leinwand, 119 x 165 cm

Tiziano Vecellio (um 1488–1576) war der überragende venezianische Maler des 16. Jh.s. Auf der Höhe seines Ruhmes war er im Range eines wahren Malerfürsten für Könige, Kaiser und Herrscherhäuser in ganz Europa tätig. Seine Gemälde waren weit über die Grenzen Italiens hinaus hochbegehrt. Den großen Renaissance-Meistern des »Disegno« (Zeichnung) steht Tizian als einer der herausragendsten Koloristen aller Zeiten kongenial gegenüber.
Für Guidobaldo della Rovere, den Herzog von Urbino, schuf Tizian das berühmte Leinwandgemälde der ruhenden Venus. In vollendeter Schönheit, ohne Scheu, aber durchaus kokett und mit herausforderndem Blick begegnet die weibliche Aktfigur dem Betrachter auf ein weißes Laken gebettet. Im Gegensatz zu Giorgiones Schlafender Venus (1505, Gemäldegalerie Dresden), auf deren Vorbild Tizian zurückgreift, ist das Bild der mythologischen Göttin hier vollends profanisiert. An die Stelle einer antikischen Ideallandschaft ist ein herrschaftlicher venezianischer Innenraum getreten, in dem noch zwei Dienerinnen bei der Arbeit zu erkennen sind. Die Göttin selbst – vielleicht handelt es sich um das Porträt einer Kurtisane – scheint sich der erotischen Wirkung ihrer verführerischen Pose durchaus bewußt. Das Gemälde ist ein wichtiges Beispiel für Tizians koloristische Meisterschaft.

Tizian: Flora, um 1515
Öl auf Leinwand, 79 x 63 cm

Eine ebenso kontrastreiche wie virtuose Farbmodellierung unterschiedlichster Oberflächenbeschaffenheiten – des Inkarnates, der Stoffe und Blumen – zeichnet schon Tizians frühe Darstellung der antiken Frühlingsgöttin Flora aus. Angesichts der erotischen Ausstrahlung, die von dem Gemälde ausgeht, verwundert es kaum, daß auch dieses Werk lange Zeit als Bildnis einer zeitgenössischen venezianischen Kurtisane interpretiert wurde. In goldschimmernden Tönen fällt das gelockte Haar über die Schultern der jungen Frau. Die Blumen in ihrer Hand kennnzeichnen sie als die antike Göttin Flora. Eine rätselhafte Melancholie teilt sich in den ebenmäßigen Gesichtszügen des zur Seite geneigten Hauptes mit, während der leichte, hauchdünne Stoff des Untergewandes den Busen nur so eben noch verhüllt. Ihr Gesicht erinnert mit seinen klaren Zügen an antike Vorbilder.

Tizian, der zur Entstehungszeit dieses Bildes noch am Anfang seiner Malerkarriere stand und gerade erst seit zwei Jahren eine eigene Werkstatt unterhielt, zeigt sich hier noch deutlich von den rätselhaft-verträumten Bildern seines Lehrmeisters Giorgione beeinflußt. Zugleich demonstriert er schon eindrucksvoll seine Begabung in schwierig auszuführenden Details, wie der bemerkenswerten perspektivischen Verkürzung des rechten Unterarmes der Göttin, die einige Rosenblätter und -blüten in ihrer Hand hält.

Parmigianino: Madonna mit dem langen Hals, 1534–1540
Öl auf Holz, 219 x 135 cm

Die »Madonna col collo lungo« verdankt ihre heute eingebürgerte Betitelung einer anatomischen Auffälligkeit der Hauptfigur. Obwohl das Gemälde nach mehrjähriger Arbeit letztendlich unvollendet blieb, gilt dieses Werk des emilianischen Malers Girolamo Francesco Maria Mazzola (1503–1540), der nach seinem Geburtsort Parma kurz Parmigianino genannt wurde, als frühestes Zeugnis der manieristischen Malerei.

Alle logischen Gesetzmäßigkeiten eines klassischen Bildaufbaus sind in dem Bild aufgehoben. Eine artifiziell-übersteigerte, gezierte Eleganz der Formgebung gewinnt die Oberhand über alle naturgegebenen Möglichkeiten menschlichen Körperbaus. Gemäß dem Ideal der »figura serpentinata« erscheinen die Gestalten mehrfach in sich gedreht mit extrem gelängten Gliedmaßen. In der ungewöhnlichen Haltung des Kindes scheint bereits das Motiv einer Pietà, der Beweinung des Leichnams Christi, vorweggenommen. Wie auch derjenige seiner Mutter, die in einer eigentümlichen Pose zwischen Stehen und Sitzen verharrt, entbehrt der riesenhafte Körper des Knaben jeglicher Einbindung in einen Kanon verbindlicher Proportionsverhältnisse. Geradezu surreal mutet überdies die unbestimmte räumliche Situation an.

Eine wuchtige, rot-braune Draperie überfängt links die dicht aneinander gedrängte Gruppe mehrerer kindlich-engelhafter Gestalten, während in denkbar größter Asymmetrie des Bildaufbaus rechts der Blick in die Tiefe des Raumes freigegeben ist. Eine hier aufgestellte Säule bleibt ohne sichtbare tektonische Funktion. Auch die Gestalt des Propheten (?), der im Hintergrund ein Schriftstück entrollt, läßt keinen inhaltlichen Zusammenhang mit der Madonna erkennen.

Paolo Veronese: Heilige Familie mit der Hl. Barbara und dem Johannesknaben, um 1562
Öl auf Leinwand, 86 x 122 cm

Vom Glanz der »Serenissima Repubblica Venezia«, dem mediterranen Licht der Lagunenstadt und der außerordentlichen Pracht ihrer Blütezeit kündet auf unvergleichliche Weise das reichhaltige malerische Werk des Venezianers Paolo Veronese (1528–1588). Aus der Reifezeit des Malers stammt dieses, in vollendeter Eleganz und beeindruckender farblicher Brillanz ausgeführte Gemälde. Maria und Joseph, die Hl. Barbara (links) und der Johannesknabe haben sich mit behutsamen Gesten und in andächtiger Ruhe um das Christuskind versammelt. Die Kompositionslinien münden in mehreren Diagonalen in der Gestalt des schlafenden Jesuskindes.

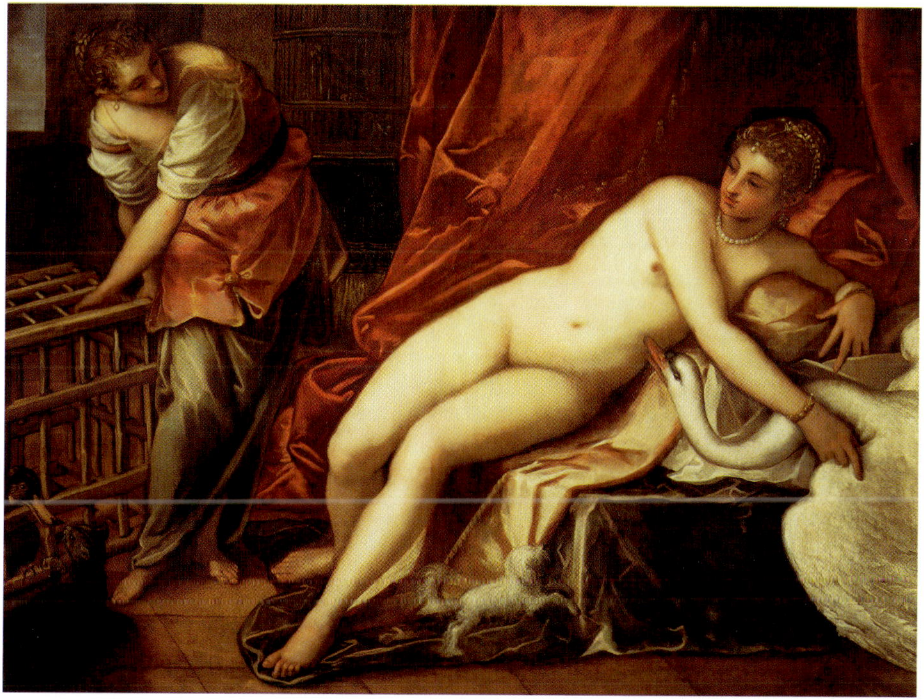

Tintoretto: Leda mit dem Schwan, um 1570
Öl auf Leinwand, 162 x 218 cm

Innerhalb der Venezianischen Malerei des 16. Jh.s stellte Jacopo Robusti (genannt Tintoretto, 1515–1588) in vielerlei Hinsicht eine Art Gegenpol zu Tizian und Veronese dar. Er war nicht nur beständig darum bemüht, seinen namhaften Konkurrenten lukrative Aufträge abzujagen, sondern auch von einem rastlosen künstlerischen Temperament, das ihn immer wieder zu außergewöhnlich bewegten, unruhigen Kompositionen führte. Auch das aus seiner Werkstatt stammende Gemälde der Uffizien bezeugt dies. Die Darstellung lebt nicht zuletzt durch ihre kompositionellen Gegenbewegungen. Leda hat den Blick noch auf eine Dienerin gerichtet, während sie sich mit einer Körperdrehung bereits dem Schwan zuwendet, in dessen Gestalt sich ihr der Gott Zeus von rechts nähert.

Saal des Rubens

Peter Paul Rubens: Heinrich IV. in der Schlacht von Ivry, um 1610
Öl auf Leinwand, 367 x 693 cm

Mit dem im gleichen Saal ausgestellten Bild des Triumphalen Einzugs in Paris bildete dieses Gemälde den Auftakt eines niemals vollendeten Zyklus bedeutsamer Begebenheiten aus dem Leben des französischen Königs Heinrich IV. Maria de' Medici hatte die Serie zu Ehren ihres 1610 ermordeten Gemahls bestellt. Meisterlich ist die theatralische Inszenierung ins Heroische, die Bewegtheit der auf Diagonalen aufbauenden Komposition ins Dramatische gesteigert.

Peter Paul Rubens: Bildnis der Isabella Brandt, um 1620
Öl auf Holz, 86 x 62 cm

Das Bildnis seiner ersten Gemahlin Isabella Brandt malte Rubens wenige Monate vor ihrem Tode. Die eindringliche Wirkung des Bildes beruht nicht vorrangig auf der anmutigen äußeren Erscheinung der Dargestellten, sondern vielmehr auf der liebevollen Zuneigung, die den Blick des Malers so spürbar geleitet zu haben scheint. Mit weit geöffneten Augen und dem Anflug eines Lächelns auf den Lippen begegnet uns Isabella, als sei sie soeben erst aufgefordert worden, die Lektüre des Buches zu unterbrechen, das sie noch in der Hand hält. Aus der Intimität der Beobachtung gewinnt das Porträt seinen besonderen Reiz.

Saal des Caravaggio

Caravaggio: Bacchus, um 1595
Öl auf Leinwand, 95 x 85 cm

Mit Michelangelo Merisi da Caravaggio (1573–1610) debütierte im Rom des ausgehenden 16. Jh.s ein Künstler, der zu den radikalsten Neuerern in der Geschichte der europäischen Kunst gezählt werden muß. Sein kurzes, aber revolutionäres Schaffen wirkte weit über die Grenzen seines Heimatlandes und seiner Zeit. Der Bacchus der Uffizien zählt zu den frühen Werken des Malers. In Gestalt eines beinahe debil wirkenden Jünglings begegnet uns hier der antike Gott, weinlaubbekrönt und mit einem Kelch in der Hand. Die Hände und das leicht pausbäckige Gesicht scheinen von Sonnenlicht gerötet, während der muskulöse rechte Arm weniger von edler Herkunft, als von stetiger körperlicher Arbeit kündet. Sein Modell könnte Caravaggio in den Straßen Roms aufgelesen haben. Reichlich deplaziert wirkt der Jüngling in seiner Kostümierung, die Pose auf dem bereits leicht angegrauten, nachlässig drapierten Laken eher unbeholfen. Anzeichen beschönigender Idealisierung lassen sich schwer ausmachen. Stattdessen erfaßt der Blick des Malers eine Wirklichkeit, die sich ihm genauso im Arrangement des Ateliers dargeboten haben könnte. Von der virtuosen Kunstfertigkeit Caravaggios zeugt dabei nicht zuletzt das wundervolle Früchtestillleben im Vordergrund.

Caravaggio: Medusenhaupt, um 1595
Öl auf einem mit Leder überzogenen Holzschild, 60 x 55 cm

Für seinen frühen Förderer, den Kardinal Francesco del Monte, schuf Caravaggio auf einem konvex gewölbten Schild diese ungewöhnliche Darstellung des Medusenhauptes.
Nach der griechischen Sage verwandelte der Medusen-Blick jeden, der sie ansah, zu Stein. Dem Helden Perseus gelang es mittels einer List dennoch, das Ungeheuer zu enthaupten. In Caravaggios furiosem Gemälde ist der Kopf bereits vom Rumpf getrennt, das fratzenhafte Antlitz hat seine furchteinflößende Lebendigkeit aber noch nicht verloren. Im Moment des Todes sind die Augen weit aufgerissen, der Mund zu einem letzten Schrei geöffnet.

Caravaggio: Die Opferung des Isaak, um 1600
Öl auf Leinwand, 104 x 135 cm

Die alttestamentarische Episode der Opferung des Isaak verwandelte Caravaggio in diesem Gemälde auf drastische Weise in einen brutalen, von mitleidsloser Rohheit geprägten Akt der Gewalt. Der Bildausschnitt ist eng gewählt, wodurch das Geschehen noch unmittelbarer wirkt. Entschlossen hat Abraham das Messer zur Tötung des eigenen Sohnes angesetzt; in seiner Hilflosigkeit ist Isaak von Panik ergriffen. Nur mit Mühe gelingt es dem herbeigeeilten Engel, die grausame Tat zu verhindern. In den für Caravaggio so charakteristischen Hell-Dunkel-Effekten findet die Dramatik des Geschehens ihre Zuspitzung. Angesichts eines derart krassen Naturalismus verwundert es nicht, daß seine Auftraggeber die gelieferten Bilder des öfteren schockiert zurückwiesen.

Annibale Carracci: Bacchantin, um 1588
Öl auf Leinwand, 112 x 142 cm

Dem lebensnahen Verismus eines Caravaggio steht Annibale Carracci (1560–1609) gleichsam als Antipode gegenüber. Beide Maler überwanden das erstarrte Vokabular des späten Manierismus auf gänzlich andere Art und Weise. Annibale, der ursprünglich aus Bologna stammte und nach mehrjährigen Aufenthalten in Venedig und Parma 1595 schließlich nach Rom gelangte, verkörpert dabei eine klassizistischere Strömung, deren Bildwelten von sinnenfreudiger Heiterkeit durchdrungen sind. Bis an die Grenzen der Anzüglichkeit ist seine Bacchantin mit frivolen Details und Anspielungen versehen. Lüsternen Ausdrucks nähert sich ein Satyr der üppigen Frauengestalt, deren wundervolle Rückenansicht nicht ohne erotischen Reiz ins Bild gerückt ist.

Rembrandt Harmensz. van Rijn: Jugendliches Selbstbildnis, um 1630
Öl auf Holz, 62 x 54 cm

Über seine gesamte Schaffenszeit hinweg hinterließ Rembrandt Harmensz. van Rijn (1606–1669) der Nachwelt eine beeindruckende Serie von Selbstbildnissen. Der überragende Meister des »Goldenen Zeitalters« der niederländischen Malerei legte darin nicht nur Zeugnis seines eigenen künstlerischen Werdegangs ab, sondern lotete zugleich die allgemeingültigen Tiefen menschlichen Seins aus.
Selbstbewußt präsentiert sich Rembrandt in seinem frühen Selbstporträt (um 1630) mit dem Barett des Malers auf dem Haupt. Kontrastreich ist der metallische Schimmer der Halsberge vom samtenen Stoff des Mantels abgesetzt, das Gesicht im Wechselspiel von Licht und Schatten modelliert. Fast scheint es, als wolle der noch junge Künstler am Beginn seiner langjährigen Laufbahn voller Stolz seine Fähigkeit demonstrieren, verschiedene Oberflächenbeschaffenheiten malerisch gekonnt zu erfassen.

Rembrandt Harmensz. van Rijn: Selbstbildnis als Greis, um 1660
Öl auf Leinwand, 74 x 55 cm

Dem frühen Selbstporträt steht Remrandts Altersbildnis aus den sechziger Jahren gegenüber. Wie so oft in seinen späten Werken, verzichtet der Meister auch hier auf jegliches Beiwerk und gibt dem Betrachter keine Hinweise auf einen verborgenen Sinngehalt.
Die Prüfungen eines langen Lebensweges, der von zahlreichen Schicksalsschlägen gesäumt war, haben im Gesicht des gealterten Künstlers unverkennbar ihre Spuren hinterlassen.
Jugendliche Zuversicht ist einem schwermütigen Ausdruck gewichen, der nicht frei von Bitterkeit zu sein scheint, zugleich aber auch die Ruhe und Selbstgewißheit des Alters in sich birgt. Der Farbauftrag ist in Teilen pastos und von jener Sicherheit des Duktus geprägt, die die späten Werke Rembrandts auszeichnet.

Jean Baptiste Siméon Chardin: Mädchen mit Federballspiel, um 1740
Öl auf Leinwand, 82 x 66 cm

Diese herrliche Studie eines Mädchens beim Federballspiel wurde 1951 mit ihrem Gegenstück, dem Jungen mit Kartenhaus, für die Uffizien angekauft.
Bei beiden Bildern handelt es sich um qualitativ hochwertige Repliken, die der französische Maler Jean Bapiste Siméon Chardin (1699–1779) eigenhändig nach Gemälden ausführte, die der Sammlung Rothschild entstammen und heute in Paris und der National Gallery in Washington aufbewahrt werden.

Jean Baptiste Siméon Chardin: Junge mit Kartenhaus, um 1740
Öl auf Leinwand, 82 x 66 cm

Den französischen Maler Chardin hat man nicht zu Unrecht als großen »Poeten des Alltags« bezeichnet. Allem Zugriff von außen scheint der vornehm ausstaffierte und sorgsam frisierte Knabe in seiner stillen Konzentration auf das Kartenspiel entrückt. Der zurückhaltenden, subtilen und technisch überaus anspruchsvollen Malkunst Chardins verdanken wir hier den Eindruck, Zeuge einer alltäglichen und in ihrer Unbeschwertheit zugleich auch anrührenden Begebenheit zu sein.

Francisco de Goya: Bildnis der Comtesse de Chinchón, um 1800
Öl auf Leinwand, 220 x 140 cm

Um die Wende zum 19. Jh. war Francisco de Goya y Lucientes (1746–1828) der bevorzugte Maler des spanischen Königshauses. Einen wichtigen Teil seines vielfältigen Schaffens bilden die Bildnisse zahlreicher Angehöriger der aristokratischen Oberschicht im Umfeld des madrilener Hofes. Mit der ganzfigurigen Darstellung von Maria Theresa de Bourbón y Vallabriga, der Gräfin von Chinchón und Gemahlin des einflußreichen königlichen Ministers Manuel Godoy, besitzen die Uffizien ein herausragendes Beispiel der subtilen Porträtkunst des Malers. Neben der Anmut, die sich in den Gesichtszügen der Dargestellten mitteilt, tragen vor allem die sorgsam gewählten Farbakzente im Kopfschmuck und die artifizielle Behandlung des Kleides in hohem Maße zur eleganten Wirkung dieses eindrucksvollen Porträts bei.

Canaletto: Vedute des Palazzo Ducale, um 1780
Öl auf Leinwand, 51 x 83 cm

Die Gemälde des Giovanni Antonio Canal, genannt Canaletto (1697–1768), erfreuten sich schon zu Lebzeiten des Malers insbesondere bei englischen Reisenden einer außerordentlichen Beliebtheit und zählen bis heute zu den berühmtesten und begehrtesten Veduten aller Zeiten. Mit Akribie und schier unerschöpflichem Findungsreichtum hielt Canaletto zahllose Motive seiner Heimatstadt Venedig auf der Leinwand fest. Er dokumentierte dabei nicht nur Szenen des venezianischen Alltags im 18. Jh., sondern auch wichtige Einblicke in die topographische und historische Entwicklung der Lagunenstadt. Der prachtvolle und atmosphärisch geschilderte Anblick der sich schon im 16. Jh. all jenen Reisenden bot, die auf dem Seeweg in Venedig eintrafen, ist in diesem Gemälde der Uffizien bezeugt. Zu Seiten der beiden Säulen des Hl. Theodor und des Markuslöwen – der Stadtpatrone von Venedig – sehen wir rechts die imposante Südseite des Palazzo Ducale und dahinter noch Teile der berühmten Kirche San Marco, während links der Campanile in den Himmel ragt. Im Vordergrund gehen einige der heute noch so beliebten Gondolieri ihrer Arbeit nach.

Francesco Guardi: Capriccio mit Torbogen und Landungssteg, um 1750
Öl auf Leinwand, 30 x 53 cm

Obwohl Francesco Guardi (1712–1793) ein überaus vielfältiges malerisches Werk hinterließ, zu dem neben Historienbildern, Porträts und Stilleben auch Theaterdekorationen gehören, gründet sein Ruhm heute in erster Linie auf den venezianischen Stadtansichten von seiner Hand. Neben Canaletto, als dessen Schüler er bisweilen bezeichnet wird, darf er als einer der bedeutendsten Vedutenmaler des 18. Jh.s gelten.

Von der wirklichkeitsorientierten Abbildung vorhandener Motive rückte Guardi allerdings schon früh ab und schuf in zunehmendem Maße frei erfundene Kompositionen, denen eine höchst eigenwillige, lockere Pinselführung und pointiert gesetzte Farbakzente zu ihrer pittoresken Wirkung verhelfen. Der nicht weniger reizvollen, von präziser Akkuratesse und Wirklichkeitsnähe geprägten Malerei seines Vorgängers Canaletto steht Francesco Guardi schließlich geradezu konträr gegenüber. Bezeichnenderweise erfreuten sich seine stimmungsvollen Gemälde vor allem während des Impressionismus besonderer Beliebtheit. Auch dieses in den Uffizien ausgestellte Gemälde zählt zu seinen nach der Phantasie zusammengesetzte Idealveduten. Derartige Bilder bezeichnet man seit Jacques Collot, der den Begriff prägte, als »Capricci«.

Südlich von Santa Maria Novella

Piazza Santa Maria Novella

Ebenso wie die anderen bedeutenden Plätze der Stadt Florenz war ehemals auch die Piazza Santa Maria Novella Schauplatz zahlreicher prächtiger Feste und Feierlichkeiten. Die Dominikaner aus der benachbarten Kirche Santa Maria Novella hielten hier unter freiem Himmel ihre leidenschaftlichen Predigten gegen die Ketzerei und veranstalteten regelmäßig Prozessionen. Die beiden Obelisken auf dem Platz sind mit Bronze-Schildkröten von Giambologna bestückt und dienten als Wendepunkte beim Palio dei Cocchi, einem bis 1850 hier alljährlich veranstalteten Reiterwettkampf.

Santa Maria Novella

Der Kaufmann Giovanni Rucellai beauftragte den Baumeister und Architekturtheoretiker Leone Battista Alberti (1404–1472) um 1456 damit, die Fassade der Dominikanerkirche Santa Maria Novella neu zu gestalten. An den großzügigen Finanzier der Verschönerungsarbeiten erinnert neben einer Inschrift unterhalb der Giebelzone auch das dem Familienwappen der Rucellai entlehnte Motiv der aufgeblähten Segel (auf dem Hauptgesims oberhalb des unteren Geschosses). In seine Modifizierung der Fassade, die ursprünglich im 13. Jh. errichtet und während des Trecento schon mit ersten Marmorinkrustationen versehen worden war, hatte Alberti sechs bereits vorhandene Gräber berühmter Florentiner Bürger, die beiden gotischen Portale und das zentrale Rundfenster mit einzubeziehen. Die untere Zone rahmte der Baumeister durch seitliche Pilaster und fügte als vertikale Akzente vier Säulen ein. Ein großes Hauptportal in der Mitte überfing er mit einem Rundbogen. Ein breiter, mit quadratischen Inkrustationen versehener Querstreifen trennt das Untergeschoß vom oberen Fassadenabschluß. Nicht ganz stimmig liegt hier das zentrale Rundfenster auf dem darunter befindlichen Gesims auf, wird aber durch die seitlichen Schneckenvoluten in eine schlüssige Folge kreisrunder Motive eingebunden. Majestätisch erhebt sich über dem Ganzen schließlich der bekrönende Dreieckgiebel.

IOHANES·ORICELLARIVS·PAV·F·AN·SAL·MCCCCLXX

Santa Maria Novella

Cappella Strozzi di Mantova – Fresken des Paradieses, der Hölle und des Jüngsten Gerichts, S. 211

Cappellone degli Spagnoli – Fresken des Andrea Buonaiuti (um 1365), S. 228

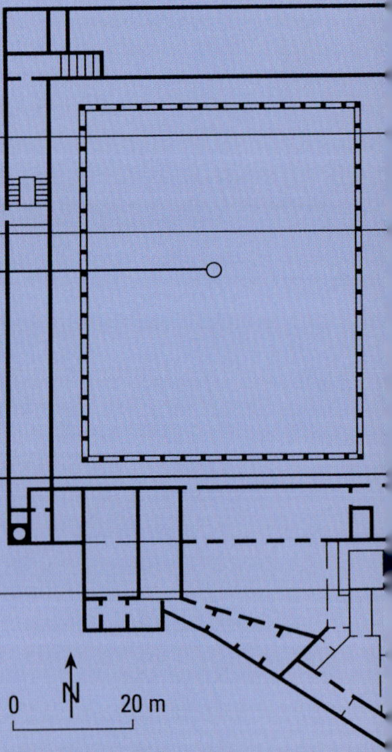

Chiostro Verde, S. 224

Cappella Maggiore – Freskenzyklus des Domenico Ghirlandaio (1485–1490), S. 221

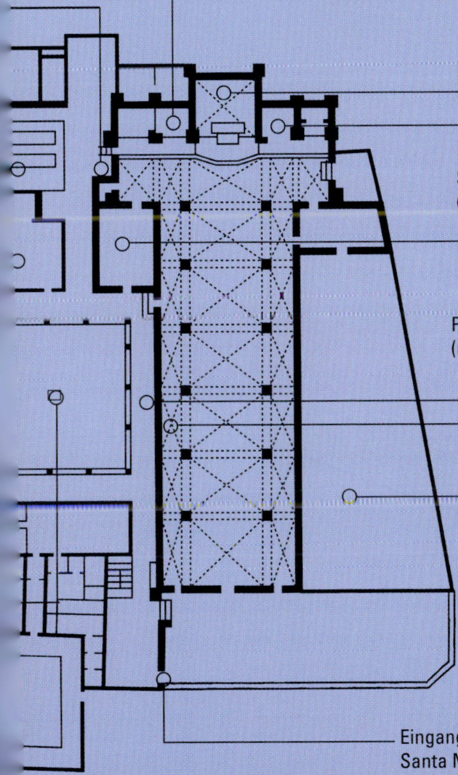

Cappella di Filippo Strozzi – Freskenzyklus des Filippino Lippi (1487–1502), S. 223

Masaccio: Trinità (um 1427/28), S. 204

Innenraum

Zwei Jahre, nachdem sich die ersten Dominikaner in Florenz niedergelassen hatten, wurde ihnen 1221 eine kleine, außerhalb der damaligen Stadtmauern gelegene Marienkirche überlassen, die im späten 11. Jh. anstelle einer bereits in ottonischer Zeit (um 983) urkundlich erwähnten Kapelle errichtet worden war. Mit dem nun rapide voranschreitenden Zugewinn an Einfluß und Anhängerschaft erwuchs innerhalb des Ordens schon bald der Wunsch – und wohl auch die Notwendigkeit – die Realisierung einer wesentlich größer dimensionierten Kirche nebst weitläufiger Klosteranlage auf den Weg zu bringen.

Aus ihren eigenen Reihen rekrutierten die Dominikaner Fra Ristoro da Campi und Fra Sisto Fiorentino als Baumeister. Nach ihren Plänen konnte schon im Jahre 1246 mit dem Neubau begonnen werden. Die Anlage von Santa Maria Novella stand damit am Anfang eines regelrechten Baubooms, der die Stadt Florenz während der zweiten Hälfte des 13. Jh.s erfaßte.

In Anlehnung an Vorbilder burgundischer Zisterzienserbauten wurde eine dreischiffige Basilika mit Querhaus und fünf quadratischen Kapellen errichtet. Der Innenraum zählt bis heute nicht nur zu den schönsten der Stadt, sondern darf als eine der bedeutendsten spätgotischen Raumschöpfungen der europäischen Baukunst bezeichnet werden. In bewundernswerter Weise ist es den Erbauern gelungen, die aufstrebenden Formen der Gotik in einen harmonischen Einklang mit den horizontalen Dimensionen der Länge und Breite des Raumes zu bringen.

Die räumlichen Grenzen zwischen dem Mittelschiff und den beiden Seitenschiffen sind durch die Weite der Arkaden nahezu aufgehoben. In optischem Kalkül werden die Pfeilerstellungen zum Chor hin enger und betonen so zugleich die Tiefenausdehnung des Langhauses, das in die nach Norden ausgerichtete Cappella Maggiore mündet. Wohlgeordnet in allen Proportionen und stimmig in den Details entfaltet die Architektur ihre ausgewogene Formensprache zu großer atmosphärischer Dichte. Letztendlich teilt sich darin ein Raumempfinden mit, das vergleichbar allein südlich der Alpen anzutreffen ist und sich markant vom charakteristischen Erscheinungsbild der gotischen Baukunst des Nordens unterscheidet.

Zu wesentlichen baulichen Eingriffen kam es allerdings 1565–1572 durch Giorgio Vasari, der alles Gotische als barbarisch verabscheute. Unter seiner Federführung wurde unter anderem der ursprünglich erhöht angelegte Mönchschor abgerissen. Obwohl Vasari zum Teil auch die Wandmalereien des Trecento übertünchen ließ, hat sich in Santa Maria Novella eine künstlerische Ausstattung von hohem Rang erhalten. Die Reichhaltigkeit und Qualität der hier versammelten Meisterwerke des 14. und 15. Jh.s läßt sich in Florenz bestenfalls noch mit derjenigen in Santa Croce vergleichen.

Masaccio: Trinität, um 1427
Fresko, 667 x 317 cm

Masaccios Dreifaltigkeitsfresko stellt für die europäische Malerei der Neuzeit einen markanten Wendepunkt dar. Erstmals wandte ein Maler hier konsequent die Gesetze der Linearperspektive an, wie sie Filippo Brunelleschi unmittelbar zuvor entwickelt hatte. Zugleich erinnert die Formensprache der gemalten Architektur an die Bauwerke, die Brunelleschi in Florenz errichten ließ. Es ist daher vermutet worden, daß der Baumeister bei der Ausführung des Gemäldes als künstlerischer Berater fungiert haben könnte. Durch die kassettierte Bogenwölbung wird der Eindruck eines sich tatsächlich in die Wand hinein öffnenden Raumes erweckt. In der Mitte überragt Gottvater das Kreuz mit Christus, zu den Seiten stehen Maria und der Hl. Johannes. Die Illusion plastischer Raumtiefe wird durch die beiden knienden Stifterfiguren (Oberhäupter der Familie Lenzi) verstärkt. Diese

sind auf einer Stufe unterhalb des kapellenartigen Raumes vor den seitlichen Pilastern plaziert.
Im unteren Teil des Freskos erkennen wir – ebenfalls perspektivisch angelegt – einen Sarkophag in einer gemalten Grabnische, der ein Skelett enthält. Eine deutliche Mahnung, die Vergänglichkeit alles Irdischen zu bedenken, formuliert die Inschrift mit den Worten: »Ich war was du bist, du wirst sein was ich bin«.

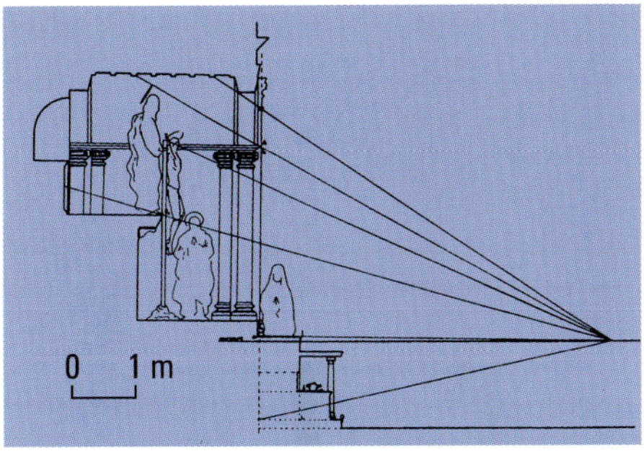

Hypothetischer Querschnitt (nach Sanpaolesi)

Die Genauigkeit, mit der Masaccio auf der zweidimensionalen Fläche die Illusion eines realen, sich in die Wandfläche hinein öffnenden Raumes anstrebte, verdeutlicht diese hypothetische Rekonstruktion. Ein genaues Kalkül erlaubte dem Maler, alle Personen gemäß ihrer tiefenräumlichen Position wiederzugeben.

Schema der perspektivischen Konstruktion

Ein dichtes Netz von Hilfslinien diente der Gemäldekomposition als Grundlage und läßt sich noch heute unterhalb des Malgrundes nachweisen. Der zentrale Augenpunkt, auf der Höhe der unteren Stufe, bildet den Ausgangspunkt. Damit war zugleich der ideale Betrachterstandpunkt markiert, der zur höchstmöglichen Identifikation mit dem dargestellten Geschehen beitragen sollte.

Südlich von Santa Maria Novella

Santa Maria Novella/Museo di Santa Maria Novella, Piazza Santa Maria Novella, S. 199

Ognissanti, Borgo Ognissanti 42, S. 261

Palazzo Rucellai, Via della Vigna Nuova 18, S. 249

Santa Trinità, Piazza Santa Trinità, S. 240

Palazzo Corsini, Lungarno Corsini 10, S. 265

Piazza della Repubblica, S. 232

Santa Maria Maggiore, Via dei Cerretani, S. 231

Palazzo Strozzi, Piazza Strozzi, S. 237

Loggia di Mercato Nuovo, Via di Porta Rossa, S. 235

Palazzo Davanzati/Museo dell' Antica Casa Fiorentina, Via Porta Rossa 13, S. 239

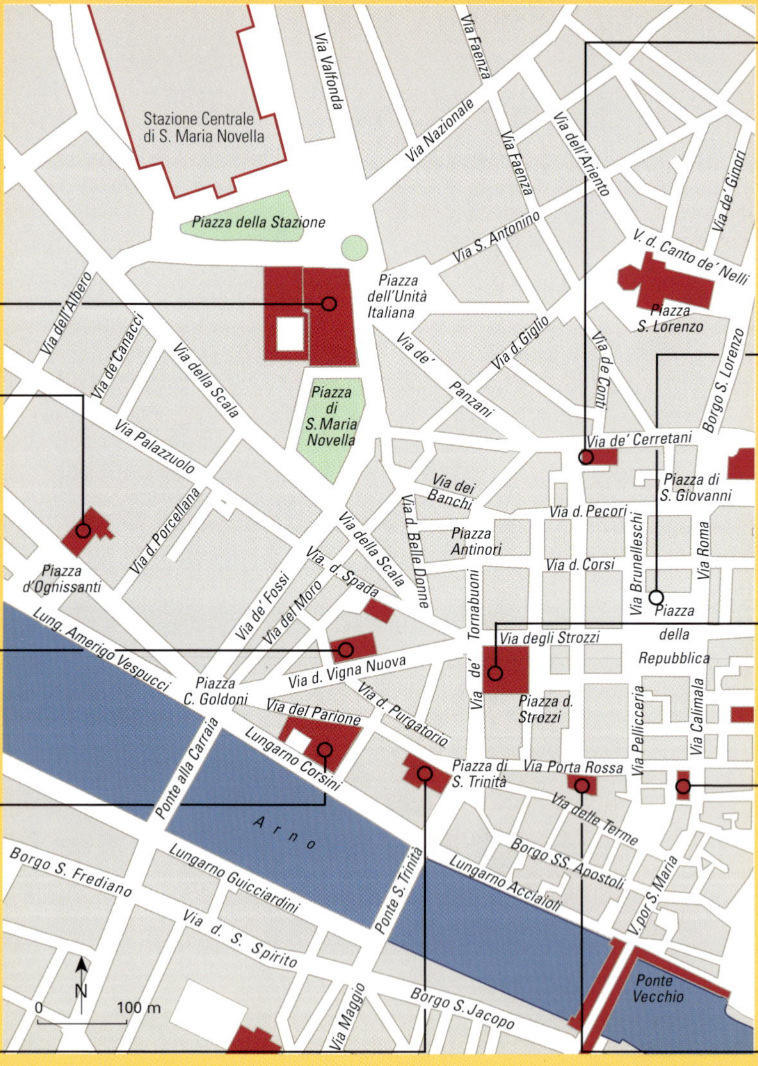

Stazione Centrale di S. Maria Novella
Via Valfonda
Via Faenza
Via Nazionale
Via Faenza
Via dell'Ariento
Via de' Ginori
Piazza della Stazione
Via S. Antonino
V. d. Canto de' Nelli
Piazza dell'Unità Italiana
Piazza S. Lorenzo
Via dell'Albero
Via de' Canacci
Via della Scala
Via de' Panzani
Via d. Giglio
Via de Conti
Borgo S. Lorenzo
Piazza di S. Maria Novella
Via Palazzuolo
Via de' Cerretani
Via dei Banchi
Piazza di S. Giovanni
Via d. Porcellana
Via d. Belle Donne
Via d. Pecori
Via della Scala
Piazza Antinori
Via Brunelleschi
Via Roma
Via d. Spada
Via d. Corsi
Piazza d'Ognissanti
Via de' Fossi
Via del Moro
Via de' Tornabuoni
Piazza della Repubblica
Lung. Amerigo Vespucci
Via degli Strozzi
Via d. Vigna Nuova
Piazza C. Goldoni
Via del Parione
Via d. Purgatorio
Piazza d. Strozzi
Via Pellicceria
Via Calimala
Ponte alla Carraia
Lungarno Corsini
Piazza di S. Trinità
Via Porta Rossa
Via delle Terme
Arno
Borgo SS. Apostoli
Borgo S. Frediano
Lungarno Guicciardini
Ponte S. Trinità
Lungarno Acciaioli
V. por S. Maria
Via d. S. Spirito
N
0
100 m
Ponte Vecchio
Borgo S. Jacopo
Via Maggio

Die Erfindung der Zentralperspektive

Mit Filippo Brunelleschi verdankt die europäische Malerei eine der folgenreichsten Neuerungen ihrer Geschichte ausgerechnet einem Architekten. Im zweiten Jahrzehnt des 15. Jh.s war es Brunelleschi gelungen, den bildenden Künstlern erstmals ein praktisches Verfahren an die Hand zu geben, mittels dessen es fortan möglich werden sollte, alle Gegenstände und Personen auf einer zweidimensionalen Bildfläche so darzustellen, wie sie sich dem Auge auch in der dreidimensionalen Realität darboten.

Seine Methode illusionistisch-räumlicher Wirklichkeitsdarstellung demonstrierte Brunelleschi zunächst in zwei legendären, vielfach bezeugten aber nicht erhaltenen Tafeln der Florentiner Taufkirche und des Palazzo della Signoria. Vermutlich mit Hilfe eines aufgespannten Fadenkreuzes hatte er seinen Gegenstand dabei von einem unveränderten Betrachterstandpunkt aus in zahllosen Punkten und Linien auf die ebenfalls mit einem maßstabgetreuen Quadratmuster versehene Bildfläche übertragen. Gemäß den optischen Gesetzen

Piero della Francesca (?): Idealstadt, um 1475, Tempera auf Holz, 60 x 200 cm, Galleria Nazionale delle Marche, Urbino

der Wirklichkeitswahrnehmung trafen sich alle in die Bildtiefe hineinführenden Fluchtlinien in einem fixen Augenpunkt, dessen Position im Bild durch den Standpunkt des Betrachters bestimmt war. Wie Antonio Manetti, der frühe Biograph Brunelleschis, ausführte, wurde durch dieses praktische Verfahren »eine gute und systematische Verkleinerung oder Vergrößerung, wie es dem menschlichen Auge erscheint, von Gegenständen bewirkt, die, sei's entrückt, sei's greifbar nahe sind – von Gebäuden, Ebenen, Gebirgen oder Landschaften jeder Art – und von den Figuren und anderen Dingen an jedem Punkt, bis zur Größe, die sie aus der Entfernung zu haben scheinen, entsprechend ihrer größeren oder geringeren Entrücktheit.«

In der Malerei fanden die neuen Errungenschaften erstmals in Masaccios berühmtem Trinitätsfresko in Santa Maria Novella Anwendung (vgl. S. 204). In der Reliefkunst gehörten Donatello und Ghiberti zu den ersten, die sich der neuen Darstellungsmöglichkeiten bedienten. Kein vergangenes Zeitalter, auch nicht die Antike, kannte ein derartiges Verfahren. Die Bedeutungsperspektive des Mittelalters, bei der sich alle Größen- und Proportionsverhältnisse innerhalb eines Bildes gemäß dem ideellen Rang des Dargestellten verhielten, wurde endgültig überwunden.

Die kaum zu überschätzende Bedeutung der »Erfindung« Brunelleschis läßt sich in ihrem epochalen Rang nicht zuletzt daran ermessen, daß die Malerei ihren Gesetzmäßigkeiten bis weit ins 19. Jh. verpflichtet blieb. Erst Künstler wie Van Gogh und Cézanne, Picasso und Braque vermochten die Kunst vom Primat zentralperspektivischer Darstellung zu befreien.

Schematische Rekonstruktion der ersten Baptisteriumstafel Brunelleschis (nach Parronchi)

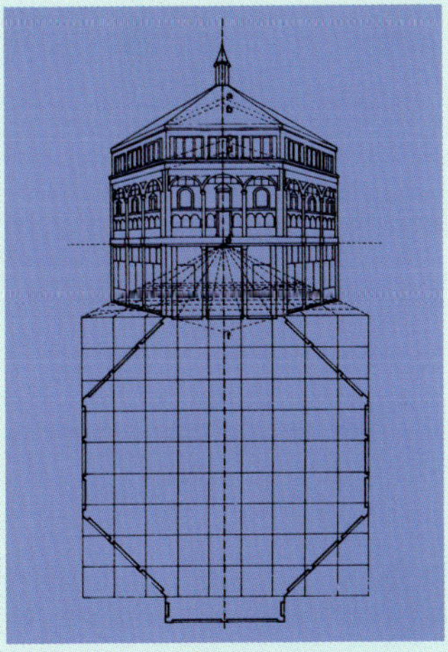

Die Technik der Freskomalerei

Bereits im römischen Altertum war die besondere Technik der Freskomalerei bekannt, die von italienischen Künstlern des 14. und 15. Jh.s zu unvergleichlicher Blüte und Perfektion geführt wurde. Die Bezeichnung leitet sich aus dem italienischen Wort »fresco» (= frisch) her. Die Farben wurden bei dieser Art der Wandmalerei auf den zuvor ausgeführten und somit noch

Benozzo Gozzoli: Verkündigung, 1491, Museo delle Sinopie, Camposanto, Pisa

nassen Kalkmörtel eines dünnen, oberen Wandverputzes (»Intonacco«) aufgetragen. Die mit dem Trockenprozeß einhergehenden chemischen Reaktionen führten zu einer dauerhaften Verbindung der Farbpigmente mit dem Malgrund. Im Gegensatz zu der auf trockenem (ital. »secco«) Putz ausgeführten Seccomalerei zeichnen sich Fresken durch hohe Haltbarkeit und intensive Strahlkraft der Farben aus, die überall dort, wo die Gemälde über Jahrhunderte hinweg von zerstörerischen Einflüssen – wie etwa Wassereinbruch oder Erdbeben – verschont blieben, noch heute zu bewundern ist.
Die spezifischen Erfordernisse eines Freskobildes verlangten vom ausführenden Künstler (und seinen Gehilfen) ein gehöriges Maß an maltechnischem Können und Erfahrung. Unter anderem galt es, die bestmögliche Konsistenz des Kalkmörtels und der ohne Bindemittel angeriebenen Farbpigmente zu gewährleisten. Die Veränderungen der unterschiedlichen Farbwerte während des Trockenprozesses mußten ins Kalkül einbezogen werden. Da das Austrocknen des »Intonacco« in der Regel rasch voranschritt, war bei der malerischen Ausführung äußerste Eile geboten. Eine präzise Planung der Vorgehensweise und ein klar umrissener künstlerischer Entwurf waren unverzichtbar. Besondere Bedeutung kam der Vorzeichnung zu, die entweder in originalgetreuem Maßstab direkt auf dem Unterputz (»arriccio«) der Wandfläche ausgeführt wurde oder unter Verwendung

maßstabgerechter Liniengitter nach kleinformatigen Skizzen auf diesen übertragen wurde. Nach dem syrischen Herkunftsort der üblicherweise verwendeten, ockerfarbenen Erdpigmente bezeichnet man die in dieser Manier gefertigten Entwurfszeichnungen als Sinopien. Vielerorts ermöglichten es die Fortschritte der Restaurierungstechniken in jüngerer Zeit, durch das komplette Abnehmen (oder Übertragen) der oberen Mal- und Putzschicht, die darunter befindliche Sinopie wieder freizulegen und damit sichtbar zu machen. Der Vergleich zwischen dem frühen Entwurfstadium und dem tatsächlich realisierten Fresko erlaubt insbesondere dort, wo Abweichungen und Veränderungen erkennbar werden, interessante Rückschlüsse auf künstlerische Arbeits- und Vorgehensweisen. Als weitere Möglichkeit, Vorzeichnungen im Größenverhältnis 1 : 1 auf die Wandfläche zu übertragen, etablierte sich im 15. Jh. schließlich die Verwendung sogenannter Kartons. Dabei führte der Künstler seine Werkzeichnung zunächst auf starkem, rißfestem Papier aus. Die wichtigsten Kontur- und Umrißlinien wurden anschließend durchlöchert, die einzelnen Bögen auf die Wandfläche gespannt und entlang der Punktierung mit Aschestaub überrieben. Die Umrisse der Vorzeichnung traten nach Abnahme der Kartons auf der Oberfläche des Wandverputzes zutage. Vor Beginn des eigentlichen Farbauftrags legte der Künstler anhand seiner Vorzeichnung möglichst genau die »giornate« (Tagwerke) fest, d. h. jene Partien, die er in einem Arbeitsgang vor dem Austrocknen des Putzes bemalen konnte. Nur diese Abschnitte wurden nun mit dem oberen Verputz versehen, wobei Sinopien, die dabei zwangsläufig überdeckt wurden, erneut aufgetragen werden mußten. Von oben nach unten voranschreitend wurden die Malereien nun schrittweise ausgeführt. Ein Nachteil der Freskotechnik bestand darin, daß sich einmal bemalte Partien bestenfalls durch das aufwendige Ablösen und Erneuern des Verputzes korrigieren ließen. Auch dort, wo solche nachträglichen Korrekturen vermieden werden konnten, lassen sich die einzelnen Arbeitsabschnitte heute gut erkennen, da sich entlang der sogenannten Tagwerke im Laufe der Zeit nicht selten feine Risse gebildet haben.

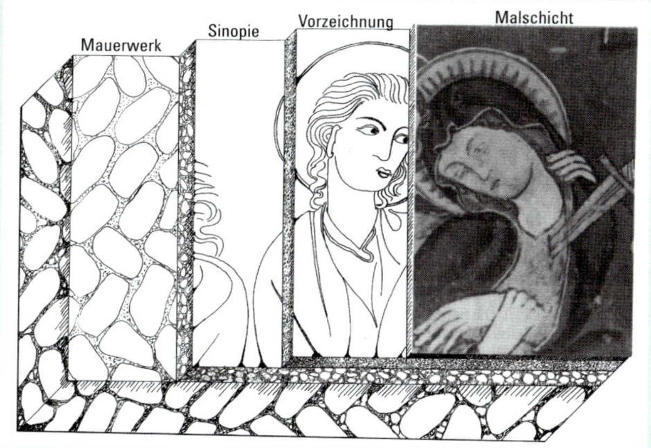

Aufbauschema eines Freskos nach Benozzo Gozzoli: Passionszyklus, um 1330/1340, Evangelische Kirche, Waltensburg

Cappella Strozzi di Mantova

Nardo di Cione: Das Paradies, um 1357
Fresko

An die Gebrüder Cione erging durch Tommaso Strozzi in den fünfziger Jahren des Trecento der Auftrag zur malerischen Ausstattung der Familienkapelle in Santa Maria Novella. Während sich hier mit dem Strozzi-Altar ein bedeutendes Werk von der Hand des Andrea di Cione (genannt Orcagna) erhalten hat, gehen die Wandmalereien auf Nardo, den jüngeren Bruder Andreas, zurück. An der Hauptwand prangt die Darstellung des Jüngsten Gerichtes, während die beiden Seitenwände nach Motiven aus Dantes »Divina Commedia« mit überaus lebhaften und bewegten Schilderungen des Inferno, das nach der Textvorlage in neun Höllenkreise unterteilt ist, und des Paradiso freskiert sind. Hunderte von Gestalten – darunter berühmte Zeitgenossen – sind im Paradies um Christus und Maria versammelt. Von der pittoresken Wirkung der Malereien läßt sich noch heute ein Eindruck gewinnen, obwohl die Fresken durch eindringende Feuchtigkeit schwere Beschädigungen erlitten haben und in unserem Jahrhundert mehrmals umfangreicher Restaurierungsarbeiten bedurften.

Nardo di Cione: Das Jüngste Gericht (Detail), um 1357
Fresko

In schier unerschöpflichem Einfallsreichtum variierte Nardo die Bewegungen, Gesten und Physiognomien der einzelnen, zumeist in zeitgenössischer Kleidung wiedergegebenen Figuren. Von seinem Gespür für die nuancierte Wiedergabe menschlicher Regungen zeugen reizvolle Details, wie beispielsweise das der drei Verdammten aus dem Fresko des Jüngsten Gerichtes.

Cappella Tornabuoni

In einem bis heute erhaltenen Vertrag wurde Domenico Ghirlandaio im September des Jahres 1485 durch den Bankier Giovanni Tornabuoni mit der Ausmalung der Hauptchorkapelle von Santa Maria Novella beauftragt. Zu Ruhme der Tornabuoni-Familie und zur Zier von Kirche und Kapelle sollte der Maler die Wände mit Begebenheiten aus dem Leben Mariä und Johannes d. T. freskieren. Zur Ausführung dieses Großauftrags bediente sich Ghirlandaio eines umfangreichen Werkstattapparates, dem sein Bruder David, der Schwager Sebastiano Mainardi und vielleicht auch der gerade 13jährige Michelangelo angehörten. Zur größten Zufriedenheit des Auftraggebers war der Zyklus innerhalb von vier Jahren vollendet. Die einzelnen Szenen, zu denen der Meister zwar selbst die Entwürfe fertigte, aber nur Teile der Ausführung eigenhändig vornahm, entführen den Betrachter – ungeachtet der religiösen Bildthemen – in die höfisch-aristokratische Welt am Ausgang des Quattrocento. Neben Porträts des Auftraggebers und seiner Ehefrau stellte Ghirlandaio zahlreiche berühmte florentiner Zeitgenossen dar.

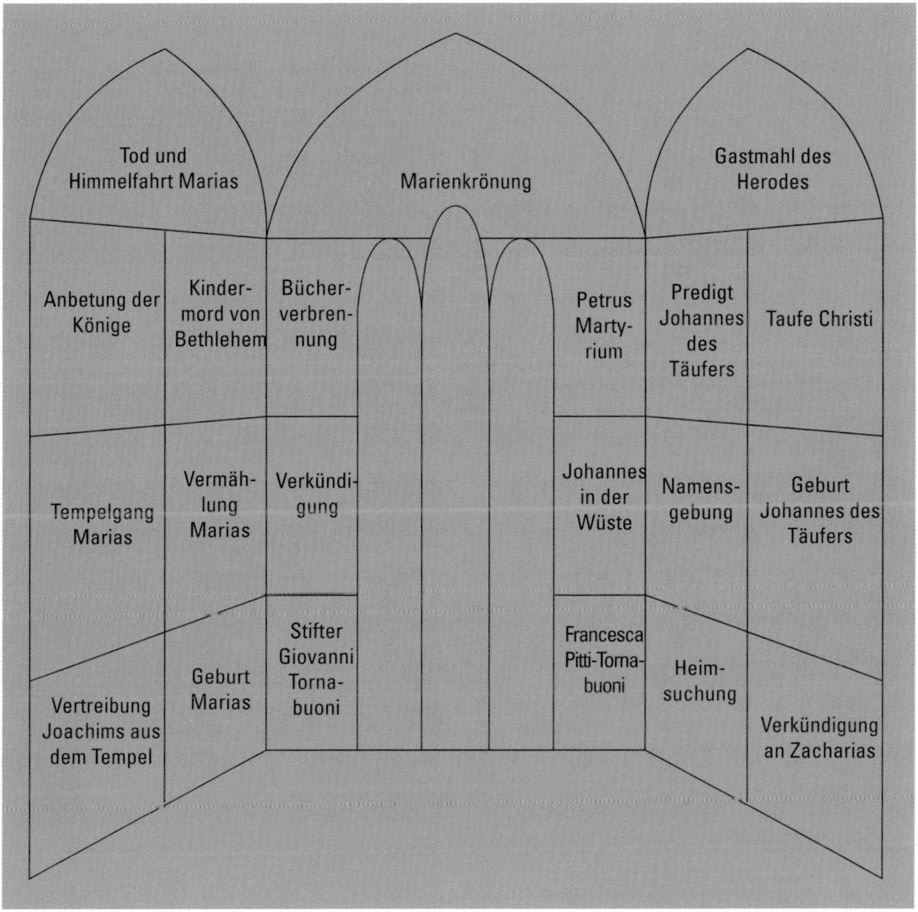
Tod und Himmelfahrt Marias
Marienkrönung
Gastmahl des Herodes
Anbetung der Könige
Kinder-mord von Bethlehem
Bücher-verbren-nung
Petrus Marty-rium
Predigt Johannes des Täufers
Taufe Christi
Tempelgang Marias
Vermäh-lung Marias
Verkündi-gung
Johannes in der Wüste
Namens-gebung
Geburt Johannes des Täufers
Vertreibung Joachims aus dem Tempel
Geburt Marias
Stifter Giovanni Torna-buoni
Francesca Pitti-Torna-buoni
Heim-suchung
Verkündigung an Zacharias

Domenico Ghirlandaio: Geburt Mariä, 1485–1490
Fresko

Eines der stimmungsreichsten Fresken der Kapelle ist zweifellos das der Geburt Mariä. Das Geschehen verlegt Ghirlandaio, in einen prunkvoll dekorierten, zeitgenössischen Innenraum. Der raffinierten perspektivischen Raumkonstruktion steht die kaum räumlich gestaffelte Reihung der Frauen im Vordergrund gegenüber. Erneut sind hier Porträts der Stifterfamilie eingefügt. So wird die rechte Gruppe von Ludovica Tornabuoni, der Tochter des Auftraggebers, angeführt. Ihr Gesicht, im Profil wiedergegeben, strahlt Vornehmheit aus, das Kleid bezeugt Wohlstand und edle Herkunft. Wesentlich bewegter ist die Szene weiter rechts, wo drei Frauen mit der Pflege des Neugeborenen beschäftigt sind. Geradezu dynamisch wirkt in diesem stillen Ambiente die Frau mit dem Wasserkrug. Ohne erkennbare Ursache erscheint ihr Gewand wie von einem kräftigen Windstoß durchweht. Unmittelbar dahinter liegt Anna, die Gemahlin des Joachim und Mutter Mariä, in entspannter Haltung auf dem Wochenbett. Gedankenverloren geht ihr Blick ins Leere. Sie wirkt geradezu entrückt, keinesfalls aber von den Strapazen der vorausgegangenen Niederkunft gezeichnet. Eine Parallelszene findet sich links oben auf dem Treppenabsatz eingefügt. Dargestellt ist die in der Bibel geschilderte Begegnung von Anna und Joachim, den Eltern Marias, die mit der unbefleckten Empfängnis Mariens gleichgesetzt wird.

NATIVITAS TVA DEI GENITRIX VIRGO GAVDIVM ANNVNTIAVIT VNIVERSO MVNDO
BIGHORDI

Domenico Ghirlandaio: Geburt Johannes des Täufers, 1485–1490
Fresko

Der Szene der Geburt Mariä entspricht auf der gegenüberliegenden Wand diejenige der Geburt des Täufers Johannes. Erneut spielt sich das Geschehen in einem herrschaftlichen Innenraum ab, wie ihn die Tornabuoni-Familie im damaligen Florenz durchaus selbst bewohnt haben könnte. Weibliche Angehörige der Stifterfamilie sind auch in diesem Fresko porträtiert. Allein die von rechts mit flatternden Gewändern herbeieilende Dienerin stört die ausgewogene Ruhe, mit der uns das biblische Geschehen in zeitgenössischem Gewand vor Augen geführt wird.

Domenico Ghirlandaio: Vertreibung Joachims aus dem Tempel, 1485–1490
Fresko

Der Überlieferung nach wurde Joachim aufgrund seiner Kinderlosigkeit die Darbringung eines Opferlammes verwehrt. Das eigentliche Hauptgeschehen vollzieht sich in Ghirlandaios Version eher beiläufig. Zwar sind Joachim und der ihn aus dem Tempel verweisende Hohepriester weit vorne und in beträchtlicher Größe wiedergegeben, die Darstellung wird aber zu weiten Teilen durch die ausführliche Schilderung der Architekturen dominiert. Die Bogenreihen des Tempels geben den Blick auf eine dahinter befindliche Loggia frei, die unmittelbar an Brunelleschis Findelhaus erinnert. Unter den Beobachtern, die in zeitgenössischer Kleidung der biblischen Szene beiwohnen, sind links Mitglieder der Tornabuoni-Familie porträtiert. In der rechten Gruppe erkennen wir ein Selbstporträt des Künstlers, der sich mit dem Gestus der Hand selbstbewußt als Schöpfer der Malereien zu erkennen gibt.

Cappella di Filippo Strozzi

Filippino Lippi: Bändigung eines Drachen durch den Hl. Philippus (unteres Register) und Kreuzigung des Hl. Philippus (oberes Register), nach 1487
Fresko

1486 hatte der Bankier Filippo Strozzi die Kapelle in Santa Maria Novella erworben und bald darauf Filippino Lippi beauftragt, die Wände mit Begebenheiten aus den Leben der Heiligen Philippus und Johannes des Täufers zu freskieren. Der Auftraggeber selbst wurde nach seinem Tode in der Kapelle beigesetzt, sein Sarkophag – 1491–1493 von Benedetto da Maiano ausgeführt – befindet sich dort noch heute an der Rückwand. Im Jahre 1488 gestattete Filippino Lippi sich die Freiheit, die Arbeiten zugunsten eines fünfjährigen Romaufenthaltes zu unterbrechen. Neben den Malereien lieferte er allerdings auch die Entwürfe zu den Glasfenstern der Kapelle.

Filippino Lippi: Auferweckung der Drusiana, nach 1487
Fresko

Im Fresko der Auferweckung der Drusiana durch Johannes den Täufer sind die Hauptfiguren in Kolorit und Zeichnung überaus plastisch dargestellt. Bühnenartig entfaltet sich vorne das Hauptgeschehen, während eine nach römischem Vorbild glaubhaft konstruierte Architekturkulisse den Hintergrund bildet. Filippinos Fresken sind in ihrer ebenso außergewöhnlichen wie einfallsreichen Bildsprache von höchster Qualität und gelten als späte Meisterwerke des Malers.

Chiostri Monumentali – Museo di S. Maria Novella

Links neben der Kirchenfassade ist der Eingang zu den Chiostri Monumentali, in denen das Museo di Santa Maria Novella untergebracht ist. Rund um den sogenannten Grünen Kreuzgang (Chiostro Verde), der im hektischen Treiben der Stadt wie eine Oase der Ruhe wirkt, sind sehenswerte Kapellen und Räumlichkeiten der früheren Klosteranlage zu besichtigen. Der zweite, große Kreuzgang ist leider nur von außen einzusehen, aber nicht zugänglich.

Das Chiostro Verde verdankt seinen Namen dem grünlichen Farbton, der das Kolorit der hier ausgeführten Wandmalereien beherrscht. Erbaut wurde der Wandelgang in den Jahren 1332–1357 unter Leitung der Laienbrüder Giovanni da Campi und Jacopo Talenti. Aus der ersten Hälfte des 15. Jh.s stammen die leider nur noch schlecht erhaltenen Genesis-Szenen auf der an die Kirche grenzenden Außenwand. Unter den an der Freskierung beteiligten Meistern ist vor allem Paolo Uccello zu nennen. Insbesondere werden ihm die Darstellungen der Erschaffung der Tiere und des Adam, des Sündenfalls und der Erschaffung Evas (im 1. Joch) sowie diejenigen der Noah-Geschichte (im 4. Joch) zugeschrieben.

Paolo Uccello: Die Sintflut, um 1440
Fresko (übertragen), 215 x 510 cm

Die zu bemalenden Wandflächen der einzelnen Joche unterteilte Uccello im Chiostro Verde horizontal in zwei voneinander getrennte Bildfelder, innerhalb derer jeweils zwei biblische Episoden vergegenwärtigt wurden. Im vierten Joch sind unten die Trunkenheit und das Dankopfer Noahs darge-

stellt, in der Lünette darüber das Zurückweichen der Sintflut.

Uccellos Fresko wirkt auf den ersten Blick unübersichtlich, ja geradezu chaotisch. Die so unruhig anmutende Komposition entspricht jedoch durchaus der Dramatik der dargestellten biblischen Geschehnisse. Die mit dem Herannahen der Sintfltut über die Menschheit hereinbrechenden Schrecken und das mit dem Zurückweichen des Wassers offenbar werdende Ausmaß der Verwüstung veranschaulicht die Malerei in einer phantasievollen Vielfalt anekdotischer Details.

Die Grenzen räumlicher wie zeitlicher Logik sind dabei weitestgehend aufgehoben, Paolo Uccellos Bildfindung mutet auch in der farblichen Gestaltung fast surreal an. Während die Menschen auf der linken Seite ebenso verzweifelt wie vergeblich noch darum kämpfen, ihr Leben vor den hereinbrechenden Fluten zu retten, sehen wir rechts schon die Kadaver der Ertrunkenen – unter ihnen auch ein Kleinkind mit aufgeblähtem Bauch –, die das zurückweichende Wasser freigibt. Die ungewöhnliche Verknüpfung der zeitlich eigentlich aufeinanderfolgenden Szenen findet ihre logische Entsprechung in der doppelten Wiedergabe der Arche Noah am rechten und am linken Rand des Freskos. Die perspektivisch ausgeklügelte Bildkonstruktion bewirkt mit zahlreichen Verkürzungen eine geradezu sogartige Tiefenstreckung, die den dramatischen Charakter der Darstellung noch verstärkt.

Paolo Uccello: Die Sintflut – Detail (links)

Vielleicht wollte sich Cosimo de' Medici, der Auftraggeber und Finanzier der Malereien, im Kontext der Noah-Geschichte selbst als Retter und Friedensstifter der Stadt vergegenwärtigt sehen. Die auffällige Standfigur in der rechten Hälfte des Freskos weist jedenfalls unübersehbare Ähnlichkeiten zu überlieferten Bildnissen des Medici-Oberhauptes auf.

Paolo Uccello: Die Sintflut – Detail (rechts)

Die auffälligen, schwarzweiß karierten Kopfbedekkungen (hier auf den Hals gerutscht) tauchen in verschiedenen Werken des Malers mehrfach auf. In ihnen spiegelt sich Uccellos Vorliebe für perspektivische »Kunststücke« gleichsam en détail wider. Die exakte malerische Ausführung dieser sogenannten »mazzocchi« bereitete er durch eine Vielzahl zeichnerische Studien akribisch vor.

Cappellone degli Spagnoli

Andrea Bonaiuti: Allegorie der Kirche, vor 1365
Fresko

Der ehemalige Kapitelsaal der Dominikaner wurde gegen Mitte des 14. Jh.s durch Jacopo Talenti errichtet. Seit man den Raum 1556 der spanischen Gemeinde im Gefolge der Herzogin Eleonora von Toledo zur Nutzung überließ, bürgerte sich die Bezeichnung »Cappellone degli Spagnoli« (Spanische Kapelle) ein.
Die riesigen Wandgemälde – eines der umfangreichsten malerischen Projekte der Zeit – führte Andrea Bonaiuti (auch Andrea da Firenze genannt) in den Jahren vor 1365 aus. Den reichhaltigen Fresken liegt ein kompliziertes theologisches Programm zugrunde, in dem sich das Weltbild des Dominikanerordens spiegelt. Geschildert ist der Weg des Menschen zu Erlösung und Heil. Die hier abgebildete Allegorie der wehrhaften Kirche zeigt oben die Gestalt des Thronenden Christus von himmlischen Scharen umgeben. In der irdischen Sphäre darunter ist der wehrhafte Kampf der Kirche – symbolisiert durch eine modellhafte Darstellung des Florentiner Domes – zum Wohle und zur Errettung der Menschheit versinnbildlicht. Unter den zahllosen Geistlichen, kirchlichen Würdenträgern und Ordensleuten ist stets den zahlreich vertretenen Angehörigen des Dominikanerordens ein besonderer Rang zugemessen.

Santa Maria Maggiore

Die Kirche wurde im 10. Jh. erstmals erwähnt. Der heutige Bau geht im wesentlichen auf Erneuerungen des 13. und 14. Jh.s zurück, wenngleich durch Restaurierungsarbeiten auch ältere Bausubstanzen freigelegt werden konnten. Die Madonna im Tympanon des Portals ist eine Kopie nach einem im Inneren aufbewahrten Original des 14. Jh.s.

Coppo da Marcovaldo: Madonna del Carmine, um 1250/60
Tempera auf Öl und Stuck, 250 x 123 cm

Als bedeutendstes Stück der Innenausstattung von Santa Maria Maggiore verdient die Madonnentafel des Coppo da Marcovaldo besondere Erwähnung. Der Künstler ist der erste in Florenz tätige Meister (um 1250–1260), der uns namentlich bekannt ist. Zu seinen Schülern gehörte Cimabue, der seinerseits Lehrmeister des Giotto di Bondone war.

Die Figur der thronenden Muttergottes ist in Stuck gearbeitet und der Holztafel mit den umgebenden Malereien aufgesetzt. Beide Gattungen, Malerei und Flachrelief, sind dadurch miteinander verbunden. Die optische Wirkung der Tafel ist dabei derjenigen einer Goldschmiedearbeit angenähert. Madonna und Christuskind entsprechen in ihrer frontalen Ausrichtung einem byzantinischen Typus. Auf der äußeren Rahmung finden sich Darstellungen der zwölf Apostel in der Form stehender Heiliger, während unterhalb der Gottesmutter die Szenen der Verkündigung und der Drei Marien am Grabe dargestellt sind.

Piazza della Repubblica

Die weitläufige Platzanlage findet sich im Mittelpunkt des historischen Stadtkerns von Florenz. Schon in römischer Zeit markierte hier eine Granitsäule den Kreuzungspunkt der beiden Hauptverkehrswege, des »Cardo« (nord-südlich) und des »Decumanus« (west-östlich). Von der Bedeutung, die dem Ort schon in antiker Zeit zukam, zeugt überdies die Tatsache, daß sich hier auch das römische Forum mit dem kapitolinischen Tempel befand.
Heute fügt sich die Piazza della Repubblica allerdings eher wie ein Fremdkörper in das Stadtbild. Die Gründe hierfür liegen in der umfassenden Neugestaltung, der im letzten Jahrzehnt des 19. Jh.s leider auch wesentliche Teile der mittelalterlichen Stadt zum Opfer fielen. Der Alte Markt (Mercato Vecchio) und das ehemalige Ghetto wurden dabei abgerissen, allein die alte Fischhalle Vasaris (Loggia del Pesce) wurde an der heutigen Piazza dei Ciompi wieder aufgebaut. Ehemals befand sie sich an der Westseite des Platzes, wo 1895 der gewaltige Triumphbogen (Arcone) errichtet wurde. Wie dieser wirken auch die übrigen Monumentalbauten und Verwaltungspaläste, die zu Seiten der Piazza errichtet wurden, reichlich überdimensioniert. Trotz der lautstarken Belebtheit, zu der zahlreiche Cafés und Geschäfte dem Platz heute bis in die späten Abendstunden verhelfen, stellt sich kaum einmal eine stimmungsvolle Atmosphäre ein.

Den aus heutiger Sicht eher bedauernswerten städtebaulichen Eingriff des späten 19. Jh.s wird man aus einem gestiegenen

Repräsentationsbedürfnis erklären können, denn Florenz war zwischenzeitlich (1865–1871) Hauptstadt Italiens gewesen. Folgerichtig war der neuentstandene Platz zunächst auch nach König Vittorio Emanuele II. benannt worden.

Loggia del Mercato Nuovo

Im Auftrag Cosimos I. errichtete Giovanni Battista del Tasso 1547–1551 die imposante, von 20 Säulen getragene Loggia des Neuen Marktes (Mercato Nuovo). Schon im frühen 15. Jh. waren an dieser Stelle unter anderem die Geldwechsler ihren oftmals zwielichtigen Geschäften nachgegangen. Die Seidenhändler handelten hier mit wertvollen Stoffen; Edelsteine und Erzeugnisse der Goldschmiedekunst wurden feilgeboten. Unter den zu allen Seiten hin offenen Arkaden werden heute neben touristischen Andenken und Souvenirs tagtäglich verschiedene Bekleidungsartikel, Schmuck-, Leder- und Strohwaren angeboten.

Pietro Tacca: Fontana del Porcellino, 1612
Bronze

An der Südseite der Loggia befindet sich die »Fontana del Porcellino« (wörtlich: Schweinchen-Brunnen). Der bronzenen Figur des kauernden Wildschweins, die Pietro Jacopo Tacca (1577–1640) als Nachbildung eines antiken römischen Marmor-Originals in den Uffizien schuf, wird – vergleichbar der berühmten »Fontana di Trevi« in Rom – eine besondere magische Wirkung zugeschrieben. Besucher, die eine Münze in den Brunnen werfen und die Schnauze des Schweines streicheln, werden – so sagt man – in die Stadt am Arno zurückkehren.

Palazzo Strozzi

Das Datum der Grundsteinlegung für den Stadtpalast der wohlhabenden Kaufmannsfamilie Strozzi wurde nach präzisen astrologischen Berechnungen auf den 6. August des Jahres 1489 gelegt. Eine bemerkenswerte Vorgeschichte ging dem Beginn der Bauarbeiten voraus. Nach einem langjährigen familiären Zwist, der den Strozzi zwischenzeitlich sogar eine Verbannung ins mantuaner Exil eingebracht hatte, galt es für sie, zunächst das Wohlwollen der Medici zurückzugewinnen, ohne deren Duldung die Verwirklichung des ambitionierten Projekts nicht möglich gewesen wäre. Filippo Strozzi, Familienoberhaupt und Bauherr, erreichte nicht nur die Versöhnung, sondern erweckte überdies auf geschickte Art und Weise das besondere Interesse von Lorenzo de' Medici, indem er vorgab, nur einen einfachen Bau mit einigen Läden im Untergeschoß errichten zu wollen. Lorenzo, dem in besonderem Maße an der Verschönerung der Stadt gelegen

war und dessen Beiname ihn als »il Magnifico« (den Prächtigen) charakterisiert, widerstrebte dieses allzu bescheidene Vorhaben offensichtlich derart, daß er fortan, mit stetig anwachsendem Ehrgeiz, die Errichtung eines weitaus prachtvolleren Palastes förderte. Auf diesem Wege entstand schließlich einer der bedeutendsten florentinischen Profanbauten, der noch heute der Familie Strozzi und der Stadt Florenz gleichermaßen zu Ruhm und Ehren gereicht. Fünfzehn Häuser mußten abgerissen werden, um dem gewaltigen, freistehenden Baukörper ausreichend Platz zu schaffen.

An der Verwirklichung waren die Baumeister Benedetto da Maiano, Simone del Pollaiolo und Giuliano da Sangallo beteiligt. Die dreigeschossigen Fassaden werden von einem mächtigen Kranzgesims, das in Teilen allerdings unvollendet blieb, überfangen. Zur massiven Wirkung des Baukörpers trägt wesentlich das Rustikamauerwerk bei, dessen plastische Ausbildung allerdings nach oben hin von Geschoß zu Geschoß abgeschwächt ist. Das Innere des Gebäudes beherbergt heute verschiedene Forschungseinrichtungen und dient als Veranstaltungsort.

Innenhof

Dem Innenhof des Palazzo Strozzi wird man in seiner klaren Formensprache und Struktur eine geradezu klassische Schönheit nicht absprechen können. Als Erbauer gilt Simone del Pollaiuolo (genannt Il Cronaca), der hier Einflüsse der Florentinischen Frührenaissance (in den umlaufenden Arkadengängen des unteren Geschosses) stimmig mit Elementen römischer Architektur (im oberen Geschoß) in Einklang zu bringen wußte.

Palazzo Davanzati/ Museo dell' Antica Casa Fiorentina

Mit dem Palazzo Davanzati hat sich in Florenz ein bedeutender mittelalterlicher Familienpalast erhalten. Das Gebäude wurde im 14. Jh. ursprünglich für die Familie Davizzi errichtet. In den Besitz der Kaufmannsfamilie Davanzati, deren Wappen noch heute am Außenbau prangt, gelangte der Palast 1578.

Die Fassade öffnet sich im unteren Geschoß in drei Portalen, die ehemals Zugang zu einer Halle gewährten. Schon sehr bald beherbergten sie aber auch Werkstätten, in denen u. a. Wollerzeugnisse gefertigt und verkauft wurden. Die darüberliegenden Geschosse sind jeweils durch fünf gleichförmig angelegte Fensteröffnungen gegliedert. Diese sind in ihrer Höhe und in der Gestaltung des Mauerwerks jedoch variiert. Eine offene Säulenloggia bekrönt den Bau seit dem 16. Jh.

Sala dei Pappagalli

Der weitestgehend originäre Erhaltungszustand der mittelalterlichen Bausubstanz ist dem Engagement des Kunsthändlers Elia Volpi zu verdanken, der das Gebäude 1906 erwarb und restaurieren ließ. In den sehenswerten Innenräumen ist seit 1956 das Museo dell' Antica Casa Fiorentina untergebracht. Die Ausstattung vermittelt mit zahlreichen Einrichtungs- und Gebrauchsgegenständen aus Mittelalter, Renaissance und Barock ein anschauliches Bild vom herrschaftlichen Alltagsleben vergangener Epochen. Zu den schönsten Räumen des Museums zählt der sogenannte Papageiensaal. Die Wände sind mit illusionistischen Malereien versehen, die den Eindruck von Teppichbehängen imitieren. Den schmükkenden Darstellungen mit Papageien verdankt der Saal seine Benennung.

Santa Trinità

Im Jahre 1092 gelangte ein älterer, 1077 erstmals dokumentarisch belegter und zu jener Zeit noch außerhalb der Stadtmauern gelegener Vorgängerbau der heutigen Kirche Santa Trinità in den Besitz des Benediktinerordens der Vallombrosaner. Die Errichtung des gotischen Neubaus erfolgte vermutlich größtenteils während des 14. Jh.s. Bedeutende Stücke der reichen Innenausstattung stammen aus dem nachfolgenden Jahrhundert. Die heutige Fassade wurde allerdings erst 1593 durch den Vasari-Schüler Bernardo Buontalenti erbaut. Ein kräftig ausgeprägtes Gesims grenzt Ober- und Untergeschoß markant voneinander ab und verhindert damit nicht zuletzt eine über die gesamte Wandfläche geführte, organischere Durchdringung der Einzelformen. Hierin unterscheidet sich Buontalentis Entwurf noch deutlich von den barocken Fassadentypen, die sich während der Folgejahre – vor allem in Rom – herausbilden sollten.

Innenraum

Als dreischiffige Basilika ist die Kirche über dem Grundriß eines lateinischen Kreuzes errichtet. Abweichend von vergleichbaren Sakralbauten in Florenz bewirken die verhältnismäßig engen Pfeilerstellungen der Arkaden eine deutliche Abgrenzung des Mittelschiffs von den flankierenden Seitenschiffen. Ohne greifbares Vorbild in der Stadt sind zudem die leicht erhöhten Seitenkapellen an den Langhauswände. Teile der Innenfassade eines romanischen Vorgängerbaus konnten im 19. Jh. freigelegt werden.

Santa Trinità

Cappella Sassetti – Domenico Ghirlandaio: Altarbild der Anbetung des Kindes (1485) und Freskenzyklus der Franziskanerlegende (1482–1486), S. 244

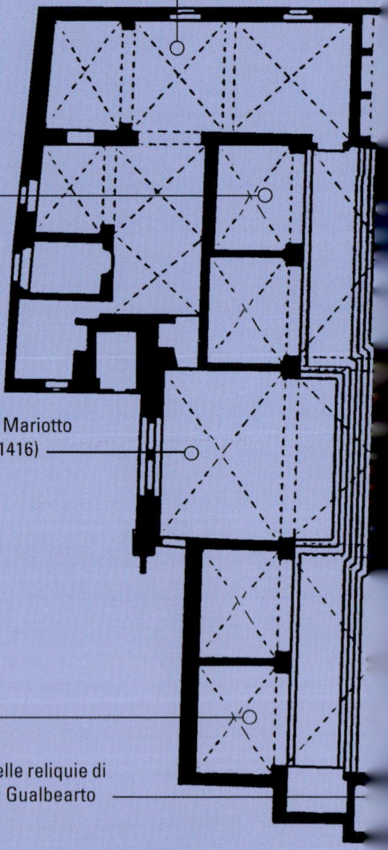

Sagrestia, erbaut als Familien- und Begräbniskapelle der Strozzi (1418–1423)

Cappella Maggiore – Mariotto di Nardo: Trinità (um1416)

Cappella Scali – Luca della Robbia: Grabmal des Benozzo Federighi (um 1455)

Cappella delle reliquie di S. Giovanni Gualbearto

0 20 m

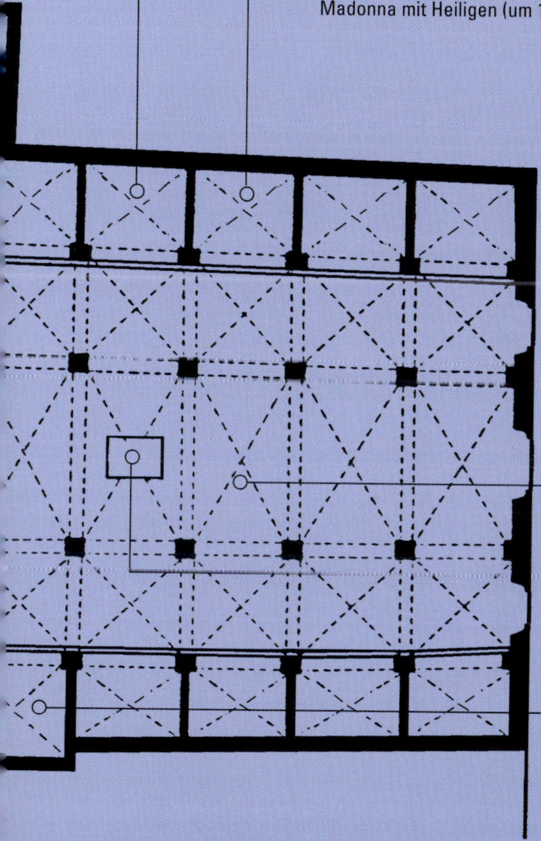

Innenraum, S. 241

IPSVM QVEM GENVIT ADORAVIT MARIA
A D M CCCCLXXX

Cappella Sassetti

Francesco Sassetti hatte ursprünglich geplant, eine Kapelle in der Kirche Santa Maria Novella mit Szenen aus dem Leben seines Namenspatrons, des Hl. Franz von Assisi, ausschmücken zu lassen. Die dort ansässigen Dominikaner waren von der Idee, in ihrer Kirche ausgerechnet den Gründer des Franziskanerordens verewigt zu sehen, jedoch nur wenig angetan. Sie widersetzten sich dem Ansinnen so vehement, daß der einflußreiche Bankier Sassetti sein Vorhaben aufgeben mußte.

Nach langjährigen Querelen wurde der geplante Franziskus-Zyklus schließlich in einer Seitenkapelle der benachbarten Kirche Santa Trinità ausgeführt.

Mit der ausschmückenden Freskierung wurde 1482 Domenico Ghirlandaio beauftragt. Francesco Sassetti und seine Gemahlin Nera Corsi wurden nach ihrem Tode in der Kapelle beigesetzt. Ihre hier bis heute aufgestellten Sarkophage wurden vermutlich in der Werkstatt des Giuliano da Sangallo gefertigt. Im unteren Register der Hauptwand ließen sich die beiden Stifter zuvor bereits zu Seiten des Altarretabels kniend verewigen.

Domenico Ghirlandaio: Anbetung der Hirten, um 1485
Öl auf Holz, 167 x 167 cm

Ghirlandaios Altartafel ist von dem Portinari-Altar in den Uffizien inspiriert (vgl. S. 152). Zugleich sind Motive der römischen Antike eingebracht, die an eine Prophezeiung des Auguren Fluvius erinnern. Gemäß der Inschrift wird der Welt aus seinem Sarkophag ein Gott hervorgehen. Damit ist ein Hinweis auf die inhaltliche Konzeption der Kapellenausstattung gegeben, die die römische Antike mit der christlichen Überlieferung zu verbinden sucht.

Domenico Ghirlandaio: Stigmatisation des Hl. Franziskus, um 1485
Fresko

In den Fresken der Sassetti-Kapelle verraten vor allem die Figurendarstellungen, daß Ghirlandaio vor Beginn der Arbeiten Giottos Franziskus-Zyklus in Santa Croce (vgl. S. 381) sorgfältig studiert hatte. Im Gegensatz zu seinem berühmten Vorgänger gestaltete er die Hintergründe jedoch als Abbild der Florentiner Plätze der Zeit oder in weitschweifigen, ebenso detailreichen wie reizvollen Landschaftsschilderungen.

An das Wunder der Stigmatisation des Franz von Assisi (1182–1226) erinnert dieses von grünlichen Farbtönen dominierte Wandgemälde. Am Fuße des Berges La Verna – nach der Überlieferung Ort des Ereignisses im Jahre 1224 – ist der Heilige vor der Himmelserscheinung des Gekreuzigten auf die Knie gesunken. Goldene Lichtstrahlen an seinem Körper symbolisieren das Erscheinen der Wundmale Christi. Neben jenem zweiten Franziskanermönch, der eine Hand geblendet vor die Augen hält, sind auch die Personen im Hintergrund Zeugen des Ereignisses.

Domenico Ghirlandaio: Die Bestätigung der Ordensregeln der Franziskaner, um 1485
Fresko

Daß die Bestätigung des Franziskanerordens durch Papst Honorius III. in Rom stattgefunden hatte, ignorierte Ghirlandaio in diesem Fresko. Das historische Geschehen verlegte er ins zeitgenössische Florenz. Deutlich ist im Hintergrund die Piazza della Signoria zu erkennen. Unter den Arkaden der Loggia dei Lanzi ist eine Vielzahl reizvoller Alltagsszenen zu sehen. Weiter links erhebt sich die Fassade des Palazzo Vecchio. Die Uffizien waren zu jener Zeit noch nicht erbaut. Michelangelos David-Statue sollte erst zwei Jahrzehnte später vor dem Palast aufgestellt werden. Auf der »ringhiera«, einer später abgerissenen Tribüne vor der Fassade, sehen wir bereits Donatellos Löwen (»Marzocco«).

Nicht zuletzt bezeugt das Fresko die Loyalität der Sassetti-Familie gegenüber den Medici. Ganz rechts steht Francesco Sassetti in einem roten Mantel direkt neben Lorenzo de' Medici.

Palazzo Rucellai

Der wohlhabende Wollhändler Giovanni Rucellai betraute Leone Battista Alberti um die Mitte des 15. Jh.s mit der Planung des Stadtpalastes seiner Familie. Dessen Entwürfen, die durch die Werkstatt Bernardo Rosselinos um 1450 zur Ausführung gelangten, ist die Entstehung eines in Florenz kaum mehr übertroffenen Profanbaus zu verdanken. Souverän griff Alberti bei der Fassadengestaltung auf seine Kenntnisse der römisch-antiken Baukunst zurück und verband diese ebenso stimmig wie konsequent mit spezifischen Ausdrucksformen der Florentinischen Palastarchitektur. Horizontal ist das Gebäude in drei Geschosse gegliedert, die vertikal durch die jeweils vorgeblendeten Pilaster (ohne statische Funktion) zusammengefaßt werden. Wie beim Coloseum in Rom treffen wir unten auf eine dorische, darüber auf eine ionische und im obersten Stockwerk auf eine korinthische Säulenordnung. Die Wandflächen sind, wie in Florenz üblich, mit Rustikamauerwerk versehen, die einzelnen Steine wurden allerdings nicht plastisch gearbeitet, sondern abgeflacht. Die strenge Abfolge rechteckiger Formen ist allein durch die rundbogigen Fensterumfassungen mit Bogenfeldern durchbrochen.

Loggia dei Rucellai

Bernardo Rosselino (1409–1464) führte im Auftrag des Bankiers Giovanni Rucellai nach Plänen seines Lehrers Alberti um 1460 auch den Bau der Loggia dei Rucellai aus. Auf der gegenüberliegenden Seite des Palazzo Rucelai diente diese der Familie ursprünglich als Empfangs- und Repräsentationshalle.

Heute ist hier das Museo di Storia della Fotografia Fratelli Alinari untergebracht.

Der Florentiner Renaissance-Palazzo

In architekturgeschichtlicher Hinsicht bricht um die Mitte des 15. Jh.s. in Florenz die große Zeit des Renaissance-Palazzo an. Mit ihrem beträchtlich angewachsenen Vermögen scheint in den Kreisen der wohlhabenden Bankiers und Kaufleute der Stadt in zunehmendem Maße auch das Bedürfnis entstanden zu sein, sich und ihren Familien repräsentative Wohnhäuser in oftmals beträchtlichen Dimensionen errichten zu lassen. Die Architekten, die zur Ausführung dieser Bauten rekrutiert wurden, zählten zu den herausragenden Talenten ihrer Zeit und verliehen nicht nur der Stadt Florenz ein neues Gesicht, sondern wirkten weit über die Grenzen der Stadt hinaus. Um die Jahrhundertmitte erreichte die neue Bauwut ihren Höhepunkt. Allein in den Jahren zwischen 1450 und 1478 wurden 30 Palazzi errichtet. »Wieviele Häuser hatten in unserer Kindheit nur Bretter, wo jetzt Marmor liegt«, resümierte Alberti die gewaltigen innerstädtischen Veränderungen. Er selbst hatte um 1450 für die Familie Rucellai deren neue Residenz entworfen, nachdem Michelozzo mit dem Palazzo Medici den vielbewunderten Prototypen eines klassischen Renaissance-Palastes errichtet hatte (ab 1444). Brunelleschi werden erste Pläne für den Palazzo Pitti zugeschrieben, dessen Bau man 1457 jenseits des Arno anging. Benedetto da Maiano entwarf den Palazzo Strozzi (nach 1489), sein Bruder Giuliano die Paläste der Familien Antinori (1461 – 1469), Pazzi (1462–1472) und Gondi (um 1490). Wie Luca Landucci

Palazzo Davanzati: Detailansicht des Innenhofs mit Fresko und Säulen

Palazzo Antinori, Fassade

LA NAZIONE

in seinem Florentiner Tagebuch bemerkte, bauten »die Menschen jener Zeit wie von der Tarantel gestochen, auf eine Weise, daß Mangel an Meistern und Material herrschte.« Um die gewaltigen Kosten erträglicher zu gestalten, wurde 1489 auf Veranlassung Lorenzo de' Medicis sogar all jenen eine vierzigjährige Steuerbefreiung gewährt, die auf unbebautem Gelände ein Haus errichten ließen. Trotzdem mußten auch weiterhin in vielen Fällen zunächst zahlreiche ältere Gebäude abgerissen werden, um den riesigen Neubauten Platz zu schaffen.

Bei allen Abweichungen im Detail gleichen sich die Palazzi jener Zeit in einigen wesentlichen Charakteristika. Nach dem Vorbild des Palazzo Medici bezogen sich die Baumeister bei der Gestaltung der kubusförmigen Baukörper oftmals absichtsvoll auf die großen städtischen Paläste, wie denjenigen der Signoria, um damit zugleich die Verbundenheit der Auftraggeberfa-

Palazzo Gondi, Fassade

Gartenhof des Palazzo Medici-Riccardi

milien mit der Kommune zu veranschaulichen. Die Außenfassaden sind meist durch einen wehrhaften, abweisenden Charakter gekennzeichnet, zu dem die Verwendung mächtiger Rustikamauerwerke wesentlich beiträgt. Alle Geschosse – in der Regel drei – wurden deutlich voneinander abgegrenzt, die Formen der Quadersteine oftmals von Stockwerk zu Stockwerk variiert. Weit vorragende Gesimse und Dächer schließen die Gebäude oben ab, während unten umlaufende Steinbänke jenen gedient haben mögen, die darauf warteten, ins Innere vorgelassen zu werden.

Das Zentrum der Paläste bildeten die harmonisch gestalteten Innenhöfe. Häufig fand sich in ihrer Mitte ein Brunnen, während umlaufende Säulengänge unmittelbar an die klösterlichen Kreuzgänge der Stadt erinnerten.

Museo Marino Marini – San Pancrazio

Schon im 19. Jh. wurde die frühere Kirche San Pancrazio säkularisiert. Nach zwischenzeitlicher Nutzung als Tabakfabrik und Militärdepot wurde hier 1988 das Museo Marino Marini eröffnet. Hinter der weitestgehend erhaltenen Fassade des späten 14. Jh.s – das Portal stammt von Albertis benachbarter Rucellai-Kapelle und wurde im 19. Jh. eingefügt – verbergen sich die von Lorenzo Papi und Bruno Sacchi unter Verwendung von Beton und Eisen überraschend modern gestalteten Museumsräume.

Nahezu 200 Werke des Malers, Graphikers und Bildhauers Marino Marini (1901–1980) sind im Inneren ausgestellt. Berühmtheit erlangte der Künstler – er zählt zu den bedeutendsten italienischen Bildhauern des 20. Jh.s – vor allem durch seine Reiterskulpturen. Zumeist auf wenige markante Merkmale reduziert, gestaltete Marino Marini diese in voluminösen Formen und zum Teil als Freiplastiken von enormer Größe.

Ognissanti

Die Allerheiligenkirche (Chiesa di Ognissanti) ist eine Gründung des Humiliatenordens aus der Mitte des 13. Jh.s. In der Nähe des Arno etablierte sich hier ein ökonomisch bedeutsames Zentrum der Wollmanufaktur. Im Jahre 1561 gelangte die Kirche in die Obhut der Franziskaner, wurde bis ins späte 17. Jh. mehrmals umgebaut und zu weiten Teilen erneuert. Die heutige Barockfassade (um 1637) geht auf Matteo Nigetti zurück. Über dem Hauptportal hat sich das Majolikarelief der Krönung Mariä (um 1515) erhalten.

Mitglieder des berühmten Seefahrergeschlechts Vespucci fanden in Ognissanti ihre letzte Ruhestätte. Ihre Familienkapelle schmückte Domenico Ghirlandaio um 1472 mit den bis heute erhaltenen Fresken der Schutzmantelmadonna und der Beweinung Christi. Im Auftrage der Familie Vespucci führte Ghirlandaio zudem das Fresko des Hl. Hieronymus aus. Zuvor hatte Sandro Botticelli, der ebenfalls in Ognissanti beigesetzt wurde, das Pendant des Hl. Augustinus gemalt. Beide Bilder befanden sich ehemals am Eingang des Mönchschores, wurden allerdings 1970 abgelöst und hängen einander heute im Kirchenschiff gegenüber.

DEO SERVATORI
VIRGINI GENITRICI
DIVIS OMNIBUS

Domenico Ghirlandaio: Abendmahl, um 1480
Fresko, 400 x 800 cm

Wesentliche Impulse verdankt Ghirlandaios Fresko im Refektorium von Ognissanti der vorausgegangenen Version des Andrea del Castagno im Cenacolo di Sant' Apollonia. In beiden Gemälden ist Judas isoliert vor der Tischgesellschaft plaziert. Im Gegensatz zum monumentaleren, dramatisch aufgeladenen Figurenstil Castagnos sind Ghirlandaios Apostel von einer größeren Verinnerlichung durchdrungen. Im seelischen Ausdruck und in der Gestik wirken sie lebensnaher, die Stimmung ist von einer fast schon melancholischen Sanftmut geprägt.
Die reale Architektur des Refektoriums führte Ghirlandaio illusionistisch in den gemalten Raum hinein fort. Eine größtmögliche Identifikation mit dem dargestellten Geschehen scheint angestrebt, die perspektivische Konstruktion ist in präzisem Kalkül glaubhaft auf den Betrachter abgestimmt. Von Ghirlandaios künstlerischer Vorgehensweise zeugt die freigelegte Sinopie (Unterzeichnung), die heute an der linken Seitenwand des Saales zu sehen ist.
Mit einer weiteren, ähnlich ausgeführten Abendmahls-Darstellung wurde Ghirlandaio schon wenige Jahre später in San Marco betraut. Einen Bewunderer fanden die Fresken in Leonardo da Vinci, den das Thema in seinem berühmten Mailänder Abendmahl (1495–1498, Santa Maria delle Grazie) zu einem Meisterwerk der Kunstgeschichte inspirierte.

Domenico Ghirlandaio:
Hl. Hieronymus, um 1480
Fresko (übertragen),
184 x 119 cm

Ghirlandaios Fresko des Hl. Hieronymus entstand in künstlerischem Wettstreit mit demjenigen des Hl. Augustinus, das Sandro Botticelli unmittelbar zuvor an den Chorschranken von Ognissanti bereits ausgeführt hatte. Das Bild zeigt den Kirchenvater Hieronymus »im Gehäuse«, einer Studierstube, die mit griechischen, lateinischen und hebräischen Manuskripten sowie zahlreichen Schreibutensilien ausgestattet ist. Der Heilige hat seine Niederschrift der Bibelübersetzung für einen Augenblick unterbrochen und den Blick zum Betrachter gerichtet. Deutlich zeigt dieses frühe Werk noch Ghirlandaios Orientierung an flämischen Vorbildern. Vor allem ein kleinformatiges, damals im Besitz der Medici befindliches Tafelbild aus der Werkstatt des Jan van Eyck (heute in Detroit), scheint inspirierend gewirkt zu haben.

Sandro Botticelli:
Hl. Augustinus, um 1480
Fresko (übertragen),
152 x 112 cm

Mit Botticellis Gemälde waren für Ghirlandaios späteres Pendant – beide ursprünglich an einer Wand des Mönchschores angebracht – hinsichtlich der räumlichen Situation bereits formale Vorgaben verknüpft. In ihrem Stimmungsgehalt unterscheiden sich beide Gemälde allerdings deutlich. In voluminöser Erscheinung ist der Hl. Augustinus zwar ebenfalls in einer reichhaltig ausgestatteten Studierkammer dargestellt, deren Arrangement auch bei Botticelli die Kenntnis flämischer Vorbilder verrät, letztendlich aber in größere Distanz entrückt. Der Blick des Heiligen ruht in diesem Fresko nicht auf dem Betrachter. Gedankenverloren scheint Augustinus vielmehr von prophetischen Visionen bewegt, die ihn in einem Moment religiöser Ergriffenheit zum pathetischen Gestus der rechten Hand veranlassen.

MISERICORDIA DOMINI
PLENA EST TERRA

Domenico Ghirlandaio: Schutzmantelmadonna, um 1472
Fresko (übertragen)

Als »Mantelschutz« bezeichnete man die während des frühen Mittelalters insbesondere nördlich der Alpen weitverbreitete juristische Praxis, nach der hochrangige Personen Hilfesuchenden und Verfolgten »unter ihrem Mantel« Asyl und damit Schutz gewähren konnten. Aus diesem alten Rechtsbrauch erwuchs während des 13. Jh.s vor allem im Umkreis der Dominikaner- und Zisterzienserorden der Bildtypus der sogenannten Schutzmantelmadonnen. Als »Mutter der Barmherzigkeit« erscheint Maria dabei mit weit ausgebreitetem Mantel, unter dem sie den Gläubigen Obhut gewährt.
Domenico Ghirlandaios Lünettenfresko in der Kapelle der Familie Vespucci entspricht der Tradition dieses Bildthemas. Statuenartig ist die Madonna mit leicht geneigtem Haupt auf einem Sockel postiert. Die Inschrift auf dem Postament besagt, daß die Welt von der Barmherzigkeit Gottes erfüllt ist. Mit ausgestreckten Armen hat Maria ihre Hände schützend über Mitglieder der Stifterfamilie, die rechts und links streng getrennt nach Geschlechtern niederknien, erhoben. Zu beiden Seiten halten zwei assistierende Engel ihren ausgebreiteten Mantel. Den berühmten Entdecker Amerigo Vespucci (1451–1512) erkennen wir links hinter der Madonna. Der Kontinent Amerika verdankt ihm seinen Namen.

Palazzo Corsini

Der Palazzo Corsini wurde zu wesentlichen Teilen zwischen 1648 und 1656 nach Plänen des Architekten Pierfrancesco Silvani erbaut und während der Folgezeit unter anderem durch Antonio Maria Ferri erweitert. Die zum Arno hin ausgerichtete Schauseite des weitläufigen Gebäudekomplexes ist von allegorischen Statuen bekrönt und zählt zu den außergewöhnlichsten Beispielen barocker Architektur auf florentinischem Boden. Im Geschmack des ausgehenden 17. Jh.s sind auch die repräsentativen, von der Familie Corsini allerdings niemals bewohnten Innenräume gestaltet.

Eine künstliche Grotte wurde im Erdgeschoß errichtet, während eine monumentale Freitreppe zu den üppig dekorierten Sälen des oberen Stockwerkes hinaufführt. Mit der Galleria Corsini ist dort noch heute eine der imposantesten Privatsammlungen italienischer Malerei (vom 15. bis zum 17. Jh.) untergebracht. Der Zugang zu den Galerieräumen wird leider nur nach Voranmeldung gewährt.

Von San Lorenzo zur Piazza Santissima Annunziata

San Lorenzo

Die Anlage von San Lorenzo geht auf eine der ältesten Kirchengründungen der Stadt (um 380) zurück. Von den Vorgängerbauten haben wir heute jedoch nur noch vage Vorstellungen, denn der Errichtung der heutigen Basilika gingen 1418 umfangreiche, ein ganzes Stadtviertel erfassende Abrißarbeiten voraus. Filippo Brunelleschi wurde die Bauleitung übertragen, nachdem er zuvor bereits die angrenzende Alte Sakristei erbaut hatte. Die Arbeiten gerieten allerdings schon bald ins Stocken, da die finanziellen Mittel der beteiligten Stifter knapper wurden. Schließlich blieben allein die Medici, die zur Vollendung der Basilika gewaltige Summen bereitstellten. Vollends wurde San Lorenzo auf diesem Wege zur ihrer Familienkirche. Erst lange

nach dem Tode Brunelleschis (1446) wurde der Bau durch Antonio Manetti vollendet. Die Fassade blieb allerdings unverkleidet, so daß der Außenbau bis heute schmucklos wirkt.
Vor der Kirche wurde 1551 das Denkmal des Giovanni delle Bande Nere, des Vaters Cosimos I., aufgestellt. Die Sitzfigur des früheren Medici-Oberhauptes stammt von Baccio Bandinelli und war nach ihrer Fertigstellung im Jahre 1544 zunächst im Palazzo Vecchio aufgestellt.

Innenraum

Über dem traditionellen Grundriß einer dreischiffigen Säulenbasilika mit kuppelüberwölbtem Querhaus konzipierte Brunelleschi in San Lorenzo einen beeindrukkend harmonisch durchgliederten Innenraum. In gleichmäßiger Abfolge werden die Arkaden des flach gedeckten Langhauses von Monolithsäulen mit reichverzierten Kapitellen getragen. Die Seitenschiffe sind überwölbt, nehmen aber in den kannelierten Pilasterrahmungen der flankierenden Kapellen und den darüber befindlichen Blendbögen den Rhythmus des Mittelschiffs auf. Die antikisierenden Einzelformen erinnern an frühchristliche Vorbilder, waren nicht zuletzt aber auch an Bauten der Florentinischen Protorenaissance vorformuliert. Noch heute wirkt der gleichmäßig belichtete Raum klar in seiner Konzeption und im Kanon der Proportionen auf ein menschliches Maß abgestimmt.

Donatello: Passionskanzel, nach 1460
Bronze, 137 x 280 cm

Nach den Themen der dargestellten Szenen werden Donatellos berühmte Kanzeln von San Lorenzo als Auferstehungs-, bzw. Passionskanzel (hier abgebildet) bezeichnet. Noch während der Arbeit an den Reliefs verstarb der Meister; Gehilfen vollendeten das Werk. In ihrer heutigen Gestalt wurden beide Kanzeln allerdings erst lange nach Donatellos Tod zusammengefügt. Ungeachtet dessen bietet sich hier ein weiteres furioses Beispiel seiner bahnbrechenden Reliefkunst. Im Alter von beinahe achtzig Jahren hatte er scheinbar alle dem Zeitgeschmack entsprechenden Darstellungskonventionen überwunden. Bis heute bezeugen die ebenso eigenwilligen wie einzigartigen Reliefs ein künstlerisches Temperament, das nicht davor zurückschreckte, den Erzählfluß über den Rahmen der Reliefbegrenzung hinauszuführen und in seiner phantasievollen Reichhaltigkeit eine eindringliche Betrachtung lohnt.

Filippo Lippi: Verkündigung, um 1440
Öl auf Holz, 175 x 183 cm

Das Altarbild der Verkündigung ist eines der Hauptwerke des Filippo Lippi. Selten ist die Verbindung verschiedenster stilistischer Merkmale zu einer gelungeneren Synthese gebracht worden. Eine preziöse Linienführung in spätgotischer Manier steht der Plastizität der körperlichen Erscheinung nicht im Wege. Der klare kompositorische Aufbau ist durch eine Fülle architektonischer Details bereichert. Deutliche Akzente werden im Kolorit gesetzt, während zugleich ein klares Tageslicht zur Modellierung beiträgt und eine famose Atmosphäre herbeizaubert. Die Figuren des Verkündigungsengels und der Jungfrau Maria verraten den Einfluß von Donatellos grandioser Verkündigung in Santa Croce, erinnern zugleich aber daran, daß kein Geringerer als Sandro Botticelli der berühmteste Schüler des Filippo Lippi war.

Sagrestia Vecchia

Die Alte Sakristei (Sagrestia Vecchia, errichtet zwischen 1419 und 1422) zählt neben dem »Ospedale degli Innocenti« zu den frühesten und bedeutendsten Zeugnissen der Baukunst des Architekten Filippo Brunelleschi. Zwei einfache geometrische Formen, das Quadrat (Würfel) und der Kreis (Kugel), liegen der architektonischen Konzeption zugrunde.

Im Aufriß ist der Bau in drei Zonen gleicher Größe gegliedert. Die Seitenwände sind auf halber Höhe durch ein deutlich akzentuiertes Gebälk unterteilt.

Unten dominiert die Rechteckform der Wandfläche, darüber bereiten Blendarkaden und Pendentifs die Kuppelwölbung vor.

Der Radius der Kuppel entspricht in seiner Ausdehnung wiederum aufs genaueste den Maßverhältnissen der unteren Wandabschnitte. Jedes bauliche Detail ist in einer präzise berechneten Verhältnismäßigkeit zum Ganzen gestaltet. Auf diese Weise setzte Brunelleschi mit der Alten Sakristei, dem ersten Zentralraum der Renaissance, Maßstäbe für die europäische Baukunst der Folgezeit.

Von der späteren, skulpturalen Ausstattung des Raumes durch seinen Freund Donatello soll der »Purist« Brunelleschi allerdings nicht sehr begeistert gewesen sein, zumal man ihn diesbezüglich wohl nicht konsultiert hatte. Im Auftrag Cosimos d. Ä. schuf Donatello 1434 – 1443 in den Pendentifs vier kreisrunde Reliefs mit Szenen aus dem Leben des Hl. Johannes, in den Lünetten Darstellungen der vier Evangelisten. Mit einem Durchmesser von mehr als zwei Metern sind die beeindrukkenden Stucktondi von einer monumentalen Größe, die wir in vergleichbarem Kontext zuvor bestenfalls bei Glasfenstern antreffen. Die Dekoration Donatellos umfaßt überdies die beiden Sopraporten und die einzigen von seiner Hand erhaltenen Bronzeportale mit Märtyrer- sowie Aposteldarstellungen.

OSMVS·I·M·DVX·ETR
FERDINANDVS·I·M·D·E

Cappella dei Principi

Schon 1568 hatte Vasari Cosimo I. Entwürfe für ein Mausoleum der Medici-Großherzöge vorgelegt. Die Realisierung ging man nach einem Modell des Don Giovanni de' Medici, unter Leitung des Baumeisters Matteo Nigetti, jedoch erst im Jahr 1605 an. Die frühesten Pläne waren in der Zwischenzeit allerdings beträchtlich ausgeweitet und in jenen Gigantismus gesteigert worden, den die Fürstenkapelle noch heute bezeugt. Als selbständiger Zentralraum, dessen Kuppel einen weithin sichtbaren Akzent in der Stadtsilhouette setzt, ist das Gebäude über achteckigem Grundriß errichtet. Erst im Laufe mehrerer Jahrhunderte konnten die Arbeiten weitestgehend vollendet werden. 1826 war die Kuppel geschlossen, bis in unsere Zeit dauern ergänzende Dekorationsarbeiten an.

Weder Kosten noch Mühen wurden bei den aufwendigen »Pietra dura« Dekorationen gescheut. Wertvollste Materialien wurden hierzu aus ganz Europa herbeigeschafft und mit bewundernswerter handwerklicher Akribie verarbeitet. Die monumentalen Sarkophage der Großherzöge (Ferdinando I., Cosimo II., Ferdinando II., Cosimo III., Francesco und Cosimo I.) sind in die Seitenwände eingelassen. Von den geplanten Bronzestandbildern der Verstorbenen kamen bis heute allerdings nur zwei zur Ausführung.

Zur Ausschmückung der Kuppel schuf Pietro Benvenuti 1828–1836 die Fresken mit den Darstellungen biblischer Szenen und Heiliger.

San Lorenzo

Sagrestia Vecchia, S. 272

Filippo Lippi: Verkündigung (um 1440), S. 271

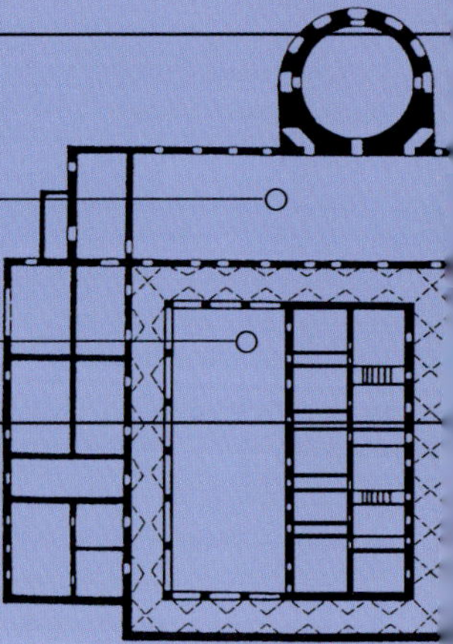

Biblioteca Laurenziana (Obergeschoß), S. 293

Secondo Chiostro

Primo Chiostro

0 20 m

»Balconata« (Reliquien-Empore nach Entwürfen Michelangelos, um 1530)

Cappella dei Principi, S. 275

Sagrestia Nuova, S. 291

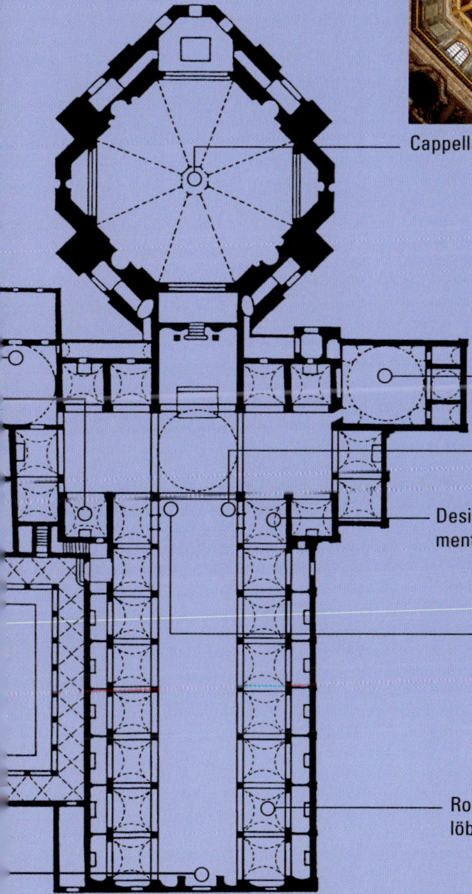

Donatello: Auferstehungskanzel (1460 – 1467)

Desiderio da Settignano: Sakramentstabernakel (um 1460)

Rosso Fiorentino: Verlöbnis Mariä (1523)

Donatello: Passionskanzel (1460 – 1467), S. 270

Florenz und die Medici

Der Name der Familie Medici ist wie kein zweiter auf das engste mit der Geschichte der Stadt Florenz verbunden. Über nahezu drei Jahrhunderte gehörten Angehörige des Geschlechtes zu den »ersten Bürgern« der Stadt und übten – mit kleineren Unterbrechungen – das inoffizielle Regiment über die Arno-Metropole aus. Obgleich uns in ihren Reihen kein Arzt mehr bekannt ist, darf man annehmen, daß es sich bei den Medici (ital. medico = Arzt) ursprünglich um Angehörige dieses Berufsstandes handelte. Schon Giovanni di Averardo di Bicci (1360–1428), der erste Medici-Urahn, der aus dem Dunkel der Geschichte in greifbaren Konturen vor uns tritt, war Bankier. Bei seinem Tode zählte er zu den wohlhabendsten Einwohnern von Florenz. Er hinterließ nicht nur ein florierendes Bankhaus, sondern hatte die Familie zugleich in den höchsten gesellschaftlichen Kreisen der Stadt etabliert. Die langjährige Tradition der Familie als wohltätige Förderer des Gemeinwesens und großzügige Mäzene der Künste war durch ihn begründet worden. Mit seinem Sohn Cosimo, genannt Il Vecchio (der Alte, 1389–1464), rückte eine der herausragendsten Persönlichkeiten des Quattrocento in den Rang des Familienoberhauptes. Weitsicht in geschäftlichen Dingen vereinte sich bei ihm mit bemerkenswertem diplomatischen Geschick. Bescheidenheit und Klugheit, freigiebige Großzügigkeit und hohe Bildung kennzeichnen seinen Charakter. Wohlstand und Einfluß der Familie Medici vermochte er beständig auszubauen, ohne dabei das sensible demokratisch-republikanische Selbstverständnis der Stadt und ihrer Bürger anzutasten. Allein die zwischenzeitliche Inhaftierung und Verbannung unterbrach 1434 für kurze Zeit die Erfolgsbilanz Cosimos. Aus dem venezianischen Exil kehrte er allerdings schon nach einem Jahr gestärkt zurück. Mit den

Das Familienwappen der Medici, Einlegearbeit, Capella dei Principi, San Lorenzo, Florenz

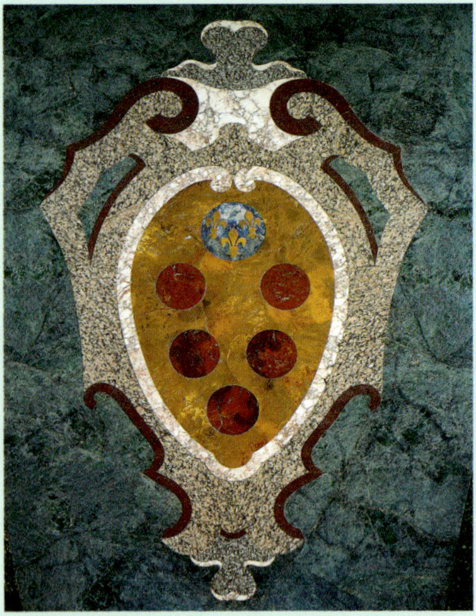

Albizi wurden seine heftigsten Widersacher nun ihrerseits aus Florenz verbannt. Cosimo rückte endgültig an die Spitze jener kleinen Riege einflußreicher Persönlichkeiten, in deren Händen de facto die Macht über Florenz lag. Über drei Jahrzehnte, bis zu seinem Tod im Jahre 1464, galt er den Florentinern fortan als »Pater patriae«, der Vater des Vaterlandes.

Der Name Medici verdankt seinen besonderen Ruhm ohne Zweifel in erster Linie allerdings dem Umstand, daß sie über Generationen hinweg das geistige, kulturelle und wissenschaftliche Leben ihrer Zeit in außergewöhnlichem Umfang förderten. Gewaltige Summen brachte Cosimo nicht allein zur Erneuerung und Ausstattung der Klosteranlage von San Marco auf. Brunelleschi erhielt von ihm die Aufträge zu den Arbeiten an San Lorenzo, Michelozzo errichtete ab 1444 den Stadtpalast der Medici an der heutigen Via Cavour. Neben den herausragenden Baumeistern profitierten auch die talentiertesten Maler und Bildhauer der Zeit vom Mäzenatentum Cosimos. Unter anderen wurden Paolo Uccello, Filippo Lippi und wohl auch der befreundete Donatello durch ihn zu Meisterwerken der Renaissance-Kunst angeregt. Die großzügige Förderung der Künste vollzog sich allerdings nie ganz selbstlos. Stets scheint der weitsichtige Bankier sich des Propagandawertes seiner Stiftungen bewußt gewesen zu sein. Im Glanz der Bildwerke sollte stets auch das Ansehen der Familie Medici gemehrt werden.

Mit allergrößtem Interesse widmete sich Cosimo überdies dem Geistesleben seiner Zeit. Er erwarb zahlreiche Handschriften, die den Grundstock berühmter Bibliotheken bildeten. Die fortschrittlichsten Gelehrten gingen in seinem Hause ein und aus. Marsilio Ficino, dem Cosimo ein Haus in Florenz und eine Villa bei Carreggi überließ, wurde durch ihn zu seiner Übersetzung der Texte Platons angeregt. Nach antikem Vorbild gründete Cosimo zudem die legendäre »Platonische Akademie«, in deren Umfeld schon bald die bedeutendsten Humanisten der Zeit anzutreffen waren.

Auch Piero de' Medici (1416–1469), der Sohn und Nachfolger Cosimos, war ein begeisterter Sammler von Büchern und Edelsteinen, Münzen und erlesenen Gegenständen aller Art. Der

Pontormo: Cosimo il Vecchio, (posthum) um 1518, Öl auf Holz, 86 x 65 cm, Galleria degli Uffizi, Florenz

junge Botticelli und Benozzo Gozzoli gehörten zu den Künstlern, die Piero förderte. Allerdings war ihm, dem die Florentiner eingedenk seiner körperlichen Gebrechen den Beinamen »Il Gottoso« (der Gichtige) verliehen, nur eine kurze Regentschaft von gerade einmal fünf Jahren vergönnt. Obgleich die Biographen ihm ein gütiges Wesen und durchaus Geschick in politischen wie geschäftlichen Belangen zuschreiben, wird man ihn zu den unglücklicheren Nachkommen des Hauses Medici zählen dürfen. Von seinen fünf Kindern rückte im Alter von nur zwanzig Jahren mit Lorenzo (1449–1492)

Giorgio Vasari: Lorenzo il Magnifico (posthum), 1534, Öl auf Holz, 90 x 72 cm, Galleria degli Uffizi, Florenz

eine der schillerndsten Gestalten in den obersten Rang der Familienhierarchie. Auch für ihn ist im Beinamen Bezeichnendes ausgesagt; die Florentiner nannten ihn »Il Magnifico«, den Prächtigen. Einer vielfach beschriebenen Häßlichkeit der äußeren Erscheinung steht die Leidenschaftlichkeit gegenüber, mit der er sich zeitlebens schöngeistigen Dingen widmete. Die Tradition der Förderung der Künste und philologisch-philosophischer Zirkel führte auch er fort. Jene bescheidene Zurückhaltung, die Cosimo il Vecchio ausgezeichnet hatte, fand sich mit Lorenzo allerdings in ihr Gegenteil verwandelt. Er kultivierte geradezu seine Vorliebe für Prunk und luxuriöse Prachtentfaltung. Zu den zahllosen Festlichkeiten, die unter seiner Federführung in Florenz eingeführt wurden, zählte unter anderem der Karneval. Lorenzo selbst pflegte zu diesem Anlaß weltliche Lieder zu dichten.

Die Regentschaft Lorenzos markiert in der Geschichte des Hauses Medici zweifellos einen Höhepunkt, wenngleich die Vorboten zukünftigen Niedergangs sich bereits unübersehbar ankündigten. Nur mit knapper Not war Lorenzo am 14. April des Jahres 1478 im Dom einem Mordanschlag der verfeindeten Pazzi-Familie entgangen. Sein jüngerer Bruder Giuliano fiel dem Attentat zum Opfer. Nochmals gelang es Lorenzo, die eigene Machtposition zu stärken, die Verschwörer wurden – für jedermann sichtbar – an den Fenstern des Palazzo Vecchio aufgehängt. Die letzten Lebensjahre Lorenzos waren schließlich durch die zunehmenden Konflikte mit dem asketischen Bußprediger Girolamo Savonarola überschattet. Unvereinbar waren die Gegensätze zwischen dem weltzuge-

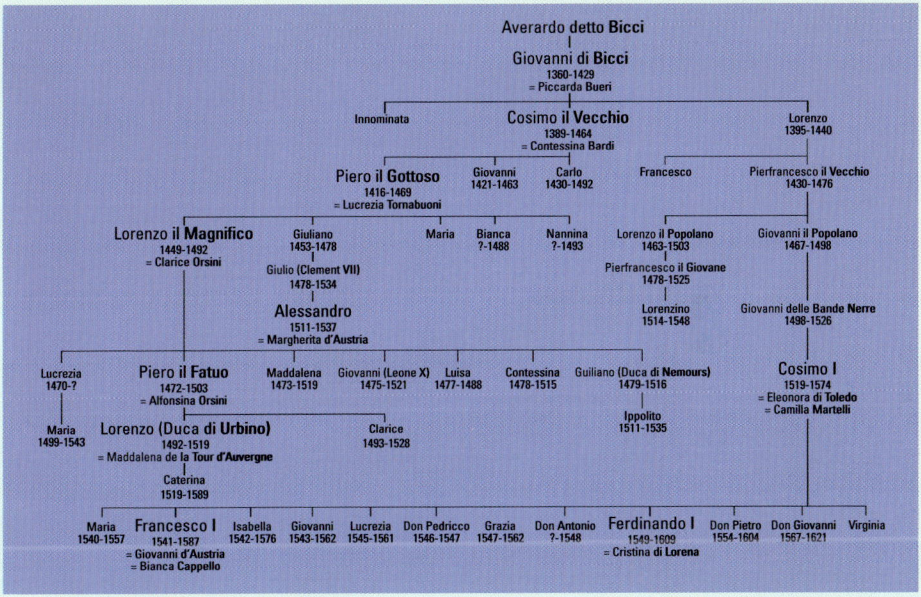

Stammbaum der Familie Medici (von den Anfängen bis ins 16. Jh.)

wandten Potentaten und dem fanatischen Dominikanermönch.
Im Alter von nur 43 Jahren verstarb Lorenzo am 8. April 1492. Sein Sohn Piero (1472–1503) erwies sich schon bald als unfähig und glücklos in allen öffentlichen wie familiären Belangen. Folgerichtig ging er als »Lo Sfortunato« (der Unglückliche) in die Geschichtsbücher ein. Der zunehmenden Anhängerschaft Savonarolas vermochte er nichts entgegenzusetzen. Schon 1494 wurde er mitsamt seiner Familie aus Florenz verjagt. Die glorreiche Geschichte des Hauses Medici hatte einen vorläufigen Endpunkt erreicht, obwohl die Familie mit Leo X., Clemens VII. und Pius IV. im 16. Jahrhundert drei Päpste stellte und auch in Florenz ihre Dominanz zurückgewann. Die Herrschaft des ersten Medici-Großherzogs Cosimo I. (1519–1574) trug dabei schon deutlich Züge einer absolutistischen Regierung. Seine Nachfolger vermochten an den Glanz vergangener Zeiten nicht mehr anzuknüpfen.
Mit dem Tode des letzten männlichen Nachkommens Gian Castone (1671–1737) fiel das Großherzogtum schließlich an das Haus Lothringen. Als 1743 mit Anna Maria Lodovica de' Medici die letzte Stammhalterin starb, erlosch die Familienlinie vollends.

Sagrestia Nuova

Bei Michelangelos Neuer Sakristei handelt es sich um ein Mausoleum für Angehörige der Medici-Familie. Der Medici-Papst Leo X. hatte den Bau der Kapelle 1519 angeregt. Neben Lorenzo il Magnifico (der Prächtige, 1449–1492) und seinem Bruder Giuliano (1453–1478) sollten hier die beiden gleichnamigen Medici-Herzöge Giuliano (1479–1516, Sohn Lorenzos des Prächtigen) und Lorenzo, der Herzog von Urbino (1492–1519), beigesetzt werden. Mit dem jeweils unerwartet frühen Tod der Letztgenannten war die dynastische Hauptlinie der Medici erloschen, denn beide hatten keine legitimen Erben hinterlassen. »Von nun an«, so soll Leo X. angesichts dieses tragischen Umstandes ausgerufen haben, »gehören wir nicht mehr zum Hause Medici, sondern zum Hause Gottes.« Mit der Errichtung der Grabkapelle wollte man »neben den Magnifici auch den jungen Herzögen ein ehrendes Angedenken bewahren und den Ruhm der Dynastie preisen – zu einem Zeitpunkt, als ihr Schicksal ungewiß war.« (V. Guazzoni)

Eine Besonderheit war mit der Auftragserteilung an Michelangelo verbunden, denn diesem wurde sowohl die Konzeption der Architektur, als auch die Ausführung der bildhauerischen Ausstattung und die geplante Freskierung der Wände anvertraut. Als Architekt, Maler und Bildhauer zugleich sollte er den Bau, beinahe im Sinne eines Gesamtkunstwerkes, in ein harmoni-

Von San Lorenzo zur Piazza Santissima Annunziata

Chiostro dello Scalzo, Via Cavour 69, S. 336

Cenacolo di Sant' Apollonia/Museo Andrea del Castagno, Via XXVII Aprile 1, S. 334

Galleria dell' Accademia, Via Ricasoli 60, S. 311

San Lorenzo, Piazza San Lorenzo 9, S. 269

Cappella Medici, Piazza Madonna degli Aldobrandini, S. 290

Palazzo Medici-Riccardi, Via Cavour 1, S. 294

Mésola
Ferrara
Guastalla
Po
Po
Fidenza
Fornovo di Taro
Reggio nell'Emília
Modena
Comácchio
Valli di Comácchio
Reno
Taro
Sécchia
Alfonsine
Bologna
Ravenna
EMILIA ROMAGNA
Sasso Marconi
P
E
N
N
I
N
I
Faenza
Forlì
Cesena
Sarzana
La Spezia
Carrara
Massa
Serchio
La Garfagnana
Barga
Borgo a Mozzano
Castiglione
Monti del Mugell
Pietrasanta
Viareggio
Collodi
Péscia
Pistoia
Prato
Lucca
Montecatini Terme
Poggio a Caiano
Lago Massaciuccoli
Carmignano
Fiésole
Pratomagno
Poppi
Casentino
Tiber
Mercato
Bagno di Romagna
Pisa
Certosa di Pisa
Émpoli
Carregi
Firenze
Marina di Pisa
San Piero a Grado
Arno
Cáscina
Impruneta
Pesa
San Giovanni Valdarno
Castelfiorentino
Greve in Chianti
Grópina
Sansepolcro
Livorno
Certaldo
Cellole
Montevarchi
Volpáia
Arno
Anghiari
Monterchi

Chiesa di San Marco/Museo di San Marco, Piazza San Marco, S. 319

SS. Annunziata, Piazza della SS. Annunziata, S. 346

Piazza della SS. Annunziata, S. 341

Ospedale degli Innocenti, Piazza della SS. Annunziata, S. 352

Museo Nazionale Archeologico, Via della Colonna 36, S. 359

Santa Maria Maddalena dei Pazzi, Borgo Pinti 58, S. 360

Tempio Israelitico (Synagoge), Via Farini 6, S. 362

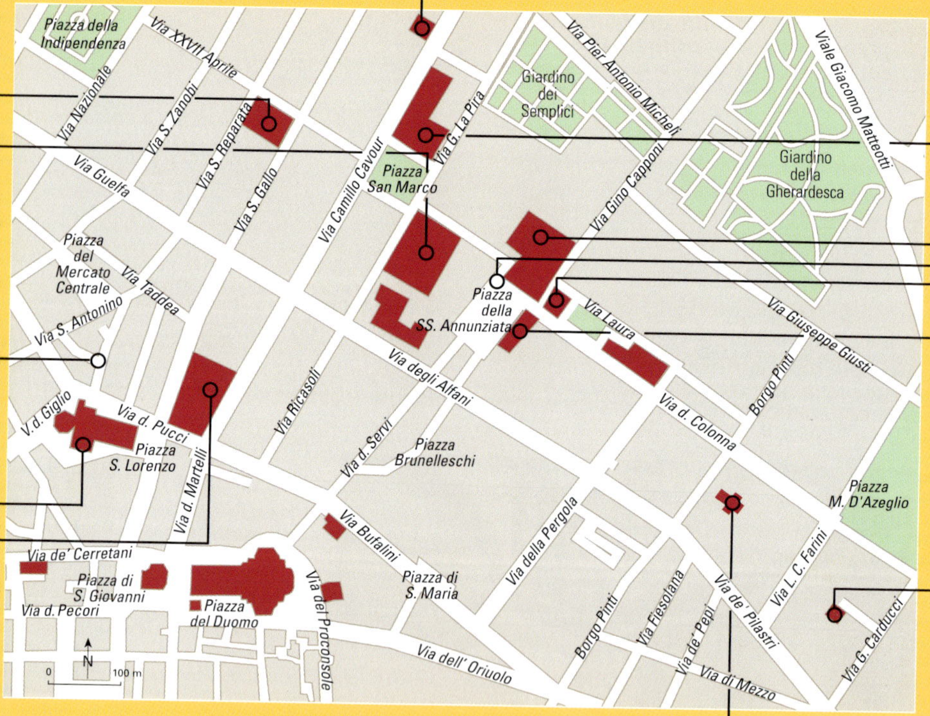
Piazza della Indipendenza
Via XXVII Aprile
Via Nazionale
Via S. Zanobi
Via S. Reparata
Via S. Gallo
Via Camillo Cavour
Piazza San Marco
Via G. La Pira
Giardino dei Semplici
Via Pier Antonio Micheli
Viale Giacomo Matteotti
Giardino della Gherardesca
Via Gino Capponi
Via Guelfa
Piazza del Mercato Centrale
Via Taddea
Via S. Antonino
Piazza della SS. Annunziata
Via Laura
Via Giuseppe Giusti
Via degli Alfani
Via Ricasoli
V. d. Giglio
Via d. Pucci
Piazza S. Lorenzo
Via d. Martelli
Via d. Servi
Piazza Brunelleschi
Via d. Colonna
Borgo Pinti
Piazza M. D'Azeglio
Via Bufalini
Via della Pergola
Via de' Cerretani
Piazza di S. Giovanni
Via d. Pecori
Piazza del Duomo
Via del Proconsole
Piazza di S. Maria
Via dell' Oriuolo
Borgo Pinti
Via Fiesolana
Via de' Pepi
Via de' Pilastri
Via L. C. Farini
Via G. Carducci
Via di Mezzo
N
0
100 m

sches Ganzes verwandeln. Leider gelangte das Vorhaben niemals zur Vollendung. Als Michelangelo 1534 nach vierzehnjähriger, mehrmals unterbrochener Arbeit endgültig nach Rom übersiedelte, hinterließ er lediglich einen Torso. Erst 1546 fügten Vasari und Ammanati die nur teilweise fertiggestellten Figuren in ihre heutige Zusammenstellung.

Bei der architektonischen Gestaltung des Raumes orientierte sich Michelangelo deutlich an der genau 100 Jahre zuvor errichteten Alten Sakristei Brunelleschis. Diesem Vorgängerbau entspricht der quadratische, von einer Halbkuppel überfangene Grundriß. Dem Vorbild Brunelleschis sind Motive der dekorativen Wandgliederung entlehnt. Im Gegensatz zu Brunelleschi fügte Michelangelo unterhalb der kassettierten Kuppel allerdings ein Zwischengeschoß ein und verlieh dem Raum nicht zuletzt durch die extreme Betonung der Höhenausdehnung ein wesentlich dynamischeres, unruhiges Erscheinungsbild.

Bezüglich der Gestaltung der Medici-Gräber bezeugen zahlreich erhaltene Entwurfsskizzen von Michelangelo das zähe Ringen um eine befriedigende Lösung der gestellten Aufgabe. Abweichend von den ersten Plänen, die vorsahen, im Zentrum der Kapelle ein freistehendes Grabmonument zu errichten, wurden die Gräber der Herzöge schließlich den beiden gegenüberliegenden Seitenwänden eingefügt. Die Sitzfiguren der Verstorbenen sind zur Eingangswand ausgerichtet, wo das Doppelgrab der Brüder Lorenzo und Giuliano seinen Platz finden sollte. Tatsächlich wurden beide hier beigesetzt, das geplante Grabmal gelangte allerdings nie zur Ausführung.

In ihrer heutigen Gestalt vermittelt die Neue Sakristei nur noch eine vage, höchst fragmentarische Vorstellung ihrer originären Konzeption. Überliefert ist, daß das skulpturale Programm ursprünglich unter anderem noch vier Figuren der Flußgötter vorsah und in den Tabernakeln neben den Sitzfiguren der Herzöge allegorische Statuen (der Erde und des Himmels) aufgestellt werden sollten. Die vorgesehenen Wandmale-

reien – u. a. mit einer Darstellung der Auferstehung Christi – wurden ebenfalls nicht verwirklicht. In der Neuen Sakristei wäre in alledem letztendlich der Übergang allen irdischen Lebens, zur jenseitigen Ewigkeit versinnbildlicht worden.

Michelangelo Buonarroti: Madonna Medici (Detail)
Marmor

Von den Skulpturen, die sich heute anstelle des ursprünglich geplanten Grabmals der Magnifici an der Eingangswand befinden, führte Michelangelo allein die bemerkenswerte Figur der sogenannten Madonna Medici noch eigenhändig aus. Obwohl die Skulptur unvollendet blieb, zeigt das Werk – nicht zuletzt in den wunderbaren Gesichtszügen Mariä – die Handschrift des Meisters.
Die flankierenden Skulpturen der Medici-Schutzheiligen Cosmas und Damian schufen dagegen erst Michelangelos Schüler Angelo Montorsoli und Raffaele da Montelupo.

Michelangelo Buonarroti: Grabmal des Lorenzo de' Medici, um 1525
Marmor

Lorenzo, der Herzog von Urbino, verstarb 1519 im Alter von nur 27 Jahren. Schon die Zeitgenossen hatten ihn als »Pensieroso« (den Nachdenklichen) bezeichnet. Mit der klassischen Denkerpose scheint Michelangelo dieser charakterlichen Eigenschaft Tribut zu zollen. Jede Ähnlichkeit zur tatsächlichen Physiognomie des Verstorbenen ist allerdings zugunsten eines Idealporträts vernachlässigt. Lorenzo erscheint in der Gewandung eines römischen Feldherren. Im gedankenverlorenen Ausdruck zeigen sich kontemplative, beinahe schwermütige Wesenszüge. Die beiden Gestalten zu Füßen des Herzogs sind vermutlich als sinnbildliche Darstellung der Morgenröte und der Abenddämmerung zu verstehen.

Michelangelo Buonarroti: Grabmal des Giuliano de' Medici, 1526–1531
Marmor

Giuliano de' Medici (1479–1516), Herzog von Nemours und jüngster Sohn Lorenzos des Prächtigen, ist in Michelangelos Skulptur aufrecht sitzend, mit allen Merkmalen stolzen Selbstbewußtseins, vergegenwärtigt. Dem Prinzip einer kontemplativen Lebensführung, wie es auf der gegenüberliegenden Seite der Sakristei in der Figur Lorenzos veranschaulicht ist, begegnet hier geradezu antithetisch das Ideal der »vita activa«. Durch den Kommandostab und die antikisierte Kleidung ist die Sitzfigur einerseits dem Typus einer klassischen Feldherrendarstellung angenähert, andererseits wird aber auch auf Giulianos Funktion als Befehlshaber der päpstlichen Truppen in Rom angespielt. Über dem Sarkophag finden sich hier die allegorischen Liegefiguren des Tages und der Nacht.

Biblioteca Laurenziana

Vestibül

Die Biblioteca Laurenziana – zu erreichen über eine Treppe im Kreuzgang von San Lorenzo – zählt zu den wichtigsten architektonischen Hinterlassenschaften Michelangelos. 1524 erhielt er durch Papst Clemens VII. den Auftrag, Räumlichkeiten für die ungemein wertvolle Handschriftensammlung der Medici zu konzipieren. Geldmangel verzögerte die Arbeiten, so daß die Bibliothek erst 1571 eröffnet werden konnte. Die von Michelangelo entworfene Vorhalle ist ein Meisterwerk illusionistischer Architektur, deren einzelnen Be-

standteile jeder statischen Funktion entbehren und allein dem phantasievollen, optischen Erscheinungsbild untergeordnet sind. Über dem begrenzten Grundriß von neun Metern im Quadrat entwarf Michelangelo den Innenraum wie einen offenen Hof, die Wandflächen in extremer Betonung der Vertikalen wie Außenfassaden. Einen dominierenden Akzent setzt die geschwungene Freitreppe, die zu den Bibliotheksräumen hinaufführt.

Lesesaal

Verglichen mit der Enge des Vorraumes ist der obere Bibliotheks- und Lesesaal von einer erstaunlichen Größe. Die architektonische Wandgliederung gleicht wie im Vestibül der Bibliothek den Außenfassaden. Betont wird hier allerdings die Längsausdehnung des Raumes, der sich immerhin über 46 Meter in die Tiefe erstreckt.

Palazzo Medici-Riccardi

Im Jahre 1444 wurde mit dem Bau des Palazzo Medici durch Michelozzo begonnen. Daß man zuvor die wesentlich herrschaftlicher dimensionierten Pläne Brunelleschis verworfen hatte, bezeugt auf eigentümliche Weise das diplomatische Geschick des Bauherren Cosimo de' Medici. Bei allem Reichtum hatte er es in weiser Zurückhaltung stets vermieden, Pracht- und Machtentfaltung allzu provozierend nach außen zu zeigen. Trotz dieser verhältnismäßigen Bescheidenheit – verglichen etwa mit dem Palast der Pitti jenseits des Arno – gelang Michelozzo ein beeindruckender und für die Profanarchitektur der Zeit wegweisender Bau. Sogar Papst Pius II. befand das Gebäude bei seinem Florenzbesuch im Jahre 1459 für würdig, einen König zu beherbergen.

Die dreigeschossige Fassade weist in vielen Einzelformen antikisierende Elemente auf. Wie bei vergleichbaren Bauten der Stadt sind die einzelnen Geschosse durch Gurtgesimse abgegrenzt. Die Höhe der einzelnen Stockwerke ist von unten nach oben kontinuierlich verringert, das Rustikamauerwerk entsprechend von Geschoß zu Geschoß abgeflacht. Im Jahre 1659 gelangte der Palast in den Besitz der Familie Riccardi, die starke Umbauten vornehmen ließ. Unter anderem wurde die Frontseite um sieben Achsen verlängert. Die ursprünglichen Proportionen des Bauwerks wurde durch diesen Eingriff leider verunklärt.

Cappella dei Magi

Ein vergleichsweise kleiner Raum diente den Medici in ihrem Stadtpalast als Hauskapelle. Das zur Ausstattung von Filippo Lippi gemalte Altarbild der Anbetung des Kindes ist hier leider nur in einer nicht gelungenen Kopie zu sehen (Original in Gemäldegalerie, Berlin). Erhalten haben sich dagegen die wertvoll dekorierte Kassettendecke und das hölzerne Chorgestühl von Michelozzo. Seine außerordentliche Berühmtheit verdankt der Raum in erster Linie den prachtvollen Fresken, die Benozzo Gozzoli (1420–1497) um 1460 ausführte.

Innenhof

Der Innenhof des Palastes, der den Medici als Wohnhaus und als repräsentativer Verwaltungssitz ihrer Bank diente, wirkt in den gleichmäßig um alle vier Seiten geführten Arkaden beinahe wie ein gedrungener Kreuzgang. Oberhalb der Bögen werden an jeder Seite die Tondi des Familienwappens von Reliefs mit mythologischen Szenen flankiert. Von den zahlreichen Statuen, die ehemals hier aufgestellt waren, hat sich allein die Orpheus-Statue (um 1520) des Baccio Bandinelli erhalten. Ein kleines Museum zur Geschichte der Medici ist im Untergeschoß eingerichtet und über den Hof zu erreichen. Eine Treppe führt zur berühmten Cappella dei Magi im ersten Stockwerk hinauf.

Benozzo Gozzoli: Zug des Königs Balthasar (östliche Kapellenwand), 1459–1461
Fresko

Die Malereien erstrecken sich über alle Seitenwände der Kapelle und sind auf das Altarbild der Anbetung des Kindes ausgerichtet. Den Hintergrund der Wandgemälde bildet jeweils eine phantasievoll angelegte Landschaft, in die sich der schier endlose Zug im Gefolge der Heiligen Drei Könige schlängelt. In märchenhafter Prachtfülle und unübertrefflichem Detailreichtum gestaltete Gozzoli seine Fresken, die mit ihrem luxuriösen Dekor noch einmal an Gentile da Fabrianos Anbetung der Könige in den Uffizien anknüpfen.
Den einfachen Bürgern der Stadt war die private Palastkapelle nicht zugänglich, wohl aber wurden hier die Abgesandten auswärtiger Handels- und Herrscherhäuser empfangen. Eindrucksvoll wurde ihnen in den Fresken der hohe Rang und das stolze Selbstverständnis der Hausherren vor Augen geführt: Im Zug der Heiligen Könige sind bedeutende Angehörige der Medici-Familie in Bildnissen verewigt. Die genaue Identifizierung bleibt allerdings umstritten. Wegen der Kugeln des Medici-Wappens am Zaumzeug des Pferdes, dem der jüngste König aufsitzt, vermeinte man in seiner Gestalt ein idealisiertes Porträt Lorenzo de' Medicis erkennen zu können. Zur Entstehungszeit des Gemäldes war dieser allerdings erst elf Jahre alt. Er galt jedoch schon als zukünftiges Oberhaupt und Hoffnungsträger der Familie.

Benozzo Gozzoli: Zug des Königs Balthasar (Detail)

Inmitten einer dichtgedrängten Figurengruppe, die dem voranreitenden morgenländischen König Balthasar auf dem Wege nach Bethlehem folgt, hat Benozzo Gozzoli ein eindrückliches und charaktervolles Selbstbildnis eingefügt. Sein Blick ist auf den Betrachter gerichtet, während ihn die Signatur »Opus Benotii« auf der roten Mütze als Urheber der Malereien zu erkennen gibt.

Benozzo Gozzoli: Zug des Königs Caspar (westliche Kapellenwand), 1459–1461
Fresko

Dem Zug des jüngsten Königs Balthasar ist auf der Westwand der des ältesten Königs Caspar gegenübergestellt. Bei den Umbauten des Palastes durch die Riccardi-Familie 1689 wurde das Fresko geteilt und in seiner Gesamtwirkung stark beeinträchtigt. Ungeachtet dessen beeindruckt Gozzolis Bildsprache in ihrem Detailreichtum. Eine Vielzahl reizvoller Tierdarstellungen belebt die Szenerie. Rechts oben schlängelt sich der Zug einen Hügel herauf. Der alte König – mit einem imposanten weißen Bart und prächtigem Gewand – sitzt auf einem Schimmel und folgt dieser Vorhut. Vielleicht können wir in ihm ein Porträt des Patriarchen Joseph von Konstantinopel erkennen, der 1439 an jenem Konzil teilgenommen hatte, das unter Federführung der Medici von Ferrara nach Florenz verlegt worden war. An dieses bedeutende Großereignis sollten die Fresken Gozzolis u. a. vermutlich erinnern. Neben Angehörigen des Hauses Medici sind weitere hochrangige Teilnehmer des Konzils verbildlicht.

Das Konzil von Florenz – Auf Messers Schneide

Clemente Manenti

Am Mittwoch, dem 11. Februar, hielt der Patriarch Einzug in die Stadt, »an einem Tag, der kein Feiertag war, sondern an dem die Leute mit ihren alltäglichen Verrichtungen beschäftigt waren. So fielen die Feierlichkeiten zu seiner Begrüßung verhältnismäßig bescheiden aus. Dennoch wurde er von zwei Kardinälen, etwa dreißig Bischöfen und dem gesamten päpstlichen Hofstaat mit mehr als fünfhundert Pferden begleitet; die wohlhabenden Bürger der Stadt standen vor den Türen ihrer Palazzi und erwarteten sein Vorüberkommen, und bei seiner Ankunft hielt der Kanzler Leonardo Aretino eine lange Ansprache auf Griechisch, in der er die Ehrbekundungen der Stadt übermittelte. Danach setzte der Patriarch seinen Weg bis zum Palazzo Ferrantini fort, der für seinen Aufenthalt vorbereitet worden war (...)«.

Grabmal Giuseppe II., Patriarch von Konstantinopel, Santa Maria Novella, Florenz

Der Kaiser hingegen kam einige Tage später, an einem Feiertag: dem Karnevalssonntag. »Alle Straßen, Balkons und Dächer entlang des Weges waren voller festlich gekleideter Männer und Frauen, die den Einzug des Kaisers in heiterer Aufgeregtheit erwarteten. Fünf Kardinäle, der päpstliche Hofstaat, die meisten der bereits angereisten Griechen und eine große Volksmenge begleiteten ihn vom Kloster außerhalb der Stadtmauern, wo er die Nacht verbracht hatte, bis zu den Stadttoren. Hier erwarteten ihn die Stadtherren, die Gilden, die Vorsteher der beiden großen politischen Lager, der Guelfen und der Ghibellinen mitsamt den Vertretern aller Zünfte, vielen Kardinälen sowie römisch-katholischen und griechisch-orthodoxen Geistlichen. Der Kaiser trug eine weiße Tunika und einen Mantel aus rotem Tuch sowie eine weiße Kopfbedeckung, auf deren Spitze neben vielen anderen Edelsteinen ein mehr als taubeneigroßer Rubin prangte. Wiederum hielt

Leonardo Aretino eine Begrüßungsrede auf Griechisch, man hob einen Baldachin über den Kaiser und der Geleitzug formierte sich, als es plötzlich in Strömen zu regnen begann. Die Zuschauermenge und alle, die sich auf den Balkonen und Dächern gedrängt hatten, versuchten, sich irgendwo unterzustellen, und in kürzester Zeit befand sich nur noch der mit Schlamm bedeckte königliche Geleitzug auf der Straße (...). Die ihn umstehenden Kardinäle, die gesamte Begleitung sowie die Vertreter der Gilden und Zünfte waren völlig durchnäßt«. Später wurden dem Kaiser dann Geschenke überreicht, »große Wachskerzen, sechzehn Schachteln mit kandierten Früchten, Marzipan, Wein, Hafer für die Pferde, jedoch kein Fleisch, weil er keines aß« (Pero Tafur).

Lorenzo Ghiberti: Salomon trifft die Königin von Saba, Paradiespforte, Battistero San Giovanni, Florenz

Mit solch prunkvollen Empfängen begrüßte Florenz in den ersten Monaten des Jahres 1439 das wichtigste religiöse und politische Ereignis des Jahrhunderts: das ökumenische Konzil zur Wiedervereinigung der christlichen Kirchen, der römisch-katholischen und der griechisch-orthodoxen Kirche Konstantinopels, die sich vor nunmehr vier Jahrhunderten gespalten hatten. Lauscht man dem Bericht über die Ankunft der griechischen Prälaten in der Stadt, kann man sich keine Vorstellungen davon machen, wie mühsam, schwierig und besorgniserregend ihre Situation war.

Obwohl das Konzil am 9. April 1438 in Ferrara eröffnet worden war und sich demnach nunmehr im zweiten Jahr befand, hatte es in all den Monaten keinerlei Ergebnisse erzielt. Die Griechen waren bereits im November 1437 mit siebenhundert Mann aufgebrochen, an ihrer Spitze standen der alte Patriarch Joseph II. und Kaiser Johannes VIII. Palaiologos. Neben den wichtigsten Repräsentanten der orthodoxen Kirche gehörten der griechischen Delegation

Cesare Nebbia (1534–1614): Das Konzil von Florenz, Biblioteca, Vaticano

auch bedeutende weltliche Intellektuelle an, etwa der berühmte Gemistos Plethon. Für die Griechen war die Wiedervereinigung mit der römischen Kirche eine Frage von Leben oder Tod.

Das tausend Jahre alte byzantinische Reich, lange Zeit Herrscher über das Mittelmeer, war am Ende. Seine einstigen Besitztümer in Asien und auf dem Balkan befanden sich in den Händen der Türken. Um die verbleibenden Gebiete zu halten, die sich nur noch auf Griechenland beschränkten, und um die Versorgung mit Nahrungsmitteln zu gewährleisten, mußte der Kaiser Abgaben an den türkischen Sultan entrichten. Konstantinopel, einst die reichste Stadt der Welt, war nahezu entvölkert, Paläste und Kirchen lagen in Ruinen, in den ehemaligen Blumengärten hielt man jetzt Hühner und baute

Obst und Gemüse an. Der Kaiser selbst bewohnte mit seiner Familie und den Bediensteten nur noch einen Flügel seines einst so prächtigen Palastes. Johannes Palaiologos hoffte nun, daß die christlichen Fürsten Europas an dem Unionskonzil teilnähmen und daraus eine Allianz entstünde, die sein Reich vor den Türken retten sollte.

Mit Blick auf die ersehnte Ankunft der europäischen Herrscher hatte er deshalb in Ferrara versucht, die Arbeiten des Konzils so lange wie möglich hinauszuzögern. Die Mächtigen Europas waren jedoch in interne Zwistigkeiten verstrickt, und der westliche Kaiser Sigismund, einer der eifrigsten Befürworter des Konzils, war einige Monate vor dessen Beginn gestorben. Papst Eugen IV. auf der Gegenseite war aus einer ganzen Reihe von Gründen ebenfalls am erfolgreichen Ausgang des Unternehmens interessiert. Vor allem wollte er die durch die Konzilbewegung erschütterte päpstliche Vormachtstellung in der westlichen Kirche festigen. Nicht zuletzt verzögerte sich der Beginn der Arbeit durch eine Reihe »protokollarischer« Zwischenfälle. So wollte der Papst, daß ihm der Patriarch bei der ersten Begegnung den Fuß küsse, was Joseph weit von sich wies. Der Kaiser wiederum verlangte, die Räume des Palastes, wo die vorbereitenden Sitzungen stattfanden, zu Pferde durchqueren zu können. Er beabsichtigte, gemäß östlichen Bräuchen seinen Thron zu erreichen, ohne absteigen zu müssen. Dafür mußten aber zunächst die Durchgänge vergrößert werden.

All dies hatte sich in Ferrara abgespielt, während man begann, über das Fegefeuer zu diskutieren bzw. darüber, ob die Seelen der reuigen Sünder im Feuer schmorten, wie die römische Kirche behauptete, oder lediglich unter dem fehlenden Anblick Gottes litten, wie die Griechen glaubten. In der Zwischenzeit trafen beunruhigende Nachrichten aus Konstantinopel ein, wo sich die Anzeichen über Kriegsvorbereitungen der Türken mehrten, während in Ferrara eine Pestepidemie ausbrach, die vor allem in der Delegation des Metropoliten von Kiew und ganz Rußland, Isidor, Opfer forderte. Überdies wurde die Stadt seit Anfang des Sommers von der Truppe des Söldnerführers Niccolò Piccinino bedroht, der im Dienste des Mailänder Herrschers Visconti stand, einem erbitterten Feind des Papstes. Schließlich blieben auch noch die Zahlungen des Papstes an die siebenhundert Mitglieder der griechischen Delegation aus, so daß diese praktisch am Hungertuch nagten. In diesem Moment traf die großzügige Einladung von Cosimo de' Medici ein, das Konzil in die Stadt Florenz zu verlegen, die sämtliche Kosten übernehmen würde. Es war Ambrogio Traversari, der große Regisseur des Konzils, der Cosimo zu dieser Entscheidung bewegt hatte.

In Florenz fanden die Treffen in den Räumen des Dominikanerklosters Santa Maria Novella statt und schritten verhältnismäßig schnell voran. Man ließ die Diskussion um das Fegefeuer, die für die Griechen in Wirklichkeit bedeutungslos war, beiseite und wandte sich dem eigentlichen Kern des theologischen Streites zwischen den beiden Kirchen zu: der Frage nach der Herkunft des Heiligen Geistes. Für die Griechisch-Orthodoxen kommt der Heilige Geist von Gott und nur von Gott, während er für die römisch-katholische Kirche vom Vater und vom Sohn ausgeht, und zwar im selben Maße, auf dieselbe Art und

mit derselben Eigenschaft. Das römisch-katholische Glaubensbekenntnis enthält daher die Formulierung filioque (»... und vom Sohne«), die im griechisch-orthodoxen Glaubensbekenntnis fehlt; die Orthodoxen hielten sie für eine unzulässige Hinzufügung an der Grenze zur Häresie. Beide Lager beschossen sich wechselseitig mit einem Trommelfeuer aus Zitaten, die den Quellen der Kirchenväter und den Beschlüssen der sieben Konzile aus der Zeit vor dem Schisma entnommen waren.

Nach zermürbenden Diskussionen erkannten die Orthodoxen an, daß der Heilige Geist auch vom Sohn ausgeht. Man kam überein, daß jede Kirche weiterhin die eigene Formulierung benutzen dürfe, ohne die jeweils andere als Häretikerin zu betrachten. Somit konnte man sich der anderen großen Streitfrage zuwenden, der Diskussion um das Primat des Papstes. Die Griechen waren inzwischen völlig erschöpft und wollten nur noch nach Hause. Zudem waren viele von ihnen von den Argumenten der römisch-katholischen Kirche und von der Richtigkeit der Vereinigung überzeugt. In dieser Situation starb am 10. Juni 1439 der Patriarch Joseph II. Er war schon seit langer Zeit schwer erkrankt gewesen und hatte nicht mehr die Kraft gehabt, an den Sitzungen des Konzils teilzunehmen. Auf seinem Tisch fand man ein Schreiben vom 9. Juni, das die Vereinigung nachdrücklich empfahl und mit den Worten schloß: »Für die Sicherheit aller erkenne ich den Heiligen Vater der Väter und obersten Pontifex und Stellvertreter unseres Herrn Jesus Christus, den Papst des alten Roms an«.

Dem Patriarchen Joseph war es gelungen, sich gleichermaßen auf der römisch-katholischen wie auf der griechisch-orthodoxen Seite Achtung und Zuneigung zu verschaffen. Er wurde in der Kirche Santa Maria Novella mit einem Gottesdienst beigesetzt, an dem ganz Florenz teilnahm. Sein Tod begünstigte den Abschluß des Konzils, so daß Ambrogio Traversari am Ende des Monats zusammen mit dem griechischen Metropoliten Bessarion das Dekret zur Vereinigung verfaßte, und am 5. Juli 1439 unterzeichneten alle Vertreter der griechisch-orthodoxen Kirche mit Ausnahme von Markus von Ephesos. Am 6. Juli beging Florenz das größte Fest seiner gesamten Geschichte. Danach reisten die Griechen ab.

In Florenz war Markus von Ephesos der einzige gewesen, der das Dekret zur Vereinigung nicht unterschrieben hatte. Doch zurück in Griechenland setzte er sich mit dieser Position auf ganzer Linie durch. Die Ostkirche erkannte das von ihren Repräsentanten unterzeichnete Dekret nicht an, und viele derjenigen, die in Florenz noch zugestimmt hatten, gingen zu Hause auf Distanz. Der Patriarch Joseph, dessen Ableben die Beendigung des Konzil gefördert hatte, konnte nun seinen Einfluß nicht mehr geltend machen. Sein Sitz blieb lange Zeit vakant. Der Kaiser war bei seiner Rückkehr in die Heimat wie gelähmt. Markus von Ephesos klammerte sich nicht an Fragen der Doktrin. Er machte vielmehr ein Argument geltend, das sowohl für den Klerus als auch für die Gläubigen überzeugender war: Wenn wir uns den Römisch-Katholischen anschließen, sagte er, zwingen sie uns am Ende noch, »den Bart vom Kinn abzurasieren«. Nun war ein Prälat der griechisch-orthodoxen Kirche – und ist es immer noch – ohne einen Bart undenkbar.

Piero della Francesca: Die Anbetung des heiligen Holzes und die Begegnung zwischen Salomon und der Königin von Saba, 1452–1466, Fresko, 336 x 747 cm, San Francesco, Arezzo

Und Gott, war er ohne Bart vorstellbar? Die Päpste aus Rom, die Kardinäle und die Priester rasieren sich. Das bewies ihre Häresie. »Besser der Turbans des Sultan als die Mitra des Papstes«, sagte ein Prälat, der noch in Florenz das Vereinigungsdekret unterschrieben hatte. Der Turban des Sultans war am 8. April 1453 zur Stelle. An diesem Tag wurde aus der Kirche der Hagia Sophia eine Moschee, und von nun an war die Welt zweigeteilt: in Okzident und Orient.

Galleria dell' Accademia

Die Florentiner Kunstakademie (Accademia delle Arti e del Disegno) ging aus der Lukasgilde des frühen 14. Jh.s hervor und wurde 1562 durch Cosimo I. ins Leben gerufen. Mit dem Lehrbetrieb und der Unterrichtung in Zeichenkunst, Malerei, Bildhauerei und Architektur wuchs hier im Laufe der Zeit auch eine umfangreiche Kunstsammlung heran. 1784 wurde diese auf Veranlassung des Großherzogs Pietro Leopoldo der Öffentlichkeit zugänglich gemacht. Ausgestellt sind bedeutende Werke der toskanischen Malerei und Plastik vom 13. bis zum 16. Jh. u. a. von Giambologna, Bronzino, Pontormo, Filippo Lippi und Sandro Botticelli.

Die Hauptattraktion der Accademia sind ohne Zweifel allerdings die Skulpturen Michelangelos und allen voran natürlich das hier seit 1880 aufbewahrte Original des David.

Michelangelo Buonarroti:
Hl. Matthäus, 1503–1505
Marmor, H. 271 cm

Gerade der Tatsache, daß Michelangelos Marmorskulptur des Apostels Matthäus unvollendet blieb, verdanken wir einen aufschlußreichen Einblick in die Arbeitsweise des begnadeten Bildhauers. Ursprünglich sollte die Figur den Auftakt zu einer Serie von zwölf Aposteln bilden, die die Florentiner Dombauhütte im Jahre 1503 bestellt hatte. Als der Kontrakt schon zwei Jahre später wieder gelöst wurde, hatte Michelangelo allein das Fragment des Matthäus begonnen. Auf eindringliche Weise wird deutlich, wie der Künstler die Figur seinem Marmor geradezu abringt, sie von der Hauptansicht ausgehend, aus dem massiven Material herausschält. Treffend verglich schon Vasari die Vorgehensweise, bei der Zug um Zug die Konturen des Körpers in Erscheinung treten, mit dem allmählichen Ablassen von Wasser aus einer Wanne.

Michelangelo Buonarroti: Bärtiger Sklave, um 1530–1534
Marmor, H. 265 cm

In der Galleria dell' Accademia sind neben der berühmten David-Statue auch die vier unvollendet gebliebenen Marmorskulpturen der sogenannten Sklaven (oder auch Gefangenen) ausgestellt. Ursprünglich waren sie – neben zwei weiteren Statuen aus dem Louvre in Paris – für das Grabmal des Papstes Julius II. in Rom bestimmt, wohin sie jedoch niemals gelangten. Nach zwischenzeitlicher Aufstellung in der Buontalenti-Grotte der Boboli-Gärten gelangten die Originale 1909 in die Accademia.
Die Deutung der Figuren ist umstritten, ihre Funktion innerhalb des geplanten Grabmals heute kaum noch zu klären. Die Ausführung in diesem frühen Stadium dürfte basierend auf Entwürfen Michelangelos zu weiten Teilen noch seinen Gehilfen zuzuschreiben sein. Vor allem am Kopf des Bärtigen Sklaven vermeint man die Hand des Meisters jedoch deutlich zu erkennen.

Michelangelo Buonarroti: Erwachender Sklave, um 1530–1534
Marmor, H. 275 cm

Dem Unvollendetsein der Sklaven Michelangelos hat die Nachwelt einen besonderen Reiz abgewinnen können. Ungeachtet der über Jahrhunderte hinweg vorgenommenen Deutungsversuche scheint den Fragmenten als »eigentliches Thema« jenes, das Werk des Künstlers so emblematisch durchziehende »Ringen mit der Materie« gleich in doppelter Hinsicht innezuwohnen: einerseits im mühsamen Voranschreiten des bildhauerischen Arbeitsprozesses, andererseits aber auch als tragisch-schicksalhafte Grunddisposition allen menschlichen Seins. Aus tiefster seelischer Qual scheint das mühevolle Aufbäumen der Figuren herzurühren, ihr Ringen um Befreiung aber letztendlich aussichtslos. Michelangelos Bewunderung für die Meisterwerke der Antike – allen voran den berühmten Torso von Belvedere – kommt hier zum Ausdruck.

Michelangelo Buonarroti: David, 1501–1504
Marmor, H. 434 cm (mit Sockel)

Im Jahre 1501 erhielt Michelangelo Buonarroti den Auftrag, die Figur des David für einen Strebepfeiler des Domes zu meißeln. Die Voraussetzungen, unter denen das Werk entstand, waren allerdings denkbar ungünstig, denn als Material diente lediglich ein vermeintlich unbrauchbarer, bereits Jahrzehnte zuvor »verhauener« Marmorblock. Ungeachtet dieser Widrigkeiten war die Skulptur 1504 jedoch fertiggestellt und wurde entgegen der ursprünglichen Pläne als erste überlebensgroße Freifigur seit der Antike vor dem Palazzo Vecchio aufgestellt. Der Gestalt des biblischen Heros David, der den übermächtigen Tyrannen Goliath im Kampf bezwungen hatte, kam damit eine eindeutig politische Deutung zu. Die Skulptur wurde zum Sinnbild der freiheitlich-republikanischen Gesinnung der Stadt.

Auf die üblichen Attribute – das Schwert und das abgeschlagene Haupt des Besiegten – verzichtete Michelangelo. Man hat daher vermutet, daß ein Moment unmittelbar vor dem tödlichen Steinwurf gegen Goliath dargestellt sei. Selbstbewußt und mit festem Blick visiert der spätere König Israels seinen Gegner an. Die Steinschleuder hat er mit der Linken über die Schulter gelegt. Gänzlich anders als in den früheren, so knabenhaft wirkenden Statuen eines Donatello oder Verrocchio, ist David in Michelangelos Version selbst zum Giganten geworden. Athletisch ist der Körperbau im

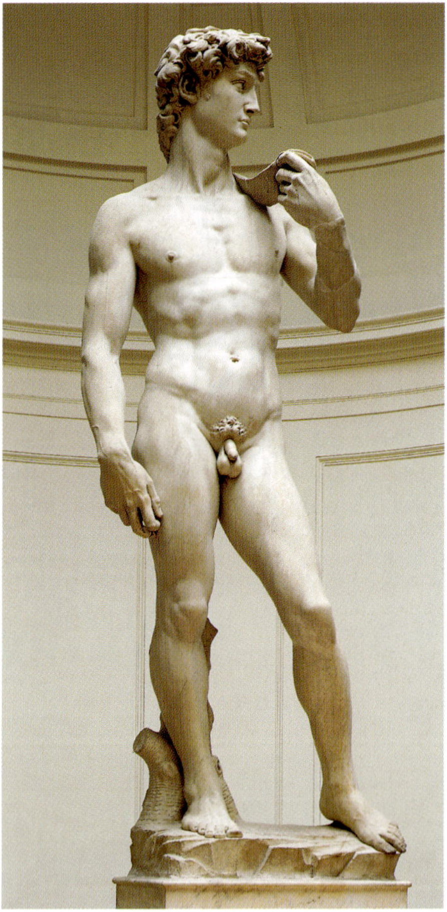

Kontrapost wiedergegeben. Von ungeheurer Kraft und Entschlossenheit künden Details wie die übergroß proportionierte rechte Hand.

San Marco

Papst Eugen der IV. überließ den Dominikanern von Fiesole 1434 das ältere, zunehmend verfallende Silvestrinerkonvent von San Marco. Cosimo de' Medici, der sich diesbezüglich für die Dominikaner eingesetzt hatte, finanzierte zu wesentlichen Teilen auch die Erneuerung der Anlage durch Michelozzo (1437–1452). Einem Gerücht zufolge wollte der Bankier nach dubiosen geschäftlichen Transaktionen mit den großzügigen Stiftungen nicht zuletzt sein schlechtes Gewissen erleichtern. Wesentliche Umbauten folgten durch Giambologna gegen Ende des 16. Jh.s und schließlich während des Barock. Im Jahre 1678 wurde das Innere durch Piero Francesco Silvani erneuert. Die heutige Fassade errichtete Gioacchino Pronti im Jahre 1780.

Museo di San Marco

Die Konventsgebäude von San Marco wurden 1437–1452 durch Michelozzo erbaut. Während weite Teile der Anlage bis heute von Mönchen bewohnt werden, ist im ältesten Teil des Komplexes – rund um den ersten, sog. Kreuzgang des Heiligen Antonius – das Museo di San Marco zu besichtigen. Schon im Kreuzgang trifft der Besucher auf Fresken des Fra Angelico. Die angrenzenden Museumssäle beherbergen unter anderem beachtenswerte Fresken und Tafelbilder des Fra Bartolomeo. Im Kleinen Refektorium hinterließ Ghirlandaio ein unmittelbar an demjenigen von Ognissanti orientiertes Abendmahl-Fresko.

Museo di San Marco/Chiesa di San Marco

Langhaus, S. 313

Santi di Tito: Vision des Hl. Thomas von Aquin (1593)

Fra Bartolomeo: Madonna del Baldachino (1509)

Hauptaltarbild von San Marco (um 1438–1443), S. 316

Pilgerherberge

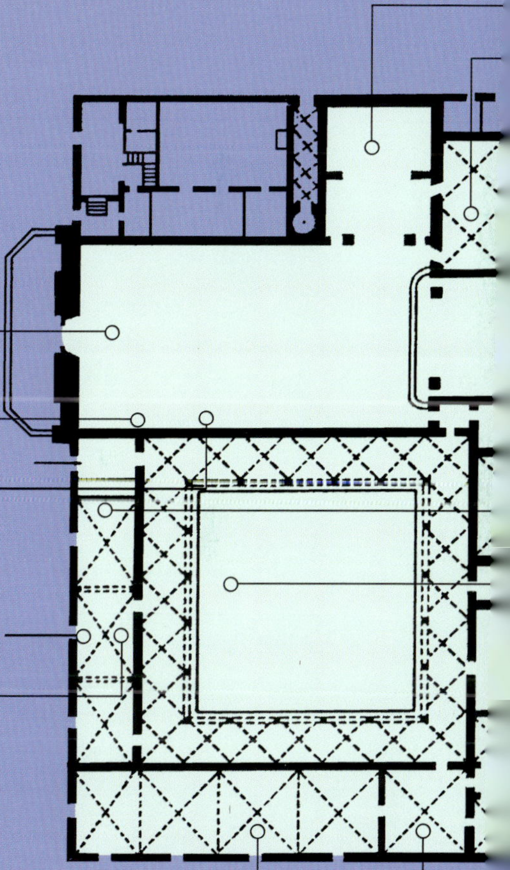

Großes Refektorium

Waschraum

Cappella Salviati

Cappella Serragli

Chiostro di S. Antonio

Fra Angelico: Kreuzabnahme (um 1424–1440), S. 317

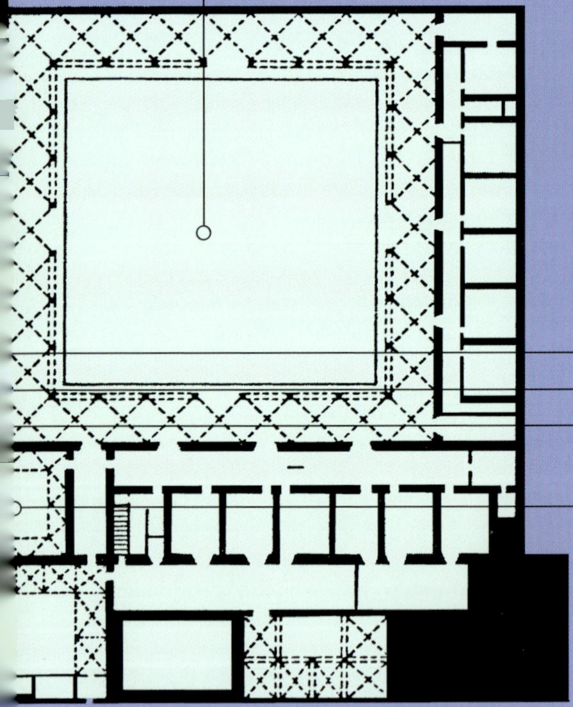

Sagrestia di Michelozzo (1437–1443)

Kleines Refektorium

Küchenraum

Kapitelsaal

0 20 m

Kreuzgang des Hl. Antonius, S. 312

Fra Angelico: Hauptaltarbild, um 1438–1443
Tempera auf Holz, 220 x 227 cm

Durch übereifrige Reinigungen im 19. Jh. wurde dieses Hauptwerk des Fra Angelico in seiner farblichen Substanz leider erheblich beeinträchtigt. Cosimo de' Medici hatte das Gemälde für den Hochaltar von San Marco um 1438 in Auftrag gegeben. An die Kugeln im Wappen der Stifterfamilie erinnern die roten Punkte, die den prachtvollen, nach perspektivischen Regeln wiedergegebenen Teppich säumen. Zudem erkennen wir in den acht dargestellten Heiligen Schutz- und Namenspatrone der Medici-Familie. Diese Referenz an den Mäzen des Konvents verband Fra Angelico mit programmatischen Aussagen zu Regeln, Grundsätzen und liturgischen Gebräuchen des Dominikanerordens. An das täglich vor dem Altar abgehaltene Meßopfer erinnert die kleine Szene der Kreuzigung Christi im Vordergrund. Auf das Armutsgelübde des Predigerordens ist links durch eine Textstelle im aufgeschlagenen Buch des Evangelisten Markus Bezug genommen.
Die besondere Qualität der Malerei erweist sich nicht zuletzt in der Klarheit des kompositorischen Aufbaus. In glaubhaftem Arrangement wird der Blick des Betrachters in die Tiefe des Raumes, zur zentralen Gruppe der Muttergottes mit dem Christusknaben geführt. Hinter ihrem Thron gibt ein seitlich aufgezogener Vorhang den Blick auf eine von Zypressen und Zedern bewachsene Gartenlandschaft frei, die hier an die Stelle des traditionellen Goldgrundes getreten ist.

Fra Angelico: Kreuzabnahme, um 1425–1440
Tempera auf Holz, 176 x 185 cm

Das Altarretabel wurde von Palla Strozzi für die Kapelle seiner Familie in Santa Trinità ursprünglich bei Lorenzo Monaco bestellt. Bis zu seinem Tod im Jahr 1425 hatte dieser vermutlich nur die Malereien der Bogenfelder und die seitlichen Heiligen-Darstellungen ausgeführt. Der Dominikanermönch Fra Angelico vollendete das Werk schließlich während der dreißiger Jahre.
Im Zentrum des Bildes wird der Leichnam Christi vom Kreuz herabgelassen. Spannungsreich ist die Komposition durch die Diagonalen des Körpers und der ausgebreiteten Arme durchkreuzt. Alle Gesichter

sind von großer Individualität durchdrungen. Inkarnat und Gesten sind reichhaltig variiert, das Kolorit der hellen Gewänder überaus lebhaft. Eine eigentümliche Atmosphäre der Stille wird dadurch nicht beeinträchtigt. Tiefe Verinnerlichung teilt sich in der Gruppe der trauernden Frauen links mit. Auf der gegenüberliegenden Seite werden die Geißelwerkzeuge präsentiert, während die Umstehenden dem Geschehen schweigend beiwohnen. Den Hintergrund bildet eine toskanische Landschaft, aus der Bäume in das leuchtende Blau des Himmels emporragen.

Girolamo Savonarola und die Verbrennung der Eitelkeiten

Mit dem Leben und Wirken des dominikanischen Bußpredigers Girolamo Savonarola ist eines der spannendsten Kapitel der Florentinischen Stadtgeschichte verbunden. Im September des Jahres 1452 in Ferrara geboren, hatte Girolamo zunächst das Studium der Medizin aufgenommen. Am Abend des Georgsfestes verließ er 1475 heimlich seine Heimatstadt Ferrara – damals Sitz des luxuriösen Hofes der Familie d' Este – und brach zu Fuß nach Bologna auf, um dem dortigen Prediger- und Bettelorden der Dominikaner beizutreten. In einem Brief an den Vater begründete Savonarola seinen Entschluß in Worten, die geradezu leitmotivisch auch den späteren Lebensweg vorausahnen lassen. Neben den Bosheiten der Menschen, dem großen Elend der Welt, den Schändungen und Ehebrüchen beklagt er die grauenhaften Gotteslästerungen in einer Welt, die so weit gekommen sei, daß sich keiner mehr finde, der recht handelt.

Seine mönchische Grundausbildung erhielt Savonarola, im Sinne eines »studium generale«, auf höchstem Gelehrtenniveau in der Konventsschule von San Domenico in Bologna. 1482 gelangte er erstmals nach Florenz. Das dortige Dominikanerkloster San Marco stand zu jener Zeit in besonderer Blüte. Michelozzo hatte den Bau der ersten öffentlich zugänglichen Bibliothek Europas vollendet. Zahlreiche, aus aller Welt zusammengetragene Codices waren hier einzusehen. Die kurz zuvor enstandenen Fresken des Fra Angelico prangten an den Wänden des Klosters.

Zugleich ließen sich seit Mitte des Quattrocento innerhalb des Dominikanerordens allerdings auch gewisse Auflösungserscheinungen konstatieren. Längst war unter den Mönchen eine Grundsatzde-

Savonarolas Doppelzelle im Dormitorium des Klosters von San Marco

batte über das Prinzip der Eigentumslosigkeit entbrannt, zumal mit zunehmender Ausbreitung des Ordens auch die Freunde und Förderer zahlreicher geworden waren und die »milden Gaben« entsprechend reichlicher flossen. Schon 1475 hatte zudem Papst Sixtus IV. ein Dekret erlassen, das dem Orden erlaubte, Liegenschaften zu besitzen und über feste Einkommen zu verfügen. Auch das Chiostro di San Marco war »aufgrund mediceischer Mitgift nicht frei von luxuriöser Geneigtheit« (H. Hermann). Immerhin hatte schon Cosimo der Alte den Neubau des Klosters finanziert und sich auch sonst als großzügiger Mäzen erwiesen. Von der Vehemenz, mit der Savonarola in späteren Jahren gegen den Verfall der Sitten angehen sollte, hatte sich allerdings kaum etwas angedeutet, als er 1487 für drei Jahre zurück nach Ferrara beordert wurde. »Den Florentinern erschienen die Manieren und die Redeweise des fremden Predigers roh und ungebildet, sein lombardischer Akzent rauh, seine Ausdrücke derb und ungewählt, seine Gesten hastig und gewaltsam« (Pastor). Dies sollte sich gründlich ändern, als Savonarola 1490 nach Florenz zurückbeordert wurde. Schon im Februar 1491 predigte er im Dom Santa Maria del Fiore erstmals von der angesehensten Kanzel der Stadt. Noch im gleichen Monat wurde er Prior von San Marco. Mit immer schärferen Worten prangerte der Mönch sittlichen Verfall und moralische Verirrungen an, beklagte die Verschwendungssucht der Reichen und die Tyrannei der Mächtigen. In prophetischen Predigten sagte er den Zusammenbruch von Kirche und Klerus voraus und berief sich zugleich darauf, daß seine Gesichte ihm direkt von Gott gesandt seien.

Fra Bartolomeo: Girolamo Savonarola, um 1498, Öl auf Holz, 53 x 47 cm, Museo di San Marco, Florenz

Den Florentinern drohte er mit dem bevorstehenden Strafgericht Gottes und führte ihnen in endzeitlichen Schilderungen die Gefahr einer zweiten Sintflut vor Augen. Bald nahmen die Reden des radikalen Frate auch in sozialer und politischer Hinsicht konkrete Gestalt an. Neben die Visionen einer geläuterten Kirche traten diejenigen einer erneuerten Gesellschaft, einer theokratischen Staatsform. Die Kluft zwischen

Savonarola und Lorenzo dem Prächtigen (il Magnifico), der die Geschicke der Stadt leitete, wurde dabei zwangsläufig größer. Noch an dessen Sterbebett soll der herbeigerufene Mönch dem prunkliebenden Medici den letzten Segen verweigert haben.

Nach dem Tode Lorenzos im Jahre 1492 gelangte mit Piero de' Medici schließlich ein Mann in den Rang des Familienoberhauptes, dem die Florentiner schon bald nur noch das Talent nachsagten, in allen schwierigen Fragen und Konfliktsituationen stets die denkbar ungünstigste Entscheidung zu treffen. Unter seiner Führung geriet die Stadt in eine ihrer schwersten Krisen. Als 1494 das Heer Karls VIII. vor denToren der Stadt angelangt war und diese zu überrennen drohte, waren es erneut tagespolitische Fehleinschätzungen Pieros, die zu dieser gefährlichen Situation beigetragen hatten. Das aufgebrachte Volk ließ sich auch durch Ausgabe großer Mengen von Wein nicht mehr beruhigen und vertrieb die Medici aus der Stadt. Innerhalb des entstandenen Machtvakuums rückte Savonarola nun an entscheidende Stelle und führte die fünfköpfige Delegation an, die die anstehenden Verhandlungen mit Karl VIII. offensichtlich so geschickt führte, daß das größte Heer, das den Florentinern jemals zu Gesicht gekommen war, schon nach wenigen Tagen wieder abzog, ohne daß in der Stadt größere Schäden entstanden waren. Die Popularität Savonarolas hatte im Zuge der turbulenten Ereignisse ihren Höhepunkt erreicht. Erneut gewannen seine Predigten an Spannweite und Brisanz. Drohend erhob der Frate den Zeigefinger und verurteilte die gegenwärtigen Übel, die dem Ideal eines in allen Bereichen gottbestimmten Lebens zu widersprechen schienen. Bei der Wahl seiner Mittel verfuhr er dabei durchaus nicht zimperlich. Öffentlich forderte er sogar die Verbrennung derjenigen, die sich sexuellen Ausschweifungen oder dem Laster des Spiels hingaben. Müttern empfahl er, ihre Söhne und Töchter nicht zu Ammen zu geben, damit sich mit deren Muttermilch nicht auch eine niedere sittliche Geisteshaltung auf die Kinder übertrage. Im Bereich der Kunst forderte er Ideenschönheit statt Formvollendung und meinte damit nicht zuletzt den völligen Verzicht auf die Darstellung nackter Körper. »Auch aus der Wissenschaft oder doch einer übermäßigen Beschäftigung mit ihr erwuchsen nach Savonarolas Überzeugung Gefahren. (...) Bei weiterem Nachdenken kam er zu der Erkenntnis, daß es am besten wäre, die Kenntnis der Wissenschaften auf einige wenige zu beschränken. Diese Spezialeinheit sollte bereitgehalten werden für die Auseinandersetzung mit feindlichen Gelehrten. Für den Durchschnittsmenschen aber seien die Kentnisse der Grammatik, der guten Sitten und Religionsunterricht ausreichend« (Kristeller). Angesichts derartiger Forderungen muß es verwundern, daß mit Botticelli sogar der Maler der »Geburt der Venus« zeitweilig zu den Anhängern Savonarolas gehört haben soll. Der Wirkung des Frate konnten sich auch die gelehrten Humanisten der Zeit nicht entziehen. Sogar Marsilio Ficino bekannte rückblickend: »Auch ich war jenem Savonarola zunächst verfallen. Als anfangs während häufiger Umwälzungen in der Republik die Franzosen allenthalben Florenz in Aufregung versetzten, bin selbst ich ebenso wie das verängstigte Volk – weiß Gott durch welchen Dämon – eingeschüchtert

Unbekannter Künstler: Historische Darstellung der Hinrichtung Girolamo Savonarolas auf der Piazza della Signoria, um 1498, Tempera auf Holz, Museo di San Marco, Florenz

und für kurze Zeit irregeleitet worden.« Ihren vorläufigen Höhepunkt erreichten die Aktivitäten des radikalen Dominikaners schließlich während der Karnevalstage des Jahres 1497 mit der ersten sogenannten Verbrennung der Eitelkeiten. Für den Abend des 7. Februar ordnete Savonarola eine feierliche Prozession an und ließ auf der Piazza della Signoria einen mächtigen Scheiterhaufen errichten. In einem gewaltigen Feuer wurden dort neben Symbolen weltlicher Eitelkeiten und Laster – wie etwa Perücken, Musikinstrumenten, Spielkarten, Spie-

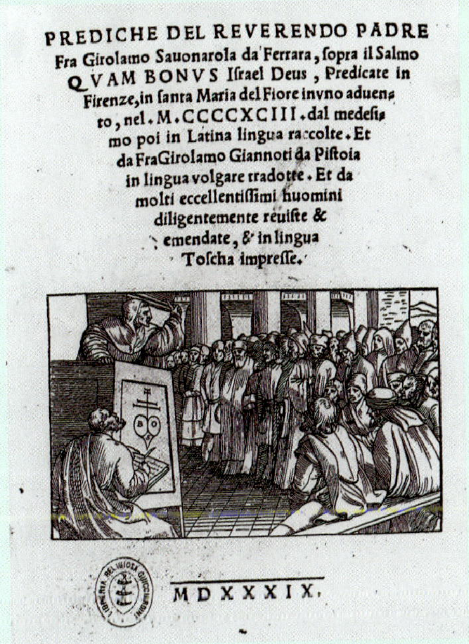
PREDICHE DEL REVERENDO PADRE
Fra Girolamo Sauonarola da Ferrara, ſopra il Salmo
QVAM BONVS Iſrael Deus, Predicate in
Firenze, in ſanta Maria del Fiore in vno aduen-
to, nel. M.CCCCXCIII. dal medeſi-
mo poi in Latina lingua raccolte. Et
da Fra Girolamo Giannoti da Piſtoia
in lingua volgare tradotte. Et da
molti eccellentiſſimi huomini
diligentemente reuiſte &
emendate, & in lingua
Toſcha impreſſe.

MDXXXIX.

Unbekannter Künstler: Der predigende Savonarola, aus: Prediche del Reverendo Padre Fra Girolamo Savonarola, sopra il Salmo Quam Bonus Israel Deus [...], Holzschnitt, ohne Ort, 1539, Biblioteca Nazionale, Florenz

geln, Parfums oder Porträts schöner Frauen – auch die Bücher volkssprachlicher Autoren »voller Unzucht« – darunter Boccaccio, Morganti und Petrarca – verbrannt.

Zu einem hilfreichen Instrumentarium bei der Durchführung seiner nunmehr fast schon diktatorisch anmutenden Umtriebe waren für Savonarola zu jener Zeit die Kinder der Stadt geworden. Eine regelrechte Kinderpolizei durchkämmte in Patrouillen die Straßen von Florenz, darauf aus, anstößige Vorkommnisse aller Art zu denunzieren. Dabei gab es sogar formal festgelegte, hierarchische Strukturen für die einzelnen Stadtviertel, die das Handeln dieser »Sittenwächter« organisieren halfen.

In alledem hatte sich Savonarola längst auch den Zorn des Papstes in Rom zugezogen. Schon 1495 war er vor den Heiligen Stuhl zitiert worden. In einem zunächst durchaus noch freundlichen Schreiben hatte Alexander VI. den Mönch zwar noch für sein Bemühen um die Beförderung christlicher Verhältnisse in Florenz gelobt, zugleich aber verlangt, ihn wegen seiner Behauptung, er predige nicht aus sich heraus, sondern aufgrund göttlicher Eingebung, zu hören. In der Tat mußte aus kirchendogmatischer Sicht in derartigen Äußerungen der alleinige Vertreteranspruch der offiziellen Amtskirche angetastet erscheinen. Savonarola antwortete dem Papst, daß es ihm in Folge körperlicher Schwäche nicht möglich sei, nach Rom zu kommen. Angesichts dieser störrischen Haltung erging bald darauf ein Predigtverbot an Savonarola, der sich jedoch nur für wenige Wochen daran hielt und bald wieder begann, seine Anliegen um so vehementer vorzutragen. Mit der spektakulären Verbrennung der Eitelkeiten hatte Savonarola den Bogen 1497 endgültig überspannt. Als die Kunde von dem Ereignis Rom erreichte, verfügte der Papst die Exkommunizierung des Dominikanerpriors. Scheinbar immun gegen die jetzt unübersehbaren Drohungen begab sich Savonarola allerdings erneut auf die Kanzel und trieb es selbst zum völligen Eklat, als er im Februar 1498 eine zweite, noch gewaltigere Verbrennung der Eitelkeiten insze-

nierte. Am Schauplatz dieses Feuers sollte er selbst schon zwei Monate später den Flammen gegenüberstehen. Gegen den massiven Druck aus Rom vermochten seine Anhänger den Frate nicht mehr zu schützen. Erst in letzter Sekunde konnte eine Feuerprobe verhindert werden, bei der die gegen Savonarola erhobenen Vorwürfe der Häresie erwiesen werden sollten. Als er am darauffolgenden Tag abermals zu predigen versuchte, kam es zu tumultartigen Szenen. Aufgebrachte Gegner stürmten das Chiostro di San Marco und der Tag endete mit der Verhaftung Savonarolas. Die Stimmung in der Stadt war endgültig umgeschlagen, das »Erneuerungswerk« Savonarolas gescheitert. Schon am nächsten Tag begannen im Beisein der eigens aus Rom entsandten Kommissare die Verhöre, die sich unter beständiger Folter über sieben Wochen hinzogen. Am 22. Mai 1498 wurde über den Frate schließlich das Todesurteil verhängt und die Vollstreckung für den nächsten Tag angesetzt. Unmittelbar vor der Hinrichtung soll Savonarola sich ausdrücklich für die ihm erwiesenen Gnaden bedankt haben. In der Wahl der Foltermethoden war man – gemessen an den damaligen Möglichkeiten – nämlich äußerst milde verfahren. Überdies hatte der Papst ihm Ablaß gewährt und Savonarola die schlimmsten Qualen erspart, indem man vor der Verbrennung den Tod durch Erhängen herbeiführte. Unter strenger Bewachung entzündete man den Scheiterhaufen und verstreute die Asche aus Angst vor Reliquienjägern im Arno. Auf der Piazza della Signoria erinnert heute eine Gedenktafel an das Leben des radikal-reformerischen Frate, der von manchen als religiöser Fanatiker verachtet wird, während ihn andere als Visionär einer gottbestimmten Lebensweise verehren.

Stuhl Savonarolas in San Marco, Museo di San Marco, Florenz

Dormitorio di San Marco

Ein Besuch der Konventsgebäude von San Marco gehört zweifellos zu den unvergeßlichen Eindrücken eines Florenzbesuches. Ihrem Mitbruder Fra Giovanni da Fiesole (1387–1455) – später Fra Angelico oder Beato Angelico (der Engelhafte) – vertrauten die Dominikaner von San Marco die malerische Ausschmückung der Mönchszellen und Korridore im Dormitorium (1. Obergeschoß) an. Zahlreiche Gehilfen und Schüler waren an den umfangreichen Arbeiten beteiligt. Nicht immer ist es leicht, die eigenhändigen Malereien Fra Angelicos von denen seiner Assistenten zu scheiden.

Fra Angelico: Verkündigung, um 1450
Fresko, 230 x 297 cm

Der Überlieferung nach hatte der Hl. Dominikus aus den Händen der Jungfrau Maria den Ordensmantel erhalten. Von der besonderen Verehrung, die der Mutter Gottes traditionell durch die Dominikaner zuteil wurde, kündet auf der dem Eingang zum Dormitorium gegenüberliegenden Wand das hinreißende Verkündigungs-Fresko von der Hand Fra Angelicos. Bei aller träumerischen Entrücktheit erinnert die offene Loggia, unter deren Arkaden Maria die Botschaft des Engels entgegennimmt, unmittelbar an die reale Architektur der von Michelozzo errichteten Kreuzgänge des Klosters.

trinitatis nobile Triclinium
NIS INTACTE CVM VENERIS ANTE FIGVRAM PRETEREVNDO CAVE NE SILEATVR AVE

Dormitorio di San Marco

Anbetung der Könige, S. 330

Marienkrönung, S. 329

Verkündigung, S. 324

Kreuzigung, S. 332

Michelozzo: Bibliothekssaal, S. 333

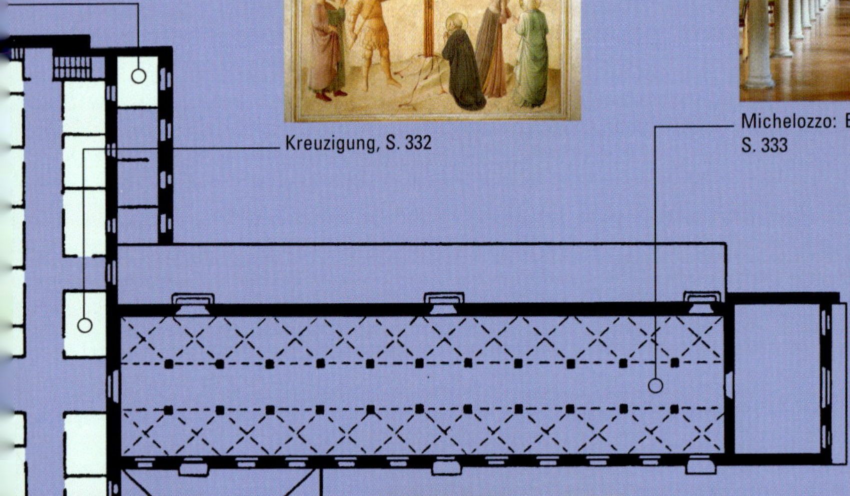

Freskenzyklus von Fra Angelico

Noli me tangere, S. 328

Fra Angelico: Noli me tangere (Zelle 1), um 1450
Fresko, 166 x 125 cm

Vorrangige Merkmale der Fresken, die Fra Angelico in den Zellen des Dormitoriums von San Marco ausführte, sind in der Eindringlichkeit der zurückhaltenden Bildsprache, der klaren Strukturierung des kompositorischen Aufbaus und dem weitreichenden Verzicht auf allzu weltliches Dekor zu sehen. In den kargen Räumen waren die Darstellungen allein der stillen Andacht und Besinnung der Mönche zugedacht. In dieser besonderen Qualität hat Fra Angelicos Malerei bis heute nichts von ihrer zauberhaften Wirkung eingebüßt.

In der ersten Zelle des Dormitoriums findet sich eine Begebenheit dargestellt, die im Johannesevangelium (20. 14–18) geschildert ist. Vor der offenen Grabeshöhle war Christus am Ostermorgen Maria Magdalena begegnet, die ihn zunächst für einen Gärtner hielt. Als sie den Auferstandenen erkannte, sprach dieser zu ihr »Noli me tangere« (Berühre mich nicht). In den verhaltenen, subtil abgestimmten Gesten ist dieser Moment eindrucksvoll vergegenwärtigt.

Fra Angelico: Marienkrönung (Zelle 9), um 1441
Fresko, 171 x 151 cm

Das Ereignis der Marienkrönung ist von einer kreisrunden Lichtaureole umfangen. Unterhalb der Szene verharren die Gründer des Dominikanerordens. Außergewöhnlich ist die Komposition des Bildes: Den oberen Bogen der vorgegebenen Bildbegrenzung schließt der Maler unten in der halbkreisförmigen Anordnung der Mönche.

Fra Angelico/Benozzo Gozzoli: Anbetung der Könige (Zelle 39), um 1440
Fresko, 175 x 357 cm

Cosimo de' Medici, dem großen Förderer des Konvents von San Marco, war im Dormitorium stets eine Doppelzelle reserviert. Des öfteren, so ist überliefert, zog sich der mächtige Potentat zu innerer Einkehr und Besinnung in die stille Abgeschiedenheit dieser Räumlichkeiten zurück. Bezeichnenderweise wurde seine Klosterzelle mit dem Fresko der Anbetung der Könige ausgestattet (um 1440). Das Wandgemälde ist wesentlich größer als diejenigen in den Mönchszellen und in der malerischen Wiedergabe der Orientalen im Gefolge der morgenländischen Könige reichhaltiger. Von weltlichem Luxus und Pracht kündet allerdings auch in diesem Gemälde wenig. Dem Charakter eines Andachtsbildes entsprechend bleibt die Bildsprache vergleichsweise schlicht und zurückhaltend, dem Ort und seiner Bestimmung angemessen. Vor dem Hintergrund einer kargen Felslandschaft, in der sich kein Baum, keine Pflanze erkennen läßt, vollzieht sich vorne links die Epiphanie. Verglichen mit späteren Darstellungen des Themas wirkt das Fresko eher spröde. Kaum vermag man sich vorzustellen, daß weite Teile der Ausführung vermutlich auf den jungen Benozzo Gozzoli zurückgehen, der einige Jahre später die Hauskapelle des Palazzo Medici mit den beinahe überreichen Fresken des Zuges der Heiligen Drei Könige versah.

Fra Angelico: Kreuzigung (Zelle 42), um 1450
Fresko, 196 x 199 cm

Kein anderes Thema wurde in den Zellen des Dormitoriums so häufig dargestellt wie dasjenige der Kreuzigung Christi. Fast immer ist der Heilige Dominikus mit weiteren Heiligen zu Füßen des Kreuzes dargestellt. Zu den einfühlsamsten Darstellungen dieser Art zählt sicher diese Kreuzigung mit dem Lanzenstich. Ganz rechts erscheint die Hl. Martha, die als Rückenfigur gezeigt wird und im Begriff ist, Maria Trost zu spenden. Diese hat sich vom Kreuz abgewandt und beide Hände aus Verzweiflung und innerstem Schmerz vor das Gesicht gehoben.

Bibliothekssaal von San Marco

Im Obergeschoß des Konventsgebäudes von San Marco errichtete Michelozzo di Bartolomeo Michelozzi 1444 auf Veranlassung Cosimo de' Medicis den Bibliothekssaal von San Marco, der zu den harmonischsten und schönsten Renaissance-Innenräumen der Stadt gezählt werden darf. Auf schlichten, schlanken Säulen mit ionischen Kapitellen ruhen die gleichmäßigen Arkadenfolgen, die den tonnengewölbten Mittelgang von den beiden kreuzgratgewölbten Seitenschiffen abgrenzen und den langgestreckten Raum rhythmisieren. Insbesondere an sonnigen Tagen, wenn das einfallende Licht die Formensprache der Architektur gleichsam nachmodelliert, stellt sich hier eine stimmungsvolle Atmosphäre ein, die unmittelbar an die ursprüngliche Nutzung des Raumes erinnert, der als erste öffentliche Bibliothek Europas eingerichtet wurde und nicht zuletzt auch den Mönchen des Klosters als Skriptorium diente. Einige der kostbaren Handschriften, die schon im 15. Jh. von den Dominikanern studiert und illuminiert wurden, werden hier noch heute ausgestellt.

Cenacolo di Sant' Apollonia – Museo Andrea del Castagno

Andrea del Castagno: Abendmahl, 1447–1450
Fresko, 920 x 980 cm (gesamte Wand), 470 x 975 cm (Abendmahl)

Im Refektorium des ehemaligen Benediktinerklosters Sant' Apollonia (1808 profanisiert) ist heute ein Museum zu Ehren des Malers Andrea del Castagno (1423–1457) untergebracht. Hauptwerk ist das famose Abendmahl-Fresko, das der eigenwillige Künstler hier ausführte.

Parallel zur Bildfläche ist der von einem weißen Tuch bedeckte Tisch plaziert, um den die Jünger zum letzten Abendmahl versammelt sind. Die gleichmäßige Sitzordnung – mit Christus in der Mitte – ist allein durch die Gestalt des Judas unterbrochen. Auf einem Schemel hat er vor dem Tisch Platz genommen und ist so deutlich als der Verräter unter den Jüngern Christi gekennzeichnet. In der Figurendarstellung unterscheidet sich Castagno deutlich von seinen Zeitgenossen. Lieblichkeit und lyrische Eleganz, wie sie der Malerei der Frührenaissance oft innewohnen, fehlen hier. Mit derben, fast bäuerlichen Zügen sind die Apostel dargestellt, eine blockhafte Starre haftet ihnen an. Mit nüchterner Berechnung ist die umgebende Architektur wiedergegeben. Streng symmetrisch und im Aufbau der perspektivischen Konstruktion auf einen zentralen Augenpunkt ausgerichtet, öffnet sich der schachtelartige Raum zum Betrachter hin und zieht diesen in den Bann des bedeutsamen Geschehens.

Andrea del Castagno: Auferstehung Christi (Detail)

Die Hauptwand des Refektoriums ist horizontal in zwei Bildzonen unterteilt. Unten ist das letzte Abendmahl dargestellt, darüber – durch Wasserschäden leider erheblich beschädigt – die Kreuzigung Christi, flankiert von den Szenen der Grablegung und Auferstehung.

Chiostro dello Scalzo

Andrea del Sarto: Gastmahl des Herodes, 1510–1526
Fresko, 194 x 308 cm

Die Bruderschaft des Hl. Johannes d. T. pflegte bei Prozessionen einen barfüßigen Kreuzträger voranschreiten zu lassen. Diese Eigenart brachte ihr im Volksmund schon bald die Bezeichnung Confraternità dello Scalzo (Bruderschaft des Barfüßers) ein. Zur Ausschmückung des bis heute erhaltenen Kreuzgangs ihres Hauptsitzes beauftragte die Vereinigung Andrea del Sarto mit einem Freskenzyklus zum Leben Johannes des Täufers. Die Arbeiten, bei denen dem Maler Franciabigio als Gehilfe assistierte, wurden mehrmals unterbrochen, weil den Auftraggebern das Geld auszugehen drohte oder Andrea del Sarto auswärtig (am Hofe König Franz' I. von Frankreich) beschäftigt war. Insgesamt dauerte die Ausführung der Fresken von 1510 bis 1526.

Die augenfällige Besonderheit des Zyklus besteht darin, daß die Malereien gänzlich in Grisaille (Grau-in-Grau) ausgeführt wurden. Trotz dieses völligen Verzichts auf Vielfarbigkeit gelangte del Sarto allein durch die sensible Abstufung der Grautöne zu einer beeindruckenden Plastizität und Tiefenwirkung. In der Szene mit dem Gastmahl des Herodes trägt ein Diener soeben das Haupt des Täufers herbei. Von hier ausgehend schließt sich die figürliche Komposition, über die an einem kleinen Tisch sitzenden Hauptpersonen bis zu der nachdenklichen Gestalt ganz rechts, zu einem Halbkreis. Schmucklos sind die Wände des schmalen, aber weit in die Tiefe fluchtenden Raumes belassen. Der Figurenstil Andrea del Sartos ist von wuchtiger Monumentalität, voluminöse Gewänder unterstützen die kraftvolle Körpermodellierung. Szenischer Erfindungsreichtum, virtuose malerische Ausführung der Schattierungen und äußerste Perfektion in der Zeichnung brachten del Sarto schon früh die Bewunderung seiner Zeitgenossen ein, die ihn »Andrea senza errore« (Andrea ohne Irrtum) zu nennen pflegten.

Andrea del Sarto: Caritas, um 1513
Fresko, 194 x 110 cm

Andrea del Sartos Fresko des Johanneszyklus im sogenannten Kreuzgang der Barfüßer ist durch vier Darstellungen der christlichen Tugenden Fides, Caritas, Justitia und Spes (Glaube, Liebe, Gerechtigkeit, Hoffnung) ergänzt. Die Caritas erscheint in Gestalt einer schönen jungen Frau, deren sanfte Gesichtszüge kaum anmutiger sein könnten. Die Feinheit ihre Gesichtszüge steht fast schon in Kontrast zu der drallen Körperlichkeit, mit der insbesondere die drei sie umgebenden Knaben wiedergegeben sind.
Schon durch die besondere Grisaille-Technik hat die Malerei die Wirkung eines vollplastischen Marmorbildwerks.

Die großen Katastrophen des Mittelalters – Hunger und Pest

Zu Beginn des 14. Jh.s zählte Florenz zu den größten und wohlhabendsten Städten des christlichen Abendlandes. Auf die stattliche Zahl von rund 100.000 Einwohnern war die Bevölkerung angewachsen, der Florin zur beherrschenden Handelswährung in ganz Europa geworden. Einer regen Bautätigkeit und kulturellen Blüte steht während des Trecento allerdings auch eine Vielzahl schwerer Krisen und existentieller Erschütterungen gegenüber. Militärische Niederlagen, fortgesetzte innerstädtische Macht- und Klassenkämpfe sowie der Zusammenbruch der bedeutenden Bankhäuser der Familien Peruzzi und Bardi gefährdeten die soziale, wirtschaftliche und politische Stabilität. Im Abstand von jeweils nur wenigen Jahren wurde Florenz während der ersten Jahrzehnte des 14. Jh.s zudem von jenen verheerenden Katastrophen heimgesucht, die auch im Verlaufe der späteren Stadtgeschichte immer wieder empfindliche Zäsuren bedingten.

Den Auftakt bildeten jene periodisch wiederkehrenden Hungersnöte (1315–1317 und 1328–1330), die für die Bevölkerung der Stadt und des Umlandes weit über das Mittelalter hinaus eine grausame Geißel darstellten. Klimatische Schwankungen, zu viel oder zu wenig Regen sowie unerwartete Frosteinbrüche, führten schnell zu Nahrungsknappheit. Weite Teile der Ernten konnten jederzeit einem plötzlichen Schädlingsbefall oder auch marodierenden Söldnertruppen anheimfallen. Von den weitreichenden Folgen berichteten schon damals Zeitgenossen wie der Chronist Giovanni Villani. Obwohl man sich an Or San Michele und vor den Toren der Stadt um die Speisung der Hungrigen bemühte, deckten die Vorräte nur ein Drittel des

Codex Biadaiolo: Speisung der Hungrigen vor den Toren der Stadt (14. Jh.), Biblioteca Laurenziana, Florenz

Codex des Giovanni Sercambi: Allegorische Darstellung der Pest (14. Jh.), Archivio di Stato, Lucca

Bedarfs. Von Tag zu Tag erhöhte sich die Zahl derjenigen, die verhungerten. Es kam nicht selten zu tumultartigen Szenen, so daß bewaffnete Wachen aufgestellt werden mußten, um einem Aufstand der darbenden Bevölkerung entgegenzuwirken.

Auch die Lage am Arno stellte für Florenz seit jeher nicht nur einen Segen dar, sondern war auch eine beständige Bedrohung. Zwar bot der Fluß das lebensnotwendige Wasser und diente dem Handel über Jahrhunderte hinweg als Transportweg, konnte sich aber binnen kürzester Zeit in einen alles mit sich reißenden Strom verwandeln. Die schlimmsten Jahre des Hungers waren gerade erst überstanden, als 1333 ein Arno-Hochwasser beträchtliche Schäden anrichtete und unter anderem die damalige Ponte Vecchio mit sich riß.

Wiederum nur wenige Jahre später sah sich die Stadt schließlich einer Bedrohung gänzlich anderer Art nahezu schutzlos ausgeliefert. Die Pest wütete in weiten Teilen Europas und kostete – nach einem ersten Intermezzo 1340–1348/49 binnen weniger Monate rund 25 Millionen Menschen das Leben. Allein in Florenz wurden 60 % der ehemals 100.000 Einwohner dahingerafft. Die eindringlichste zeitgenössische Schilderung der grausigen Ereignisse verdanken wir dem Dichter Giovanni Boccaccio (1313–1375), dem das schreckliche Ereignis als erzählerische Ausgangssituation seiner berühmten Novellensammlung »Decamerone« diente. Wie er beklagte, vermochten weder fromme Gebete, noch Klugheit oder Vorkehrungen irgendwelcher Art das Übel abzuwenden. Angst und Mißtrauen bestimmten das Miteinander, Freundschaften und Familienbande zerbrachen. Priester verweigerten aus Furcht die Sakramente, Eltern verstießen ihre eigenen Kinder. Das soziale Gefüge innerhalb der Stadt, für die das Jahrhundert so verheißungsvoll begonnen hatte, war durch die unheimliche und unberechenbare Krankheit bis ins Mark erschüttert.

Piazza Santissima Annunziata

Die Piazza Santissima Annunziata zählt zu den schönsten Plätzen der Stadt und erfreut sich nicht nur bei den Studenten der benachbarten Universitätsfakultäten einer außerordentlichen Beliebtheit. Obwohl die angrenzenden Gebäude auf unterschiedliche Entstehungszeiten zurückgehen, spürt man hier die Atmosphäre einer wohlgeordneten Renaissance-Anlage.

Das harmonische Erscheinungsbild beruht in erster Linie auf dem Umstand, daß die Gebäudefronten zu allen Seiten des Platzes einheitlich mit offenen Arkadengängen versehen sind. Als Bezugspunkt diente allen hier in späterer Zeit tätigen Baumeistern Filippo Brunelleschis Findelhaus, dessen Bogenreihe Antonio Sangallo und Baccio d'Agnolo 1516–1525 auch beim Bau des Hauptsitzes der Servitenbruderschaft auf der gegenüberliegenden Seite wiederaufnahmen.

Giambologna: Reiterdenkmal Ferdinandos I., um 1608
Bronze

Nachdem Ferdinando de' Medici Giovanni da Bologna (genannt Giambologna) 1594 schon mit der Ausführung eines bronzenen Reiterdenkmals zu Ehren seines verstorbenen Vaters Cosimo – heute auf der Piazza della Signoria – betraut hatte, erging an den Bildhauer mehr als ein Jahrzehnt später ein vergleichbarer Auftrag. Diesmal wollte sich Ferdinando I. selbst hoch zu Roß verewigen lassen. Leider verstarb der Künstler 1608, noch während der Arbeit am Denkmal. Sein Schüler Pietro Tacca, von dem auch die beiden Brunnen auf der Piazza SS. Annunziata stammen, führte das Werk schließlich nach Entwürfen des Meisters aus. Der Überlieferung nach wurde das benötigte Gußmaterial durch Einschmelzen mehrerer Kanonen gewonnen, die – wie auf einer Inschrift am Bauchgurt des Pferdes zu lesen ist – aus einer »Türkenbeute« stammten.

Santissima Annunziata

Im Jahre 1250 wurde Santissima Annunziata durch den Orden der Serviten gegründet. Schon bald sollen sich dort Wunder ereignet haben, die der Kirche als Ort der Marienverehrung nicht nur eine bis heute ungebrochen anhaltende Beliebtheit, sondern auch zahlreiche Schenkungen der Gläubigen einbrachten. Die ehemals kleine Kapelle wuchs somit im Laufe der Zeit zu einem mehrfach erweiterten Gebäudekomplex heran.

In ihrer heutigen Gestalt geht die Anlage zu wesentlichen Teilen auf Michelozzo zurück, der im Auftrag Cosimos des Älteren 1444 einen Neubau anging und der eigentlichen Kirche auch das ehemals nach oben hin offene Atrium vorlagerte. Im Bestreben, dem Erscheinungsbild der Piazza eine größere Einheitlichkeit zu verleihen, wurde die Frontseite um 1559–1561 mit der Bogenfolge des Portikus versehen.

FRATRES · DEI · GENITRICI

Santissima Annunziata

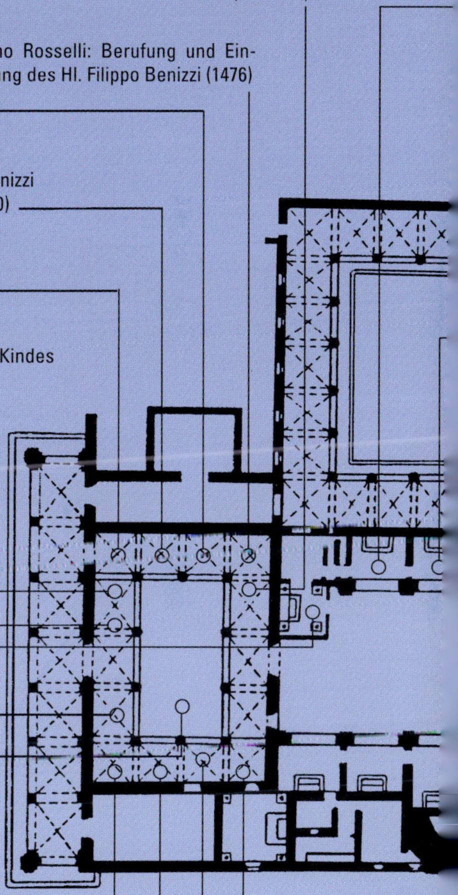

Andrea del Sarto: Geburt Mariä (1514), S. 347

Andrea del Castagno: Die Heiligen Hieronimus, Paula und Eustochium in Verehrung der Trinität (um 1455), S. 347

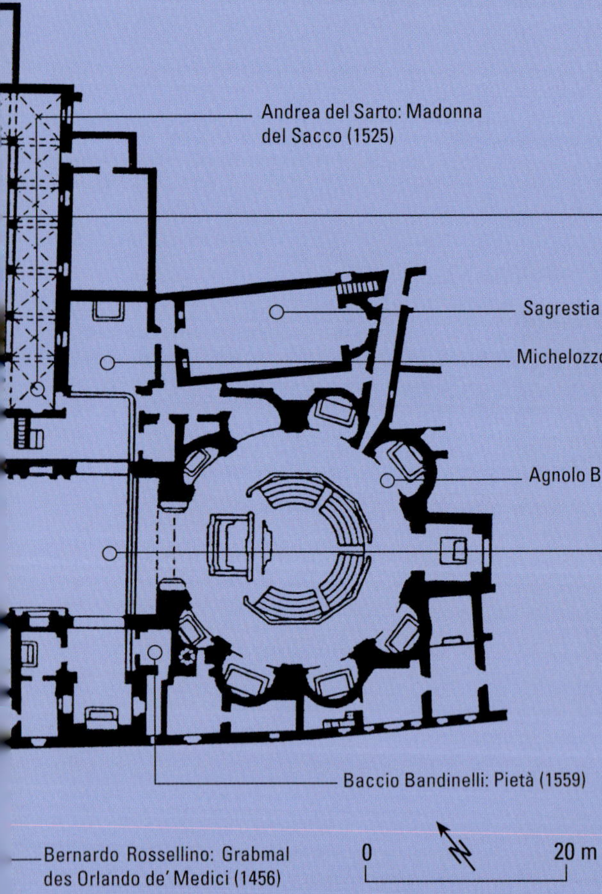

Mittelschiff, S. 346

Innenraum

Im Jahre 1252 soll ein Engel im Inneren von Santissima Annunziata über Nacht ein unvollendetes Verkündigungsfresko fertiggestellt haben. Die Nachricht von diesem Wunder machte die Kirche schon bald darauf zu einem derart frequentierten Wallfahrtsort, daß zur Aufnahme der Gläubigen schnell eine erste Vergrößerung der Kirche unumgänglich wurde. Ein »Platzmangel« besonderer Art entstand zudem durch die allmählich ausufernde Praxis, im Inneren der Kirche sogenannte Voti (Votiv- und Weihegaben) aufstellen zu lassen.

Wohlhabende Bürger (und Fremde) hatten das Recht, ihrer Frömmigkeit hier in Abbildern aus Wachs oder Pappmaché Ausdruck zu verleihen. Oftmals waren diese lebensgroß gefertigt und mit realen Kleidungsstücken der Stifter versehen. Sogar Reiterfiguren in voller Rüstung sollen sich darunter befunden haben. Da die räumlichen Kapazitäten des Kirchenraumes sehr rasch erschöpft waren, ging man dazu über, die Voti mit Seilen am Dachstuhl der Kirche aufzuhängen. Wie sich bald zeigen sollte, war dies keine glückliche Lösung. Der ein oder andere Besucher der Messen, so ist überliefert, fand durch herabfallende Stücke den Tod.

Eigens zur Aufnahme der Weihegaben wurde schließlich der Chiostro dei Voti errichtet, wo letzte Reste dieser eigentümlichen Assemblage noch bis ins 18. Jh. verblieben, dann aber vollends entfernt wurden, so daß kaum mehr eine Vorstellung davon zu gewinnen ist, wie sich die Räumlichkeiten Besuchern früherer Jahrhunderte darboten.

Das Kircheninnere von Santissima Annunziata ist heute beinahe vollständig von der barocken Dekoration überlagert. Als wegweisende architektonische Neuerung des 15. Jh.s. bedarf die Umgestaltung des Chorraumes besonderer Erwähnung. Vermutlich ist schon Michelozzo die Idee zuzuschreiben, diesen als kuppelüberwölbte Rotunde zu gestalten. Zur Vollendung kam dieses Vorhaben schließlich 1477 unter Leitung des inzwischen federführenden Baumeisters Leon Battista Alberti.

Andrea del Castagno: Die Heiligen Hieronymus, Paula und Eustochium in Verehrung der Trinität, um 1455
Fresko, 300 x 179 cm

Andrea del Castagno (1421–1457) zählte zu den wegweisenden Florentiner Künstlern seiner Generation. Die künstlerischen Entwicklungen, die sich mit Masaccio und Donatello in der Arnostadt ihren Weg bahnten, hinterließen unübersehbare Spuren in seinem Schaffen, von denen auch der Figurenstil des späten Dreifaltigkeits-Freskos in Santissima Annunziata zeugt.

Andrea del Sarto: Geburt Mariä, 1514
Fresko

In wohlüberlegtem Arrangement spielt sich die vielfigurige Szene mit allergrößter Selbstverständlichkeit in einem zeitgenössischen Innenraum vor unseren Augen ab. Der Klarheit des architektonischen Bildaufbaus fügen sich die Figuren in ihren Bewegungen und Posen rhythmisch ein. Über die Palette der tonal abgestimmten Farben ist alles zu einem Ganzen verwoben. »Andrea der Fehlerlose« – wie ihn die Florentiner schon zu Lebzeiten nannten – nähert sich hier seinem Ideal eines harmonischen Einklangs aller gestalterischen Mittel.

Santa Maria degli Angeli und Ambrogio Traversari

Clemente Manenti

Das Florenz des Jahres 1295, Stadt des dreißigjährigen Dante Alighieri, ist voller großer Baustellen. Seit Jahren arbeitet man an Santa Maria Novella und den angrenzenden Gebäuden des Dominikanerklosters. Der Bau der Kirche Santa Croce beginnt. Der Ponte Vecchio wird restauriert und umgebaut. Das für die Errichtung des Palazzo della Signoria vorgesehene Gelände wird ausgehoben. Bei all der Begeisterung für diese großen Werke nimmt niemand wahr, daß am 31. Mai des Jahres sechs weißgekleidete Mönche eintreffen. Es handelt sich um Eremiten aus Camaldoli, die aus den Bergen des Casentins herabgestiegen sind, wo ihre Ordensbrüder seit mehr als 250 Jahren beten, arbeiten und sich jeder in seiner Klause langweilt. Sie beabsichtigen, mitten in der Stadt, die ein Zentrum des Welthandels ist, eine neue Einsiedelei zu gründen. Ein Jahr früher, kurz nach der Schneeschmelze, hatten die Mönche von Camaldoli einen ihrer Ordensbrüder mit 200 Pisaner Lire nach Florenz geschickt, um zu sehen, wie er das Geld wohl anlegen würde. Don Orlando hatte in Cafaggiolo ein Haus mit Garten gekauft, nicht unmittelbar im Zentrum also, aber doch in einer Gegend mit reger Bautätigkeit, dort, wo sich die heutige Via degli Alfani befindet. Hier bezogen die sechs Mönche aus den Bergen Quartier. »Sie errichteten eine kleine Kapelle (...), wo man bei Bedarf mit Frauen sprechen konnte«, berichtet ihr erster Chronist. Das Haus, der Garten und die Kirche wurden »Kloster Santa Maria degli Angeli« genannt.

Hundert Jahre später, gegen Ende des 14. Jh.s, war Santa Maria degli Angeli zu einer der geschäftigsten und florierendsten kunsthandwerklichen Produktionsstätte der Stadt geworden. Das Kloster hatte das gesamte Gelände

Jacobo Magliabechio: Bildnis, Stich, Biblioteca Nazionale Centrale, Florenz

rund um das erste Gebäude erworben. In den Werkstätten der Angioli (Engel), wie die Florentiner die Mönche nannten, wurden die besten Stickereien, Wandteppiche und mit Miniaturen verzierten Handschriften ihrer Zeit gefertigt. Der Unterhalt von Waisenhäusern und die Erziehung der Waisen war der zweite Schwerpunkt der Aktivitäten des Klosters, und zu Beginn des 15. Jh.s gelang es den Angioli, die mächtige Zunft der Seidenweber davon zu überzeugen, den Aufbau des ersten großen Waisenhauses in Europa zu finanzieren, das 1419 von Filippo Brunelleschi begonnene Ospedale degli Innocenti. Die Erziehung der Waisen bot den Angioli überdies die Möglichkeit, Zöglinge für den Nachwuchs ihres Klosters zu gewinnen. Zur selben Zeit etablierte sich Santa Maria degli Angeli als Zentrum einer neuen Wissenschaft, der Gräzistik. Wer in Florenz klassisches Latein oder Griechisch lernen wollte, ging zu den Angioli, wie etwa die beiden Söhne von Giovanni Bicci de' Medici, Cosimo und Lorenzo. Aus dem Camaldulenserorden stammten die ersten griechisch-lateinischen Übersetzungen der Kirchenväter sowie die Übersetzungen von weltlichen Werken, »Über Leben und Meinungen berühmter Philosophen« von Diogenes Laertios zum Beispiel, ein großes, zehnbändiges Kompendium der griechischen Philosophie. Die Pergamenthandschriften wurden mit Miniaturen verziert und nach ihrem Erscheinen zu Hunderten kopiert und reproduziert.
Verfasser bedeutender Übersetzungen war der junge Mönch Ambrogio Traversari, dem auch Kunst und Wissenschaft zahlreiche Anregungen verdanken. Der Sproß einer einflußreichen Adelsfamilie aus Ravenna war 1400 im Alter von

Leonardo da Vinci: Zentralbaustudien, Feder und Tinte auf Papier, 23 x 16 cm, Institut de France, Ms.B, f17v, Paris

14 Jahren in den Orden Santa Maria degli Angeli eingetreten und hatte sich mit dem Studium der östlichen Patristik sowie der griechischen und hebräischen Sprache, der Musik, dem Gesang und der Stickerei befaßt. Trotz der Klausur hatte sich der Ruf seiner Gelehrtheit und Heiligkeit so verbreitet, daß kein Mann von Rang, der nach Florenz kam, darauf verzichtete, ihn zu besuchen, berichtet sein erster Biograph Fortunio. Er stand in engem Kontakt zu den wichtigsten Künstlern und Gelehrten seiner Zeit. Etwa

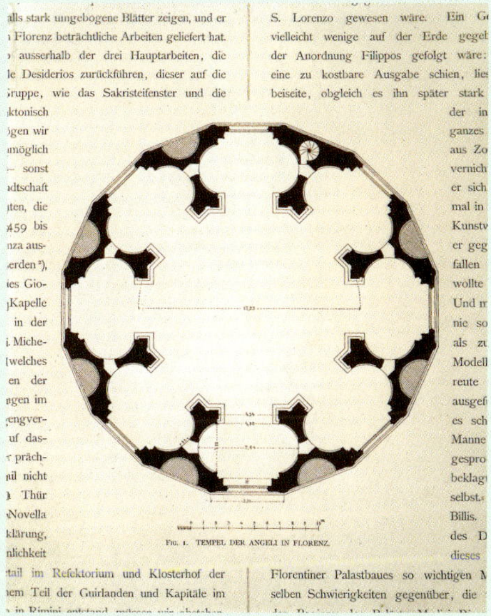

Filippo Brunelleschi: Santa Maria degli Angeli, Grundriß, Istituto Germanico, Florenz

für Lorenzo Ghiberti war er bei der Gestaltung der Szenen auf der Tür von Santa Maria Maggiore der Berater in Bibelfragen. Mit dem sizilianischen Kaufmann und Gelehrten Giovanni Aurispa, der ihm wertvolle Handschriften aus Konstantinopel mitbrachte, verband ihn eine besondere Freundschaft. Unter seinen eifrigsten Besuchern befanden sich zwei spätere Päpste, Gabriele Condulmer (Eugen IV.) und Tommaso Parentuccelli (Nikolaus V.). 1433, nachdem man bereits mit dem Bau der Kuppel von Santa Maria del Fiore begonnen hatte, betraute Travesari Brunelleschi mit einem verhältnismäßig kleinen Projekt, dem Bau der neuen Kirche des Florentiner Klosters. Brunelleschi entwarf eine achteckige Kirche, deren Seiten aus je einer Kapelle mit Doppelapsis bestanden; eine große, ebenfalls achteckige Kuppel überspannte sie. Der Bau der Rotonda begann 1434 mit der Errichtung der Außenmauern. Wegen einer Pestepidemie und wegen des Krieges mit Lucca wurden die Arbeiten 1437 jedoch abgebrochen und nie wieder aufgenommen. Die Signoria beauftragte Brunelleschi mit dringlicheren Aufgaben, einem technischen Projekt zur Überflutung der Stadt Lucca mit dem Wasser des Flusses Serchio.

1431 wurde Traversari zum Generalprior des Camaldulenserordens gewählt. Er verließ das Kloster im Alter von 45 Jahren. Nun war er es, der die anderen besuchte: Er unternahm eine Inspektionsreise durch sämtliche Klöster der Bruderschaft und führte dabei sorgfältig Tagebuch. Er war Abgesandter der Papstes auf dem Basler Konzil und besuchte Kaiser Sigismund in Ungarn. Er regte das Konzil von Ferrara/ Florenz an, bei dem es um die Wiedervereinigung der römisch-katholischen und der griechisch-orthodoxen Kirchen ging, und spielte dort eine bedeutende Rolle, indem er u. a. die Abschlußbulle in beiden Sprachen verfaßte. Ein dem Konzil von Florenz gewidmetes Relief, das sich an der von Filarete gestalteten Tür des Mittelportals der Peterskirche in Rom befindet, zeigt Traversari, wie er einem der Konzilväter eine Formulierung vorschlägt, eine eindrucksvolle Synthese dieses historischen Geschehens. Für Traversari war das Konzil von Florenz Vorsehung und Erfüllung: Der Camaldulenserorden war um 1020 gegründet worden, zu einem Zeitpunkt also, als sich der Konflikt zwischen den beiden

Kirchen, die damals kurz vor der Spaltung standen, zugespitzt hatte. Der Gründer des Ordens, der Benediktiner Romualdo, stammte ebenfalls aus Ravenna, der von der griechischen Kultur und deren Bildersprache geprägten Hauptstadt des alten byzantinischen »Exarchats«. Die Kirche von Ravenna hatte den Streit zwischen Rom und Konstantinopel am eigenen Leibe zu spüren bekommen. Romualdo hatte die Stadt sehr jung verlassen, um nach Spanien zu gehen. Nach seiner Rückkehr gründete er auf der Höhe des Apennin zwischen der Romagna und der Toskana eine Einsiedelei und ein Hospital, direkt an der Pilgerstraße, die vom italienischen Nordosten nach Rom führte. Mit dieser Gründung hatte Romualdo die Tradition der Einsiedelei des östlichen Mönchtums zum Teil des Benediktinerordens gemacht. Die Gemeinschaft von Camaldoli hielt sich immer abseits der Geschehnisse in Rom auf. Das Wappen der Camaldulenser, zwei Tauben, die aus einem Kelch trinken, zeigt, was von Anbeginn zu den Zielen der Kongregation gehörte: die Überwindung der Spaltung beider Kirchen. Gut drei Jahrhunderte später hielt Traversari den Zeitpunkt für gekommen, dieses Vorhaben zu verwirklichen. Drei Monate nach dem Ende des Konzils von Florenz, am 21. Oktober 1439, starb er im Alter von 51 Jahren unerwartet im Kloster Santa Maria degli Angeli. Die Kirche sprach ihn weder selig noch heilig. Das Kloster Santa Maria degli Angeli verfiel. Es gehört heute nicht mehr zu den Sehenswürdigkeiten von Florenz.

Unbekannter Künstler des 16. Jh., Porträt Ambrogio Traversari, Kloster Camaldoli

Ospedale degli Innocenti

Die wohlhabende Zunft der Seidenhändler stiftete 1419 die finanziellen Mittel zur Errichtung des ersten Waisenhauses in Europa. Die Benennung als Ospedale degli Innocenti erinnert an die unschuldigen Opfer des Bethlehemitischen Kindermordes. 1445 konnten die Räume ihrer Bestimmung übergeben werden, 1451 wurde die angrenzende Kirche geweiht. Der außerordentliche Bedarf für eine karitative Einrichtung dieser Art ist in der schon bald rapide anwachsenden Zahl der hier betreuten Kinder bezeugt. In schwierigen Zeiten wurden sogar mehr als 1000 Waisen beherbergt. Durch eine am linken Abschluß der Loggia befindliche Drehtür konnten verzweifelte Mütter noch bis 1875 ihre Kinder unerkannt der Obhut des Ospedale übergeben. Teile des weitläufigen Komplexes werden noch heute als Waisenhaus genutzt, während in Räumen des oberen Stockwerks mit der Galleria dell' Ospedale eine kleine, aber durchaus sehenswerte Pinakothek (mit Werken bedeutender Florentiner Künstler wie Ghirlandaio, Botticelli, L. Monaco, Fra Bartolomeo oder auch Luca della Robbia) eingerichtet wurde.

Als verantwortlichen Baumeister berief die Seidenhändlerzunft 1419 Filippo Brunelleschi, der mit der Planung der gesamten Anlage, vor allem aber auch mit der Gestaltung der offenen Arkadenfront, ein frühes Beispiel seiner bahnbrechenden Schöpferkraft hinterließ. Obwohl Brunelleschi selbst schon 1427 aus der Bauleitung ausschied und die Fortführung des gewaltigen Projektes anderen überlassen wurde, zeigt sich am Ospedale noch heute die »Handschrift« des überragenden Renaissance-Baumei-

sters. Die ursprünglichen Pläne erfuhren allerdings durch Francesco della Luna, der unter anderem auf die vorgesehene Pilastergliederung im Obergeschoß verzichtete, eine Verunklärung. Darüber hinaus wurde die Front 1430 (rechts) und 1843 (links) verbreitert.

Eine klare Struktur kennzeichnet den Aufbau der Schauseite, die in Brunelleschis Entwurf lediglich die neun mittleren Bo-

genstellungen umfaßte. Der gleichmäßigen Arkadenfolge der unteren Loggia sind – jeweils im Scheitelpunkt der Bögen – oberhalb des durchlaufenden Architravs die schlichten, giebelbekrönten Fenster des ersten Stockwerks zugeordnet. Gemäß den architekturtheoretischen Traktaten eines Vitruv bestimmen klare Proportionsverhältnisse den Aufbau der ganzen Fassade. In ihrer Höhe entsprechen die schlanken Säulen nicht nur der Breite der Bogenstellung, sondern auch dem Abstand zwischen Architrav und Dachansatz. Die Fenster (einschließlich der sie bekrönenden Dreieckgiebel) und die Halbkreise der Arkadenbögen bemessen sich hierzu im Verhältnis 1:2. Der Abstand zwischen dem Gesims unterhalb der Fenster und dem oberen Treppenabsatz folgt dem Maß der doppelten Säulenhöhe.

Brunelleschis Entwürfe lassen sich nicht allein aus der vergleichsweise profanen Funktion eines Waisenhauses ableiten. In ihnen zeichnet sich vielmehr die Geisteshaltung der Renaissance ab, die den schlichten Nutzbau in ein eigenständiges, an hohen architektonischen Idealen orientiertes Meisterwerk der Baukunst verwandelte.

Andrea della Robbia: Findelkind-Tondo, um 1463
Terrakotta (glasiert), Dm. 146 cm

Ein reizvolle Belebung erfährt die Architektur des Ospedale durch zehn Terracotta-Tondi, die Andrea della Robbia um 1463 in die Zwickel der Arkadenbögen einfügte. Die liebevoll gearbeiteten und farbig glasierten Reliefs tragen auf blauem Grund Darstellungen von Findel- bzw. Wickelkindern. Damit ist nicht nur auf die Funktion des Gebäudes als Waisenhaus hingewiesen, sondern zugleich auch an das Mitgefühl und die Spendenbereitschaft vorbeischreitender Passanten appelliert.

Farbige Terrakotta – Eine Spezialität der della Robbia-Werkstatt

Bis weit ins 16. Jh. betrieben die Brüder Giovanni (1469–1529) und Girolamo (1488–1566) della Robbia in Florenz eine höchst erfolgreiche Werkstatt, als deren Spezialität die Fertigung gebrannter, farbig glasierter Tonbildwerke galt. Die besonderen technischen Kenntnisse, derer sie zu Herstellung dieser Terrakotten (aus ital. »terra« = Erde und »cotta« = gekocht) bedurften, hüteten sie als eine Art Werkstattgeheimnis bereits in dritter Generation. Ihr Vater Andrea (1435–1525) hatte sie zuvor bereits von seinem Onkel, dem »Firmengründer« Luca della Robbia (1399–1482) übernommen. Obwohl von ihm kein Frühwerk erhalten geblieben ist, ist anzunehmen, daß Luca, der in jungen Jahren vermutlich bei Ghiberti und Nanni di Banco ausgebildet wurde, sich als Marmorbildhauer bereits einen Namen gemacht hatte, als an ihn 1431 der bedeutende Auftrag erging, die Cantoria für den Dom zu arbeiten. Eine langjährige künstlerische Laufbahn lag somit bereits hinter ihm, als Lucca della Robbia in den dreißiger Jahren des Quattrocento damit begann, in einer neuartigen, aus der Fayence- und Majolika-Produktion entlehnten, bildhauerischen Technik zu experimentieren. Die Florentinische Plastik wurde damit um eine Ausdrucksmöglichkeit bereichert, die sich schon sehr bald großer Beliebtheit erfreute und ihrem Schöpfer über seinen Tod hinaus zu enormer Bekanntheit verhalf. Als »Erfinder« der Tonglasur wird man Luca im engeren Sinne zwar nicht bezeichnen können, wohl aber als den ersten Bildhauer, der diese Technik in modifizierter Form zur Herstellung großformatiger Skulpturen nutzte. Erstmals demonstrierte er die beeindruckenden Möglichkeiten des neuen Mediums vermutlich 1442–1445 mit der Auferstehung Christi für den Florentiner Dom. Der bil-

Andrea della Robbia: Madonna der Steinmetzzunft, 1475–1480, Terrakotta, glasiert, 134 x 96 cm, Museo Nazionale del Bargello, Florenz

Luca della Robbia: Auferstehung Christi, 1442–1445, Terrakotta, glasiert, 200 x 265 cm, Duomo Santa Maria del Fiore, Florenz

lige Werkstoff Ton machte Arbeiten dieser Art vergleichsweise preisgünstig, während die Glasur ihnen eine große Haltbarkeit verlieh und auch spätere Säuberungen unproblematisch werden ließ. In der Farbigkeit beschränkte sich Luca zunächst weitestgehend auf die Verwendung von Blau für den Reliefgrund und Weiß für die Figuren. Noch aus großer Distanz entfalteten die klaren Kontraste eine kraftvolle optische Wirkung, die in den weißen Partien zugleich an den beliebten, aber weitaus teureren Marmor erinnerte.

Beinahe ausschließlich arbeitete Luca della Robbia fortan in dieser von ihm beständig weiter perfektionierten Technik. Neben den Madonnenreliefs, die im Quattrocento einen regelrechten Boom erlebten und von der della Robbia-Werkstatt bald schon in großer Stückzahl ausgeliefert wurden, gehören die Apostel-Tondi, die Luca für Brunelleschis Pazzi-Kapelle schuf, zu seinen bemerkenswerten Arbeiten. Für Brunelleschis Findelhaus gestaltete sein Neffe Andrea vier Jahrzehnte später die anrührenden Findel- und Wickelkind-Tondi.

Museo Archeologico

Nahe der Piazza Santissima Annunziata wurde 1880 in einem Palast des 17. Jh.s das Archäologische Museum eröffnet. In den umfangreichen Beständen spiegelt sich die Sammelleidenschaft mehrerer Jahrhunderte. Einzelne Exponate stammen noch aus dem persönlichen Besitz von Cosimo und Lorenzo de' Medici. Wertvolle Stücke kamen vor allem während des Historismus (im 19. Jh.) hinzu. Heute zählen vor allem die etruskische und die ägyptische Abteilung des Museums zu den bedeutendsten ihrer Art.

Chimäre von Arezzo, 4. Jh. v. Chr.
Bronze

Eines der berühmtesten Ausstellungsstükke des Archäologischen Museums ist die 1553 in Arezzo aufgefundene Chimäre. Das mythologische Mischwesen aus Löwe, Ziege und Schlange ist inschriftlich als Weihgeschenk ausgewiesen. Die meisterlich gearbeitete Bronze stammt aus dem 4. Jh. v. Chr. und war vermutlich Teil einer Skulpturengruppe. Als Gegenüber müssen wir uns den Heros Bellerophon vorstellen, der dem Mythos zufolge das Fabeltier von seinem Flügelroß Pegasus aus im Kampf getötet hat.

Santa Maria Maddalena dei Pazzi

Innenraum

Seit der Gründung des heutigen Augustiner-Konvents im Jahre 1257 waren hier verschiedenste Ordensgemeinschaften ansässig. Die Karmeliterinnen waren aus Anlaß der Heiligsprechung ihrer hochverehrten Ordensschwester Maria Maddalena Pazzi 1669 namengebend für die Kirche.
Das Innere war ursprünglich ein einfacher Saalraum, dessen Wände bei Umbauten in den Jahren 1480–1492 von Giuliano da Sangallo mit jeweils sechs Seitenkapellen versehen wurden. Die barocke Freskendekoration stammt größtenteils aus der zweiten Hälfte des 17. Jh.s. Unbestrittenes Hauptwerk der künstlerischen Ausstattung von Santa Maria Maddalena dei Pazzi ist Peruginos Kreuzigungs-Fresko im Kapitelsaal des Konvents.

Perugino: Kreuzigung, nach 1493
Fresko, 480 x 812 cm

Pietro Perugino (um 1445–1523), der Lehrmeister Raffaels, schuf dieses außergewöhnliche Fresko in den Jahren nach 1493. Eine illusionistisch gemalte Arkadenreihe unterteilt die Wandfläche in drei gleichförmige Abschnitte. Im Zentrum steht das Kreuz Christi, unter dem Maria

Magdalena in stiller Andacht niederkniet. Die figürliche Komposition schließt sich, über die Jungfrau Maria und den Hl. Bernard von Clairvaux im linken Bildfeld sowie den Heiligen Benedikt und Johannes den Evangelisten auf der gegenüberliegenden Seite, zu einem Dreieck, das seine Spitze im Haupt des Gekreuzigten findet.
Zur Entstehungszeit der Malereien näherte sich Perugino dem Höhepunkt seines künstlerischen Ausdrucksvermögens. Poetische Kraft strahlt bereits das Kreuzigungs-Fresko aus. Die dreiteilige Bogenstellung entrückt hier als räumliche Barriere die Sphäre des religiösen Geschehens vom Betrachter. Die wenigen Figuren sind von einer stimmungsvollen Landschaft hinterfangen, deren eindringliche Atmosphäre bis heute unvermindert zu stillem Innehalten einlädt.

Tempio Israelitico

Der Bau der großzügigen Synagoge wurde durch den testamentarischen Nachlaß des Cavaliere David Levi, der zwischen 1860 und 1870 Präsident der jüdischen Gemeinde von Florenz war, ermöglicht. Die Architekten Marco Treves, Vincenzo Micheli und Mariano Falcini errichteten das Gebäude als überkuppelten Zentralbau.

Vollkommen im Sinne des akademisch ausgerichteten Geschmacks des späten 19. Jh.s griffen sie dabei auf verschiedenste Merkmale byzantinischer (Hagia Sophia), romanischer (Fenster) und spezifisch florentinischer Bautradition (etwa in der zweifarbigen Marmorverkleidung des Außenbaus) zurück.

Innenraum

Schon acht Jahre nach der Grundsteinlegung im Jahre 1874 konnte die Synagoge geweiht werden. Im Inneren ist das Gebäude mit wertvollsten kunsthandwerklichen Arbeiten aus Holz und Bronze, mit prachtvollen Mosaiken und Intarsien ausgestattet. Gemäß dem jüdischen Glauben wurde dabei auf die gegenständliche Darstellung biblischer Szenen gänzlich verzichtet. Die Arabeske beherrscht das Ornament.

Rund um Santa Croce

Santa Croce

Im Jahre 1294 wurde der Grundstein zur Errichtung der Franziskanerkirche Santa Croce gelegt. Der Dombaumeister Arnolfo di Cambio sollte mit dem Neubau nicht nur eine kleinere, um 1222 noch zu Lebzeiten des Ordensgründers Franz von Assisi errichtete Vorgängerkirche ersetzen, sondern zudem wohl auch die gewaltigen Dimensionen von Santa Maria Novella, mit deren Errichtung der konkurrierende Dominikaner-Bettelorden rund 50 Jahre zuvor im Norden der Stadt begonnen hatte, nochmals übertreffen.

Nach zügigem Beginn waren Querhaus und Chorpartie wohl schon kurz nach der Jahrhundertwende fertiggestellt, die weiteren Arbeiten zogen sich dann aber noch bis ins Jahr 1385 hin. Die Kirchenfassade blieb allerdings für beinahe fünf Jahrhunderte ohne Verkleidung. Erst in den fünfziger Jahren des 19. Jh.s ging der Architekt Niccolò Matas ihre Realisierung an und griff dabei vermutlich auf Entwürfe vorausgegangener Jahrhunderte zurück. Die Schauseite stellt seither den dominierenden Akzent an der Ostseite der weitläufigen Piazza Santa Croce dar. Bis heute finden auf dem Platz zahlreiche Veranstaltungen und Feierlichkeiten, wie etwa der alljährliche »Calcio Storico« (Historischer Fußball), statt.

Das ehemals auf der Mitte der Piazza befindliche Dante-Denkmal (1865) des Enrico Pazzi wurde daher in jüngerer Zeit neben die Kirchenfront versetzt.

Innenraum

Das Innere von Santa Croce stellt einen Höhepunkt der spezifisch italienischen Architektur der Gotik dar und beeindruckt nicht nur durch die Weite des Raumes, sondern vor allem durch die – für Florenz so charakteristische – strenge Klarheit der architektonischen Formensprache. Wie in Santa Maria Novella öffnet sich das extrem breit angelegte Mittelschiff in weiten Bogenstellungen zu den flankierenden Seitenschiffen. Der Dachstuhl ist wie bei fast allen Franziskanerkirchen offen und nicht durch Gewölbe überfangen. Der Blick in die Tiefe des Raumes mündet in der rechteckigen Chorraumumfassung.
Der Franziskaner-Bettelorden war dem Ideal eines asketischen Lebens ohne persönlichen Besitz verpflichtet. Zur Finanzierung von Santa Croce war der Orden daher auf die großzügige Unterstützung wohlhabender Familien angewiesen, die auch zur reichhaltigen künstlerischen Ausstattung beitrugen und im Gegenzug das Recht erwarben, ihre Angehörigen hier beizusetzen. Im Laufe der Zeit wuchs die Basilika schließlich zu einer Art Pantheon für die Größen der Bildenden Künste, der Musik, der Wissenschaften und des Geisteslebens der Stadt heran. Die Gräber (und Kenotaphe) für Michelangelo, Galilei, Machiavelli, Dante, Ghiberti oder beispielsweise auch Gioacchino Rossini machten Santa Croce für die Bildungsreisenden des 19. Jh.s zu einem regelrechten Wallfahrtsort.

Cappella Maggiore

Auf ungewöhnliche Weise erstreckt sich das Mittelschiff von Santa Croce bis zur rechteckigen Umfassung der imposanten Hauptchorkapelle. Diese ist schon an der Außenwand mit einer reichhaltigen malerischen Dekoration versehen, die ihrerseits unmittelbar auf die reale Kirchenarchitektur bezogen ist. An der Kapellenumfassung tragen gemalte Tabernakel die Darstellungen von Heiligen, die Lünetten darüber Propheten. Das Innere der Cappella Maggiore versah Agnolo Gaddi im letzten Jahrzehnt des 14. Jh.s mit Fresken, die die Legende des Hl. Kreuzes zum Gegenstand haben. Erstmals wurde diesem Thema hier in Santa Croce ein derart umfangreicher Zyklus gewidmet. Die literarische Vorlage bot die »Legenda Aurea«, jene berühmte Sammlung von Heiligenlegenden, die der Dominikaner Jacobus de Voragine im 13. Jh. zusammengestellt hatte.

Die hoch aufragenden gotischen Glasfenster, die zum Teil wohl auch nach Entwürfen Agnolo Gaddis um 1380 gefertigt wurden, verstärken durch das einfallende Licht den prächtigen Eindruck der Dekoration. Der Urheber des Kruzifixes über dem Altar ist nicht mit Sicherheit zu identifizieren. Das Werk dürfte in der ersten Hälfte des 14. Jh.s entstanden sein.

Agnolo Gaddi: Auffindung und Erweis des echten Kreuzes, um 1395
Fresko

Die einen sehen in Gaddi (um 1350–1396) einen Epigonen Giottos, der die darstellerischen Qualitäten seines Lehrmeisters zugunsten überladener Effekthascherei opferte, andere preisen ihn für die eindringliche Bildsprache, mit der er seinen Fresken unmittelbare Anschaulichkeit verlieh. Die Szene der Auffindung des wahren Kreuzes vereint zwei Begebenheiten, die hier als Parallelszenen geschildert sind. Rechts findet die Kaiserin Helena das Kreuz Christi auf. In ihrer Gegenwart erweist sich durch das Wunder der Auferweckung einer Verstorbenen die Echtheit des Kreuzes. Eine Fülle von Figuren ist um die beiden Hauptszenen gruppiert. In die karge Hintergrundlandschaft sind reizvolle Nebenszenen eingefügt. »Menschen, Tiere, Gegenstände, Natur, Himmel und Ortschaften, alles ist auf dieser großartigen Szene voll geschäftiger Menschen zu finden. Der wunderbare Vorgang, das historisch so ferne Ereignis wird auf direkte Weise für den Beschauer des Trecento genauso in die Gegenwart projiziert wie für den Betrachter unserer Tage.« (R. Salvini)

Santa Croce

Donatello: Verkündigung (um 1435), S. 376

Bernardo Rosselino: Grabmal des Leonardo Bruni (1446–1447), S. 375

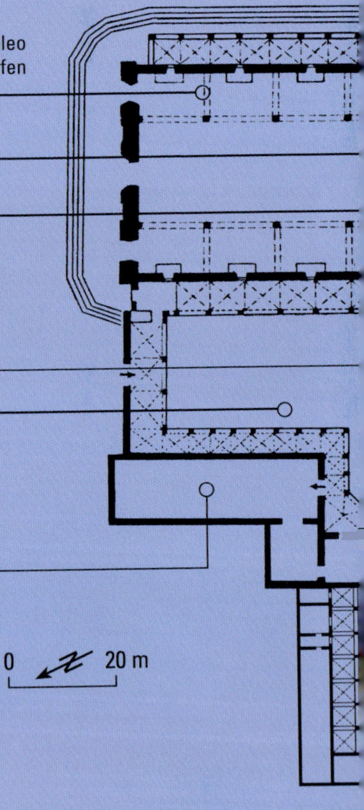

Cappella dei Pazzi von Filippo Brunelleschi (nach 1429), S. 382

Museo dell' Opera di Santa Croce, S. 384

Cappella Bardi di Vernio – Freskenzyklus des Masi di Banco (um 1340)

Cappella Bardi – Freskenzyklus des Giotto (1315–1320), S. 381

Cappella Bardi – Donatello: Holzkruzifix (um 1412)

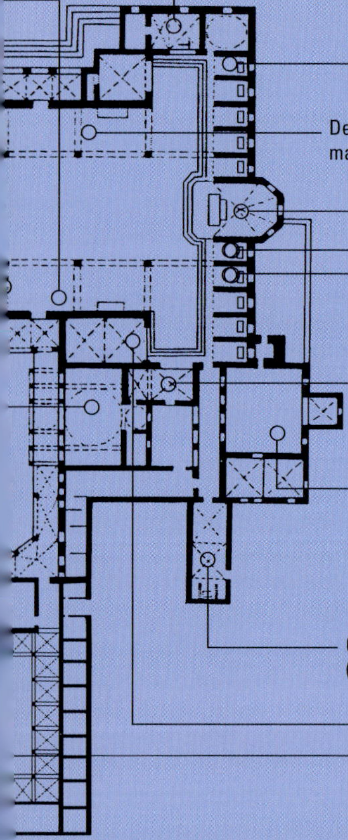

Desiderio da Settignano: Grabmal des Carlo Marsuppini (1453)

Cappella Maggiore

Cappella Peruzzi – Freskenzyklus des Giotto (um 1326–1330), S. 379

Cappella Baroncelli – Fresken des Taddeo Gaddi (um 1332–1338)

Sagrestia – Taddeo Gaddi: Fresko der Kreuzigung (um 1340–1355), Spinello Aretino: Fresko der Kreuztragung (um 1400), Pietro Gerini: Fresko der Auferstehung (um 1400)

Cappella Medici von Michelozzo (1434–1445)

Secondo Chiostro

Cappella Castellani – Fresken des Agnolo Gaddi (um 1385), S. 371

Bernardo Rosselino: Grabmonument des Leonardo Bruni, um 1445/50
Marmor, 610 x 328 cm

Unter den zahlreichen Grabmälern in Santa Croce kommt demjenigen des Humanisten Leonardo Bruni (1369–1444) besonderer Rang zu. Lange Jahre war Bruni als Lehrer am Hofe der Medici tätig, hatte mehreren Päpsten als Sekretär gedient und in den letzten Lebensjahren (1427–1444) das Amt des Staatskanzlers von Florenz inne. In seinem klassisch-würdevollen Aufbau wurde das von Bernardo Rossellino konzipierte Monument zum wegweisende Prototyp des humanistischen Renaissance-Grabmals.

Über einer Sockelzone erheben sich kannelierte korinthische Pilaster, die einen reichverzierten Rundbogen stützen. In der darüberliegenden Lünette findet sich ein von Engeln flankiertes Madonnentondo, darunter die Liegefigur des Verstorbenen auf einer Bahre, die von Adlern zum Olymp emporgehoben wird.

Bernardo Rosselino: Grabmonument des Leonardo Bruni (Detail)

Das Grabmal würdigt Leonardo Bruni vor allem als gelehrten Verfasser zahlreicher bedeutender Schriften. Sein Hauptwerk, die »Storia Fiorentina« (Geschichte von Florenz), ist ihm in die Hände gelegt, ein

Lorbeerkranz bekrönt das Haupt. Der Bildhauer bemühte sich zudem, einen stofflichen Eindruck von dem seidenen Gewand zu geben, in das der Verstorbene bei seiner Beisetzung gekleidet war. Auf der Vorderseite des Sarkophages präsentieren zwei Engel die Inschrift: »Seit Leonardo aus dem Leben schied, trauert die Geschichte, die Beredsamkeit ist verstummt, und es heißt, daß die Musen, griechische wie lateinische, ihre Tränen nicht zurückzuhalten vermochten.«

Donatello: Cavalcanti-Verkündigung, um 1435
Sandstein (teilweise vergoldet), 218 x 168 cm

Seine vielbewunderte Verkündigung führte Donatello um 1435 im Auftrag der Familie Cavalcanti aus. Innerhalb des reichhaltig verzierten, mit Goldornamenten versehenen Tabernakels sind die beiden Figuren des Erzengels Gabriel und der Jungfrau Maria in erhobenem, zum Teil vollplastisch ausgebildetem Relief gearbeitet. In beeindruckender Manier kommt Donatello gänzlich ohne erläuterndes Beiwerk aus. Allein in den zurückhaltenden Gesten und korrespondierenden Körperhaltungen drückt sich der Gehalt der überbrachten Botschaft aus. Mit noch weit ausgebreiteten Flügeln ist der Engel vor Maria in die Knie gegangen. Seine Haltung wirkt demutsvoll, während er der Jungfrau die bevorstehende Geburt ihres Sohnes verkündet. Mit verhaltener Bewegung teilt sich in deren graziler Gestalt Verwunderung, aber auch stille, auf die Worte des Engels gerichtete Konzentration mit.

Unübersehbar wirken in der Gewandgestaltung dazu Vorbilder der antiken Skulptur, wie sie Donatello vor allem in Rom ausgiebig studiert hatte. Zugleich treffen wir hier aber auf eine sensible Verinnerlichung des Ausdrucks, der wir in vergleichbarer poetischer Intensität bei antiken Skulpturen kaum ein weiteres Mal begegnen.

Cappella Bardi (links)
Cappella Peruzzi (rechts)

Mit dem Wirken des Giotto di Bondone (1266–1337) brach für die europäische Malerei ein neues Zeitalter an. Vasaris Urteil zufolge, war er unter »untauglichen Meistern« geboren, durch eine Gnade des Himmels aber befähigt, die fast erstorbene Kunst wiederzuerwecken und neuer Vorzüglichkeit entgegenzuführen. In Florenz war die Hauptwirkungsstätte des Meisters über viele Jahre hinweg in Santa Croce. Die hier leider nur noch in Teilen erhaltenen Wandmalereien von seiner Hand zählen zu den bedeutendsten malerischen Hinterlassenschaften des frühen Trecento. Insgesamt stattete er vier Kapellen der Kirche mit Fresken aus, von denen allein die Szenen aus dem Leben des Evangelisten und des Täufers Johannes in der Bardi-Kapelle, sowie diejenigen der Franziskus-Legende in der Cappella Peruzzi erhalten sind. Noch um die Mitte des 19. Jh.s waren die Malereien übertüncht. Bei ihrer Freilegung wurden die Fresken damals leider in ihrer Substanz stark beeinträchtigt. Im Zuge umfangreicher Restaurierungsarbeiten versuchte man 1958–1961 eine bestmögliche Wiederherstellung des ursprünglichen Zustandes.

Giotto di Bondone: Auferweckung der Drusiana, um 1320 (CappellaPeruzzi)
Fresko, 280 x 450 cm

Die Auferweckung der Drusiana war eines der bedeutenden Wunder, die dem Evangelisten Johannes zugeschrieben wurden. Trotz aller Beschädigungen bezeugt das Fresko bis heute die erzählerische Intensität der kraftvollen Bildsprache Giottos. In bühnenartiger Anordnung entfaltet sich das Geschehen über die ganze Breite der Bildfläche. Bemerkenswert ist, wie die kastellartige Hintergrundarchitektur die beiden dicht gedrängten Figurengruppen des Trauerzuges rechts und der Gefolgschaft des Heiligen links akzentuierend hinterfängt. Als Bindeglied dient im Mittelpunkt der Komposition die Bahre, auf der Drusiana soeben von den Toten auferweckt wurde, eine wuchtige körperliche Präsenz kennzeichnet die Umstehenden.

Giotto di Bondone: Himmelfahrt des Evangelisten Johannes, um 1320 (Cappella Peruzzi)
Fresko, 280 x 450 cm

Die Fresken der Peruzzi-Kapelle bezeugen den reifen Stil der späten Schaffenszeit Giottos. Dieser ist auch dadurch gekennzeichnet, daß die Figuren mit größerer Freiheit im Raum angeordnet sind. Die architektonischen Elemente sind nicht mehr bloße Hintergrundfolie, sondern als unverzichtbarer Geschehensraum in die Darstellung der Handlungsabläufe einbezogen. In der Darstellung der Himmelfahrt des Evangelisten Johannes bildet ein perspektivisch angelegter Architekturprospekt den Hintergrund. Auffällig ist, daß Giotto in der Schrägansicht offensichtlich einen seitlichen Betrachterstandpunkt am Eingang zur Kapelle berücksichtigte. Figuren von monumentaler Größe wohnen der Himmelfahrt des Evangelisten Johannes bei. Das wunderliche Ereignis vollzieht sich allerdings nicht durch ein von aller Erdenschwere befreites, abstrakt-vergeistigtes Emporschweben. Vielmehr scheint es, als müsse der Heilige, dem durchaus noch eine wuchtige physische Präsenz anhaftet, mühsam gen Himmel emporgezogen werden.

Giotto di Bondone: Tod des Hl. Franziskus, um 1320–1325 (Cappella Bardi)
Fresko, 280 x 450 cm

In der Oberkirche von San Francesco in Assisi hatte Giotto di Bondone schon im ausgehenden 13. Jh. einen Freskenzyklus mit Begebenheiten aus dem Leben des Hl. Franziskus geschaffen. In Santa Croce wurde ihm und seiner Werkstatt diese Aufgabe mehr als zwei Jahrzehnte später nochmals zuteil.

Eine der bekanntesten Darstellungen des Zyklus zeigt den aufgebahrten Leichnam des Heiligen, umgeben von Franziskanermönchen. Einige knien zu den Seiten des Totenbetts und sind in Gebete versunken, ein anderer erhebt klagend seine Hände. Wesentlich beherrschter, aber nicht ohne spürbare Anteilnahme, wirken die Figurengruppen, die rechts und links der Szene beiwohnen. Giotto kommt gänzlich ohne übersteigertes Pathos und aufdringliche Dramatik aus. Alle Anteilnahme und Trauer vollzieht sich wortlos in einer Atmosphäre würdiger Stille. In einer Gloriole am oberen Bildrand heben Engel die Seele des Verstorbenen derweil bereits in den Himmel empor. Dem Tod, als Endpunkt alles irdischen Lebens, ist so die tröstende Gewißheit des ewig währenden Seins im Jenseits gegenübergestellt.

Cappella dei Pazzi

Die Cappella Pazzi, an der Ostseite des ersten Kreuzganges von Santa Croce, wurde nach 1429 als Grabkapelle der Stifterfamilie und Kapitelsaal der Franziskaner zugleich errichtet. Sie darf zu den architektonischen Hauptwerken des Filippo Brunelleschi gezählt werden, obwohl auch hier erst die Nachfolger vollendeten, was er begonnen hatte. Erst zwei Jahrzehnte nach dem Tode des Baumeisters kamen die Arbeiten zu ihrem Abschluß.

Eine offene, tonnengewölbte und kassettierte Vorhalle mit überhöhtem Eingangsbogen ist dem Zentralraum an der Frontseite vorgelagert. Sechs zierliche Säulen tragen das durch den hohen Mittelbogen unterbrochene Gebälk und die mit korinthischen Doppelpilastern versehene Attika. Den oberen Abschluß bildet ein reichverziertes Gesims. Für die Architektur der Zeit stellte dieser Typ der Portikusfassade eine Neuerung dar, die in ihrer grazilen Leichtigkeit vielfach bewundert wurde.

Innenraum

Das Innere des querrechteckigen Hauptraumes erinnert zunächst an die rund zehn Jahre zuvor errichtete Alte Sakristei von San Lorenzo. Verglichen mit diesem Vorläufer stellt die Paz-

zi-Kapelle in der rationalen Komplexität, mit der alle gliedernden Elemente des architektonischen Aufbaus hier aufeinander bezogen sind, nochmals eine Steigerung dar. Regelmäßige geometrische Formen und die wohlgeordneten Proportionsverhältnisse aller Teile bestimmen das harmonische Erscheinungsbild. Noch im Muster des Fußbodens sind Grundformen des Raumes, der durch die Fenster der Kuppel in ein wunderbares Licht getaucht ist, abzulesen.

An den Seitenwänden verdienen die Terrakotta-Tondi der zwölf Apostel von Luca della Robbia (um 1399–1482) Beachtung. Wie die vier farbig gefaßten Evangelisten-Medaillons – ebenfalls aus der della Robbia-Werkstatt – in den Pendentifs der Kuppel, fügen sie sich in der Architektur stimmig ein.

Museo dell' Opera di Santa Croce

Taddeo Gaddi: Abendmahl und Stammbaum Jesu, um 1340
Fresko (auf Leinwand übertragen)

An der Stirnwand des ehemaligen Refektoriums von Santa Croce finden sich die Fresken von Taddeo Gaddi (um 1300–1366). Oberhalb der frühesten monumentalen Abendmahlsdarstellung in Florenz ist der Stammbaum Jesu wiedergegeben.
Das ungewöhnliche Thema der Abstammung basiert auf der »Lignum vitae«, einer Schrift des Hl. Bonaventura, und ordnet dem als Lebensbaum versinnbildlichten Kreuz Christi Darstellungen alttestamentarischer Propheten zu.

Donatello: Hl. Ludwig von Toulouse, um 1421–1425
Bronze (vergoldet), H. 226 cm

Die Parte Guelfa beauftragte Donatello 1421 mit der vergoldeten Bronzestatue des Hl. Ludwig von Toulouse. Zur Ausstattung ihres Tabernakels an Or San Michele wählten sie damit eine historische Gestalt, in deren Leben Gehorsam gegenüber dem Papsttum exemplarisch zum Ausdruck kam. Donatello stellte den Heiligen im Bischofsornat dar. In seiner schmächtigen, jugendhaften Erscheinung wirkt Ludwig allerdings beinahe verloren in seinem reichlich überdimensionierten Gewand.

Cimabue: Kruzifix, um 1290
Öl auf Holz, 448 x 390 cm

Seine Berühmtheit verdankt dieses riesige Kruzifix des Cimabue tragischerweise nicht nur seiner außerordentlichen Qualität, sondern auch dem Umstand, daß es während der katastrophalen Arno-Überschwemmung im Jahre 1966 irreparable Beschädigungen erlitt. Trotzdem läßt sich noch heute erahnen, daß Cimabues Darstellung des Gekreuzigten, bei aller Dominanz byzantinischer Maltradition, doch auch schon den Keim einer neuen, der irdischen Wirklichkeit angenäherten Sichtweise in sich barg.

Rund um Santa Croce

Bargello/Museo Nazionale del Bargello, Via del Proconsolo 4, S. 409

Badia Fiorentina, Via del Proconsolo (Via Dante Alighieri), S. 404

Museo Horne, Via dei Benci 6, S. 399

A DANTE ALIGHIERI
L'ITALIA
M·DCCC·LXV

San Salvi, Via San Salvi 16, S. 396

Casa Buonarroti, Via Ghibellina 70, S. 394

Santa Croce/Museo dell'Opera di Santa Croce, Piazza Santa Croce, S. 367

Biblioteca Nazionale Centrale, Piazza dei Cavalleggeri 1, S. 398

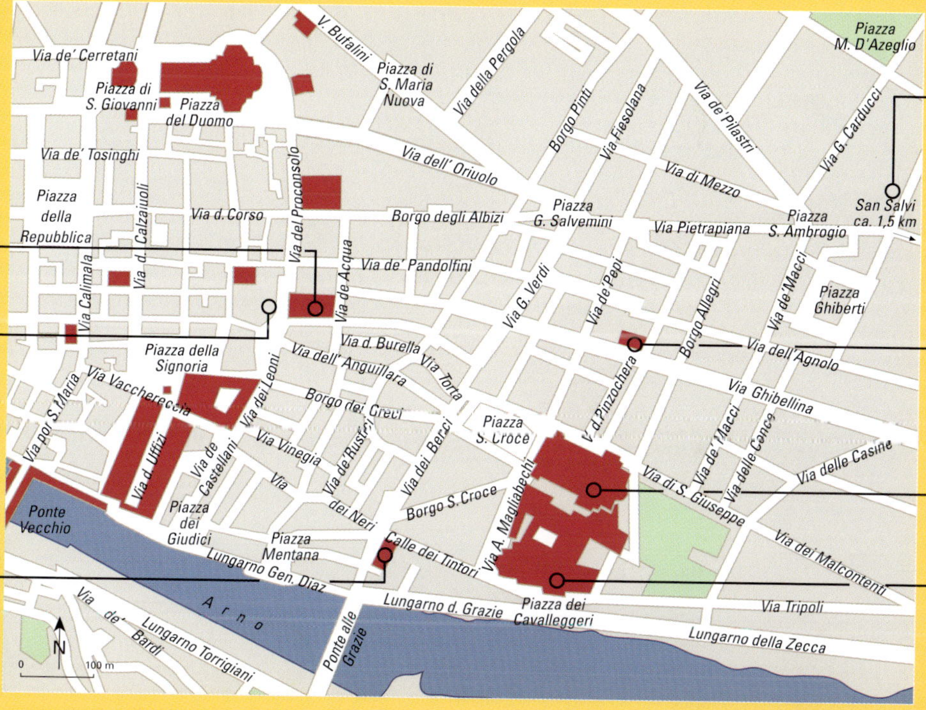
Via de' Cerretani
Piazza di S. Giovanni
Piazza del Duomo
V. Bufalini
Piazza di S. Maria Nuova
Via della Pergola
Borgo Pinti
Via Fiesolana
Via de' Pilastri
Via G. Carducci
Piazza M. D'Azeglio
Via de' Tosinghi
Via del Proconsolo
Via dell' Oriuolo
Via di Mezzo
Piazza della Repubblica
Via d. Calzaiuoli
Via d. Corso
Borgo degli Albizi
Piazza G. Salvemini
Via Pietrapiana
Piazza S. Ambrogio
San Salvi ca. 1,5 km
Via Calimala
Via de' Pandolfini
Via de Acqua
Via G. Verdi
Via de' Pepi
Borgo Allegri
Via de' Macci
Piazza Ghiberti
Via d. Burella
Via dell' Anguillara
Via Torta
Via dell' Agnolo
Piazza della Signoria
Via Vacchereccia
Via dei Leoni
Borgo dei Greci
V. d. Pinzochera
Via Ghibellina
Via por S. Maria
Piazza S. Croce
Via dei Benci
Via de' Rustici
Via Vinegia
Via de Castellani
Via d. Uffizi
Via dei Neri
Via de' Macci
Via delle Conce
Via delle Casine
Via di S. Giuseppe
Via A. Magliabechi
Borgo S. Croce
Ponte Vecchio
Piazza dei Giudici
Piazza Mentana
Calle dei Tintori
Via dei Malcontenti
Lungarno Gen. Diaz
Arno
Lungarno d. Grazie
Piazza dei Cavalleggeri
Via Tripoli
Lungarno della Zecca
Via de' Bardi
Lungarno Torrigiani
Ponte alle Grazie
N
0
100 m

Dante Alighieri – Ein verbanntes Genie

An seinem Geburtsort Florenz war Dante Alighieri, dem wohl bedeutendsten Dichter und Literaten des europäischen Mittelalters, nur für rund 37 Jahre ein glückliches Schicksal beschieden. Als Sproß einer adligen, aber verarmten Familie wurde er im Jahre 1265 geboren und wuchs in jenem Viertel süd-östlich des Domes auf, das noch heute nach ihm benannt wird. Hier erfuhr er wohl in jungen Jahren eine umfassende Schulausbildung, die ihn schon früh auch in den Bannkreis der Dichtung führte und ihm zwischenzeitlich ein Studium der Rechtswissenschaften an der renommierten Universität von Bologna ermöglichte (1285–1287). In das letzte Jahrzehnt des Duecento – längst verkehrte er mit hochkarätigen Künstlern und Literaten, pflegte Kontakt zu Männern vom Format eines Giotto – fällt schließlich die früheste, autobiographisch inspirierte Dichtung »La vita nuova« (Das

Casa di Dante

neue Leben, 1292–1295). Erstmals findet sich hier die Liebe zu Beatrice thematisiert. Im Alter von nur neun Jahren war Dante ihr in Santa Maria Novella begegnet und nach eigenen Worten sogleich verfallen. Diese, zeitlebens unerfüllte und damit nach mittelalterlichen Minne-Idealen erst zur höchsten, göttlichen Liebe herangereifte Sehnsucht nach Beatrice sollte in Dantes Dichtung späterer Jahre als Hauptmotiv beständig wiederkehren.

Zur Zeit der Vollendung seiner literarischen Erstlingswerke wandte sich Dante in Florenz allerdings auch verstärkt einer politischen Laufbahn zu. Spätestens 1295 trat er erstmals öffentliche Ämter an und gehörte während der folgenden Jahre verschiedenen Räten und Entscheidungsgremien der Stadt an. Als erneute Parteienstreitigkeiten in Florenz zum Ende des Jahrhunderts jedoch abermals einen erbitterten Höhepunkt erreichten und 1302 fürs erste mit einem Triumph der papsttreuen Guelfen endeten, mündet dieses Engagement für den ghibellinisch gesinnten Dante in der Verbannung aus Florenz, der kurz darauf eine Verurteilung zum Tode folgte. Der Vollstreckung dieses in Abwesenheit gefällten Urteils vermochte sich Dante glücklicherweise allerdings zu entziehen, indem er sich bis zum Ende seiner Tage von Florenz fernhielt. Im Verlaufe eines unsteten Wanderlebens sollte er u. a. in Verona und Treviso, vielleicht auch in Lucca und sogar Paris Zuflucht finden, bevor er schließlich nach Ravenna gelangte, wo er 1321 einem Fieber erlag. Mit Ausnahme der frühesten Texte entstand das bedeutende literarische Werk des Dante Alighieri somit während der betrüblichen letzten Jahre des Exils. Zu seinen bedeutendsten Schriften zählen neben den lyrischen Dichtungen (gesammelt in den sogenannten »Rime«) auch der staatstheoretische Traktat »De Monarchia« (Über die Monarchie, 1310–1315) und die enzyklopädische, in volkssprachlicher Prosa verfaßte, philologisch-philosophische Lehrschrift »Il Convivio« (Das Gastmahl, 1306–1308). Als Wegbereiter einer italienischen Nationalsprache hatte sich Dante zudem schon in der unvollendeten Abhandlung »De volgare eloquentia« (Über die Beredsamkeit, 1305) verdient gemacht. In diesem auch an nicht-italieni-

Unbekannter Künstler: Bildnis des Dante Alighieri, um 1495, Tempera auf Leinwand, 55 x 48 cm, Privatsammlung, Genf

Sandro Botticelli: Inferno XVIII, 1482–1490, Kolorierte Zeichnung auf Pergament, 32 x 47 cm, Kupferstichkabinett, Staatliche Museen – Preußischer Kulturbesitz, Berlin

sche Spezialisten gerichteten und daher in der gebräuchlichen Gelehrtensprache Latein verfaßten Fragment erörterte Dante die Frage, ob sich aus einem der zahlreichen italienischen Dialekte eine Volkssprache (»volgare illustre«) herleiten ließe, die den Erfordernissen hoher Dichtung genügen könne und somit auch als Literatursprache seines Heimatlandes geeignet sei. Sein weltbekanntes Meisterwerk, die »Divina Commedia« (Göttliche Komödie), schrieb Dante schließlich während der letzten zehn Lebensjahre in toskanischer Mundart. In 100 Gesängen und mehr als 14 000 Versen schildert der Dichter darin seine visionäre Wanderung durch die Jenseitsbereiche des Inferno (Hölle), des Purgatorio (Fegefeuer) und des Paradiso (Paradies). Als Verkörperung irdischer Gelehrsamkeit begleitet ihn zunächst Vergil durch die neun, trichterförmig angeordneten Höllenkreise und die Gefilde der Läuterung. In der Sphäre des himmlischen Paradieses wird der römische Dichter aber von Beatrice abgelöst, die hier zum Sinnbild göttlicher Erlösung und Gnade erhoben ist. In der poetischen Kraft der sprachlichen

Gestaltung ist die »Divina Commedia« heute nicht nur das überragende Buch der italienischen Literatur, sondern zugleich ein umfassendes Kompendium damaligen Wissens, das in der Synthese theologischer und weltlicher Vorstellungsbereiche des abendländischen Mittelalters in allegorischem Sinne den menschlichen Weg zu Erlösung und Heil umschreibt. Dantes späte, unversöhnliche Haltung zu seiner Heimatstadt Florenz, mit der ihn vielleicht eine Art Haßliebe verband, fand indes nicht zuletzt darin direkten Niederschlag, daß er unter den Verdammten, die ihm während seiner Jenseitswanderung in der Hölle begegnen, in großer Zahl Zeitgenossen und Widersacher aus den Florentiner Jahren auftreten ließ.

Stefano Ricci: Kenotaph für Dante Alighieri, 1829, Santa Croce, Florenz

Erst nach seinem Tod erfuhr Dante Alighieri in Florenz die ihm gebührende Wertschätzung und Würdigung. Heute prangt sein Porträt im Dom Santa Maria del Fiore, während gravierte Gedenktafeln an zahlreichen Gebäuden Verse des Dichters zitieren. In der sogenannten »Casa di Dante«, die er selbst allerdings niemals bewohnte, wurde ihm ein Museum gewidmet und auf der Piazza Santa Croce zu seinen Ehren ein monumentales Denkmal errichtet. In der Kirche selbst erinnert an ihn seit 1829 ein mächtiges Kenotaph. Fernab seiner Heimatstadt liegen die sterblichen Überreste Dantes heute in Ravenna begraben.

Casa Buonarroti

Im Jahre 1508 erwarb Michelangelo Buonarotti das Grundstück an der Via Ghibellina und schenkte es nicht lange darauf seinem Neffen und späteren Erben Leonardo, der hier nach 1550 das heutige Gebäude errichten ließ. Ein weiterer Nachfahre der Familie, der talentierte Dichter Michelangelo d. J., trug hier seit dem frühen 17. Jh. Erinnerungsstücke, Dokumente und ver-

sprengte Werke seines berühmten Urahnen zusammen. Überdies ließ er die Räumlichkeiten zu Ehren des »Divino« Michelangelo (des Göttlichen) von zeitgenössischen Künstlern mit Malereien ausschmücken. Cosimo Buonarroti, der letzte Sproß der Familie, vererbte das Haus 1859 schließlich der Stadt Florenz, die es der Öffentlichkeit als Museum zugänglich machte. Neben zahlreichen Gegenständen aus dem persönlichen Besitz Michelangelos sind unter anderem Modelle, Zeichnungen, Originale und Kopien nach Arbeiten des Meisters ausgestellt. Besonderer Rang kommt den hier erhaltenen Frühwerken zu.

Michelangelo Buonarroti: Kentaurenschlacht, um 1491/92
Marmor, 84 x 90 cm

Das Relief der Kentaurenschlacht zählt zu den frühesten Arbeiten des Bildhauers Michelangelo, der sich bei diesem Werk an Vorbildern der antiken römischen Sarkophagkunst orientierte. Dramatisch ist die gesamte Fläche durch das Gewoge der ineinander gewundenen Körper gefüllt.

Michelangelo Buonarroti: Madonna della Scala, um 1491
Marmor, 55 x 40 cm

Die sogenannte »Madonna an der Treppe« ist gänzlich anders gearbeitet als die Kentaurenschlacht, stammt aber wohl aus der gleichen frühen Entstehungszeit. Um 1491 entstanden, zeigt das Bildwerk noch deutlich den Einfluß Donatellos, dessen Reliefkunst der gerade 17jährige Buonarroti in Florenz ausgiebig studiert hatte.
In »rilievo schiacciato«, der von Donatello eingeführten besonderen Art der abgeflachten Oberflächenbehandlung gearbeitet, ist der Blick der sitzenden Muttergottes in die Ferne gerichtet. In ungewöhnlicher Rückenansicht ist der Christusknabe wiedergegeben, sein rechter Arm ist zudem auf den Rücken verdreht.

San Michele a San Salvi – Museo di Andrea del Sarto

Etwas außerhalb des Zentrums, im Osten der Stadt, liegt das ehemalige Vallombrosanerkloster San Salvi (gegründet 1048). Nach einer weitreichenden Zerstörung im Jahre 1529 haben sich nur Teile der ursprünglichen Anlage erhalten, die heute unter anderem eine Psychiatrische Klinik beherbergt. Im ehemaligen Refektorium ist ein Museum untergebracht, das vor allem wegen des Abendmahl-Freskos von Andrea del Sarto (1486–1531) einen Besuch lohnt.

Andrea del Sarto: Abendmahl, 1519–1523
Fresko, 525 x 871 cm

Andrea del Sartos Abendmahl in San Salvi ist das letzte monumentale Fresko dieses Themas auf Florentinischem Boden. Einerseits steht die Malerei unübersehbar noch in der Tradition der direkten Vorbilder eines Domenico Ghirlandaio (in Ognissanti und San Marco) oder Andrea del Castagno (in Sant' Apollonia). In kompositorischer Hinsicht ist zugleich aber auch schon der Einfluß des Leonardo da Vinci spürbar, der mit seinem berühmten, heute leider aber nur noch schlecht erhaltenen Abendmahl-Fresko (1495–1498) im Refektorium von Santa Maria delle Grazie in Mailand für das Thema so wegweisend ein neues künstlerisches Terrain beschritten hatte. Wie bei Leonardo ist der Verräter Judas auch in Andreas Gemälde nicht gleich auf den ersten Blick zu identifizieren. Zur Rechten des Herrn hat er seinen Platz gleichberechtigt unter den Jüngern eingenommen und beteuert zudem mit einem Gestus scheinheiliger Empörung seine Unschuld. Die übrige Tischgesellschaft ist ob der Ankündigung Christi, daß sich unter ihnen einer befinde, der ihn verraten und ans Kreuz liefern werde, in Aufruhr versetzt. Verschiedene Gemütszustände sind verbildlicht. Einige sind voller Empörung aufgesprungen, andere schauen sich fragend um. Selbst die beiden Diener, die der Szene von einem Balkon beiwohnen, scheinen sich angesprochen zu fühlen und beäugen einander mißtrauisch.

Biblioteca Nazionale

Die Gründung der Biblioteca Nazionale wurde durch den Nachlaß des Antonio Magliabecchi ermöglicht. Im Jahre 1747 hinterließ er »zum allgemeinen Wohle der Stadt und insbesondere der Armen« rund 30 000 Bände und wertvolle Handschriften aus seinem Besitz. Zahlreiche Stifter folgten seinem Beispiel bis zum heutigen Tage, so daß die Bestände unter anderem auch durch mehrere Privatbibliotheken berühmter Familien erweitert werden konnten. Durch königlichen Erlaß wurde 1870 sogar verfügt, daß fortan ein Exemplar jedes in Italien gedruckten Buches in die Nationalbibliothek gelangen solle. Auf einer Gesamtlänge von 85 Kilometern beherbergen die Regale im Inneren heute nicht nur fünf Millionen Bände, sondern auch eine Million Briefe und Dokumente, Tausende Handschriften und Originalmanuskripte berühmter italienischer Autoren, sowie zahllose Notenblätter, Landkarten und Stadtansichten. Nachdem die Bibliothek zwischenzeitlich in den Uffizien untergebracht war, errichtete Cesare Bazzani 1911–1935 den Neubau am Ufer des Arno. Aus Platzmangel mußten die Räumlichkeiten 1962 erweitert werden. Die Nähe zum Fluß bedingte während der verheerenden Überschwemmungskatastrophe im Jahre 1966 leider auch unersetzliche Verluste und Beschädigungen, da es nicht gelang, alles rechtzeitig vor den Fluten in Sicherheit zu bringen.

Museo della Fondazione Horne

Der englische Kunstkritiker Henry Percy Horne (1864–1916) hinterließ dem italienischen Staat das von ihm 1891 erworbene Gebäude – einen Familienpalast des späten 15. Jh.s – mitsamt seiner darin untergebrachten Sammlung historischer Gebrauchsgegenstände, Goldschmiedearbeiten, Möbel, und Kunstwerke. Neben Gemälden namhafter Meister zählen Skizzenblätter von Michelangelo, Raffael und Tiepolo sowie Kleinplastiken von Ghiberti und Giambologna zu den ausgestellten Kostbarkeiten.

Der Fall Galileo Galilei

Ottavio Leoni (1587–1630): Bildnis des Galileo Galilei, Biblioteca Marocelliana, Florenz

Als Papst Urban VIII. im Jahre 1632 den Astronomen und Mathematiker Galileo Galilei (1564–1642) in die Heilige Stadt zitieren ließ, zählte dieser bereits in ganz Europa zu den berühmtesten Gelehrten seiner Zeit. In Rom sollte er nun allerdings durch ein Inquisitionsgericht verhört werden und dabei zugleich ein endgültiger Schlußstrich unter die seit Jahrzehnten schwelenden Streitigkeiten um die Theorien des Nikolaus Kopernikus (1473–1543) gezogen werden. Über dessen Schrift »De revolutionibus orbium coelestium libri VI« (Sechs Bücher über die Umläufe der Himmelskörper) hatte schon 1616 eine eigens einberufene Kommission theologischer Sachverständiger geurteilt, daß insbesondere die darin geäußerte These, die Sonne stehe im Mittelpunkt des Universums und werde von der Erde und den anderen Planeten umkreist, nicht nur töricht und dumm sei, sondern unvereinbar mit den Wahrheiten des theologischen Glaubens. 73

Jahre, nachdem »De revolutionibus« 1543 im Todesjahr des Verfassers erstmals erschienen war, wurde das Werk indiziert und damit jegliche Verbreitung wie auch der Besitz des Buches strengstens untersagt. Galileo, der schon seit Jahren als Verteidiger der kopernikanischen Ideen bekannt war und diese mehrfach öffentlich als wahr bezeichnet hatte, wurde auf päpstliches Geheiß am 26. Februar 1616 in Rom durch Kardinal Bellarmin ausdrücklich ermahnt, gemäß diesem Urteil fortan jegliche Äußerung derartiger Irrlehren zu unterlassen. An der Richtigkeit des kopernikanischen Modells vermochte Galileo allerdings längst nicht mehr zu zweifeln, auch wenn er diesbezüglich nun zu größter Vorsicht und Zurückhaltung gezwungen war. Zu eindeutig schienen ihm all jene Indizien und Beweise, die er im Verlaufe seiner astronomischen Studien so zahlreich gesammelt hatte, die Richtigkeit der kopernikanischen Vorhersagen zu bestätigen.

Als wichtigstes Instrument bei den Beobachtungen der Himmelskörper dienten Galileo die ursprünglich in den Niederlanden erfundenen, von ihm selbst aber eigenhändig weiterentwickelten und perfektionierten Teleskope. Deren immense Wirkung hatte er schon 1609 auf dem obersten Stockwerk des Campanile den verblüfften Senatoren Venedigs vorführen können. Die Demonstration gelang derart beeindruckend, daß ihm unter Verdoppelung seines Gehaltes unverzüglich eine Mathematik-Professur auf Lebenszeit offeriert wurde. Die Kunde von diesem außerordentlichen Erfolg machte Galileo weithin berühmt und seine optischen Instrumente schon bald in ganz Europa begehrt. Überwältigt von den Möglichkeiten und unvermuteten Erkenntnissen, die ihm seine Fernrohre insbesondere bei der Beobachtung astronomischer Phänomene boten, machte sich Galileo unverzüglich daran, seine spektakulären Entdeckungen niederzuschreiben. Schon 1610 konnte er die aufsehenerregende Schrift »Siderius Nuncis« (Sternenbote) vorlegen, die bis heute als Inkunabel der modernen Astronomie gilt. Die Tatsache, daß die Milchstraße aus einer Vielzahl einzelner Sterne besteht, findet sich darin ebenso erstmals beschrieben, wie die von Kra-

Galileo Galilei: Kompaß-Zeichnung, Biblioteca Nazionale, Florenz

tern, Bergen und Schluchten zerklüftete Mondoberfläche. Überdies hatte Galileo über die sensationelle Entdeckung der vier Monde des Jupiter berichtet. Als Mediceische Gestirne (»Medicea Sidera«) widmete er diese seinem Gönner Cosimo II. An dessen Hof wurde er schon bald bei einem Jahressalär von 1000 Scudi zum offiziellen Mathematiker und Philosophen des Großherzogs der Toscana ernannt. Mit den Erfolgen traten zugleich aber auch die Neider und Widersacher auf den Plan. Nachdem Galileo mit

Galileo Galilei: Mondphasen – Zeichnung, Biblioteca Nazionale, Florenz

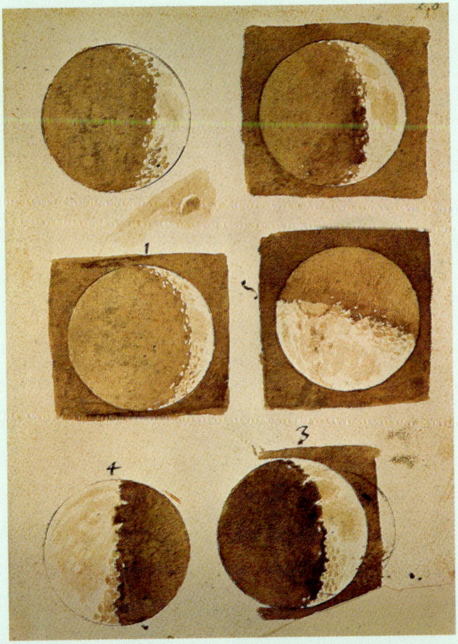

seiner Beobachtung der Lichtphasen der Venus ein eindeutiger Beweis für die Richtigkeit der kopernikanischen Voraussagen gelungen war, veröffentlichte er in weiteren Schriften seine Diskurse über die Schwimmenden Körper (1611) und die Betrachtungen über die Wanderung der Sonnenflecken. Die Anfeindungen derjenigen, die seinen Darlegungen nicht folgen wollten (oder konnten), begannen sich auszuweiten. Immer mehr geriet er nun in das Kreuzfeuer der Kritiker, die längst begonnen hatten, ihm Gottlosigkeit und ein der Kirche schadendes Verhalten vorzuwerfen. Mit dem gegen Galileo gerichteten Verbot des kopernikanischen Ideengebäudes, fand der um seine Person entbrannte Streit 1616 allerdings nur ein vorläufiges Ende, dem 1632 schließlich die Eskalation folgen sollte. Erneut hatte sich Galileo mit seinem »Dialogo dei Massimi Sistemi« (Dialog über die beiden Weltsysteme) den Unmut seiner Gegner zugezogen. Allzu eindeutig, so schien es ihnen, betonte dieses Werk des eigenwilligen Professors erneut die Plausibilität des kopernikanischen Weltbildes, während das seit nahezu 2000 Jahren gültige, geozentrische Modell des griechischen Astronomen Ptolemäus herabgewürdigt wurde. Papst Urban VIII., der Galileo vorbehaltlich einiger Änderungen noch selbst die Druckerlaubnis zu seinem Buch erteilt hatte, war nun aufs äußerste erzürnt. In der Gestalt des allzu einfältigen Simplicio, der in Galileos Dialog als Verteidiger des Ptolemäus dem redegewandteren Kopernikus-Befürworter Salviati gegenübergestellt ist, vermeinte er sich boshaft karikiert wiederzuerkennen. Auch die Fürsprecher Galileos konnten nicht mehr verhindern, daß gegen ihn die Anklage der Häresie erhoben

wurde. Der bereits gebrechliche Galileo trat im Januar 1633 zum wiederholten Male die beschwerliche Reise nach Rom an. Im Juni des gleichen Jahres traf er im Dominikanerkloster Santa Maria sopra Minerva ein. Angesichts der drohenden Verurteilung zum Tode kniete er in einem weißen Büßergewand vor den versammelten Inquisitoren nieder und schwor den Lehren des Nikolaus Kopernikus durch Vorlesen einer Erklärung ab. Daß Galileo tatsächlich jenen berühmten Satz »Und sie bewegt sich doch« murmelte, ist eher unwahrscheinlich. Aufs trefflichste ist in diesen Worten jedoch die innere Haltung des Mannes gekennzeichnet, der zutiefst davon überzeugt blieb, daß eines Tages die Wahrheit triumphieren werde. Letztendlich sollte er mit dieser Einschätzung Recht behalten, obwohl die Schriften des Kopernikus erst 1835 vom Index gestrichen wurden und der Kirchenbann über Galilei sogar erst 1993 offiziell aufgehoben wurde.

Die fadenscheinigen Beteuerungen, zu denen sich Galilei 1632 gezwungen sah, dürften den versammelten kirchlichen Würdenträgern zwar wenig glaubhaft erschienen sein, den Angeklagten bewahrten sie trotzdem vor dem Schlimmsten. Man begnügte sich schließlich damit, ihn für den Rest seines Lebens unter strengen Hausarrest zu stellen. So sehr Galilei der argwöhnischen Beobachtung seiner Gegner ausgesetzt blieb, so wenig vermochten diese zu verhindern, daß er mit seinen Forschungen während der ihm verbliebenen acht Lebensjahre fortfuhr. Man hatte ihm erlaubt, sich auf sein nahe Florenz gelegenes Landgut in Arcetri zu begeben, wo er trotz fortschreitender Erblindung schon bald die »Discorsi e demonstrazioni matematiche intorno a due nuove scienzi« (Unterredung und mathematische Demonstrationen über zwei neue Wissenschaften) verfaßte. In dieser letzten wissenschaftlichen Arbeit zog er die Summe seiner zeitlebens fortgeführten Forschungen zur Mechanik und den Gesetzen von den Bewegungen der Körper. Sich selbst setzte Galileo damit nicht nur als Begründer der neuzeitlichen Physik ein Denkmal, sondern auch als Wegbereiter empirischer Naturwissenschaften.

Palazzo Castellani – Museo della Storia della Scienza

Am 8. Januar des Jahres 1642 verstarb Galileo. In Florenz, wo der gebürtige Pisaner bereits während seiner Jugend mehrere Jahre gelebt hatte, und wohin er nach langjährigen Lehr- und Forschungsaufenthalten in Venedig, Pisa und Padua 1610 wieder zurückgekehrt war, errichtete man ihm in Santa Croce ein Grabmal. In den Galileo gewidmeten Sälen des »Museo di Storia della Scienza« im Palazzo Castellani erinnern zudem noch heute sehenswerte Exponate an Leben und Werk dieses außergewöhnlichen Gelehrten.

Badia Fiorentina

Die sogenannte Badia (= Abtei) ist eine der traditionsreichsten Kirchengründungen von Florenz. Schon im 10. Jh. hatten Benediktinermönche die Abtei nach einer großzügigen Stiftung von Willa, der Mutter des Markgrafen Ugo gegründet. Die heutige Gestalt der Badia geht jedoch im Wesentlichen auf radikale Umbauten zurück, mit denen Matteo Segaloni der Anlage nach 1627 ein neues Gesicht verlieh. Im Zuge dieser Arbeiten wurde die Ausrichtung des Kircheraumes um 90° gedreht und unter anderem auch eine gänzlich neue Choranlange konzipiert.

Vom älteren, ottonischen Vorgängerbau gibt es bis heute einige Spuren. Von einer gotischen Erneuerung durch Arnolfo di Cambio (nach 1285) haben sich Teile der Mauern und die ehemalige Chorpartie (heute an der Straßenfront zur Via del Proconsolo) erhalten. Um 1495 fügte Benedetto da Rovezzano dieser

an der Außenseite ein prunkvolles Renaissance-Portal an. Schon um 1330, vermutlich noch vor Giottos Dom-Campanile, ist der sechseckige gotische Glockenturm der Badia entstanden. Lange Jahre überragte er die Silhouette der Stadt und zählt noch heute zu ihren Wahrzeichen.

Gemessen an der barocken Entstehungszeit weist das Innere eine erstaunlich moderate, schlichte Gestaltung auf. Neben dem Grabmal des Markgrafen Ugo, zwischen 1469–1481 von Mino da Fiesole geschaffen, zählt ein Gemälde des Filippino Lippi, das den Hl. Bernhard und seine Vision der Jungfrau Maria zeigt (1486), zu den sehenswertesten Stücken der Ausstattung.

Chiostro degli Aranci

An die Kirche schließt sich ein zweigeschossiger Kreuzgang an, das sogenannte Chiostro degli Aranci (Kreuzgang der Orangen). Als Architekt (um 1435) gilt Bernardo Rossellino. Ein Freskenzyklus mit Szenen aus dem Leben des Ordensgründers Benedikt wurde im Obergeschoß des Kreuzgangs bald nach Beendigung der Bauarbeiten ausgeführt. Die Malereien verraten den Einfluß von Paolo Uccello und Fra Angelico. Die Szene des Hl. Benedikt im Dornbusch gilt dagegen als nachträglich eingefügtes Frühwerk des Agnolo Bronzino.

Bargello – Museo Nazionale del Bargello

Mit seinem wuchtigen Baukörper, den bekrönenden Zinnen und dem hohen, die Silhouette der Stadt bereichernden Turm, wirkt der Palazzo del Bargello beinahe wie eine Festung inmitten der Stadt. Im Jahre 1255 war mit der Errichtung des Bauwerks begonnen worden. 1261 fand hier der »Podestà« – das Oberhaupt der Stadt – seinen Sitz. Als Gerichtsgebäude und Gefängnis wurde der Kommunalpalast schließlich ab 1502 genutzt. Die bis heute beibehaltene Benennung des Bauwerks bürgerte sich allerdings erst 1574 ein. In diesem Jahr zog der oberste Polizeihauptmann der Stadt, der »Bargello« (= Büttel, Häscher), ein. 1859 wurde in den Räumen das Nationalmuseum für Skulptur und Kunstgewerbe untergebracht, um die inzwischen überfüllten Uffizien zu entlasten.

Innenhof

Im sehenswerten Innenhof des Bargello führt eine Freitreppe in die Ausstellungsräume des ersten Obergeschosses. Zu drei Seiten ist der Hof von einem auf kräftigen Säulen ruhenden und durch weite Rundbögen überfangenen Umgang gesäumt. Zahlreiche Wappen der verschiedenen Podestà, der einzelnen Stadtviertel und der hier ehemals tätigen Gerichtsoberen sind Zeugnisse der wechselhaften Nutzungsge-

schichte der Anlage. Daran, daß an diesem stimmungsreichen Ort noch bis ins späte 18. Jh. neben der zentralen Brunnenanlage zahllose Hinrichtungen stattfanden, erinnert heute dagegen nur noch wenig.

Michelangelo Buonarroti: Trunkener Bacchus, 1496/97
Marmor, H. 184 cm

Neben weiteren Werken von seiner Hand ist im Untergeschoß des Museums auch der sogenannte Trunkene Bacchus des jungen Michelangelo zu sehen. Die Skulptur entstand vermutlich schon um 1496/97 und ist damit nicht nur die erste uns bekannte lebensgroße Marmorstatue des Bildhauers, sondern auch eine der frühesten neuzeitlichen Monumentalfiguren einer antiken Gottheit.
Freistehend und allansichtig ist das Werk ganz bewußt »all'antica« gearbeitet, so daß es nicht verwundert, daß die Skulptur bisweilen sogar von ausgesprochenen Kennern für ein Original des klassischen Altertums gehalten wurde. Souverän beherrscht der gerade zweiundzwanzigjährige Bildhauer den Kontrapost. Das Standmotiv wird sogar leicht übersteigert, um den unsicheren Halt und das leichte Schwanken des vom Rebensaft angeheiterten Weingottes zu verdeutlichen. Ein kleiner Satyr, der neckisch an einigen Trauben nascht, balanciert die Skulptur in ihrer optischen Gesamterscheinung aus und dient zugleich als statische Stütze.

Loggia (1. Obergeschoß)

Die reizvollen Säle und offenen Loggien des Bargello bieten den hier versammelten Werken ein stimmungsvolles Ambiente. In der Fülle der ausgestellten skulpturalen Meisterwerke der Renaissance und des Manierismus zählt die Sammlung weltweit zu den bedeutendsten ihrer Art. Neben Donatello und Michelangelo, Ghiberti und Verrocchio sind unter anderem Giambologna, Luca della Robbia und zahlreiche anonyme Meister in den Museumsräumen mit beeindruckenden Zeugnissen ihrer Kunst vertreten.

In der hier abgebildeten Loggia des ersten Obergeschosses fanden verschiedene Werke des Giambologna Aufstellung. Von seiner Hand stammt die Reihe der bronzenen, in ihrer Naturalistik bezaubernd ausgeführten Tierplastiken und auch die Marmorallegorie der Architektur in der Mitte des Raumes.

Giambologna: Merkur, 1564–1580
Bronze, H. 180 cm

Die Skulptur des fliegenden Merkur stellt im Werk des Giambologna zweifellos einen Höhepunkt dar. Alle Gesetze der Schwerkraft wirken in dieser lebensgroßen, für einen Brunnen der Villa Medici geschaffenen Bronze außer Kraft gesetzt. Der Götterbote Merkur, mit kleinen Flügeln am Helm und an den Füßen versehen und mit dem Äskulapstab ausge stattet, scheint wie von einem Windhauch in die Lüfte gehoben. Kaum merkt man der Skulptur an, daß ihrer Ausführung im Jahre 1580 über nahezu zwei Jahrzehnte umfangreiche Studien und Modellgüsse vorausgingen. Am Ende gelang es Giambologna, die allansichtige Figur gleichsam um ihre eigene Achse emporzudrehen. Spannungsreich drückt sich im Körper eine Aufwärtsbewegung aus, die ihren Ausgangspunkt in der winzigen Standfläche des linken Fußes findet und erst im Zeigefinger der rechten Hand endet.

Saal des Großen Rates
(1. Obergeschoß)

Der Salone del Consiglio Generale (Saal des Großen Rates) wird heute meist nach dem überragenden Bildhauer der Frührenaissance als Donatello-Saal bezeichnet. Wichtige Werke aus verschiedenen Schaffensphasen des Künstlers sind hier versammelt und neben weiteren Skulpturen des Quattrocento ausgestellt.

Donatello: Hl. Georg, um 1417
Marmor, H. 209 cm

Die Statue des Hl. Georg entstand für die Zunft der Plattner und Schwertschmiede (Arte dei Corazzi e Spadai) und war ursprünglich in deren Tabernakel an Or San Michele, wo sie heute durch eine Nachbildung ersetzt ist, aufgestellt. Donatello stellte den Heiligen in diesem frühen Werk als jugendlichen Heros und furchtlosen Ritter dar. Sein Blick verrät Mut und Entschlossenheit, im breitbeinigen Stehen ist Selbstbewußtsein und Furchtlosigkeit zum Ausdruck gebracht. »Trotz des Steines aus dem er besteht, zeigt sich feurige Kühnheit in seinen Zügen und ein wunderbarer Ausdruck der Bewegung.« (G. Vasari).
In der besonderen Technik einer minuziös abgestuften Oberflächenbehandlung (»rilivo schiacciato«), mit der Donatello die Bildhauerei seiner Zeit wegweisend bereichern sollte, ist das sehenswerte Drachenkampf-Relief unterhalb der Statue gearbeitet.

Donatello: David, um 1440
Bronze, H. 158 cm

In der David-Statue begegnen wir der frühesten freistehenden Aktfigur nach antiker Zeit. Die ursprüngliche Bestimmung der Skulptur – vermutlich bekrönte sie einen Brunnen – und die genaue Datierung sind umstritten. Unübersehbar teilt sich in der ausgewogenen Ponderation und der Nacktheit der Gestalt jedoch Donatellos Bewunderung für die Werke des klassischen Altertums mit. Im rätselhaften, nachdenklich entrückten Gesichtsausdruck und der spielerischen Pose, mit der ein Fuß auf der Kampftrophäe – dem abgeschlagenen Haupt Goliaths – plaziert ist, geht die Darstellung allerdings weit über alle formalen Vorbilder der Antike hinaus. Der markante Helm trägt den Lorbeerkranz des Siegers, beinahe androgyn ist der knabenhafte Körper in makelloser Schönheit modelliert. Fast scheint es, als sei die Gestalt tatsächlich »über einem lebenden Körper geformt« (Vasari).

Andrea del Verrocchio: David, um 1475
Bronze, H. 158 cm

Andrea del Verrocchio stellte den David in seiner Bronzeplastik ebenfalls als schmächtigen Jüngling dar. Die Werke seines berühmten Vorgängers Donatello hatte Andrea durchaus studiert. Alle Nachdenklichkeit und Melancholie sind bei ihm allerdings einem weitaus kindlicheren, beinahe spöttisch anmutenden Ausdruck gewichen. Elegant in der Erscheinung, aber ohne die Wesenstiefe, die Donatellos David so unvergleichlich auszeichnet, posiert der siegreiche Knabe hier mit herausgestreckter Brust und lässig auf die Hüften gestütztem Arm. Triumphierend hält er das Schwert locker in seiner Hand und zeigt sich voller Stolz hinter dem Haupte des bezwungenen Tyrannen. Verrocchios David ist in alledem noch ganz der Hirtenjunge, der nichts von der Bürde seiner Bestimmung (als zukünftiger König der Israeliten) zu ahnen scheint.

Filippo Brunelleschi: Die Opferung des Isaak, 1401/02
Bronze (vergoldet), 45 x 38 cm

Um den trefflichsten Meister für die Ausführung des zweiten Baptisteriumsportals zu ermitteln, hatte die Florentiner Kaufmannszunft 1401 einen kunsthistorisch überaus bedeutsamen Wettbewerb ausgeschrieben. Von den Konkurrenzreliefs, mit denen sich verschiedene Künstler um den Auftrag bewarben, haben sich im Bargello allein diejenigen Brunelleschis und Ghibertis erhalten. Den Ausschreibungsbedingungen entsprechend, stellte Brunelleschi die Opferung Isaaks innerhalb eines gotischen Vierpaßrahmens dar. Als formaler Bezugspunkt dienten die älteren Baptisteriumstüren des Andrea Pisano. Brunelleschi setzt sein Relief aus einem geordneten Arrangement einzelner Bestandteile zusammen. Unten rechts greift er unter anderem das berühmte Motiv des antiken Dornausziehers auf. Das Hauptgeschehen vollzieht sich bei ihm in einem Moment höchster Dramatik. Allein das physische Eingreifen des Engels errettet Isaak, zu dessen Tötung sein Vater Abraham auf göttliches Geheiß bereits das Messer angesetzt hat.

Lorenzo Ghiberti: Die Opferung des Isaak, 1401/02
Bronze (vergoldet), 45 x 38 cm

In Ghibertis Version begegnet uns eine ganzheitlichere, dichtere Lösung der gestellten Aufgabe. Das Hauptgeschehen ist bei ihm aus dem Zentrum des Bildfeldes an die Seite gerückt. Den Einhalt gebietenden Engel scheint Abraham noch nicht bemerkt zu haben.
Die Entscheidung zugunsten Ghiberti beruht vermutlich vor allem aber auf dem Umstand, daß sein Probestück im Gegensatz zu der vielteiligen Arbeit Brunelleschis beinahe vollständig aus einem einzigen Guß gefertigt und zudem fast sieben Kilo leichter war. An Arbeits- und Materialerfordernissen war bei ihm somit deutlich weniger Aufwand zu erwarten. Es hatte sich letztendlich – so könnte man sagen – das kostengünstigere Angebot durchgesetzt.

2306

Zur Technik des Bronzegusses

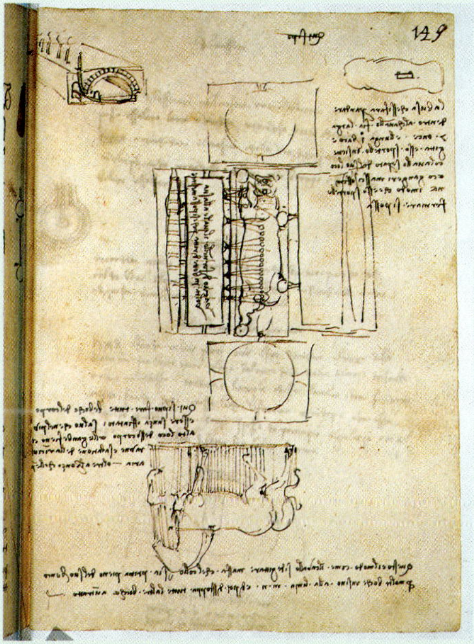

Leonardo da Vinci: Manuskriptseite zum Guß des Sforza-Monumentes, um 1493, Codex Madrid I, fol. 1493, Feder und Tinte auf Papier, 21 x 15 cm, Biblioteca Nacional, Madrid

Schon die Bildhauer der Antike bedienten sich zur Herstellung von Bronzebildwerken jener Technik, die noch während der Renaissance (und darüber hinaus) gebräulich war und als »Wachsausschmelzverfahren der verlorenen Form« (frz. »a cire perdue«) bezeichnet wird. Diese Methode erlaubte es, sowohl massive Bronzen auszuführen, als auch Hohlgüsse. Letztere brachten mit zunehmender Größe des auszuführenden Werkes die Vorteile der Materialersparnis und eines geringeren Gewichtes, was nicht nur bezüglich eventuell anfallender Transporte eine unschätzbare Erleichterung bedeuten konnte. In technischer Hinsicht verringerten sich mit dem Hohlgußverfahren zudem die Risiken der Rißbildung, da sich das Zusammenziehen des Metalls während des Erkaltens mit zunehmender Dünnwandigkeit der Bronze besser kalkulieren ließ.

Zur Fertigung eines Hohlgusses wurde zunächst in groben Konturen ein Kern aus Gips oder Ton geformt, den man als »anima« (ital. = Seele) bezeichnete. Über diesem Kern modellierte der Künstler in Wachs das originalgetreue Modell der angestrebten Skulptur. Danach wurde dieses mit einem Gußmantel aus feuerfestem Material (Lehm oder Ton) umfangen. Beim Erhitzen floß das verflüssigte Wachs durch eingefügte Gußkanäle ab. In dem dabei zwischen Kernstück und Formmantel entstandenen Hohlraum konnte anschließend die flüssige Bronzelegierung eingegossen werden.

Nach dem Erkalten des Ganzen nahte schließlich der spannende Moment, in dem der äußere Tonmantel abgeschlagen werden konnte – dabei ging er zwangsläufig unwiederbringlich verloren – und die Bronze zutage trat. Erstmals

konnte der Künstler nun überprüfen, ob der Guß fehlerhaft war, ob sich Risse oder Luftblasen gebildet hatten. Der perfekt gelungene Guß bedurfte auf dem Weg zur vollendeten Skulptur noch umfangreicher Nachbearbeitung. Zunächst mußten die als Bronzestäbe hervortretenden Gußkanäle abgesägt werden. Die Oberfläche des noch im Rohzustand befindlichen Werkes wurde poliert, Details – wie etwa Haare oder stoffliche Applikationen – durch verschiedenste Kaltarbeiten herausgearbeitet. Bei größeren, meist mehrteilig gearbeiteten Skulpturen mußten die einzelnen Gußstücke schließlich noch montiert und zusammengesetzt werden. Das Gußverfahren der verlorenen Form, hatte per definitionem den Nachteil, daß die Gußform zerstört werden mußte und somit keine originalgetreue Wiederholung möglich war. Im späten 15. Jh. gelang es jedoch, ein komplizierteres Gußverfahren zu entwickeln, das es ermöglichte, das Originalmodell zu bewahren und mehrere nahezu identische Güsse auszuführen.

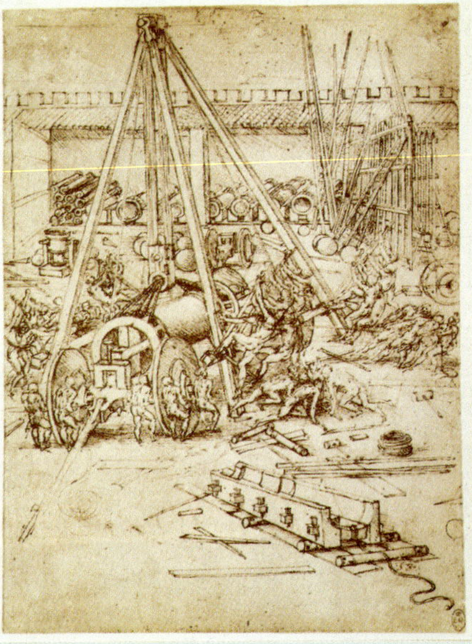

Leonardo da Vinci: Kanonengießerei, um 1487, Feder und Tinte auf Papier (Faksimile), Gabinetto dei Disegni e delle Stampe, Galleria degli Uffizi, Florenz

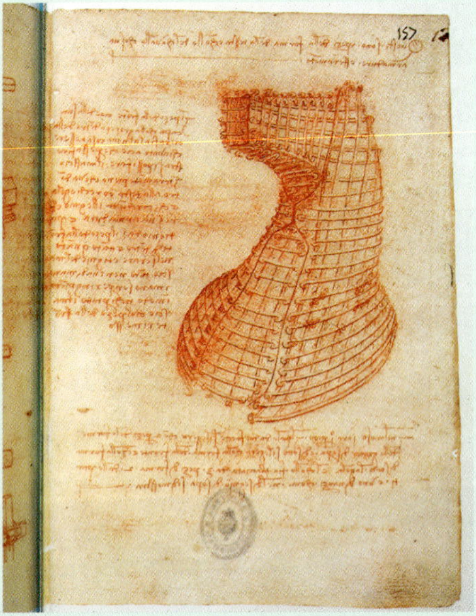

Leonardo da Vinci: Manuskriptblatt für die Negativform zum Guß des Sforza-Monumentes, um 1493, Codex Madrid I, fol. 157r, Rötel auf Papier, 21 x 15 cm, Biblioteca Nacional, Madrid

Oltrarno – Jenseits des Arno

Ponte Vecchio

Die (Vor-)Geschichte der Ponte Vecchio reicht bis in römische Zeit zurück, als die antike Via Cassia an der schmalsten Stelle des Arno bereits mit einem Übergang versehen war (um 120 n. Chr.). Immer wieder fielen die Vorgängerbauten den oftmals verheerenden Arno-Hochwassern zum Opfer, wurden aber beharrlich wieder aufgebaut, zumal die Stadt bis zur Errichtung der Ponte alla Carraia im Jahre 1218 nur über diesen einen Flußübergang verfügte. Auch eine 1294 erbaute steinerne Brücke wurde 1333 durch die Fluten des Arno vollständig weggerissen. 1345 ging man den Neubau an, auf dem noch die heutige Brücke basiert.

Schon für das 13. Jh. ist überliefert, daß auf dem Übergang Händler und Handwerker ansässig waren. Neben den Gerbern, die das Wasser des Arno zur Ausübung ihres Handwerks benötigten, betrieben hier unter anderen auch Fischverkäufer ihre Geschäfte. Letztendlich gewannen jedoch die Metzger, Schlachter und Fleischer die Oberhand und breiteten sich immer mehr aus. Die in ihrem Gewerbe zahlreich anfallenden Abfälle pflegten sie kurzerhand im Fluß zu »entsorgen«. Die einzelnen »botteghe« waren dabei zu beiden Seiten der Brücke zunächst noch symmetrisch angelegt. Dies sollte sich 1495 ändern, als die Stadt – bis dato Besitzer und Verpächter der Läden – aufgrund finanzieller Engpässe gezwungen war, die einzelnen Parzellen zu verkaufen. Fortan begannen jene An- und Aufbauten zu wuchern, die noch heute das Erscheinungsbild der Brücke prägen, obwohl Vasari den Bau an der Ostseite um 1565 mit dem berühmten Verbindungsgang (Corridoio Vasariano) zwischen Uffizien und Palazzo Pitti nach oben hin endgültig abschloß. Großherzog Ferdinando I., selbst ständiger Benutzer dieses »Flures«, sah sich 1593 schließlich zu einem Erlaß gezwungen, der die Metzger endgül-

tig von der Ponte Vecchio verbannte. Zu unerträglich waren ihm die Zustände und der Gestank geworden. Dergleichen wollte er auswärtigen Besuchern auf ihrem direkten Wege zum Palazzo Pitti, dem Hauptsitz der herzoglichen Familie, nicht mehr zumuten. Dem vergleichsweise »sauberen« Gewerbe der Goldschmiede und Edelsteinhändler sollten fortan die Läden vorbehalten bleiben. Bis zum heutigen Tage hat sich daran nichts geändert.

Von den Sprengungen der abrückenden deutschen Besatzungstruppen blieb die Ponte Vecchio im April 1944 als einzige Brücke der Stadt verschont. Das pittoreske Bild dieses berühmtesten und ältesten Flußübergangs in Florenz wäre ansonsten wohl für immer verloren gewesen.

An Benvenuto Cellini (1500–1571), den berühmtesten Goldschmied der Stadt, erinnert auf der Brückenmitte eine 1900 von Raffaele Romanelli angefertigte Bronzebüste.

San Miniato al Monte

Im Jahre 250 n. Chr. hatte der Hl. Minias (ital. = Miniato) unter Kaiser Decius in Florenz das Martyrium erlitten. Nach seiner Enthauptung soll er, wie die Legende berichtet, mit dem eigenen Kopf in Händen noch jenen Hügel südlich des Arno erklommen haben, wo über seinem Grab vermutlich schon in karolingischer Zeit ein Heiligtum errichtet wurde. Die Wiederauffindung seiner Gebeine bot schließlich zu Beginn des 11. Jh.s den Anlaß zur Errichtung der cluniazensischen Benediktinerkirche San Miniato al Monte. Über die genauen Baudaten sind wir kaum unterrichtet, die im Fußboden der Kirche angegebene Jahreszahl 1207 deutet jedoch darauf hin, daß die Arbeiten zu jenem Zeitpunkt weitestgehend abgeschlossen waren.

Als herausragendes Zeugnis der sogenannten Florentinischen Protorenaissance ist San Miniato al Monte hinsichtlich der architekturgeschichtlichen Bedeutung in einem Zuge mit dem Baptisterium San Giovanni zu nennen. Wie die Taufkirche wurde auch San Miniato während der Renaissance für ein antikes Bauwerk gehalten, hier wie dort begegnen wir im Wechsel grüner und weißer Marmorplatten am Außenbau frühen und wegweisenden Beispielen des typisch Florentinischen Inkrustationsstiles. An der imposanten Fassade von San Miniato (um 1075 begonnen) sind dabei an Untergeschoß, Obergeschoß und Giebelzone drei aufeinanderfolgende Bauphasen abzulesen. Die untere Zone ist durch fünf auf Halbsäulen ruhende Blendarkaden gegliedert und mit einfachen geometrischen Formen hinterfangen. Das darüberliegende Geschoß (mit der Reliefdarstellung von Christus, Maria und dem Hl. Minias) trägt in weniger streng klassisch orientierter Gestalt bereits deutlich Züge einer reichhaltigeren Ornamentierung. Im Dreiecksgiebel finden sich die dekorativen Elemente schließlich nochmals verstärkt. Der bekrönende Adler, das Wappentier der Tuchhändler, erinnert daran, daß diese über lange Zeit die Bauarbeiten an San Miniato finanziert haben.

San Miniato al Monte

Cappella del Crocifisso – Marmortabernakel von Michelozzo (1448), S. 427

Cappella del Cardinale di Portogallo errichtet von Antonio Manetti (1461 –1466)

Mariotto di Nardo: Kreuzigung und Krönung Mariä (um 1400)

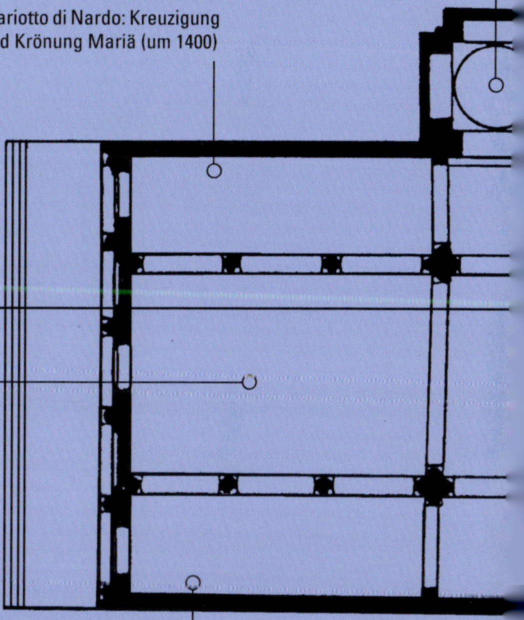

Mittelschiff, S. 427

Paolo Schiavo: Thronende Madonna mit Heiligen (um 1436)

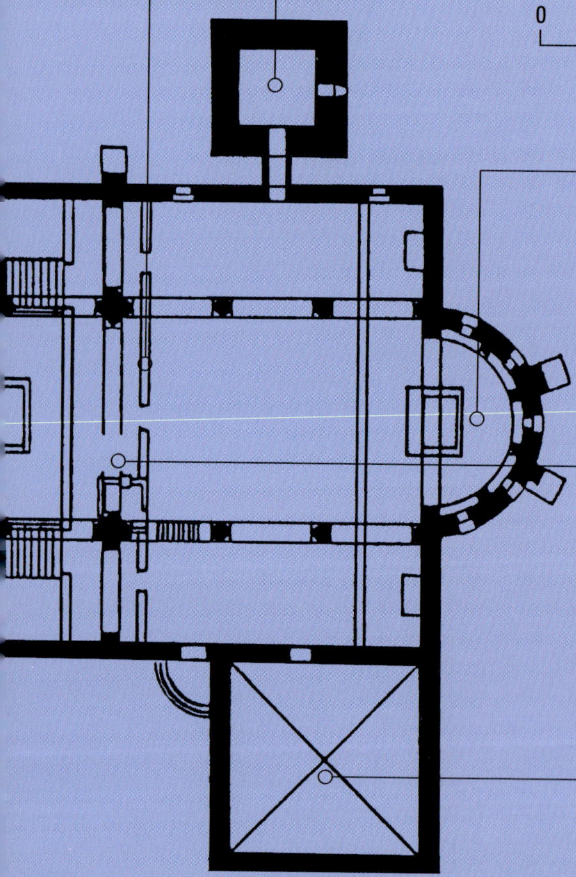

Sagrestia – Freskenzyklus des Spinello Aretino (um 1387), S. 429

Innenraum

Eine äußerst wechselhafte Nutzungsgeschichte hat an der Abtei im Laufe der Jahrhunderte ihre Spuren hinterlassen. Den (unvollendeten) Campanile, dessen Bau Baccio d'Agnolo 1518 als Ersatz für den älteren, 1499 eingestürzten Glockenturm anging, soll Michelangelo während der Belagerung der Stadt durch die kaiserlichen Truppen im Jahre 1529 zum Schutz vor Kanonenkugeln mit Matratzen verkleidet haben. Wenig später ließ Großherzog Cosimo I. die Anlage – eingedenk der strategisch günstigen Lage oberhalb der Stadt – zur Festung ausbauen. Während der Epidemie von 1630 waren in San Miniato Pestkranke untergebracht, in den darauffolgenden Jahrzehnten fanden schließlich auch Obdachlose hier eine Heimstätte. Heute ist das Kloster wieder der Benediktinerkongregation der Olivetaner überlassen, die hier schon einmal im frühen Quattrocento ansässig war.

Im Grundriß ist der Kirchenbau einem basilikalen Typus angenähert, verfügt aber nur über ein dreischiffiges Langhaus ohne Querschiff. Unterhalb des offenen gotischen Dachstuhls ist der Raum durch Schwibbögen in drei gleichmäßige Abschnitte unterteilt, die in harmonischem Stützenwechsel von Säulen und rahmenden Pfeilern ihrerseits jeweils in eine dreifache Bogenstellung untergliedert sind. Motive der Fassade finden sich hier aufgegriffen. In bemerkenswerter Weise sind die einzelnen Kapitelle der Säulen variiert. Sie stammen aus verschiedenen Zeiten: Diejenigen des Chorraumes sind älteren, zum Teil noch byzantinischen Ursprungs.

Der Chor wurde traditionsgemäß oberhalb der Krypta errichtet, in der die Gebeine des Hl. Minias beigesetzt wurden. Die massiven Chorschranken sind wie die Kanzel mit aufwendigen Marmorinkrustationen versehen. Unmittelbar vor Chor und Krypta errichtete Michelozzo – unter Einbeziehung älterer Versatzstücke – im Auftrage Piero de' Medicis 1448 das tonnengewölbte Marmorziborium. Ursprünglich war hier ein Kruzifix (heute in Santa Trinità) ausgestellt, das an ein Wunder aus der Vita des Hl. Giovanni Gualberto erinnerte. Von der Hand des Agnolo Gaddi stammen die einzelnen Altartafeln (um 1396) an der Rückwand des Tabernakels.

Der Eindruck marmorner Einlegearbeiten ist an den Langhauswänden nur durch eine effektvolle Malerei hervorgerufen, die erst während umfangreicher Restaurierungsarbeiten zwischen 1858 und 1861 ausgeführt wurde. Dabei wurden zugleich die Säulen des Langhauses mit einem Marmorimitat aus Stuck versehen. Auch das Apsismosaik des Thronenden Christus wurde damals zu weiten Teilen erneuert, die originalen Mosaiksteine des späten Duecento durch neue ersetzt.

Besondere Beachtung verdient der inkrustierte Fußboden (um 1207). Geometrische und figürliche Motive wechseln einander nach Vorbildern der orientalischen (Teppich-)Kunst ab.

Spinello Aretino: Der Hl. Benedikt erweckt einen verschütteten Mitbruder zum Leben, um 1387
Fresko

Spinello Aretino, Sohn eines Goldschmieds aus Arezzo, führte in der Sakristei von San Miniato al Monte den Freskenzyklus mit Begebenheiten aus der Vita des Hl. Benedikt aus. Beinahe ein halbes Jahrhundert nach Giottos Tod zeigte sich Spinello dessen Vorbild immer noch verpflichtet. Eine vergleichbare kompositorische und szenische Geschlossenheit erreicht er allerdings nicht. In eher additiver Reihung einzelner Beobachtungen füllt sich bei ihm die Fläche des Bildes. In der hier abgebildeten Szene der Wiedererweckung eines verschütteten Mitbruders durch den Heiligen, prägen scharfe Konturen die Figurendarstellung ebenso wie die Architektur- und Landschaftsprospekte.

Das Stendhal-Syndrom

Der französische Schriftsteller Henri Beyle (1783–1842), der sich nach dem Geburtsort J. J. Winckelmanns kurz Stendhal nannte und unter diesem Pseudonym einen festen Platz in der Weltliteratur erlangte, vermochte schon auf dem Wege nach Florenz seine Vorfreude angesichts des bevorstehenden Kunstgenusses nicht mehr zu zügeln. Kaum, daß er den Apennin überquert hatte, begann sich in ihm eine merkwürdige innere Aufruhr zu regen. Ein stärker

Johan Olaf Södermark: Bildnis Stendhals, 1840, Öl auf Leinwand, 62 x 50 cm, Musée National du Chateau de Versailles

Michelangelo Buonarroti: David (Kopie), 1501–1504, Marmor, H. 410 cm, Piazza della Signoria, Florenz

werdendes Herzklopfen und eine beständig zunehmende Verwirrung beim Gedanken an Michelangelo, Dante und Leonardo beraubten den Dichter völlig der Contenance. Außerstande, einen klaren Gedanken zu fassen, kapitulierte er schließlich und überließ sich seinem »Wahn, wie an der Seite einer geliebten Frau«.
Ähnlich erging es Stendhal in Florenz selbst, wo die Betrachtung der Kunstwerke ihn des öfteren in äußerste Erregung, ja geradezu Ekstase versetzte. Bei manchen dieser »Nervenanfälle« mußte er sogar befürchten, kurzerhand umzufallen. Die von Stendhal in seinem Reisetage-

buch »Rom, Florenz und Neapel« beschriebenen Symptome, einer bis zur physischen Erschöpfung reichenden inneren Anspannung, sind indes kein Einzelfall. Noch Anselm Feuerbach erging es 1856 kaum anders. In den Uffizien und im Palazzo Pitti fand er sich von Tränen übermannt und flehte gar um himmlichen Beistand: »Gott möge meine Schritte lenken und mir Kraft geben, das alles zu ertragen wie ein Mann«. Rainer Maria Rilke fiel es in Florenz zeitweilig sogar schwer zu atmen. Auch er fand sich (1898) von Schwindelgefühlen ergriffen und derart verwirrt, daß er »unterzugehen glaubte in dem großen Wellenschlag einer fremden Herrlichkeit«.

Empfindungen dieser Art blieben nicht allein hypersensiblen Künstlernaturellen vorbehalten. Vielmehr konnte die Psychologin Graziella Magherini ein ähnliches »Krankheitsbild« noch in den achtziger Jahren unseres Jahrhunderts bei zahlreichen Besuchern der Stadt konstatieren. Noch heute müssen in der Psychiatrie von Santa Maria Nuova immer wieder Patienten behandelt werden, die ähnliche Reaktionen zeigen. 107 Fälle wurden allein zwischen 1978 und 1986 gezählt. Sie alle leiden kurzzeitig am »Stendhal-Syndrom«. Auslöser des rätselhaften Phänomens ist anscheinend ein übermäßiger Kunstgenuß. Dies bewirkt nicht allein die Fülle der Gemälde, Skulpturen und Bauwerke, die in Florenz auf engstem Raume versammelt sind. Vielmehr stellt sich bei den Gesprächen heraus, daß es zumeist einige wenige, im wahrsten Sinne des Wortes »überwältigende« Meisterwerke sind, die manches Gemüt offenbar überfordern und in einen Zustand hilfloser Desorientierung versetzen. So folgt beispielsweise auf die unvorbereitete Betrachtung der Werke Caravaggios, des David Michelangelos oder der Venus Botticellis bisweilen ein Aufenthalt in einem der städtischen Hospitäler. Dort gilt es dann, überschwengliche Euphoriezustände zu behandeln, oder auch Depressionen und Panikschübe. In extremen Fällen kommt es sogar zu Halluzinationen. Bei den Opfern handelt es sich zumeist um alleinreisende Singles mittleren Alters. Niemals sind hingegen Italiener betroffen.

Sandro Botticelli: Geburt der Venus (Detail), um 1485, Leinwand, 172,5 x 278,5 cm, Galleria degli Uffizi, Florenz

Piazzale Michelangelo

Ein unvergleichlicher Blick auf die im Arnotal gelegene Stadt Florenz bietet sich dem Besucher von der Piazzale Michelangelo. Dem überragenden Universalgenie der Renaissance, dessen Namen der Platz trägt, wurde hier anläßlich seines vierhundertsten Geburtstages ein Denkmal errichtet, das die David-Statue mit den vier Figuren der Tageszeiten aus der Neuen Sakristei von San Lorenzo in Kopien verbindet. Fast scheint es, als wache der David, die Symbolfigur der Republik Florenz, von hier aus über die Geschicke der Stadt.

Giuseppe Poggi gestaltete die Piazza in den Jahren 1865–1871, als Florenz zwischenzeitlich Hauptstadt des geeinten Italiens war. Ein an der rückwärtigen Platzseite geplantes Michelangelo-Museum konnte allerdings nie verwirklicht werden.

Santa Felicita

Santa Felicita ist vermutlich die älteste Kirchengründung der Stadt, ihre Geschichte reicht bis ins 4. Jh. zurück. Unter Einbeziehung älterer Bauteile wurde die Kirche in ihrer heutigen Gestalt durch Ferdinando Ruggieri allerdings erst nach 1736 errichtet. Erhalten hat sich die Vorhalle, die Vasari zur Stützung des darüber verlaufenden Korridors, jenes berühmten Laufgangs, der den Palazzo Vecchio über die Ponte Vecchio noch heute mit dem Palazzo Pitti verbindet, anfügte. Eine Empore im Inneren erinnert an die Zeit, als Santa Felicita im 16. Jh. Hofkirche der großherzoglichen Familie war. Durch den Korridor Vasaris hatten sie von ihrer Residenz, dem Palazzo

Museo Bardini

In einem Palast des späten 19. Jh.s ist heute das Museo Bardini untergebracht. Die Bestände gehen auf den Kunsthändler Stefano Bardini zurück, der der Stadt Florenz 1923 seine Sammlung vermacht hatte. Die Museumsräume bezeugen in der ungewöhnlichen Art der Präsentation die Sammelkultur des ausgehenden Ottocento. Quer durch die Epochen sind nahezu alle künstlerischen und kunsthandwerklichen Gattungen vertreten. Neben Möbeln und Teppichen werden unter anderem auch Gemälde und Skulpturen, Musikinstrumente und Waffen ausgestellt.

Pitti, direkten Zugang zu ihren erhöhten Plätzen und konnten den Messen abgeschirmt beiwohnen.

Cappella Capponi

Pontormo: Grablegung Christi, um 1525
Öl auf Holz, 313 x 193 cm

1525 erhielt Pontormo den Auftrag zur malerischen Ausstattung der Capponi-Kapelle. Neben dem bemerkenswerten Verkündigungsfresko führte er auch das Altarbild der Grablegung Christi aus. Das Tafelbild zählt zu den eigenwilligsten Schöpfungen der Florentinischen Malerei des frühen Manierismus. In lichterfüllten, hellen Farben sind die Gewänder gemalt, vor denen sich im Zentrum der Komposition der Leichnam Christi abhebt. Die Vielzahl der Gesten, Bewegungen und Körperdrehungen läßt nicht erahnen welchen Verlauf das Geschehen nehmen wird. Der Verzicht auf jegliche Landschafts- oder Architekturdarstellung beläßt die räumliche Positionierung der Gestalten ungeklärt. Kaum ist zu erkennen, ob wir einer Kreuzabnahme oder einer Grablegung beiwohnen. Alle Logik im Sinne eines klassisch orientierten Bildaufbaus ist zugunsten gesteigerten Ausdrucks geopfert.

Der Florentiner Inkrustationsstil

Vielleicht war es der Wunsch, sich einem Abbild des prachtvollen himmlischen Jerusalem anzunähern, der die Baumeister des Florentiner Baptisteriums im 11./12. Jh. dazu veranlaßte, alle zunächst aus grobem Haustein errichteten Außenseiten des Bauwerks in ein »farbiges Gewand aus buntem Marmor« zu kleiden. Nach streng geometrischen Mustern umhüllten sie die Fassaden von San Giovanni mit jeweils nur 4–5 cm dicken Platten weißen Marmors aus den Steinbrüchen von Carrara und grünen Serpentins aus Prato (»Verde di Prato«).

Dieses ebenso aufwendige wie kostspielige Verfahren der Verzierung oder Verkleidung von Wandflächen (oder auch Fußböden) mittels verschiedenfarbiger Marmorplatten bezeichnet man nach dem lateinischen Wortstamm »crusta« (wörtl.: Rinde, Schale) als Inkrustation. Frühe Beispiele dieser besonderen Art baulicher Dekoration lassen sich unter anderem schon in der byzantinischen Architektur und in römisch-antiker Zeit nachweisen. Wandmalereien des sogenannten ersten pompejanischen Stils imitieren bereits im 1. Jh. v. Chr. die Farbigkeit des Marmors; Wandflächen, römische Thermalanlagen und Paläste wurden aufwendig mit prachtvollen Inkrustationen versehen.

Marmorsteinbruch bei Carrara

Im Bereich der Sakralarchitektur können im 5. Jh. beispielsweise San Vitale in Ravenna oder auch San Sabina in Rom zu den Vorläufern des sogenannten Inkrustationsstiles gezählt werden, der während des 11. und 12. Jh.s in der Toskana zu besonderer Blüte geführt wurde. In Florenz zählten die Erbauer des Baptisteriums und der oberhalb der Stadt gelegenen Kirche San Miniato al Monte zu den Wegbereitern dieser spezifischen, für die Stadt so charakteristisch gewordenen Form der architektonischen Gestaltgebung. In maßvoller Zurückhaltung und einer an der klassischen Tradition orientierten Linienstrenge gelang es ihnen, die sinnenfreudige Polychromie stimmig mit der kühlen Rationalität der architektonischen Struktur in Einklang zu bringen.

Auf dieser, an antiken Vorbildern geschulten Ausgewogenheit der Raum- und Flächenorganisation, wie sie auch an der wundervollen, etwa zeitgleich entstandenen Fassade der Badia Fie-

Fassadendetail, Badia, Fiesole

solana bezeugt ist, beruht nicht zuletzt der von Jakob Burckhardt eingeführte Stilbegriff der Protorenaissance (Vor-Renaissance). Noch die großen Baumeister der Renaissance vermeinten nämlich in den genannten Bauten vollendete Schöpfungen antiken Ursprungs vor sich zu haben und führten die Florentinische Tradition der Inkrustation unter anderem an Dom, Campanile und Santa Maria Novella fort.

Durch die Einbeziehung weiterer Materialien, wie zum Beispiel den für den Dom verwendeten roten Marmor der Maremma, wurde die ursprüngliche Zweifarbigkeit dabei zu größerer Polychromie gesteigert. In ihrer schlichten Schönheit, die Leon Battista Alberti in seinem berühmten Traktat über die Architektur (»De re aedificatoria«, 1452) so trefflich als »Konzert aller Teile, die mit Maß, Überlegung und Diskurs angeordnet sind« definierte, wurden die Inkrustationen von San Miniato al Monte und dem Baptisterium San Giovanni allerdings kaum mehr übertroffen.

Palazzo Pitti

Der wohlhabende Kaufmann Luca Pitti wollte mit der Errichtung des Wohnsitzes seiner Familie alle Paläste der Stadt – und insbesondere denjenigen der konkurrierenden Medici – in Größe und Herrschaftlichkeit übertreffen. Der ursprüngliche Bau, 1557–1566 vielleicht nach Plänen Brunelleschis errichtet, umfaßte allerdings zunächst lediglich die sieben mittleren Achsen des dreigeschossigen Mitteltraktes. Nach dem finanziellen Ruin der Pitti erwarb Eleonora von Toledo, die Gattin Cosimos I., im Jahre 1549 das Gebäude und ließ den noch unvollendeten Komplex an der rückwärtigen Seite durch Bartolomeo Ammanati zu einer Dreiflügelanlage erweitern. Die vordere Palastfront wurde schließlich während der ersten Hälfte des 17. Jh.s von Giulio und Alfonso Parigi durch seitliche Anbauten auf eine Länge von 205 Metern verbreitert.

Bis ins 19. Jh. diente das Gebäude zunächst den Großherzögen der Medici und der

Lothringer als Residenz. Nach der Einigung Italiens wurde der herrschaftliche Palastkomplex schließlich von Angehörigen der königlichen Familie bewohnt.

Innenhof

Der von Bartolomeo Ammanati (1511–1592) gestaltete Innenhof des Palazzo Pitti ist eines der anschaulichsten Beispiele manieristischer Architektur auf florentinischem Boden. Einem klassischen Schema entspricht vor allem die von unten nach oben erfolgende Staffelung dorischer, ionischer und korinthischer Säulenordnungen. Aus den unterschiedlichen Formen der einzelnen Bossenquader gewinnt jedes der drei, durch Gesimse abgetrennten Geschosse, einen eigenständigen Charakter. Indem auch die Halbsäulen zwischen den Fenstern und Arkaden durch die Rustizierung erfaßt und überlagert werden, ergibt sich in der optischen Wirkung ein lebhaftes Vexierspiel, bei dem die Wandfläche gleichsam vorzutreten scheint.

Oltrarno – Jenseits des Arno

Santo Spirito, Piazza Santo Spirito 29, S. 476

Santa Maria del Carmine, Piazza del Carmine, S. 497

Santa Felicità, Piazza Santa Felicità, S. 435

Palazzo Pitti, Piazza dei Pitti, S. 444

Ponte Vecchio, S. 420

Museo Bardini, Piazza de' Mozzi 1, S. 434

Piazzale Michelangelo, S. 433

San Miniato al Monte, Viale Galileo Galilei, S. 423

Weitere Sehenswürdigkeiten:

1 Giardino di Boboli, S. 464
2 Forte di Belvedere, Costa di San Giorgio, S. 464

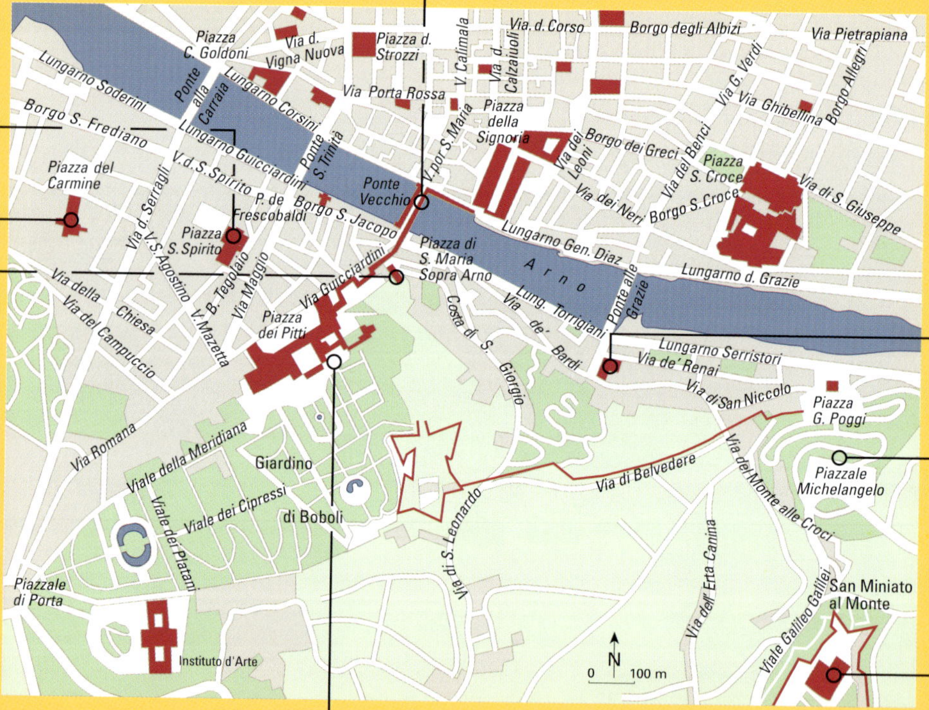

Piazza C. Goldoni
Via d. Vigna Nuova
Piazza d. Strozzi
V. Calimala
Via d. Calzaiuoli
Via. d. Corso
Borgo degli Albizi
Via Pietrapiana
Lungarno Soderini
Ponte alla Carraia
Lungarno Corsini
Via Porta Rossa
Piazza della Signoria
Via G. Verdi
Via Ghibellina
Borgo Allegri
Borgo S. Frediano
Lungarno Guicciardini
Ponte S. Trinità
V. por S. Maria
Via dei Leoni
Borgo dei Greci
Via dei Benci
Piazza S. Croce
Piazza del Carmine
V. d. S. Spirito
P. de Frescobaldi
Borgo S. Jacopo
Ponte Vecchio
Via dei Neri
Borgo S. Croce
Via di S. Giuseppe
Via d. Serragli
Piazza S. Spirito
Piazza di S. Maria Sopra Arno
Lungarno Gen. Diaz
Via della Chiesa
V. S. Agostino
Via B. Tegolaio
Via Maggio
Via Guicciardini
Arno
Lungarno d. Grazie
Ponte alle Grazie
Via del Campuccio
V. Mazzetta
Piazza dei Pitti
Costa di S. Giorgio
Via de' Bardi
Lung. Torrigiani
Lungarno Serristori
Via de' Renai
Via di San Niccolo
Piazza G. Poggi
Via Romana
Viale della Meridiana
Giardino di Boboli
Viale dei Cipressi
Viale dei Platani
Via di Belvedere
Via di S. Leonardo
Via del Monte alle Croci
Piazzale Michelangelo
Via dell' Erta Canina
Piazzale di Porta
Instituto d'Arte
San Miniato al Monte
Viale Galileo Galilei
N
0
100 m

Gartenansicht

An der rückwärtigen Seite der sehenswerten Hofanlage gelangt man in die angrenzenden Boboli-Gärten. Hinter dem Palast erstrecken diese sich weit in die steil ansteigende Landschaft hinein. Im Inneren des Palazzo Pitti (und einzelnen Gebäuden der Parkanlage) sind heute mehrere Museen untergebracht. In den ehemaligen Sommergemächern der Medici befindet sich im Erdgeschoß das Silbermuseum (Museo degli Argenti), dem als eigenständige Unterabteilungen ein Porzellanmuseum (Museo delle Porcellane, im Casino del Cavaliere des Boboli-Gartens), das Kutschenmuseum (Museo delle Carrozze) und das Kostüm-Museum (Museo delle Costume, im klassizistischen

Anbau der Palazzina della Meridiana) zugerechnet werden. Im ersten Stockwerk des südlichen Palastflügels ist die Galleria Palatina (Palastgalerie) untergebracht. Gegenüber den Sälen dieser berühmten Gemäldesammlung sind zeitweilig die sogenannten Appartamenti reali, die ehemaligen Prunk- und Repräsentationsgemächer der großherzoglichen Familien und des italienischen Königshauses, zu besichtigen. Im Stockwerk darüber gelangt man schließlich zur Galleria d' Arte Moderna.

Appartamenti reali

Die sog. Königlichen Gemächer des Palazzo Pitti dienten den wechselnden Hausherren von der zweiten Hälfte des 16. bis ins späte 19. Jh. hinein als repräsentative Empfangs- und Wohngemächer. Hochrangige Gäste – darunter Päpste, Könige und auswärtige Diplomaten – pflegte man hier angemessen zu beherbergen. Entsprechend prunkvoll wurden die unlängst umfangreich restaurierten Säle über drei Jahrhunderte hinweg dekoriert. Die qualitätvolle Ausstattung mit wertvollem Mobiliar, Skulpturen, Gemälden und Tapisserien gibt einen Überblick zum Wandel des Geschmacks und des künstlerischen Schaffens mehrerer Jahrhunderte.

Museo degli Argenti

Auch in den historischen Räumen des Museo degli Argenti (Silbermuseum) hat sich die reiche Dekoration vergangener Epochen bewahrt. Illusionistische Wandmalereien des 17. Jh.s schmücken die Säle, wertvolle Tapisserien und Möbelstücke ergänzen die Ausstattung. Anders als der Name des Museums vermuten läßt, sind nicht nur Silber- und Goldschmiedearbeiten ausgestellt, sondern einzigartige Beispiele unterschiedlichster kunsthandwerklicher Bereiche. Unter den Ausstellungsstücken finden sich neben kostbaren Gefäßen aus verschiedensten Materialien zahlreiche Elfenbeinschnitzereien, Edelsteinpreziosen und Reliquiare sowie kunstvoll verzierte Waffen und Stoffe.

Galleria d' Arte moderna

Die Galleria d' Arte moderna bietet in chronologischer Abfolge einen reichhaltigen Überblick über die italienische Kunst vom Klassizismus des späten 18. Jh.s bis hin zu Werken des frühen 20. Jh.s (unter anderem von Giorgio de Chirico). Begründet wurde die Sammlung 1784 durch Leopold von Lothringen und ist seither durch zahlreiche Schenkungen und staatliche Ankäufe ebenso kontinuierlich wie umfangreich erweitert worden.
Zwei Jahre nachdem die königliche Familie 1922 die repräsentativen Säle im 2. Stockwerk des Palazzo Pitti geräumt hatte, konnten hier die ersten Ausstellungsräume der Galerie Moderner Kunst eröffnet werden.
Obwohl die italienischen Künstler des Ottocento kaum an die ruhmreiche Tradition vorausgegangener Jahrhunderte anknüpfen konnten, verdienen einige Sammlungsschwerpunkte durchaus eine besondere Beachtung. Neben Werken der Romantik und des italienischen Historismus zeigen vor allem auch die Gemälde der sogenannten Fleckenmaler (Macchiaioli) einen eigenständigen Charakter. Telemaco Signorini, Silvestro Lega und Giovanni Fattori zählen zu den bekanntesten Vertretern dieser antiakademischen Kunstströmung der zweiten Jahrhunderthälfte. Ihre Ausprägung und Entwicklung vollzog sich trotz augenfälliger Übereinstimmungen weitestgehend unabhängig vom französischen Impressionismus.

Palazzo Pitti – Galleria Palatina und Appartamenti Reali

(Piano Nobile)

Saal der Erziehung des Jupiter (Caravaggio, Allori), S. 459

Saal des Jupiter (Tizian, Veronese), S. 457

Saal des Saturn (Raffael), S. 460

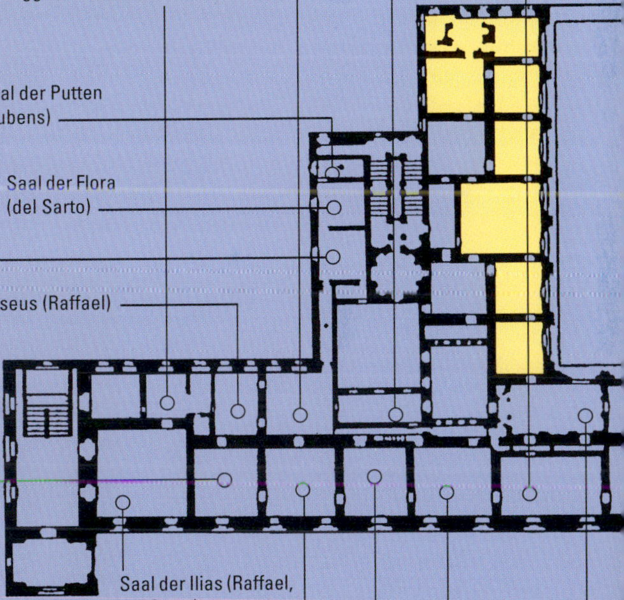

Galleria Poccetti (Rubens, Dughet)

Saal der Putten (Rubens)

Saal der Flora (del Sarto)

Saal des Odysseus (Raffael)

Saal der Ilias (Raffael, del Sarto)

Saal des Jupiter (Raffael, Fra Bartolomeo, del Sarto, Perugino)

Saal des Prometheus (Filippo Lippi, Botticelli), S. 461

Appartamenti Reali (Königliche Gemächer)

Volterrano-Säle

Saal der Venus (Rubens, Tizian), S. 452

Giardino di Boboli

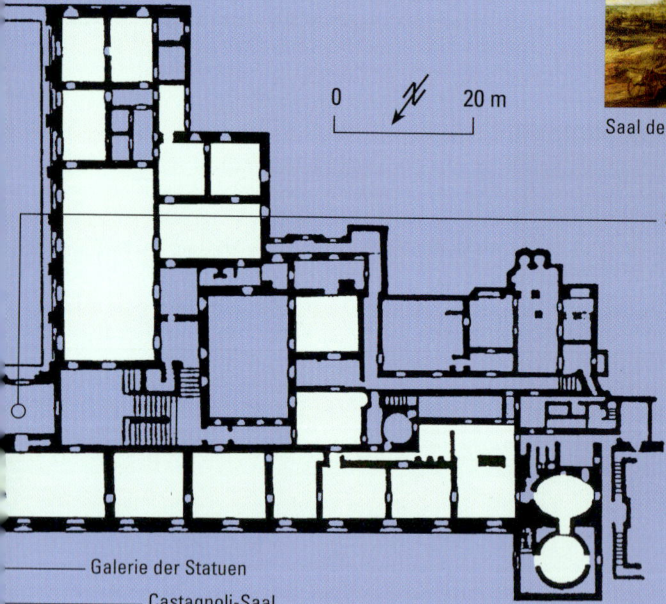

Saal der Reitknechte, Vorzimmer

Galerie der Statuen

Castagnoli-Saal

Saal des Apollo (Tizian, van Dyck, Fiorentino)

Saal des Mars (Rubens, van Dyck), S. 456

Galleria Palatina

Sala di Venere

Schon 1828 wurde die Galleria Palatina von Leopold II. der Öffentlichkeit zugänglich gemacht und während der Folgezeit mehrfach erweitert. Meist stammen die Gemäldebestände aus den Medici-Sammlungen, sie wurden aber auch durch Zukäufe der Lothringer um bedeutende Stükke bereichert. In den prächtig dekorierten Sälen sind Hauptmeister der europäischen Renaissance- und Barockmalerei mit erlesensten Stücken vertreten. Im Gegensatz zur didaktischen Systematik der Uffizien folgt die Hängung der Bilder keiner chronologischen Ordnung, sondern dekorativen, den ursprünglichen Charakter der Räume wahrenden Gesichtspunkten. Der Venus-Saal zählt in seiner reichen Dekoration zu den schönsten und größten Räumen der Galerie. Wie in den angrenzenden Sälen wurden die allegorischen Deckengemälde zum Ruhme der Medici-Familie (1641) von Pietro di Cortona ausgeführt. Im Zentrum des Raumes befindet sich heute die Italische Venus. 1810 hatte Napoleon die Marmorskulptur bei Antonio Canova in Auftrag gegeben, um damit die Mediceische Venus der Uffizien zu ersetzen, die nach Paris gebracht werden sollte.

Tizian : Bildnis des Pietro Aretino, um 1545
Öl auf Leinwand, 108 x 76 cm

Pietro Aretino (1492–1556) einer der angesehensten Literaten seiner Zeit, war wegen seiner scharfzüngigen Schmähschriften gefürchtet. Sein Porträt malte Tizian um 1545, der Dargestellte überließ es bald darauf Cosimo I. de' Medici.
Im Halbprofil wiedergegeben, wirkt der ernste Blick des Gelehrten weltoffen und von interessierter, wacher Aufmerksamkeit geprägt. Der Oberkörper nimmt weite Teile des Bildformates ein. In grandiosem Pinselduktus gibt Tizian den rotbraunen, goldschimmernden Mantel wieder.

ADOLESCENTIAM
PALLAS·A·VENERE
AVELLIT

Peter Paul Rubens: Die Rückkehr von der Ernte, um 1635–1640
Öl auf Holz, 122 x 195 cm

Das auf Holz ausgeführte Gemälde der Rückkehr der Landleute von der Ernte stammt aus den letzten Lebensjahren des Künstlers (um 1635–1640).
Peter Paul Rubens erweist sich in diesem Gemälde als virtuoser Landschaftsmaler. Im ausgewogenen Klang warmer Farbtöne ist das Licht eines zu Ende gehenden Sommertages eingefangen. Dabei erlaubte sich Rubens eine kleine »Unrichtigkeit«, die schon Johann Wolfgang von Goethe in seinen Gesprächen mit Eckermann bemerkte, als positives Beispiel künstlerischer Freiheit aber gerne verzieh. So ist die Baumgruppe am rechten Rand des Bildes von rechts, die übrige Landschaft und die bäuerliche Figurengruppe im Vordergrund allerdings von links belichtet. Die Landleute kehren soeben von der getanen Feldarbeit zurück und scheinen sich noch rechtzeitig vor dem aufziehenden Gewitter in Sicherheit bringen zu wollen, dessen Herannahen düstere Wolken am Himmel bereits erahnen lassen.
Die Naturdarstellung ist hier vollends zum Ausdrucksträger einer spannungsgeladenen, durch dramatische Stimmung belebten Komposition geworden.

Tizian: Das Konzert, um 1510
Öl auf Leinwand, 109 x 123 cm

Das Gemälde wurde 1654 durch den Kardinal Leopoldo de' Medici als Werk Giorgiones erworben, wird heute jedoch zumeist als frühe Arbeit Tizians angesehen. Ob es sich vielleicht sogar um eine Gemeinschaftsarbeit beider Künstler handelt, läßt sich heute kaum mehr eindeutig klären. Verborgen bleibt uns darüber hinaus auch das eigentliche Thema des Bildes, denn die Versammlung der drei Männer scheint nicht allein auf gemeinsames Musizieren ausgerichtet, ihr Beieinander ist kaum als konzertante Darbietung – wie sie die eingebürgerte Betitelung suggeriert – zu erklären. Mit einer spontanen Drehung des Kopfes hat sich der Mann in der Mitte jenem Älteren zugewandt, der ihm von hinten eine Hand auf die Schulter gelegt hat. Ihr intensiver Blickkontakt bleibt ebenso rätselhaft wie der Ausdruck des Jünglings, der mit auffälligem Federkopfschmuck ganz links steht und seine Augen scheinbar auf die Betrachter gerichtet hat.

Peter Paul Rubens: Die Folgen des Krieges, um 1638
Öl auf Leinwand, 206 x 345 cm

Eine Deutung des Gemäldes verdanken wir Rubens selbst, der das Werk 1638 seinem flämischen Malerkollegen Justus Sustermanns übersandte und in einem Brief ausführlich beschrieb. Nicht zuletzt fußt die Darstellung auf den grausigen Erfahrungen des Dreißigjährigen Krieges. Im Zentrum des Bildes versucht Venus vergeblich, den Kriegsgott Mars zurückzuhalten. Allzu gewaltig zerrt die Furie Alekto ihn fort, Hunger und Pest reißen ihn mit sich. Links erkennen wir den offenstehenden Janus-Tempel, dessen Türen nur zu Friedenszeiten geschlossen wurden und dessen geöffnete Portale folglich als Sinnbild des Krieges galten. Eindringlich bringt die dramatische Komposition die Schrecken und Verwüstungen des Krieges, von der allegorischen Gestalt der Europa mit zum Himmel gereckten Armen verzweifelt beklagt, zum Ausdruck. Der alles verschlingenden Gewalt fallen nicht nur die Menschen zum Opfer. Auch die Künste und Wissenschaften, an die unter anderem eine Laute, die Gerätschaften eines Baumeisters, eine Zeichnung und ein offenes, von Mars mit Füßen getretenes Buch erinnern, liegen darnieder. Alle Eintracht und Liebe, Harmonie und Schönheit werden durch das grausig-düstere Antlitz des Krieges in zerstörerische Zwietracht und Haß, in blinde Verwüstung und Chaos verwandelt. Rubens, der das Gemälde zwei Jahre vor seinem Tod malte, gelang eine eindringliche Formulierung, die nicht die konkrete Begebenheit, sondern das innerste Wesen

allen Krieges erfaßt und darin bis heute nichts von ihrer Gültigkeit eingebüßt hat. In alledem weist seine Schilderung der Folgen des Krieges auf ein vergleichbares Meisterwerk unseres Jahrhunderts voraus, nämlich Picassos La Guernica.

Peter Paul Rubens: Die vier Philosophen, um 1611/12
Öl auf Leinwand, 164 x 139 cm

In Rubens' sogenannten Vier Philosophen erkennen wir ganz links ein Selbstporträt des Malers. Vor ihm ist sein Bruder Philipp Rubens dargestellt, dessen früher Tod im August des Jahres 1611 vielleicht den Anlaß zur Anfertigung des Bildes bot. Der Darstellung käme damit der Charakter eines Gedächtnisbildes zu, dem durchaus auch die eigentümlich entrückte, abstrakt-vergeistigte Stimmung der Gruppe entspricht. Ganz rechts, mit einem aufgeschlagenen Buch in den Händen, ist der Humanist Jan Woverius wiedergegeben. Die innerhalb der Gruppe dominierende Gestalt ist allerdings der berühmte, 1606 verstorbene Philosoph Justus Lipsius. Er ist hier in die philosophische Tradition der antiken Stoa gerückt, an deren berühmtesten Vertreter Seneca in der Wandnische hinter ihm eine Porträtbüste erinnert. Als Symbole menschlicher Vergänglichkeit stehen daneben zwei blühende Tulpen für die noch Lebenden, während zwei geschlossene Tulpen an die Verstorbenen erinnern. Letztere konnte der zeitgenössische Betrachter nicht zuletzt anhand der altertümlichen Mühlsteinkrägen einer vergangenen Zeit zuordnen.

Giorgione: Die drei Lebensalter, um 1505
Öl auf Holz, 62 x 77 cm

Das berühmte Gemälde wird heute oft dem venezianischen Maler Giorgio da Castelfranco (genannt Giorgione, um 1477–1510) zugeschrieben. Unmittelbar scheint hier die eigentümliche Stimmung des Konzertes von Tizian (vgl. S. 53) vorweggenommen. Hier wie dort bleibt das eigentliche Thema des Gemäldes rätselhaft, ein verborgener Sinngehalt ist kaum mehr zu entschlüsseln. Nachdem man zwischenzeitlich glaubte, den jugendlichen Marc Aurel bei der Unterrichtung durch zwei Philosophen erkennen zu können, finden die Dargestellten in der heutigen Benennung des Bildes eine Deutung als Sinnbilder der Jugend, der Reife und des Alters.

Raffael: Madonna del Granduca, um 1505
Öl auf Leinwand, 85 x 56 cm

Die Berühmtheit des Raffaello Santi (1483–1520) gründete schon zu Lebzeiten des Künstlers nicht zuletzt auf den zahlreichen, von ihm so unnachahmlich gestalteten Madonnenbildern. Trotz des heute übermalten Hintergrundes zählt die frühe, Madonna del Granduca (um 1505) zu den herausragenden Beispielen dieses Bildtyps. Schon im 19. Jh. erfreute sich das Gemälde einer außerordentlichen Beliebtheit. Sanftmut und Melancholie strahlt das Bild aus. Der kompositorische Aufbau wirkt schlicht, ist aber durchaus reich an subtil eingebrachten Feinheiten des malerischen Vortrags. Die Madonna ist als Dreiviertelfigur gezeigt. Sie und das Jesuskind wenden sich dem Betrachter zu. Der Kopf der Madonna ist leicht zur Seite geneigt. Ein rötlicher Schimmer überzieht ihre Wangen und die des Sohnes. Mit einem Gestus unvergleichlicher Zartheit hat Maria die rechte Hand an den Körper des Kindes gelegt, um dieses zu stützen. Alle Konturen sind als fließende Übergänge gestaltet und wie durch einen weichen Schleier aufgelöst.

Raffael: La Velata, um 1516
Öl auf Leinwand, 85 x 64 cm

Im Bildnis der Dame mit Schleier begegnet uns Raffael auf dem Höhepunkt seines Schaffens. Bis heute konnte die Identität der Dargestellten – vielleicht eine Römerin aus dem Umfeld des Künstlers – nicht geklärt werden.
Raffaello Santi führte das Gemälde mit der allergrößten Sorgfalt aus und überarbeitete zahlreiche Partien des Bildes immer wieder. Zurecht wird das wundervolle Gemälde heute zu den Höhepunkten der Bildniskunst der italienischen Hochrenaissance gerechnet.

Caravaggio: Schlafender Cupido, um 1608
Öl auf Leinwand, 71 x 105 cm

Michelangelo Merisi da Caravaggio (um 1571–1610) führte ein kurzes, aber überaus bewegtes Leben. In vielen seiner oftmals dramatisch zugespitzten Gemälden vermeint man etwas vom ungestümen und aufbrausenden Wesen des Künstlers widergespiegelt zu sehen; nicht so im querformatigen Leinwandbild des friedlich schlafenden Cupido, das vermutlich erst auf Malta entstand, wohin der Künstler 1607 geflohen war. Alle Konzentration ruht auf der Aktdarstellung des kindlichen Liebesgottes. In den extremen, für Caravaggio so charakteristischen Hell-Dunkel-Effekten ist der Körper des Knaben modelliert. Die Quelle des grellen Lichtscheins, der in dieser nächtlichen Szene auf den schlafenden Amor fällt und überdies auf rätselhafte Weise die Ränder des hinteren Flügels aus dem Dunkel hervortreten läßt, bleibt dem Betrachter des Bildes allerdings verborgen.

Raffael: Madonna della Seggiola, um 1515
Öl auf Holz, Dm. 71 cm

Auf einem Stuhl sitzend hält Maria ihren eng an sie geschmiegten Sohn umschlungen. Mit dem Gestus der zum Gebet erhobenen Hände neigt sich rechts der Johannes-Knabe den beiden zu. Die rundformatige Tafel war vermutlich zur privaten Andacht bestimmt. Das religiöse Thema ist ungewöhnlich natürlich umgesetzt. Maria trägt die zeitgenössische römische Kleidung. Ihrem eindringlich-intensiven Blick vermag man sich kaum zu entziehen. Fast scheint es, als suche sie das Kind auf ihrem Schoß vor jeglichem Zugriff schützen zu wollen.

Virtuos ist es Raffael zudem gelungen, seine Kompostion der Rundform des Tondo einzufügen, obwohl die Figuren in beträchtlicher Größe beinahe die gesamte Bildfläche vereinnahmen.

Filippo Lippi: Madonna mit Kind und Szenen aus dem Marienleben, um 1450
Tempera auf Holz, Dm. 135 cm

Filippo Lippis Tondo zählt zu den frühesten Beispielen dieses Bildtypus. Im Hintergrund erkennen wir die Begegnung von Anna und Joachim, während links die Geburt der Muttergottes dargestellt ist. Weit vor diesen Geschehnissen ist die Madonna plaziert. Ihr Antlitz ist das einer schönen Frau; Kleidung und Kopfschmuck entsprechen der zeitgenössischen Mode. In ihren Gesichtszügen spiegelt sich eine Vorahnung des Kreuztodes Christi. Der Granatapfel in seiner Hand deutet auf die Passion voraus.

FRA FILIPPO LIPPI
MADONNA con GESU BAMBINO

Giovanni Boccaccio – Der Verfasser des »Decamerone«

Giovanni Boccaccio wurde 1313 in Florenz oder nahe der Stadt (in Certaldo) als unehelicher Sohn des Kaufmannes und Geldwechslers Boccaccino di Chellino geboren. Als der Vater 1427 als Bevollmächtigter des Bankhauses der Bardi nach Neapel übersiedelte, sollte Giovanni dort zunächst seine bereits in Florenz begonnene, kaufmännische Ausbildung fortsetzen. Gegen den erklärten Willen des Vaters wandte sich der Jüngling jedoch immer mehr seiner eigentlichen Neigung zu und begann im Umfeld des Hofes der Anjou, deren stattliche Bibliothek ihn faszinierte, mit seinen Studien der klassischen Sprachen und der Literatur. Schon bald entstand der Liebesroman »Filocolo« (1336), dem kurze Zeit später die ersten lateinischen Versdichtungen folgten. Das bedeutendste biographische Ereignis jener Jahre war jedoch die Begegnung mit Fiammetta. Wie Dante im Falle der Beatrice, sollte Boccaccio diese gleich mehrfach zum Gegenstand späterer Liebesdichtungen machen. Als mit dem Zusammenbruch der Bardi-Bank 1340 allerdings auch Boccaccios Familie in finanzielle Nöte geriet, sah sich Giovanni widerwillig gezwungen, nach Florenz zurückzukehren. Abgesehen von zahlreichen Reisen, die ihn unter anderem auch noch mehrmals nach Neapel führten, sollte er seinen Wohnsitz in der Arno-Metropole behalten und sich hier fortan ausschließlich der Literatur widmen. Davon, daß er es in seiner Heimatstadt dabei zu beträchtlichem Ansehen brachte, zeugt nicht zuletzt die Tatsache, daß er hier 1373, zwei Jahre vor seinem Tod, mit dem ersten öffentlichen Lehrstuhl zur Deutung der »Divina Commedia« des Dante Alighieri beauftragt wurde. Bereits ein Jahrzehnt zuvor hatte Boccaccio seine bemerkenswerte »Vita di Dante« vollendet.

Weltruhm sicherte sich Giovanni Boccaccio in erster Linie allerdings mit seinem »Decamerone« (aus griech. »deka« = zehn und »hemera« = Tag). Die Rahmenhandlung dieser berühmten Novellensammlung ist im Jahr der großen Pest von 1348 angesiedelt. Zehn junge Angehörige des gehobenen Bürgertums – sieben Männer und drei Frauen – ziehen sich auf ein Landgut nahe der Stadt zurück. Zum Zeitvertreib erzählt jeder von ihnen an zehn Tagen jeweils eine Geschichte. Beherrschendes Thema der einzelnen Erzählungen ist die Liebe. In heiteren Episoden wird dabei gleichsam ein Panorama amouröser Vorstellungskreise des 14. Jh.s entfaltet.

Allein der Intervention Petrarcas, mit dem Boccaccio eine langjährige Freundschaft verband, ist es zu verdanken, daß uns dieses bedeutende Zeugnis der Weltliteratur erhalten blieb. Boccaccio selbst hatte zwischenzeitlich nämlich geplant, sein Werk eigenhändig zu vernichten.

Andrea del Castagno: Givanni Boccaccio, um 1450, Fresko (auf Leinwand übertragen), 245 x 165 cm, Galleria degli Uffizi, Florenz

DOMINVS IOHANNES BOCCACCIVS

Giardino di Boboli

Über einer Fläche von 45 000 Quadratmetern erstreckt sich die weitläufige Parkanlage der Boboli-Gärten (benannt nach den früheren Besitzern des Geländes, der Familie Boboli). Für Eleonora von Toledo, die Gemahlin Cosimo I., hatte Niccolò Pericoli (genannt Tribolo) um 1550 dieses herausragende Beispiel eines »giardino all'italiana« begonnen. Das Areal wurde durch Bartolomeo Ammanati, Bernardo Buontalenti und Alfonso Parigi mehrfach erweitert. Mit einem Amphitheater, zahllosen Skulpturen und Brunnenanlagen, mehreren Gartengebäuden und spätmanieristischen Attraktionen, wie beispielsweise der Buontalenti-Grotte, wuchs das Ganze im Laufe mehrerer Jahrhunderte zu einer abwechslungsreichen Verbindung von Kunst und Natur heran, in der botanische Experimentierlust ebenso bezeugt ist wie höfisch geprägtes Repräsentations- und Vergnügungsbedürfnis. Neben exotischen Früchten und Pflanzen, die aus aller Welt herbeigeschafft wurden, baute man hier erstmals in Italien unter anderem Kartoffeln an und züchtete zeitweilig sogar Seidenraupen.

Forte di Belvedere

Nachdem im Norden von Florenz schon 1534–1535 unter Leitung des Baumeisters Antonio da Sangallo eine imposante Festungsanlage – genannt Fortessa da Basso – errichtet worden war, wurde das Forte di Belvedere 1590–1595 auf Veranlassung des Großherzogs Ferdinando I. von Bernardo Buontalenti als südlicher Außenposten der Stadt erbaut.

Von dieser Befestigung aus sollte Florenz und der herzoglichen Residenz im Palazzo Pitti militärischer Schutz

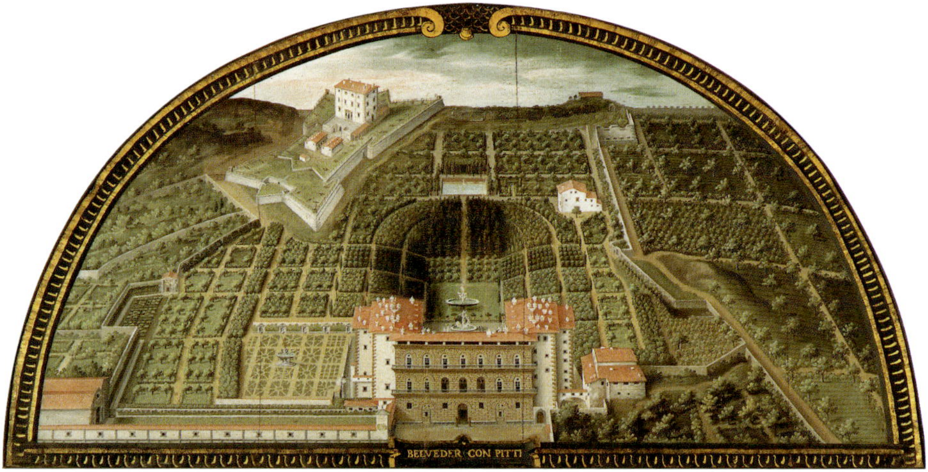

gewährleistet werden. Inmitten der massiven Befestigungsanlage erinnert das eigentliche Kastell erstaunlicherweise eher an eine ländliche Villa. Sicher hatte Ferdinando I. von Beginn an den Hintergedanken, hier im Falle politischer Unruhen und eines eventuellen Stimmungswechsels gegen die Herzogsfamilie einen sicheren Zufluchtsort zu finden. Bezeichnenderweise waren die Kanonen der Fortezza so denn zum Teil auch auf die Stadt Florenz selbst gerichtet.

Im Namen Forte di Belvedere, den man wörtlich mit »Festung zur Schönen Aussicht« übersetzen könnte, ist ausgedrückt, daß sich von den Terrassen der weitläufigen Anlage der schönste Blick auf die Stadt bietet. Ein Besuch lohnt sich daher nicht nur wegen der heute hier stattfindenden Wechselausstellungen.

Giusto Utens: Vedute des Palazzo Pitti, des Giardino di Boboli und des Forte di Belvedere, 1599
Fresko

Im Museum für Stadtgeschichte (Museo di Firenze com'era) hat sich neben zahlreichen weiteren Zeugnissen zur Historie von Florenz eine Reihe von Lünettengemälden des flämischen Künstlers Giusto Utens erhalten, zu denen auch diese reizvolle Vedute aus dem Jahre 1599 gehört.

Im Vordergrund ist der Palazzo Pitti in seiner damaligen Gestalt, vor der Erweiterung durch Giulio Parigi (um 1620), zu sehen. Unmittelbar an die Boboli-Gärten, die sich ausgehend vom damals architektonisch noch nicht gestalteten Amphitheater in die hinter dem Palast gelegenen Hügel hinein erstrecken, grenzt oben links das Forte di Belvedere.

Giardino di Boboli

Grotta del Buontalenti (um 1583), S. 469

Fontana del Baccho von Valerio Cioli (um 1560), S. 468

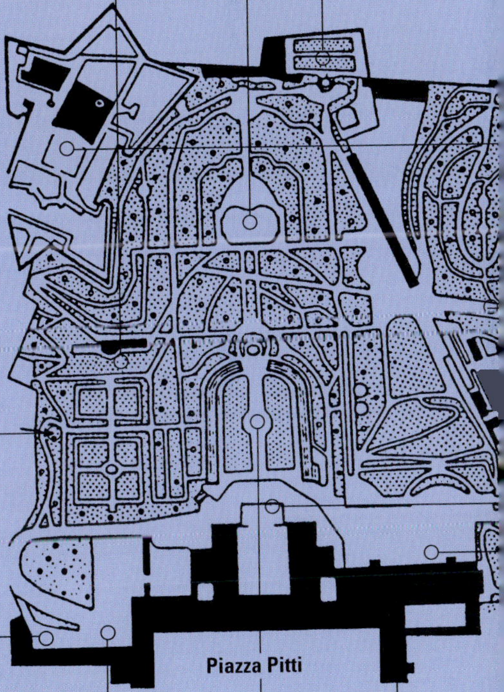

Forte di Belvedere, S. 465

Il Viottolone, S. 470

Piazzale del Isolotto: Fontana dell' Oceano von Giambologna (1576), S. 471

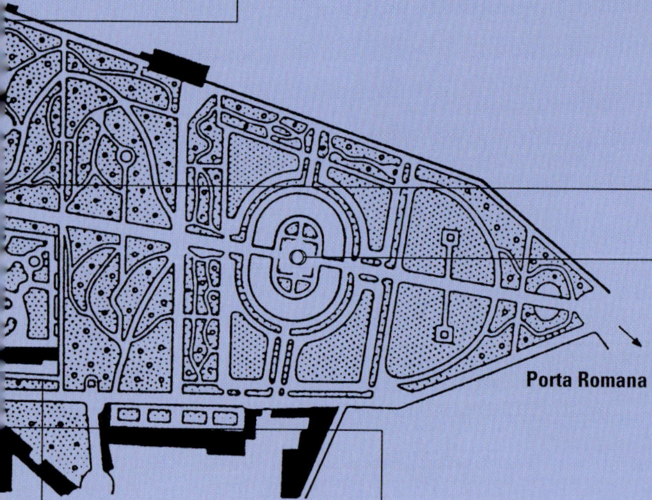

Fontano del Carciofo von Francesco Susini und Franceso del Tadda (1639–1641)

Palazzina della Meridiana – Museo del Costume

Valerio Cioli: Fontana del Bacco, um 1560

Dem Hofnarren der Medici ist mit dem sogenannten Bacchusbrunnen ein Denkmal gesetzt. Der Zwerg erfreute sich wegen seiner Auftritte am Hofe außerordentlicher Beliebtheit und wurde u. a. von Vasari und Bronzino porträtiert. Wenig schmeichelhaft stellte ihn Cioli nackt und in voller Leibesfülle auf einer Schildkröte reitend dar.

Grotta del Buontalenti

Die Grotte verdankt ihren Namen dem Florentiner Architekten Bernardo Buontalenti, der sie nach 1583 für Francesco de' Medici gestaltete. In drei höhlenartigen Räumen entfaltet sich hier ein groteskes Spiel von einfallsreicher Skurrilität. Dieser Eindruck war ehemals noch durch Wasserspiele und ein an der Decke befindliches Kristallbassin, in dem tatsächlich lebende Fische schwammen, gesteigert. Bei näherem Hinsehen entpuppen sich die Stalaktitwände als Darstellungen von Hirten und Schafen. Von hohem Rang ist zudem die skulpturale Ausstattung der grottenartigen Räume. Giambolognas Venus von 1573 (hinterer Raum) und die Paris-und-Helena-Gruppe des Vincenzo de' Rossi (um 1560) fanden hier ebenso Aufstellung wie die Sklaven des Julius-Grabmals von Michelangelo. Letztere sind in den Ecken des vorderen Raumes, wo sie Cosimo I. einfügen ließ, durch Kopien ersetzt, die Originale werden seit 1909 in der Galleria dell' Accademia ausgestellt.

Il Viottolone

Bei der Erweiterung des Parks wurde zu Beginn des 17. Jh.s eine langgestreckte, von zahlreichen Statuen gesäumte Allee, genannt il Viottolone (= Feld-, bzw. Fußweg), angelegt. Sie durchzieht die Anlage in ost-westlicher Richtung, zur Porta Romana hin ausgerichtet.

Ursprünglich war die Allee allein von den seitlichen Laubengängen gesäumt, in späterer Zeit wurden die schattenspendenden Zypressen zu beiden Seiten des Weges gepflanzt. Flankiert wurde diese Hauptachse des Parks ehemals wohl von beeindruckenden, lebendigen Wasserspielen, wie sie noch heute weite Teile der Parkanlage durchziehen. Fischteiche, Vogelhäuser und Heckenlabyrinthe boten den Flanierenden abwechslungsreiche Unterhaltung, eine Vielzahl exotischer Pflanzen konnte ebenso bewundert werden.

Piazzale del Isolotto – Ozeanusbrunnen

Von den höher gelegenen Teilen des Parks führt der Weg über die »Viottolone« hinab zum »Isolotto« (Inselchen), einem von hohen Hecken gesäumten, ovalen Platz, in dessen Mitte Pietro Tacca 1618 einen Teich anlegen ließ. Im Zentrum fand Giambolognas Ozeanusbrunnen (1576, Kopie eines im Bargello befindlichen Originals) Aufstellung. Schon Jacob Burckhardt befand diesen »einfach majestätisch, wie kein anderes Brunnengebilde von Italien und dem ganzen Abendland.« Zu Füßen der Hauptfigur finden sich Personifikationen der Flüsse Nil, Ganges und Euphrat, die hier als Symbole der drei Lebensphasen (Jugend, Reife und Alter) gedeutet werden können.

Florenz – Die Stadt der Feste und Feiern

Schon im Mittelalter darf Florenz als Stadt der Feste und Feierlichkeiten, der Prozessionen und Spiele bezeichnet werden. Tatsächlich war manches Jahr auch im 15. Jh. noch derart von Festtagen aller Art gesäumt, daß es schwerfallen muß, sich ein regelmäßiges Arbeitsleben am Arno vorzustellen. Eine Aufstellung des Jahres 1457 verzeichnet immerhin 87 arbeitsfreie Feiertage und vermerkt zudem, daß es an den übrigen nur erlaubt sei zu arbeiten, wenn der Durchlauchtigste Fürst kein Fest befehle.

Einer besonderen Beliebtheit erfreuten sich in zunehmendem Maße die zahlreichen Pferdewettkämpfe. Schauplatz des einmal im Jahr

stattfindenden »Palio dei Cocchi«, einem Kutschenrennen, das Cosimo I. 1563 nach dem Vorbild altrömischer Wagenrennen ins Leben gerufen hatte, war noch bis ins 19. Jh. die Piazza Santa Maria Novella. Am 24. Juni veranstaltete man zu Ehren des städtischen Schutzheiligen der Stadt, Johannes d. T., Prozessionen und ein Rennen mit Berberpferden. Der Sieger erhielt den sogenannten Palio, eine samtene Fahne, als Preis. Während Reiter- und Pferdewettkämpfe dieser Art heute nur noch in Siena (und Arezzo) veranstaltet werden, wird der Festtag des Hl. Johannes (Festa del Patrono) in Florenz noch immer von einer Vielzahl verschiedenster Veranstaltungen begleitet. Neben den traditionellen Ruderwettbewerben auf dem Arno findet an diesem Tag das Endspiel des antiken »Calcio storico« statt (die Finalisten dieses »Historischen Fußballs« werden an den vorausgehenden Juni-Wochenenden ermittelt). Begleitet von

Cassone mit bildlicher Darstellung der Reiterprozession am Festtag des Hl. Johannes, Museo Nazionale del Bargello, Florenz

Aufmarsch der Bannerträger beim »Calcio Storico« auf der Piazza della Signoria

Bannerträgern und Fanfaren liefern sich bei diesem Spektakel Mannschaften der verschiedenen Stadtviertel in historischen Kostümen auf der Piazza Santa Croce (und zeitweilig auch auf der Piazza della Signoria) erbitterte Kämpfe, die mit dem heutigen Fußballspiel nur wenig gemeinsam haben. Höhepunkt des Tages ist ein gewaltiges Feuerwerk, das von der Piazzale Michelangelo aus gezündet wird.

Am Ostersonntag findet alljährlich der »Scoppio del Carro« (wörtl. Explosion des Wagens) statt. Die Ursprünge des Festes reichen ins 12. Jh. zurück, als der Kreuzfahrer Pazzino de' Pazzi drei Feuersteine nach Florenz brachte, die vom Grabe Christi stammen sollten. Seit dem 16. Jh. findet der »Scoppio del Carro« in seiner heutigen Form statt. Bei einer Prozession wird ein reichverzierter Karren, der mit Feuerwerkskörpern bestückt ist, von zwei weißen Ochsen auf die Piazza del Duomo gezogen. Dort angelangt, wird über eine Seilkonstruktion eine brennende Pappmaché-Taube (die sogenannte Colombina) vom Hochaltar des Domes auf den Wagen vor der Kathedrale geschossen. Entzündet sich der Wagen unverzüglich, darf man auf gute Geschäfte und eine reiche Ernte hoffen. Versagt die Zündung, ist das Gegenteil zu befürchten.

An Christi Himmelfahrt ziehen die Florentiner in den Cascine-Park zur traditionellen Grillensuche. Das Unterfangen ist heute allerdings dadurch erheblich erleichtert, daß man die selten gewordenen Tiere zum Vergnügen der Kinder auch käuflich erwerben kann. Von zahlreichen Attraktionen gesäumt, hat sich die »Festa del Grillo« zu einem ebenso beliebten wie amüsanten Volksfest entwickelt.

Religiösen Ursprungs ist auch die »Festa della Rificolona«. Am 7. September, dem Vortag der Geburt Mariä, versammeln sich abends die Kinder der Stadt zu einem Umzug mit phantasievoll gestalteten Fackeln, Laternen und Lampions.

»Scoppio del Carro« auf der Piazza del Duomo

Die wichtigsten Florentiner Festtage

März/April, jeweils am Ostersonntag: **Scoppio del Carro** (Explosion des Wagens)

31. Mai: **Festa del Grillo** (Grillen- bzw. Frühlingsfest im Parco delle Cascine)

Juni (an mehreren Wochenenden): **Calcio Storico** (Historischer Fußball) auf der Piazza Santa Croce

24. Juni: **Festa di San Giovanni** (Festtag für den Stadtpatron Johannes den Täufer); Feuerwerk auf der Piazzale Michelangelo;

7. September: **Festa della Rifricolona** (Laternenfest)

Jacques Callot: Historisches Fußballspiel auf der Piazza Santa Croce, Gabinetto dei Disegni e delle Stampe, Galleria degli Uffizi, Florenz

Santo Spirito

Die Fassade von Santo Spirito trug ehemals eine malerische Gliederung, ist heute allerdings schlicht verputzt und bietet, trotz der erst 1758 ausgeführten Giebelzone mit seitlichen Voluten, nur mehr einen äußerst schmucklosen Anblick. Dennoch gilt insbesondere der Innenraum als architektonisches Juwel der Florentinischen Frührenaissance.

Filippo Brunelleschi wurde von einer 1434 einberufenen Kommission als Baumeister eingesetzt. Erst im Todesjahr des Architekten (1446) erfolgte die Anlieferung der ersten Säulen für den Neubau, der die ältere Augustineranlage des 13. Jh.s ersetzen sollte. Brunelleschi selbst erlebte nur die früheste Bauphase. Sein Schüler Antonio Manetti konnte in der Folgezeit nicht verhindern, daß es in Teilen zu Abweichungen von den Bauplänen seines Lehrmeisters kam. So hatte Brunelleschi ursprünglich beispielsweise vorgesehen, die Seitenkapellen am Außenbau nicht mit einer durchgängigen Mauerfläche zu umfangen, sondern in ihren Rundungen hervortreten zu lassen, um damit eine stärkere plastische Durchgliederung des Baukörpers zu bewirken. Ungeachtet aller späteren Eingriffe ist Santo Spirito bis heute allerdings der Florentiner Kirchenbau, der am klarsten von der architektonischen Konzeption der frühen Renaissance Zeugnis ablegt und zudem als vollendetste Raumschöpfung Brunelleschis gelten darf. 1484 fanden die Arbeiten mit der Kuppelüberwölbung ihren Abschluß, bis 1566 zog sich die Errichtung des Campanile nach Plänen des Baccio d'Agnolo hin.

Innenraum

Santo Spirito ist über dem Grundriß eines lateinischen Kreuzes als flachgedeckte, dreischiffige Basilika mit umlaufenden Seitenkapellen errichtet. Unmittelbar erinnert der lichtdurchflutete Innenraum an denjenigen von San Lorenzo. Filippo Brunelleschi, dem einige Jahre zuvor schon dort die bauliche Leitung übertra-

gen worden war, genoß an Santo Spirito allerdings größere Freiheiten, die es ihm erlaubten, eine ganzheitlichere Raumlösung zu formulieren, die weit über den Vorgängerbau hinausreicht. Beeinträchtigt ist der Raumeindruck heute leider durch den Vierungsaltar des Giovanni Battista Caccini (1599–1609).

Als verbindliche Maßeinheit, die allen Teilen des Raumes zugrundeliegt, diente das kuppelüberwölbte Vierungsquadrat mit seiner Seitenlänge von 22 Florentiner Ellen. Dem Chorraum und den Querhausarmen liegt diese Einheit zugrunde, das Mittelschiff des Langhauses erstreckt sich (nach den ursprünglichen Plänen) exakt über die vierfache Länge dieser Grundform. Einem Viertel der Vierungsgröße entsprechen im Grundriß die einzelnen Joche der Seitenschiffe, deren halbem Durchmesser wiederum die angrenzenden Kapellen. Der auf mathematischer Grundlage präzise konstruierte Grundriß findet seine konsequente Fortsetzung aber auch in der Form des Aufrisses. So entsprechen beispielsweise Obergaden und Arkadenzone der Seitenschiffwände mit einer Höhe von jeweils 22 Ellen erneut der Seitenlänge des Vierungsquadrates. In geradezu analytischer Konsequenz liegt dem Bau ein geometrisches System zugrunde, das alle Teile in ein logisches Verhältnis zum Ganzen setzt.

Brunelleschi gelang damit in Santo Spirito eine epochale Bauleistung, die nicht zuletzt den Idealen römisch-antiker Architekturtheorie, wie sie Vitruv in seinen zehn Büchern »De architectura« niedergelegt hatte, verpflichtet ist.

Cenacolo di Santo Spirito – Museo della Fondazione Salvatore Romano

An die Augustinerkirche Santo Spirito schloß sich eine Klosteranlage an, die im 13. Jh. zu den größten südlich des Arno gehörte und die heute bedauerlicherweise nicht mehr vollständig erhalten ist. Bemerkenswerte Stücke der Ausstattung sind die leider nur noch fragmentarisch erhaltenen Fresken der Kreuzigung und des Abendmahls von Andrea Orcagna (um 1360). Im Refektorium ist heute das Skulpturenmuseum der Stiftung Salvatore Romano (Fondazione Romano nel Cenacolo di Santo Spirito) zu besichtigen.

Santo Spirito

Giovanni Battista Caccini: Hauptaltar (1599–1609)

Cappella Corbinelli: Andrea Sansovino-Altar (um 1490)

Cappella Cavalcanti: Früheste Florentinische Pietra-Dura Dekoration (1562)

Campanile (1571 nach Plänen des Baccio d' Agnolo vollendet)

Sagrestia (nach Plänen des Giuliano da Sangallo, 1488–1496), S. 482

Secondo Chiostro (Bartolomeo Ammanati, 1565)

Refettorio – Museo della Fondazione Salvatore Romano, S. 479

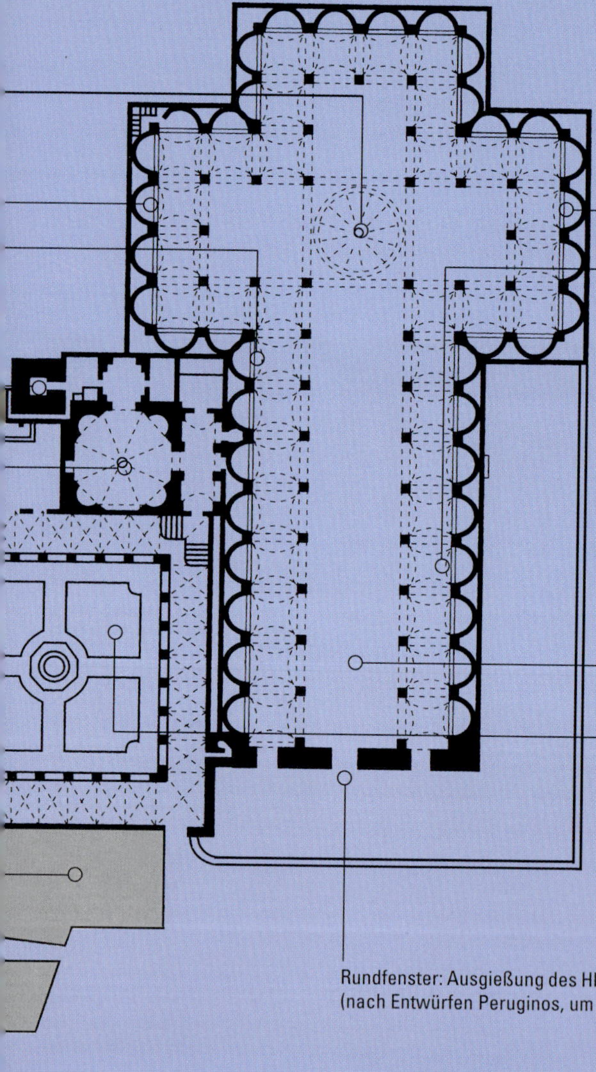
Filippino Lippi: Sacra Conversazione (1488)
Giovanni Stradano: Tempelaustreibung (1572)
Mittelschiff, S. 477
Primo Chiostro (Alfonso Parigi, 1580)
0
20 m
Rundfenster: Ausgießung des Hl. Geistes (nach Entwürfen Peruginos, um 1500)

Sagrestia

Durch einen tonnengewölbten Vorraum gelangt man in die Sakristei von Santo Spirito, die 1488–1492 nach Plänen des Giuliano da Sangallo (1445–1516) errichtet wurde. Der Baumeister erweist sich hier als ausgezeichneter Kenner der vorausgegangenen Florentinischen Architektur. Wesentliche Impulse für seine Gestaltung des achteckigen Zentralraumes empfing Sangallo unübersehbar vom Baptisterium, dem Dom und insbesondere auch den Bauten Filippo Brunelleschis, dessen Alte Sakristei von San Lorenzo ihm als Vorbild gedient haben dürfte. Im dreigeschossigen Aufbau der von kräftigen Gesimsen untergliederten Wandflächen gelangte er jedoch zu einer höchst eigenständigen Lösung, die noch Michelangelo beim Bau der Neuen Sakristei inspirieren sollte.

Santa Maria del Carmine

Die Karmeliterkirche Santa Maria del Carmine verdankt ihren Ruhm den Fresken von Masaccio und Masolino in der Cappella Brancacci. An der östlichen Stirnwand des Querhauses gelegen, blieb die Kapelle wie ihr gegenüberliegendes Pendant, die Corsini-Kapelle, von jenem verheerenden Feuer verschont, das 1771 weite Teile der gotischen Kirche des 13. Jh.s zerstörte. Der barocke Wiederaufbau und die Neugestaltung des Innenraumes erfolgten um 1775 unter Leitung von Giuseppe Ruggieri und Giulio Mannaioni. Die Fassade ist bis heute in ihrem Rohzustand belassen und bietet daher wie diejenige von San Lorenzo ein nur wenig ansprechendes Bild.

Innenraum

Über dem kreuzförmigen Grundriß des gotischen Vorgängerbaus wurde der Innenraum als einschiffige Saalkirche mit Querhaus und Vierungskuppel errichtet. Der langgestreckte Raum ist von Seitenkapellen flankiert und mit einem Tonnengewölbe geschlossen, das Giuseppe Romei 1782 mit Darstellungen der Himmelfahrt und der Verklärung Christi freskierte. Besondere Beachtung verdient an der westlichen Stirnwand des Querhauses die Kapelle der Patrizierfamilie Corsini. Die Brancacci-Kapelle – auf der gegenüberliegenden Seite – ist heute nicht mehr durch das Kircheninnere zu erreichen, sondern seit Abschluß der jüngsten Restaurierungsarbeiten im Jahre 1990 nur noch durch den separaten Eingang rechts neben der Fassade.

Die Last des kulturellen Erbes – Von denkmalpflegerischen und touristischen Problemen

Der beständig anwachsenden Zahl der kunstinteressierten Besucher, die Jahr für Jahr nach Florenz pilgern und die Stadt mancherorts in eine Art »kulturellen Erlebnispark« verwandeln, steht im historischen Zentrum eine rückläufige Einwohnerzahl gegenüber. Wie kaum eine zweite Metropole Europas ist das vergleichsweise kleine Florenz gezwungen, den schmalen Grat zwischen touristischer Attraktivität und der Bewahrung zeitgemäßer Vitalität zu beschreiten. Eine moderne Dienstleistungsmetropole, ein in der Toskana tonangebendes Kongreß- und Modezentrum entstand auf diesem Wege. Längst ist zudem der Fremdenverkehr zu einem lebensnotwendigen Wirtschaftszweig geworden, der den Restaurant- und Boutiquebesitzern, den Souvenirverkäufern und Hoteliers ihre Existenzgrundlage bietet. Die Verpflichtung zum Erhalt der einzigartigen Kunstdenkmäler erfordert von der Kommune allerdings auch gewaltige Anstrengungen und beträchtliche finanzielle Aufwendungen. Die während der letzten Jahrzehnte kontinuierlich erhöhten Eintrittspreise, die zur Besichtigung der zahllosen Museen, Kirchen und Sehenswürdigkeiten erhoben werden, vermögen nur einen geringen Teil der Kosten zu decken, die zu ihrem Unterhalt alljährlich aufgebracht werden müssen. Eine wahre Sisyphusarbeit ist zu bewältigen, wo Umwelteinflüsse unserer Zeit den Verfall der Bauwerke, Skulpturen und Fresken zunehmend beschleunigen.

Masaccio: Almosenspende (vor der Restaurierung), um 1425, Fresko, Cappella Brancacci, Santa Maria del Carmine, Florenz

Schon 1873 wurde Michelangelos David zum Schutz vor Witterungseinflüssen in die »Accademia« überführt und an seinem ursprünglichen Standort durch eine Kopie ersetzt. Unzählige Skulpturen mußten seither in geschützten Innenräumen untergebracht werden, um sie vor

der Zerstörung durch sauren Regen und abgasvergiftete Luft zu bewahren. An ihren ursprünglichen Aufstellungsorten finden sich heute oft nur noch Kopien.

Neben die mit erheblichem Aufwand verbundene Restaurierung der Skulpturen treten die Schwierigkeiten im Bereich der Gemälderestaurierung. Insbesondere die zahllosen Fresken der Stadt erfordern besondere Aufmerksamkeit der Restauratoren, die dort, wo Feuchtigkeit, Wassereinbruch und andere Gefahren drohen, die Wandmalereien oftmals auf neue Bildträger übertragen und nötigenfalls aus ihrem ursprünglichen räumlichen Kontext herauslösen mußten. Letzteres konnte bei den Fresken der »Cappella Brancacci« vermieden werden, als deren Restaurierung 1981 unausweichlich geworden war. Einschließlich der notwendigen Vorarbeiten zogen sich die Arbeiten bis ins Jahr 1990 und verliefen damit nahezu parallel zu denjenigen in Michelangelos Sixtinischer Kapelle. Im Falle der Brancacci-Kapelle darf man jedoch vorbehaltlos von einem Jahrhundertwerk der Restauratoren sprechen. In großer Zahl brachte ihre Arbeit spektakuläre Entdeckungen, die manches ältere kunsthistorische Urteil obsolet machten und einige Fehleinschätzungen zu revidieren halfen. Nicht zuletzt sehen wir Adam heute wieder in seiner ursprünglichen Nacktheit. Vorausgegangenen Generationen blieb dieser Anblick verwehrt, da ein früher Zensor die Blöße mit Blattwerk übermalt hatte.

Masaccio: Almosenspende (nach der Restaurierung), um 1425, Fresko, Cappella Brancacci, Santa Maria del Carmine, Florenz

Cappella Brancacci

Die berühmten Fresken der Cappella Brancacci – nebenstehend noch einmal in ihrem stark nachgedunkelten Zustand vor Beginn ihrer Restaurierung abgebildet – erstrahlen heute wieder in ihrem ursprünglichen Glanz. Über nahezu ein Jahrzehnt, von 1981–1990 war eine Heerschar von Restauratoren in minuziöser Kleinarbeit mit der Wiederherstellung der teilweise zerstörten Malereien beschäftigt.

In ihrer realistischen Bildsprache, die exakte zentralperspektivische Konstruktionen ebenso umfaßte wie eine eindringliche Individualisierung der Figuren und eine aus menschlicher Emotion genährte Dramatik der Erzählweise, stellen die Malereien einen Markstein innerhalb der abendländischen Kunstgeschichte dar.

Mit der Ausmalung der Kapelle hatte ursprünglich Masolino da Panicale (1383–1440) im Jahre 1424 für den Tuchhändler Felice Brancacci begonnen. Die Fresken werden heute in erster Linie mit dem Namen des 18 Jahre jüngeren Masaccio in Verbindung gebracht. Er war vielleicht schon von Beginn an gleichberechtigt an den Arbeiten beteiligt, führte sie aber spätestens ab 1425 alleine fort, als Masolino die Stadt verlassen hatte.

Allzu früh, im Alter von nur 26 Jahren, kam Masaccio während einer Romreise im Jahre 1428 auf mysteriöse Weise ums Leben. Die Malereien der Kapelle waren zu diesem Zeitpunkt noch nicht vollendet. Erst 1481–1485 vervollständigte Filippino Lippi den Zyklus, der Begebenheiten aus dem Leben des ersten Apostels Petrus zum Gegenstand hat.

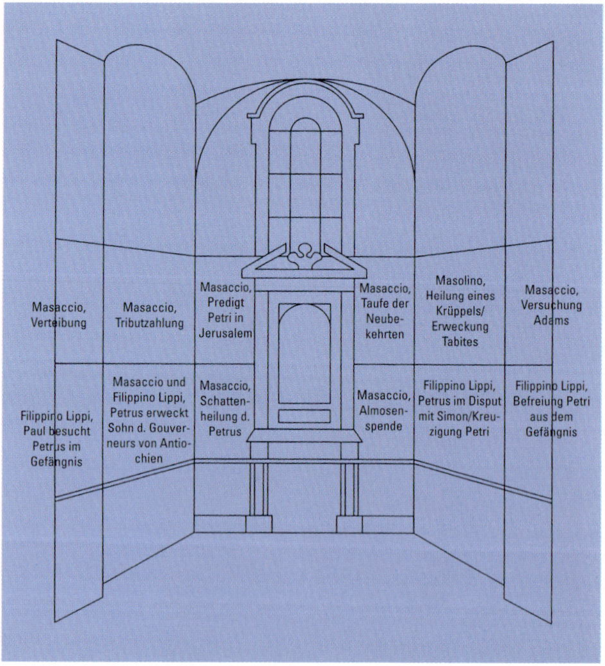

Masolino: Der Sündenfall, um 1425, Detail
Fresko, 214 x 89 cm

Die unterschiedlichen künstlerischen Temperamente der Maler Masolino und Masaccio werden im Vergleich der beiden gegenüberliegenden, den Zyklus thematisch einleitenden Szenen des Sündenfalls und der Vertreibung aus dem Paradies deutlich. Im Vergleich zu Masaccios dramatisch bewegter Vertreibungsszene wirkt Masolinos Fresko des Sündenfalls bzw. der Versuchung Adams eher starr und sinnbildhaft. Einem traditionelleren Darstellungstyp verpflichtet, erkennen wir Adam und Eva unterhalb des Baumes, der die verbotene Frucht trägt. In anmutigen Posen und raffiniert-eleganter Modellierung der gelängten Körper stehen beide einander gegenüber. Allein in den subtilen Gesten Adams und dem auf ihn gerichteten Blick Evas teilen sich Andeutungen emotionaler Regungen mit. Adam scheint noch von innerem Zwiespalt, zwischen seiner Liebe zu Eva und dem Unbehagen angesichts ihrer Forderung, den Apfel vom Baum zu pflücken, ergriffen. Am Fortgang des Geschehens läßt der selbstbewußte, fast dominante Blick Evas, die auch durch die Geste ihres linken Armes mit dem Baum der Erkenntnis und der Schlange verbunden ist, allerdings kaum Zweifel.
Masolinos Interesse an der glaubhaften Schilderung eines sich real vollziehenden Geschehens bleibt allerdings verhalten, die narrative Kraft eines Masaccio erreicht er nicht.

Masaccio: Die Vertreibung aus dem Paradies, um 1425
Fresko, 214 x 90 cm

Ein Engel verweist Adam und Eva mit deutlichem Gestus aus dem Garten Eden. Beide haben ihren folgenschweren Fehler allem Anschein nach bereits selbst erkannt und fügen sich, von Verzweiflung und innerer Aufruhr ergriffen, in ihr unausweichliches Schicksal. Als werde ihr die Tragweite ihres Tuns soeben bewußt, hat Eva den Kopf flehentlich gen Himmel gerichtet, voller Scham bedeckt sie ihre Blöße. Den Mund hat sie zu schmerzvoller Klage geöffnet. Mit gesenktem Haupt hat Adam neben ihr die Hände vors Gesicht gehoben, als könne er das Geschehene kaum begreifen. Ein Moment der Hoffnung läßt sich bestenfalls noch darin erkennen, daß beide dem von rechts einfallenden, deutliche Schatten werfenden Licht entgegengehen. Eine völlig neue, durchaus diesseitig ausgerichtete Bildsprache bahnt sich in Masaccios Fresko ihren Weg. Eine unerhörte Dramatik wohnt der Szene inne. In den so lebensnah wiedergegebenen Gestalten von Adam und Eva, deren körperliche Erscheinung durch Licht- und Schattenwirkungen in ihrer physischen Präsenz akzentuiert ist, wirkt unübersehbar bereits das selbstverantwortliche Menschenbild der Renaissance. Im direkten Vergleich zu Masolinos Darstellung des ersten Menschenpaares auf der gegenüberliegenden Wand wird Masaccios erzählerische Dynamik überaus deutlich.

Masaccio: Die Tributzahlung, um 1425
Fresko, 247 x 597 cm

Die Szene der Tributzahlung vereint parallel mehrere aufeinanderfolgende Handlungsmomente, als deren Hauptakteur Petrus folglich gleich dreimal ins Bild gesetzt ist. Vor den Toren der an den Ufern des Sees von Genezareth gelegenen Stadt Kapharnaum werden die Jünger im Gefolge Christi (nach Matthäus 17,24–27) durch einen Steuereinnehmer aufgefordert, als Tempelabgabe eine Doppeldrachme zu zahlen. Jesus weist daraufhin Petrus an, im See einen Fisch zu fangen, in dessen Maul er eine Münze finden werde, mit der er die Tributforderung begleichen solle. Erstaunlicherweise findet sich das eigentliche

Wunder nur im Sinne einer Nebenszene links im Hintergrund geschildert, wo Petrus am Ufer niederkauert, um der Anweisung Christi Folge zu leisten. Vorne rechts erkennen wir ihn bereits beim Bezahlen der Tempelsteuer. Im Mittelpunkt des Gemäldes dominiert allerdings die Gruppe der um Jesus versammelten Apostel. Mit grimmigen Mienen nehmen sie die ihnen so ungerechtfertigt erscheinende Forderung des Geldeintreibers zur Kenntnis, der sich ihnen in den Weg gestellt hat. Fast scheint es, als sei der Beginn eines Streites unvermeidbar, geböte Christus mit seiner Weisung nicht Einhalt. Das zentralperspektivisch angelegte Fresko zeigt eine virtuose Raumschilderung, innerhalb derer sich alle Figuren mit größter Selbstverständlichkeit scheinbar frei bewegen. Wenige, äußerst verhaltene Gesten genügen Masaccio zur glaubhaften Veranschaulichung des Geschehens. Eine vergleichbare Lebensnähe war zuvor noch nie erreicht worden.

Die Wahl des biblischen Themas, das in derartig beherrschender und großformatiger Schilderung ansonsten kaum einmal dargestellt wurde, hatte dabei durchaus Bezüge zu politischen Ereignissen der Entstehungszeit. Zum Ausgleich der städtischen Finanzen und zur Finanzierung kostspieliger kriegerischer Unternehmungen wurde damals in Florenz nämlich lebhaft eine Steuererhöhung diskutiert, die 1427 schließlich auch durchgeführt wurde und vor allem die wohlhabenden Familien der Stadt betraf.

Masolino: Die Heilung eines Krüppels und die Auferweckung der Tabitha, um 1425
Fresko, 247 x 597 cm

Die Darstellung vereint mit der wundersamen Heilung eines Lahmen (Apg. 3,1–10) und der Auferwekkung der Tabitha (Apg. 9,36–41) zwei wichtige Episoden aus der Vita des Hl. Petrus, obwohl diese sich der Überlieferung nach an verschiedenen Orten zugetragen haben. Links neigt Petrus sich einem Krüppel zu, ohne dessen ausgestreckte Hand zu ergreifen. Noch scheint der Lahme die Geste nicht zu verstehen, die ihn auffordert, sich zu erheben. Auf der gegenüberliegenden Seite hat sich das Wunder der Auferweckung dagegen bereits vollzogen. Unmittelbar erinnert die Darstellung hier an Giottos vorausgegangene Schilderung eben dieser Episode in Santa Croce. Zwei elegant gekleidete, scheinbar unbeteiligte Herren fungieren im Zentrum der Komposition als Mittler zwischen beiden Szenen. Lange galt das Fresko als gemeinschaftliche Arbeit von Masolino und Masaccio. Die Hand des ersteren erkannte man vor allem in den vergleichsweise traditionell und in Teilen noch unbeholfen anmutenden Figurendarstellungen des Vordergrundes. Das reizvolle, zentralperspektivisch konstruierte und mit phantasievollen Details angereicherte Hintergrundpanorama eines zeitgenössischen florentinischen Platzes vermeinte man demgegenüber allein einem Masaccio zutrauen zu können.

Erst jüngste wissenschaftliche Forschungsarbeiten ergaben für die Malereien mit größerer Wahrscheinlichkeit eine alleinige Urheberschaft von Masolino. Nicht auszuschließen ist jedoch, daß Masaccio seinem Kollegen beratend zur Seite stand und dieser bereitwillig die Anregungen des Jüngeren aufnahm.

Masolino: Heilung eines Krüppels und Auferweckung der Tabitha (Detail)

Ob die Ausführung der phantasievoll eingebrachten Hintergrunddetails in diesem Fresko tatsächlich auf Masolino zurückgeht, oder aber doch eher Masaccio zuzuschreiben ist, wird sich mit letzter Gewißheit kaum mehr klären lassen. In jedem Falle lohnt es, den Blick über die geöffneten Fenster der hinteren Gebäudefront schweifen zu lassen. Neben Vogelkäfigen und Wäschestücken, die zum Trocknen aufgehängt sind, findet sich hier unter anderem auch die Darstellung eines Äffchens, das offensichtlich als Haustier gehalten wurde und auf einer Fensterbank angebunden war (vgl. S. 495).

Masaccio: Schattenheilung Petri, um 1425
Fresko, 232 x 162 cm

Schauplatz der Szene ist ein florentinischer Straßenzug des frühen Quattrocento. Vorne links läßt sich schon ein typischer Renaissance-Palast (mit abgestufter Rustizierung und Sockelbank) erkennen, hinten rechts dagegen die Andeutung eines Kirchenbaus mit antikischen Säulen, Giebel und Campanile. Fast scheint es, als werde man Zeuge einer alltäglichen Begebenheit, einer Genreszene, die einige wohlhabende Bürger auf ihrem Weg durch die Stadt zeigt. Tatsächlich ist hier aber Petrus dargestellt, der in Begleitung zweier weiterer Apostel majestätisch voranschreitet, scheinbar, ohne die Gruppe der verkrüppelten Bettler zu seiner Rechten zu bemerken. Das Wunder der Schattenheilung könnte letztendlich kaum anschaulicher aufgefaßt sein. Es bedarf hier keiner pathetisch-ausladenden Geste mehr, ja nicht einmal einer Berührung des Heiligen. Allein der Schatten, der auf die Lahmen trifft, verhilft zu unverhoffter Heilung der Gebrechen. Ganz vorne ist einer noch niedergekauert, während ein weiterer gerade dabei ist, sich mit einer Geste der Demut zu erheben. An einem dritten, den Petrus soeben passiert hat, ist das Wunder bereits vollends vollzogen. Von seinen Leiden erlöst, hat er die Hände zum Dankgebet erhoben. In doppeltem Wortsinne erweist sich Masaccio hier letztendlich als Schöpfer einer neuartigen, für die Geschichte der Malerei wegweisenden Lichtregie.

Anhang

Glossar

Akademie (lat. academia; grch. akademia), Einrichtung, Institution oder Gesellschaft zur Förderung künstlerischer oder wissenschaftlicher Studien und Ausbildung. Die ersten bedeutenden Akademien entstehen in Anlehnung an die antiken Schulen während der Renaissance in Mailand und Florenz. Im Zuge des Absolutismus verbreitet sich die Idee der Akademie in ganz Europa. Als Vorbild dienen die 1635 gegründete Académie Francaise und die 1648 geschaffene Académie Royale de Peinture et de Sculpture. In Venedig werden die Akademien der bildenden Künste erst 1754 ins Leben gerufen. Die Bezeichnung geht wohl zurück auf einen Hain bei Athen mit Anlagen für gymnastische Übungen, der dem attischen Helden Akademos geweiht war. Platon gab dann der von ihm 387 v. Chr. eingerichteten Philosophenschule den Namen nach seinem Lieblingsort.

Altarbild und Apsis

Alchemie (auch: Alchimie; aus grch. chemeia, bzw. arab. alkimia, »Chemie«), mittelalterliche Vorform der Chemie, insbesondere auf die Verwandlung unedler in edle Stoffe ausgerichtet (Goldmacherkunst).

Al fresco (ital., »auf dem Frischen«), Freskomalerei, Wandmalerei auf feuchtem Putz, im Gegensatz zur Sekkomalerei.

All' antica (ital., »nach dem Vorbild der Antike«), in antikischer Manier, antike Formensprache nachahmend. Die griechisch-römische Antike beginnt im 2. Jt. v. Chr. und endet 476 n. Chr. im Westen beziehungsweise 529 n. Chr. im Osten.

Allegorie (grch. allegoria; zu allegorein, »anders abbilden«), Gleichnis, Veranschaulichung abstrakter Begriffe und Inhalte mittels sinnbildlicher Darstellung, meist in Personifikationen (in Gestalt von Personen) oder szenischer Situationen.

Al secco (ital., »auf dem Trockenen«), Sekkomalerei, Wandmalerei auf trockenem Putz, im Gegensatz zur Freskomalerei.

Altarbild (lat. altare, »Opfertisch«), auch Altartafel, Bildwerk, das im Mittelalter häufig Altäre schmückt. Zunächst ist dieses als Goldschmiedearbeit oder plastischen Figuren gearbeitet, später erscheint es in gemalter Form. Der Schmuck kann aus einem einzelnen Bild oder mehrteiligen Tafeln bestehen. Oftmals erhebt er sich hinter dem Altar oder als Altarretabel (Altaraufsatz).

Altarretabel (frz. retable; lat. altare, »Opfertisch« und retabulum, »Rückwand«), auch Retabel, Altaraufsatz, mit dem Altartisch fest verbundene und mit Gemälden oder Skulpturen geschmückte Rückwand des Altars.

Altartafel (lat. altare, »Opfertisch« und tabula, »Brett«), auch Altarbild, plastischer oder gemalter Altarschmuck, der sich meist hinter dem Altar oder über dessen Rückwand befindet. Er kann aus einem einzigen Bildwerk oder aus mehreren Tafeln bestehen.

Anatomie (zu grch. anatemnein, »auf-, zerschneiden«), in der Medizin die mittels Sektion gewonnene Erkenntnis über den Aufbau des menschlichen Organismus. In der bildenden Kunst leitet sich die anatomische Darstellung aus genauem Natur- und Aktstudium sowie dem Bemühen um ein tiefgreifendes Verständnis der einzelnen, die äußere Erscheinung eines Menschen bedingenden, körperlichen Funktionen her. Die Künstler der Renaissance entwickeln ein besonderes wissenschaftliches Interesse an der anatomisch exakten Proportionierung einzelner Körperteile und der Wiedergabe des lebensgetreuen Spieles der Muskulatur.

Andachtsbild, meist kleinformatiges Bild zur stillen Andacht eines einzelnen Gläubigen oder einer Gemeinschaft.

Androgynie (grch. androgynos, Genitiv zu aner, »Mann« und gyne, »Weib«), Zwitterhaftigkeit, körperlich-seelische Mischung beider Geschlechter.

Antike (frz. antique, »altertümlich«; zu lat. antiquus, »alt«), das griechisch-römische Altertum. Es beginnt mit der frühgriechischen Einwanderung im 2. Jt. v. Chr. und endet im Westen 476 n. Chr. mit der Absetzung des römischen Kaisers Romulus Augustulus (um 475 n. Chr.), im Osten 529 n. Chr. mit der Schließung der Platonischen Akademie durch Kaiser Justinian (482 – 565 n. Chr.).

Apostel (grch. apostolos, »Sendebote, Vorkämpfer«), einer der zwölf Jünger Jesu, von ihm selbst aus der großen Schar seiner Anhänger ausgewählt, um sein Werk fortzusetzen und das Evangelium zu verkünden.

Apsis (lat.; grch. hapsis, »Verbindung, Rundung, Wölbung«), eine über einem halbkreisförmigen oder vieleckigen Grundriß errichtete und mit einer Halbkuppel überwölbte Nische, in der ein Altar stehen kann. Im Anschluß an den Haupt- oder den Klerikern vorbehaltenen Chorraum einer Kirche wird sie auch Exedra oder Chorhaupt genannt. Kleinere Nebenapsiden finden sich oftmals am Chorumgang, an Quer- oder Seitenschiffen (Quer- oder Seitenräumen).

Arabeske, (aus ital. arabesco, frz. arabesque, »arabisch«), die aus der islamischen Kunst hervorgegangene Ornamentform mit stilisiertem, vielfach verschnörkeltem Ranken- und Blattwerk.

Architrav (zu grch. archein, »anfangen, herrschen« und lat., trabs »Balken«), Hauptbalken, der auf Stützen, wie zum Beispiel Säulen, aufliegt und die Last des Oberbaus trägt. Er kann in

Faszien, meist drei abgestufte waagerechte Unterteilungen, gegliedert sein.

Arkade (frz. arcade, »Schwibbogen«; zu lat. arcus, »Bogen (Jagdwaffe)«), ein auf seitlichen Stützen ruhender Bogen oder eine Bogenreihe.

Arkadien, Hirtenlandschaft in Griechenland. Zu verschiedenen Zeiten innerhalb der Schäferdichtung ist Arkadien ein sehnsuchtsvoll verklärter Ort idealer ländlicher und naturverbundener Lebensweise.

Atrium (lat., »Vorsaal, Vorhalle«), ungedeckter Vorhof einer Kirche, der auf drei oder vier Seiten von einem Säulengang umgeben ist. Oft steht in der Mitte ein Brunnen.

Attribut (lat. attributum, »das Beigefügte«), der einer Person zur Identifizierung beigegebene Gegenstand oder das eine Person kennzeichnende Symbol, meist in Bezugnahme auf eine wesentliche Begebenheit in deren Leben.

Augustinerorden, mittelalterlicher Bettelorden nach den Regeln des Hl. Aurelius Augustinus (354–430 n. Chr.). Er entsteht 1256 und wird im 14. und 15. Jh. durch Kongregationen (kirchliche Vereinigungen) erweitert. Unter Einfluß des Renaissance-Humanismus, einer nach echter Menschlichkeit strebenden Geisteshaltung, schließen sich ihm viele Mitglieder der frühen Reformationsbewegung an, die ihr Ordensbruder Martin Luther (1483–1546) initiiert hat. Der Orden übernimmt wesentliche Aufgaben im Bildungswesen.

Aureole (zu lat. aureolus, »golden, schön, allerliebst«), ein die ganze Person umschließender Strahlenkranz.

Baldachin (ital. baldacchino), Stoffdach über einem Thron oder Bett; der von Stangen gehaltene Traghimmel bei Prozessionen; in der Baukunst der fest eingebaute Prunkhimmel aus Holz oder Stein unter anderem über einem Thron, Bischofsstuhl, Altar, Katafalk oder einer Kanzel und Statue. Der Name geht zurück auf den kostbaren, golddurchwirkten Seidenstoff aus Bagdad (ital. Baldacco), aus dem die ersten Prunkhimmel in Italien hergestellt wurden.

Baptisterium (lat.; grch. baptisterion, »Badeplatz, Schwimmbecken«), Taufkirche, ein selbständiger, zumeist achteckiger Zentralbau (auf den Mittelpunkt ausgerichteter Bau), der oftmals westlich von einer Bischofskirche errichtet und Johannes dem Täufer geweiht ist.

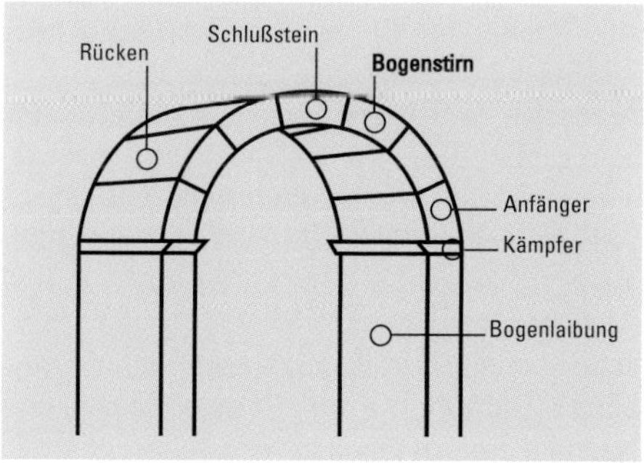

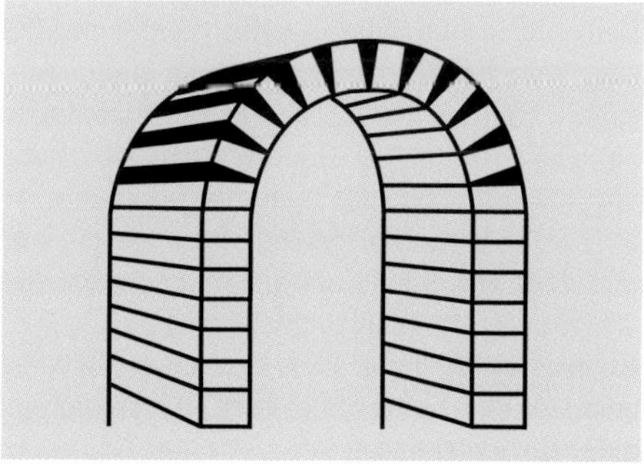

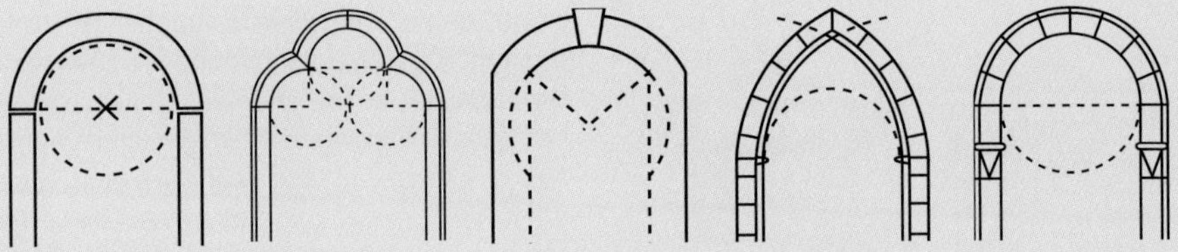

Rund- oder Halbkreisbogen *Kleeblatt- oder Dreipaßbogen* *Segmentbogen* *normaler Spitzbogen* *gestelzter Bogen*

Barock (zu port. barocco, »Steinchen, schiefrund«), europäische Stilepoche zwischen dem Ende des Manierismus (um 1590) und dem Beginn des Rokoko (um 1725). Der Begriff kommt ursprünglich aus dem Goldschmiedehandwerk, wo »barocco« eine unregelmäßige Perle bezeichnete.

Basilika (grch. stoa basilike, »Königshalle«), meist nach Osten ausgerichteter Kirchenbau mit einem Hauptschiff (Mittelraum) und zwei oder vier niedrigeren Seitenschiffen. Das Mittelschiff endet in der Apsis. Ein Querschiff zwischen Langhaus und Chor, der den Klerikern vorbehalten ist, kann die Anlage erweitern. Ursprünglich war die Basilika ein altgriechisches Amtsgebäude beziehungsweise eine altrömische Markt- und Gerichtshalle, dann ein altchristlicher Versammlungsraum. Die Bezeichnung geht auf den Amtssitz des obersten Richters Archon Basileus zurück, der auf dem Marktplatz von Athen stand.

Bethlehemitischer Kindermord, die von Herodes d. Gr. in Bethlehem aus Furcht vor dem neugeborenen König der Juden befohlene Tötung aller Knaben im Alter von bis zu zwei Jahren (Mt. 2, 16–18).

Bettelorden, auch Mendikanten (zu lat. mendicare, »betteln«), einer asketischen Lebensführung und dem Verzicht auf jegliches Eigentum verpflichtet, entstehen sie seit dem 13. Jh. als Gegenbewegung zur Verweltlichung der Kirche. In besonderem Maße widmen sie sich der Seelsorge, der Lehrtätigkeit und der Missionsarbeit. Als Bettelorden gelten die Franziskaner, Kapuziner, Dominikaner, Augustiner und Karmeliter.

Bischof (grch. episkopos, »Aufseher«), hoher geistlicher Würdenträger. Im Urchristentum ist er Vorsteher einer Gemeinde, später als Apostelnachfolger der Kirchenobere eines Bistums, einer Diözese oder eines Sprengels. Er besitzt die Vollmacht des Lehr-, Priester- und Hirtenamtes und ist mit Mitra (Bischofsmütze), Bischofsstab und goldenem Bischofsring ausgezeichnet.

Bogen, gewölbte Konstruktion in einer Maueröffnung, die die Last abfängt beziehungsweise auf Pfeiler oder Säulen überleitet. Der höchste Punkt des Bogens mit dem Schlußstein ist der Scheitel. Die Stichhöhe ist der senkrechte Abstand zwischen Scheitel und der Linie, auf der der Kämpfer (Steinlage zwischen Mauer,

Pfeiler oder Säule und Bogen) liegt. Die Innenfläche nennt man Bogenlaibung, die vordere Ansichtsfläche Bogenhaupt oder Bogenstirn.

Bruderschaft, im frühen Mittelalter entstehende katholische Vereinigung zum gemeinsamen Gebet, zunächst nur aus Mönchen und Geistlichen, später aber auch aus Laien bestehend. Sie bemüht sich um die Förderung der Nächstenliebe und Frömmigkeit.

Büste (frz. buste, »Brustbild«), zumeist auf einem Sockel ruhende plastische Darstellung, die sich auf die Wiedergabe der oberen Brustpartie, der Schultern und des Kopfes eines Menschen beschränkt.

Byzantinische Kunst, die aus der Spätantike hervorgegangene Kunst im Herrschafts- und Einflußbereich des Byzantinischen Reiches, mit dem Zentrum Konstantinopel (vormals Byzanz, heute Istanbul). Um 330 n. Chr. beginnend, endet die Epoche mit der Eroberung Konstantinopels durch die Türken im Jahre 1453. Die Künstler verarbeiten neben Einflüssen der hellenistischen und römischen Antike sowie der daraus hervorgegangenen frühchristlichen Kunst auch orientalische Anregungen.

Campanile (zu ital. campana, »Glocke«), freistehender Glockenturm einer Kirche.

Capriccio (ital., »Laune«), Bezeichnung für alle Arten von phantastischen Darstellungen, die in der Regel unter einer Thematik willkürlich zusammengestellt sind. Neben den Bildern des Guiseppe Arcimboldo (um 1527–1593) sind die »Caprichos« von Francisco de Goya (1746–1828) die bedeutendsten.

Caravaggisten, Maler, die sich in besonderem Maße am Vorbild Michelangelo da Caravaggio (1571–1610) orientieren. Die von ihm entwickel-

Campanile

ten, effektvoll genutzten Kontraste von hellbeleuchteten Figuren vor dunkel gehaltenen Hintergründen sind kennzeichnend für die Gemälde dieser Künstler.

Cassone (zu ital. cassa, »Truhe«), eine bemalte beziehungsweise mit Einlege- oder Schnitzarbeiten verzierte Truhe, die im Mittelalter und in der Renaissance traditionell zur Hochzeit geschenkt wird.

Chor (lat. chorus und grch. choros, »Reigentanz, Tanz- und Sängergruppe«), zumeist erhöhter, räumlich gesonderter Bereich im Inneren einer Kirche, dem gemeinsamen Gebet der Kleriker oder dem Chorgesang vorbehalten. Seit karolingischer Zeit bezeichnet man die über die Vierung (Kreuzungsbereich von Quer- und Langhaus) hinausreichende Verlängerung des Mittelschiffs (Mittelraum), einschließlich der sich oftmals als Abschluß anschließenden Apsis (Mauervertiefung mit Halbkuppel), als Chor.

Chorgestühl, die zumeist kunstvoll aus Holz gearbeiteten, den Geistlichen vorbehaltenen Sitzreihen an den Längsseiten des Chorraumes einer Kirche.

Chorschranken (lat. chorus und grch. choros, »Reigentanz, Tanz- und Sängergruppe«), die den ausschließlich dem Gebet oder Gesang der Kleriker vorbehaltenen Chorraum abgrenzenden Brüstungen oder Wände. Oftmals sind sie mit bildlichem Schmuck versehen.

Cinquecento (ital., »fünfhundert«), italienische Bezeichnung für das 16. Jh.

Compagnia (ital., »Bruderschaft«) katholisch-kirchliche Vereinigung, die sich im frühen Mittelalter zum gemeinsamen Gebet zusammenschließt und sich vor allem um die Förderung der Nächstenliebe und Frömmigkeit bemüht. Anfänglich ist sie eine Gemeinschaft von Mönchen und Geistlichen, später sind auch Laien Mitglieder.

Condottiere (ital., »Führer«), Heer- beziehungsweise Söldnerführer im Italien des 14. und 15. Jh.s.

Diptychon (lat. diptychum; grch. diptychos, »doppelt gefaltet«), in der Antike eine zusammenklappbare Schreibtafel; in der mittelalterlichen Kunst ein zweiflügeliges, aufklappbares Altarbild (plastischer oder gemalter Altarschmuck) ohne feststehendes Mittelteil.

Disegno (ital. »Zeichnung«), Zeichnung, Entwurf, Skizze; über die wörtliche Bedeutung hin-

Chor

aus ist der Begriff insbesondere während der Renaissance Gegenstand umfangreicher kunsttheoretischer Erörterungen und umfaßt im weiteren Sinne u. a. den Vorstellungsbereich der künstlerischen Idee und der wesentlichen Gestaltungsprinzipien bei der Umsetzung eines schöpferischen Einfalls (Vasari).

Dom (lat. domus Dei, »Haus Gottes«), auch Münster, Bischofskirche, Hauptkirche einer Stadt.

Dombauhütte (lat. domus Dei, »Haus Gottes«), Werkstattverband aller an der Errichtung eines Doms, der Bischofs- oder Hauptkiche einer Stadt beteiligten Handwerker, Baufachleute und Künstler. Der Zusammenschluß soll eine einheitliche Ausführung der handwerklichen Arbeiten gewährleisten.

Dominikanerorden (lat. Ordo Fratrum Praedicatorum, »Orden der Predigenden Brüder«), vom Hl. Dominikus (1170–1221) in Toulouse 1216 gegründeter Bettelorden, der der Ausbreitung und Verteidigung des Glaubens durch Predigt und Unterrichtung verpflichtet ist. 1232 werden die Dominikaner vom Papst mit der Durchführung der Inquisition, des Kirchengerichtes gegen Glaubensabtrünnige, beauftragt.

Domopera (lat. domus Dei, »Haus Gottes« und opera, »Arbeit, Dienst«), Dombauhütte, Verband aller an der Errichtung eines italienischen Doms, der Bischofs- oder Hauptkirche einer Stadt beteiligten Handwerker, Baufachleute und Künstler, der eine einheitliche Ausführung der Arbeiten gewährleisten soll.

Dorische Säule, zur dorischen Säulenordnung (griechisches Architektursystem) gehörendes, senkrechtes Bauglied ohne Basis, mit scharfen Graten (Kanten), gekehltem Schaft und einem nicht ausgearbeiteten Kapitell aus Anuli (eingeschnittene Ringe), Echinus (kissenartige Wulst) und quadratischem Abakus (Deckplatte).

Dormitorium (zu lat. dormire, »schlafen«), Schlafsaal in Klöstern, Gebäudeteil mit den Schlafzellen der Mönche und Nonnen.

Draperie (aus frz. draper, »mit Tuch ausschlagen«), die kunstvolle, malerische Anordnung des Faltenwurfes eines Stoffes.

Dreipaß, dekoratives Motiv der gotischen Kunst, das aus drei kleeblattförmig angeordneten Kreisausschnitten gleicher Größe gebildet ist.

Duecento (ital., »zweihundert«), italienische Bezeichnung für das 13. Jh.

Ecce homo (lat., »Siehe, welch ein Mensch!«), nach dem Johannesevangelium (19,5) der Ausruf des Pilatus, als dieser den dornenbekrönten und gegeißelten Christus dem Volk vorstellt. In der bildenden Kunst ist die Szene der Zurschaustellung Christi seit dem Mittelalter häufig Gegenstand bildlicher Darstellungen.

Eklektizismus (zu grch. eklegein, »auswählen«), in der Kunst die unoriginelle Übernahme schon vorhandener Darstellungsweisen, Motive und Bauformen in Anlehnung an frühere Kunstwerke und Epochen mangels schöpferischer Kraft des Künstlers.

Ensemble (frz., »zusammen, Gemeinschaft«), in der bildenden Kunst die Gesamtheit einer Gruppe zusammengehöriger Kunstwerke verschiedener Gattungen und Techniken, wie zum Beispiel einer Kapellenausstattung.

Enzyklopädie (aus grch. enkyklios, »im Kreise laufend« und paideia, »Erziehung«), die seit dem 16. Jh. verbreitete Bezeichnung für allumfassende, systematische Sammlungen oder Dar-

stellungen der Gesamtheit des Wissens (oder auch der Kenntnisse zu einem spezifischen Bereich) in lexikalischer Form.

Este, eines der ältesten Fürstengeschlechter Italiens (972 n. Chr.–1803) mit Sitz in Ferrara, Modena und Reggio. Isabella d'Este (1474–1539) aus Neapel, seit 1490 Markgräfin von Mantua, ist die erste Kunstsammlerin in großem Stile.

Exedra (grch., »Außensitz, abgelegener Sitz«; Pl.: Exedren), Nische mit einer Bank am Ende eines Säulenganges; Bezeichnung für die Apsis, die Altarnische am Ende des den Geistlichen vorbehaltenen Chorraumes oder jede andere halbrunde Nische.

Exkommunikation (lat. excommunicatio), Ausschluß aus der Kirchengemeinschaft und damit von dem Gottesdienst und den Sakramenten.

Figura serpentinata (ital. »geschlängelte, schlangenförmig gewundene Figur«), eine in sich vielfach gedrehte, spiralförmig nach oben gewundene Figur oder Figurengruppe; insbesondere in der Bildhauerei des 16. Jh. (Manierismus) erlaubte die figura serpentinata die größtmögliche Annäherung an das Ideal einer allansichtigen Skulptur.

Finish (engl., »Ende«), abschließende Überarbeitung und Vervollkommnung eines Bildwerkes.

Florin (frz.; ital. florino d'oro, »Goldblümchen«), Goldmünze der Stadt Florenz, die mit ihrem Wappen, der Lilie, im 13. Jh. geprägt wird.

Fluchtpunkt, zentraler Punkt einer perspektivischen Konstruktion, in dem sich alle in die Bildtiefe führenden Geraden treffen.

Foliant (zu lat. folium, »Blatt«), großformatiges Buch.

Franziskanerorden (lat. Ordo Fratrum Minorum, »Orden der Minderen Brüder«), 1209 (1223) durch Franz von Assisi (1181/82–1226) gegründeter Bettelorden, der der Askese und Besitzlosigkeit in besonderem Maße verpflichtet ist. Als glühendste Marienverehrer des Mittelalters stellen die Franziskaner ihren Orden unter den Schutz der Mutter Gottes.

Fresko (ital. fresco, »frisch«; Pl.: Fresken), Wandgemälde, das auf noch feuchtem Kalkputz aufgetragen ist.

Freskomalerei (ital. fresco, »frisch«), Technik der Wandmalerei, bei der die Farben auf den frischen, noch nassen Putz aufgetragen werden. Aufgrund des schnellen Trocknens kann jeweils nur der Teil der Wand verputzt werden, den der Künstler an einem Tag zu bemalen in der Lage ist. Es entstehen die sogenannten Tagwerke. Im Vergleich zu der auf trockenem Grund angeleg-

Gebälk

Tonnengewölbe

Kreuzgratgewölbe

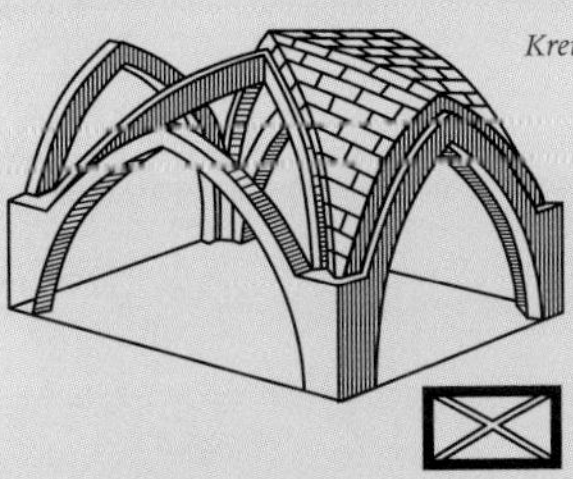
Kreuzrippengewölbe

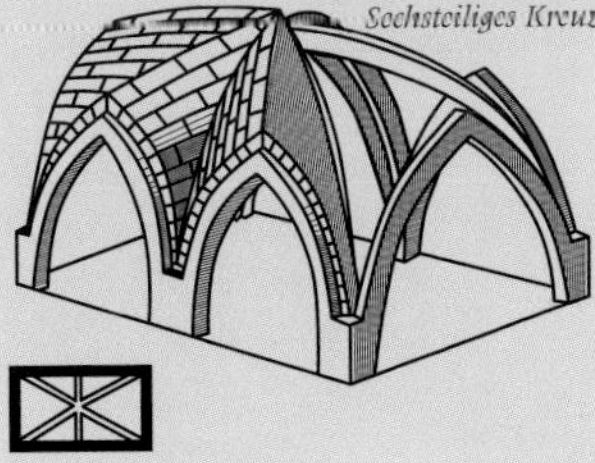
Sechsteiliges Kreuzrippengewölbe

ten Sekkomalerei sind Fresken unter guten klimatischen Bedingungen äußerst haltbar.

Fries (mittellat. frisium, »Franse, Zipfel«), plastische oder gemalte, streifenartig fortlaufende Wandverzierung in horizontaler Ausrichtung, als Schmuck, Gliederung oder Belebung einer Wandfläche dienend.

Gebälk, alle zu einer Decken- oder Dachkonstruktion gehörenden Balken; aus Architrav (die Last des Oberbaus tragender Hauptbalken), Fries (waagerechte Wandverzierung) und Kranzgesims (vorspringender Wandstreifen unterhalb des Daches) bestehende, oberer Teil einer Säulenordnung (antikes Architektursystem).

Genesis (grch. »Erzeugung, Ursprung«), Schöpfungsgeschichte, alttestamentarische Schilderung der Erschaffung der Welt und des Menschen durch Gott (1. Buch Mosis, 1 und 2); auch Sechstagewerk (grch. hexaemeron).

Gesims, waagerechter, aus der Wand hervortretender Streifen, der die horizontalen Abschnitte eines Gebäudes gliedert.

Gewölbe, gekrümmte, meist aus keilförmigen Steinen zusammengesetzte Decke über einem Raum. Im Unterschied zur Kuppel findet man sie auch über Längsräumen. Die Widerlager, zum Beispiel Mauern oder Pfeiler, fangen den Druck und den Schub des Gewölbes auf.

Ghibellinen, auch Gibellinen, von 1212 bis 1218 in Florenz nachweisbare Anhänger des Staufers Friedrich II. (1194–1250). Sie sind im Streit um die Vormachtstellung der päpstlichen oder kaiserlichen Autorität erbitterte Gegner der Guelfen, die auf der Seite Ottos IV. (1198–1218) und des Papstes stehen. Auch nach dem Ende der Stauferherrschaft dauert die Feindschaft bis ins 16. Jh. an.

Giebel, Abschluß eines Satteldaches; Bekrönung von Türen, Fenstern oder Nischen. Die antiken flachen Dreiecks- und Segmentbogengiebel werden in der Renaissance, im Barock und Klassizismus nachgeahmt und gesprengt oder verkröpft: Das Mittelteil fehlt oder tritt stärker beziehungsweise schwächer hervor. Das Tympanon (Giebelfeld) kann dekoriert sein.

Glorie (lat. gloria, »Ruhm, Glanz, himmlische Herrlichkeit«), auch GlorIole, Heiligenschein, der in der Regel bei Gottvater, Christus, dem Hl. Geist und Maria den ganzen Körper umgibt.

Goldgrund, ein mit Blattgold ganz oder teilweise belegter Malgrund.

Gonfaloniere (ital., »Bannerherr, Bannerträger«), höchste Beamte in den italienischen Städten des Mittelalters und der frühen Neuzeit.

Gotik (ital. gotico, »barbarisch, nicht antik«), europäische Stilepoche des Mittelalters, die um 1150 von Nordfrankreich ausgeht. Dort endet sie um 1400, während sie andernorts bis zum Anfang des 16. Jh.s andauert. Die Bezeichnung ist vom germanischen Volksstamm der Goten abgeleitet. Spezifische architektonische Merkmale sind die Einführung des Spitzbogens (im Scheitel gebrochener spitzer Bogen) und des Kreuzrippengewölbes (die rechtwinklige Verschneidung zweier Tonnengewölbe gleicher Größe) sowie die Verlegung des Strebewerkes (die zusätzlich zu den Mauern den Gewölbeschub und die Dachlast abfangenden Bögen und Pfeiler) nach außen. Das Streben in die Höhe, die Auflösung und Durchlichtung der Wand- und Mauerflächen prägen den Gesamteindruck der Gebäude. Bestimmend für die Baukunst ist die Kathedrale (Bischofskirche). Die Skulptur ist in besonderem Maße an die Architektur gebunden. Kennzeichnend ist eine idealisierte Naturauffassung. Körper und Gewänder, die zumeist in überproportionierter Streckung dargestellt werden, sind in ihrem Zusammenspiel wesentlich für die Ausdrucksgestaltung. Hauptaufgaben der Malerei sind das Tafelbild und die Glasmalerei.

Grabbau, prächtig ausgestattetes, oftmals eigenständiges Gebäude, wie die Grabkapelle oder das Mausoleum. In größerer Zahl sind künstlerisch gestaltete Grabmäler zum Beispiel in Kirchen und Kreuzgängen zu finden.

Goldgrund

Griechisches Kreuz (lat. crucem, crux), Kreuz mit vier gleich langen Armen. Es ist eine bevorzugte Grundrißform des byzantinischen Sakralbaus (kultischer Bau).

Grisaille (zu frz. gris, »grau« und grisailler, »grau anstreichen«), Grau-in-Grau-Malerei, Art der Malerei, die in bewußtem Verzicht auf farbliche Abstufungen ausschließlich Steinfarben, Braun- oder Grautöne verwendet. Sie ist besonders geeignet zur malerischen Nachahmung bildhauerischer Arbeit.

Guelfen (ital., »Welfen«), von 1212 bis 1218 Florentiner Anhänger des Welfen Otto IV. (1198–1218) und des Papstes. Sie sind unversöhnliche Gegner der Ghibellinen im Streit um die Vormachtstellung kaiserlicher oder päpstlicher Autorität. Die Feindschaft hält bis ins 16. Jh. an.

Hallenkirche (grch. kyriakon, »das zum Herrn Gehörige«), ein Langbau, dessen Seitenschiffe (Seitenräume) auf gleicher Höhe mit dem Mittelschiff abschließen und mit diesem unter einem Dach zusammengefaßt sind. Meistens ist kein Querschiff vorhanden.

Halsberge (althdt. halsperga, »den Hals bergend«), harnischartiger Halsschutz (-ring) aus Metall.

Harnisch (althochdt. harnasch; altfrz. harnais, »kriegerische Ausrüstung«), aus beweglichen Eisenplatten bestehende Schutzrüstung, Brustpanzer.

Humanismus (zu lat. humanus, »menschlich«), eine seit der Mitte des 14. Jh.s in Italien entwickelte Geisteshaltung, die in Anlehnung an die Antike das menschliche Dasein in den Mittelpunkt rückt. Als prägende Geisteshaltung der Renaissance vollzieht sich zu dieser Zeit die Emanzipierung des Menschen vor Gott. Damit einher geht das Bemühen um neue, am Diesseitigen orientierte, geistes- und naturwissenschaftliche Erkenntnisse. Die Humanisten widmen sich in besonderem Maße der Wiederentdeckung und Pflege der griechischen und lateinischen Sprache und Literatur. Bis heute kennzeichnet der Begriff die vermeintlich ideale Verbindung aus der auf antiker Gelehrsamkeit beruhenden Bildung und einer aus Wirklichkeitsnähe und -beobachtung erwachsenden Menschlichkeit.

Hydra von Lerna (auch: Lernäische Hydra), in der grch. Mythologie: neunköpfige Wasserschlange; da ihr für jeden abgeschlagenen Kopf zwei neue nachwuchsen, galt die Hydra als unbezwingbar, wurde jedoch durch Herakles und seinen Gefährten Iolaus im Kampf getötet.

Ikonographie (zu grch. eikon, »Bild« und graphein, »(be-)schreiben«), Lehre von Inhalt, Sinn und Symbolik bildlicher Darstellungen, vor allem in der christlichen Kunst; ursprünglich Porträtkunde des Altertums.

Illusionismus (zu lat. illusio, »Ironie, Verspottung, Täuschung«), Art der Malerei, die durch perspektivische und malerische Gestaltungsmittel den optischen Eindruck von dreidimensionaler Räumlichkeit hervorruft.

Inkarnat (frz. incarnat, »hochrot«; ital. incarnato; zu lat. carnis, caro, »Fleisch«), Fleischfarbe; in der Malerei Farbton der menschlichen Haut.

Inkrustation (zu lat. incrustare, »mit Rinde überziehen«), Verkleidung von Wand- und Bodenflächen mit farbigen, polierten Steinplatten, meist aus Marmor oder Porphyr, die zu Mustern gefügt sind und somit die Flächen gliedern und dekorativ beleben.

Inkunabel (aus lat. incunabula, »Windel, Wiege«), Wiegendruck, Frühdruck; ein frühes, vor dem Jahr 1500 entstandenes Erzeugnis der Buchdruckerkunst; im Bereich der Druckgraphik: die ersten, in einer neuartigen Technik gefertigten Werke.

Insignien (lat. insignia), Kennzeichen oder Symbole staatlicher oder ständischer Macht und Würde.

Intarsie (zu ital. intarsiare, »Einlegearbeiten fertigen«; arab. tarsi, »das Auslegen, Besetzen«), Auslegearbeit in Holz, auch aus Elfenbein, Perlmutt, Schildpatt oder Metall. Die Muster werden entweder aus dem Holzkörper ausgehoben und mit anderem Material gefüllt oder aus kleinen Stücken zusammengefügt und aufgeleimt.

Interieur (frz., »inneres, inwendig«), die malerische Darstellung eines Innenraumes.

Ionische Säule, stützendes Element aus einer reichprofilierten Basis, einem aus Stegen gekehlten schlanken Schaft sowie einem Kapitell mit Eierstab (Zierelement), Voluten (eingerolltes Bauglied) und Abakus (Deckplatte) zusammengesetzt, das zur ionischen Säulenordnung (griechisches Architektursystem) zählt.

Joch (althochdt. joh; lat. iugum), auch Travée (frz., »Feld«), eine Gewölbeeinheit innerhalb einer Folge von gleichartigen Gewölbefeldern; der einem Gewölbeabschnitt entsprechende Raumteil.

Johanniterorden, verschiedene Orden gemeinsamer Herkunft, wie Johanniter, Hospitaliter, Rhodiser oder Malteser. Er ist der früheste geistliche Ritterorden, der um 1060 aus einer Krankenpflegebruderschaft hervorgegangen ist.

Kamaldulenser, um 1000 vom Hl. Romuald (um 952–1027) gegründeter benediktinischer Eremitenorden, nach einer Einsiedlerkolonie bei Camaldoli in der Toskana benannt.

Kapitell

Kanneluren (zu frz. canneler, »auskehlen«; zu lat. canna, »Rohr«), senkrechte, konkave Rillen am Schaft einer Säule, eines Pfeilers oder Pilasters. Sie können in scharfen Graten (Kanten) aneinanderstoßen oder durch Stege getrennt sein.

Kapelle (mittellat. cap(p)ella, »kleiner Mantel«), kleiner selbständiger Kultraum in Kirchen; kleinere Kirche ohne Pfarrechte für besondere Zwecke, wie zum Beispiel die Tauf- oder Grabkapelle. Abgeleitet ist die Bezeichnung von einem kleinen Betraum der Königspfalz zu Paris, in dem seit dem 7. Jh. n. Chr. der Mantel des Hl. Martin von Tours (316/17–397 n. Chr.) aufbewahrt wird.

Kapitell (lat. capitulum, »Köpfchen«), Kopfstück einer Säule oder eines Pfeilers. Man unterscheidet je nach Dekorationsform Blatt-, Blüten- und Figurenkapitell.

Kapitelsaal (lat. capitulum, »Köpfchen«), Versammlungsraum des Kapitels (Körperschaft der Geistlichen) in einem Kloster, meist am Ostflügel des Kreuzganges gelegen. Er dient der täglichen Lesung von Kapiteln der Ordensregeln und aus der Hl. Schrift.

Kardinaltugenden (spätlat. cardinalis, »im Angelpunkt stehen«), die in der christlichen Ethik von Platon (427 – 347 v. Chr.) übernommenen vier Grundtugenden Temperantia (Mäßigkeit/Besonnenheit), Fortitudo (Tapferkeit/Starkmut), Prudentia (Klugheit/Weisheit) und Justitia (Gerechtigkeit). Diese werden von Gregor dem Großen (540 – 604 n. Chr.) um die drei sogenannten göttlichen oder theologischen Tugenden Fides (Glaube), Caritas (Liebe) und Spes (Hoffnung) ergänzt. Auf der Grundlage dieser Siebenergruppe kommt es im hohen Mittelalter zur Erweiterungen des christlichen Tugendsystems.

Kartäuserorden (lat. Ordo Cartusiensis), katholischer Eremitenorden, 1084 durch Bruno von Köln (1032 – 1101) in der Grande Chartreuse bei Grenoble gegründet. Der Orden verbindet Einsiedler- und Gemeinschaftsleben. Im 14. und 15. Jh. entstehen neue Kartausen (Klöster mit Einzelhäusern), die sich der spätmittelalterlichen Mystik, der »devotio moderna« (neue Frömmigkeit) und dem Humanismus, dem Streben nach echter Menschlichkeit, öffnen.

Karyatide (grch. karyatides), in der Baukunst eine weibliche Gewandstatue, die anstelle einer Säule oder eines anderen tektonischen Elementes das Gebälk trägt. Die Bezeichnung ist wohl von den Mädchen, insbesondere den Tempeltänzerinnen der lakonischen Stadt Karyai bei Sparta abgeleitet. Wegen der verräterischen Haltung der Bevölkerung in den Persischen Kriegen (500 – 479 v. Chr.) wurden die Dorfmädchen in die Sklaverei geführt.

Kathedrale (grch. cathedra, »Bischofsstuhl«), Bezeichnung für die Hauptkirche eines katholischen Bistums bzw. die Bischofskirche; in Deutschland und Italien zumeist Dom (Duomo) genannt.

Kentaur (grch. kentauros; Pl.: Kentauren), auch Zentaur, in der griechischen Mythologie Fabelwesen mit menschlichem Oberkörper und Pferdeleib.

Kirchenschiff (grch. kyriakon, »das zum Herrn Gehörige«), Innenraum von Langbauten. Man unterscheidet das Mittelschiff, die zu diesem hin geöffneten, parallel verlaufenden Seitenschiffe und das quer zum Langhaus ausgerichtete Querschiff.

Kirchenväter (lat.: patres ecclesiae), frühchristliche Theologen, deren Schriften für die christliche Glaubens- und Sittenlehre der Kirche als verbindlich gelten; die vier römischen Kirchenväter sind: der Hl. Ambrosius, der Hl. Augustinus, der Hl. Hieronymus und Gregor der Große.

Klassizismus (zu frz. classique und lat. classicus, »mustergültig, erstrangig«), die am Vorbild der klassischen Antike (5.– 4. Jh. v. Chr.) orientierte Stilrichtung zwischen 1750 und 1840.

Kodex (lat. codex, »Rechnungsbuch, Verzeichnis«), Buch, Text- und Gesetzessammlung; ungeschriebene, allgemeine Verhaltensregeln.

Kolorit (ital. colorito, »Färbung«; zu lat. color, »Farbe«), Farbgestaltung und -wirkung eines Gemäldes.

Konsole (frz. console, »Kragstein, Unterlage«; zu lat. solidus, »fest«), aus der Mauer vorkragender, zumeist profilierter oder figürlicher Tragstein, der als Stütze unter anderem für Bögen, Gesimse (waagerecht vorspringende Wandstreifen), Balkone oder Figuren dient.

Kontrapost (lat. contrapositus, »entgegengesetzt«), Standmotiv in der Bildhauerkunst, bei dem die verschiedenen Kraft- und Bewegungsrichtungen des menschlichen Körpers zu einem harmonischen Ausgleich gebracht werden. Lastende und tragende, ruhende und treibende Kräfte einer Figur werden durch ausgewogene Verteilung auf Stand- und Spielbein ausbalanciert. Der Kontrapost geht ursprünglich auf die antike griechische Statuarik zurück und wird besonders in der Renaissance wieder aufgegriffen.

Konzil (lat. concilium, »Zusammenkunft«), Versammlung hoher kirchlicher Würdenträger, vor allem der Bischöfe.

Korinthische Säule, wie die ionische Säule aus einer reichprofilierten Basis und einem mit Stegen gekehlten, schlanken Schaft bestehend, jedoch mit einem aus Akanthusblättern (große, ausgezackte, an der Spitze eingerollte Distelblätter) gebildeten Kapitell und Abakus (Deckplatte). Sie ist Bestandteil der korinthischen Säulenordnung (griechisches Architektursystem).

Kranzgesims, hervorspringender Mauerstreifen zwischen Wand und Dach.

Krypta (lat. crypta und grch. krypte, »gedeckter Gang, Gewölbe«; Pl.: Krypten), unterirdischer Kult- oder Grabraum, meist unterhalb des den Geistlichen vorbehaltenen Chores einer Kirche gelegen.

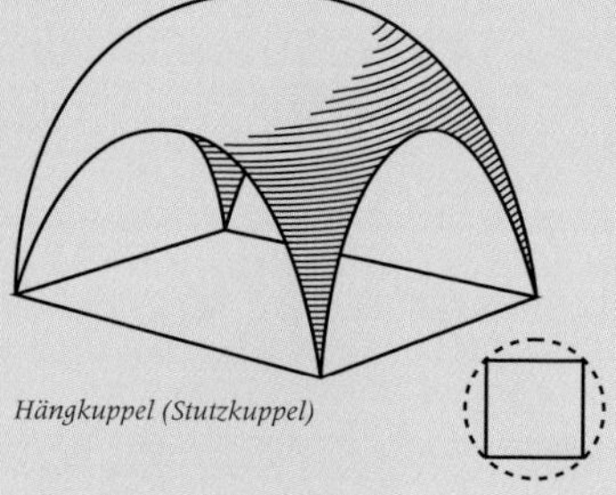

Hängkuppel (Stutzkuppel)

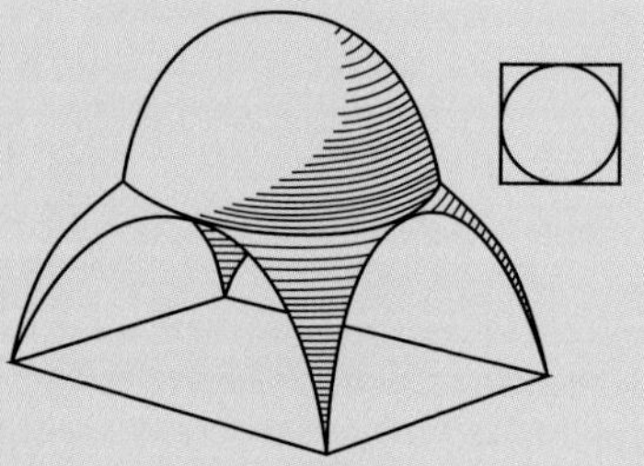

Pendentifkuppel (byzantinische Kuppel

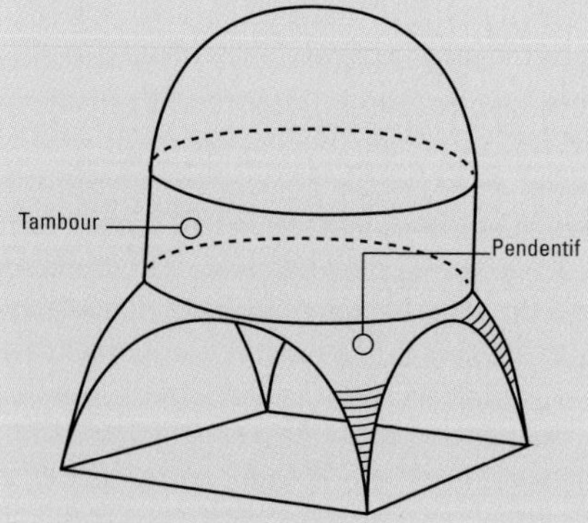

Pendentifkuppel (Renaissancekuppel)

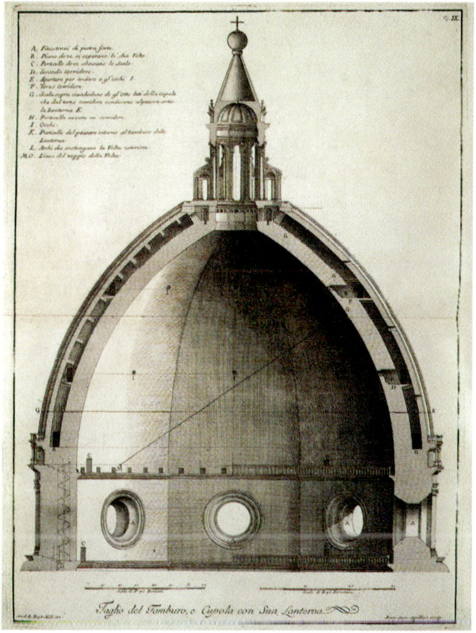

Kuppeltambour und Laterne

Kuppel (mittellat. cup(p)ula, »(umgestülptes) Tönnchen, Becher«), Decken- oder Dachform, Überwölbung eines runden, vier- oder vieleckigen Raumes in regelmäßigen Krümmungen. Die Überleitung vom quadratischen Grundriß zur Rundung des Kuppelgrundrisses kann verschieden vollzogen werden: 1. bei der Hängekuppel bildet die Basis der Kuppel einen gedachten Kreis, der das Grundrißquadrat umschreibt; 2. bei der Pendentifkuppel ist eine gedachte Hängekuppel über den Bögen horizontal abgeschnitten und die so entstandene Kreisfläche mit einer Halbkugel überwölbt, die dabei entstehenden sphärischen Dreiecke nennt man Pendentifs; 3. bei der Böhmischen Kappe (Stutzkuppel) ist, ähnlich der Hängekuppel, die zu überwölbende Fläche kleiner als das Grundquadrat.

Kuppeltambour (mittellat. cup(p)ula, »(umgestülptes) Tönnchen, Becher« und arab. tanbur, »Trommel«), auch Tambour, zylindrischer architektonischer Bereich zwischen Unterbau und Kuppel. Er ist zumeist mit Fenstern versehen und dient der Überhöhung des Raumes.

Kurtisane (zu frz. courtisan und ital. cortigiano, »Höfling«; zu ital. corte, »Hof, Fürstenhof«), Hofdame, Hoffräulein; Geliebte vornehmer und adliger Herren; vornehme Dirne.

Laibung, die senkrechte Schnittfläche der Maueröffnung u. a. bei Bögen, Fenstern und Portalen.

Langhaus, bei Kirchen mit erkennbarer Längsausdehnung der Teil zwischen Westbau (Fassade) und Vierung (Kreuzungsbereich von Lang- und Querhaus) oder dem den Geistlichen vorbehaltenen Chor. Das Langhaus kann wie bei der Saalkirche einschiffig (einräumig) oder wie bei der Basilika und Hallenkirche mehrschiffig sein.

Lateinisches Kreuz (lat. crucem, crux), Kreuz, dessen Hauptstamm länger als der Querbalken ist. Im abendländischen Sakralbau (kultischer Bau) des Mittelalters ist es die bevorzugte Grundrißform.

Laterne (lat. la(n)terna und grch. lamptera, »Leuchter, Lampe«), runder oder vieleckiger, durchfensterter Aufbau über Kuppel- oder Gewölbeöffnungen.

Legenda aurea (lat., »goldene Legende«), von dem Dominikaner Jacobus de Voragine (1228/29–1298) im 13. Jh. zusammengestellte Sammlung von Heiligenlegenden. Seit dem Mittelalter ist sie von besonderer Bedeutung als Textquelle für die christliche Kunst.

Liturgie (grch. liturgia, »öffentlicher Dienst, öffentliches Werk«), in der römisch-katholischen und ostkirchlichen Tradition der nach festen Vorschriften vollzogene Gottesdienst.

Loggia (ital.), offener, von Säulen oder Pfeilern gestützter Bogengang oder Bogenhalle.

Lünette (frz. lunette, »kleiner Mond«), halbkreisförmiges Bogenfeld oberhalb von Türen oder Fenstern, zumeist mit bildlichem Schmuck versehen.

Lukasgilde, religiöser Verband von Künstlern und Kunsthandwerkern mittelalterlichen Ursprungs. Er ist nach deren Schutzpatron, dem Evangelisten Lukas, benannt.

Maestà (ital., »Majestät, in Herrlichkeit thronend«), Bezeichnung für die strenge Darstellungsweise der inmitten von Engeln und Heiligen thronenden Muttergottes mit Kind. Dieses Motiv findet sich vorwiegend in der italienischen Malerei des 13. und 14. Jh.s.

Majolika, italienische Bezeichnung für weißglasierte, bemalte Keramik (gebrannte Tonware); der italienische Begriff leitet sich vom Namen der Insel Mallorca, dem früheren Haupthandelsplatz der Majolika, her und ist bedeutungsgleich zur französischen Bezeichnung »Fayence« (nach Faenza, dem wichtigsten italienischen Produktionsort).

Mandorla (ital., »Mandel«), mandelförmiger, die ganze Figur umfassender Heiligenschein Christi und Mariens, häufig in den Farben des Regenbogens oder Blau-Rot-Grün-Gelb. Die Mandelglorie gehört zur christlichen Lichtsymbolik und weist auf die Inkarnation (Menschwerdung) Christi beziehungsweise auf die Jungfräulichkeit Mariens hin.

Manierismus (zu frz. manière, »Art und Weise«; zu lat. manuarius, »zu den Händen gehörig«), Kunstepoche zwischen Renaissance und Barock, etwa von 1520/30 bis 1620. Im Manierismus werden die in der Renaissance entwickelten harmonischen Idealformen, -proportionen und -kompositionen aufgehoben. So kennzeichnet die Malerei eine Dynamisierung der Bildszenerien, eine Überlängung des menschlichen Körpers und dessen Darstellung in anatomisch widersprüchlichen Positionen, eine übersteigerte Kompliziertheit der Kompositionen, eine

Lünette über einer Tür mit Ohrenrahmung

Medaillon

irrationale und stark theatralisierte Lichtführung sowie eine Loslösung der strengen Gegenstandsbindung der Farbe.

Manuskript (lat. manu scriptus, »mit der Hand geschrieben«), Handschrift; handschriftliches Buch der Antike und des Mittelalters.

Martyrium (lat.; grch. martyrion, »Blutzeugnis, Beweis«), aufgrund des Glaubens oder der Überzeugungen erlittene Qualen, Folterungen und Opfertod.

Mäzen, Auftraggeber und Förderer der Künste. Die Bezeichnung ist auf Gajus Maecenas († 8 v. Chr.) zurückzuführen, der ein besonderer Gönner der Dichter Horaz (65 – 8 v. Chr.) und Vergil (70 – 19 v. Chr.) war.

Medaillon (frz. médaillon, »große Medaille«), Bild oder Relief (erhabene plastische Darstellung auf einer Fläche) in rundem oder elliptischem Rahmen.

Medici, Florentiner Patriziergeschlecht, das von 1434 bis 1737 mit kurzen Unterbrechungen die Herrschaft über Florenz und ab 1569 über die Toskana innehat. Einer der einflußreichsten Medici ist Lorenzo I., der Prächtige (1469 – 1492), der besonders die Künste und Wissenschaften fördert und an der Platonischen Akademie in Florenz führende Humanisten versammelt. Sein Sohn Giovanni de' Medici (1475 – 1521) regiert von 1513 bis 1521 als Papst Leo X. in Rom.

Monochromie (zu grch. monos, »allein, einzig« und chroma, »Farbe«), Einfarbigkeit, im Gegensatz zu Polychromie (Mehr-, Vielfarbigkeit).

Monolith (aus grch., »monos« und lithos, »Stein«), in der Architektur: der aus einem einzigen Stein bestehende Bestandteil eines Gebäudes (vor allem als Säule, Pfeiler oder auch Kuppelplatte); in der Plastik: das monumentale, aus einem einzigen Steinblock gefertigte Bildwerk (Obelisk, Monumentalstatue u. ä.).

Mosaik (aus grch. mousa, »Muse, Kunst«), die bildhafte oder ornamentale, aus kleinen, verschiedenfarbigen Steinen oder Glasstücken zusammengefügte Flächendekoration einer Wand, einer Kuppel oder eines Fußbodens.

Naturalismus (neulat.; frz. naturalisme), eine Darstellungsweise in der bildenden Kunst und Literatur, die die durch (Sinnes-)Erfahrung faßbare Wirklichkeit möglichst naturgetreu und mit wissenschaftlicher Präzision wiederzugeben versucht.

Nische (frz. niche), die halbrunde, recht- oder vieleckige oben geschlossene Vertiefung in einer Mauer.

Noli me tangere (lat. »berühre mich nicht«), der Ausspruch, mit dem der auferstandene Christus Maria Magdalena, die ihn zunächst nicht erkennt

und für einen Gärtner hält, am Ostermorgen vor dem offenen Grabe begegnet (Joh. 20, 14–18); in der religiösen Kunst reichen früheste Darstellungen der Begebenheit bis ins 4. Jh. zurück.

Non finito (ital., »nicht beendet, unvollendet«), ein bewußtes Belassen künstlerischer Werke im nicht zur Vollendung gebrachten Zustand. Er dient häufig der Steigerung der Expressivität.

Noviziat (zu lat. novicius, »Neuling«), Prüfungszeit eines Ordensanwärters.

Obelisk (lat. obeliscus und grch. obelisko, »Bratspießchen«), quadratischer, nach oben verjüngter und von einer kleinen Pyramide bekrönter Steinpfeiler. Ursprünglich im alten Ägypten Kultsymbol für den Sonnengott, diente er seit der Renaissance als Denkmals- und Dekorationsform.

Œuvre (frz., »Werk«), Gesamtwerk eines Künstlers.

Oktogon (zu grch. okto, »Acht« und gonia, »Ecke«), ein altorientalisch-antikes Symbol für die Vollendung des Kosmos; in der Architektur ein Zentralbau, ein auf den Mittelpunkt ausgerichteter Bau, mit achteckigem Grundriß.

Ottocento (ital., »achthundert«), italienische Bezeichnung für das 19. Jh.

Palazzo (ital., »Palast«), reich verziertes und großzügig gebautes Wohnhaus.

Pantheon (lat. pantheum und grch. pantheion, »Tempel aller Götter«), antiker Kultbau mit weitgespannter Kuppel und achtsäuliger Giebelvorhalle. 115–125 n. Chr. wird er in Rom unter Kaiser Hadrian (76–138 n. Chr.) als allen Göttern geweihtes Heiligtum neu errichtet. 609 n. Chr. wird das Gebäude als christliche Kirche geweiht. Seit der Renaissance dient es als Grabstätte für hervorragende Männer der Stadt.

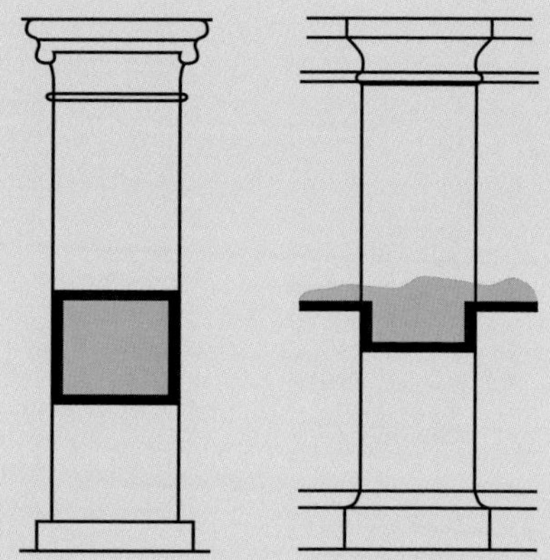

Pfeiler (Freipfeiler) *Pilaster (Wandpfeiler)*

Pendant (frz., »hängend«), ergänzendes Gegenstück, Entsprechung.

Pendentif (frz., »Hängebogen«), vom quadratischen Grundriß zur Rundung einer Kuppel überleitender gewölbte Teil in der Form eines sphärischen Dreiecks (Zwickel).

Personifikation (zu lat. persona, »Persönlichkeit« und facere, »machen«), Vermenschlichung von Göttern, Begriffen oder Dingen.

Perspektive (mittellat. perspectiva (ars), »hindurchblickende (Kunst)«), Darstellung dreidimensionaler Gegenstände auf der ebenen Bildfläche. Objekte und Figuren werden dabei weitestgehend gemäß den optischen Bedingungen wiedergegeben, unter denen sie einem Betrachter auch in Wirklichkeit erscheinen.

Pfeiler (zu lat. pila), senkrechte Stütze mit quadratischem, recht- oder vieleckigem Querschnitt. Er kann in Basis (Fuß), Schaft (Mittelteil) und Kapitell (Kopfstück) gegliedert sein. Je nach

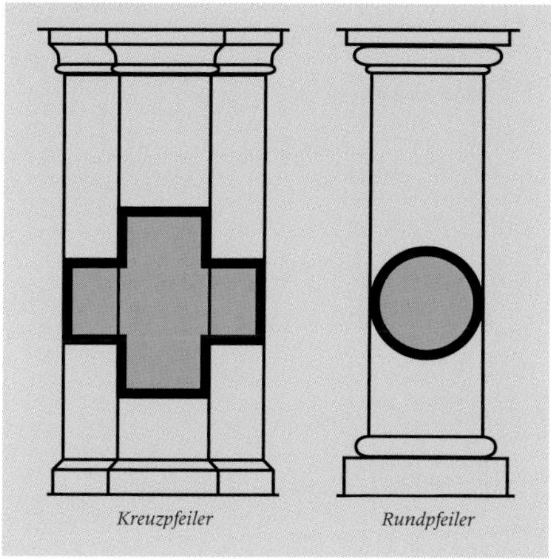

Lage und Ausbildung unterscheidet man zum Beispiel zwischen Frei-, Wand-, Eck- und Strebepfeiler (zusätzlich zur Mauer den Gewölbeschub und die Dachlast abfangende Pfeiler außerhalb eines Bauwerkes).

Physiognomie (zu grch. physis, »Natur« und gnonai, »erkennen«), äußeres Erscheinungsbild eines Menschen, insbesondere des Gesichtes.

Pietà (ital., »Erbarmen, Mitleid«; zu lat. pietas, »Frömmigkeit«,) auch Vesperbild (lat., »Abend, Abendstern, Westen«), Darstellung der trauernden Muttergottes, die den Leichnam Christi in ihren Armen hält.

Pilaster (ital. pilastro; zu lat. pila, »Pfeiler«), rechteckiger, zumeist nur wenig vorspringender Wandpfeiler mit Basis (Fuß), Schaft (Mittelteil) und Kapitell (Kopfstück), der die Wandfläche gliedert und manchmal zusätzlich verstärkt. Oft ist er kanneliert, das heißt mit senkrechten Rillungen am Schaft versehen.

Polychromie (zu grch. poly, »viel« und chroma, »Farbe«), Mehrfarbigkeit, Vielfarbigkeit, im Gegensatz zur Monochromie (Einfarbigkeit).

Ponderation (zu lat. ponderare, »abwägen«), in der Bildhauerei die gleichmäßige Verteilung der Körperschwere auf die stützenden Gliedmaßen einer Statue.

Pontifikat (lat. pontificatus, »die Würde des Oberpriesters«), Amtszeit eines Bischofs oder Papstes.

Portal (mittellat. portale, »Vorhalle«), künstlerisch gestalteter Eingang eines Gebäudes. Das Vorbild des abendländischen Portals ist der römische Triumphbogen, ein freistehender Torbau zu Ehren eines Feldherrn.

Portikus (lat. porticus, »Säulengang, Halle«), meist offener, von Säulen oder Pfeilern getragener Vorbau an der Haupteingangsseite eines Gebäudes. Häufig ist er mit einem Giebel versehen.

Postament (zu ital. postare, »hinstellen«), Sokkel oder Unterbau eines Pfeilers, einer Säule oder Statue.

Predella (ital., »Podest, Fußbank«), sockelartiger Unterbau von Flügelaltären, der teilweise zur Aufnahme von Reliquien (verehrte Gegenstände oder Körperteile eines Heiligen) dient. Oftmals ist er mit bildlichen Darstellungen versehen.

Presbyterium (grch. presbyterion, »Rat der Ältesten«), auch Chor, erhöhter, den Geistlichen vorbehaltener Ort am Ende des Langhauses einer Kirche, an dem sich der Hauptaltar befindet.

Profanbau/-architektur (aus lat. pro, »vor« und »fanum, »heiliger Bezirk«), das weltlichen Zwecken dienende, nicht zu religiöser oder kultischer Nutzung bestimmte Gebäude (im Gegensatz zu Sakralbauten/-architektur).

Prolog (grch. prologos, »Vorrede«), Einleitung, Vorwort literarischer Werke.

Proportion (lat. proportio, »Gleichmaß, Ebenmaß«), Größenverhältnis; in der Malerei, Skulptur und Architektur die Maßverhältnisse einzelner Teile zueinander und zum Ganzen. Wichtige Proportionslehren sind: 1. der Kanon (grch., »Richtmaß«), bei dem für die menschlichen Proportionen als Maßeinheit meist der Kopf, im Verhältnis 1:7 oder 1:10 zum Körper, gilt; 2. der Goldene Schnitt (lat. sectio aurea), bei dem eine Strecke (A) in einen kleineren (C) und einen größeren Abschnitt (B) so geteilt wird, daß sich A:B wie B:C verhält; 3. die Quadratur (mittelital. quadratura, »Abvierung«; zu lat. quadrare, »viereckig machen«), bei der das Quadrat als Maeinheit zugrunde liegt; 4. die Triangulatur (zu lat. tri..., »drei...« und angulus, »Winkel, Ecke«), bei der das gleichseitige Dreieck zur Festlegung konstruktiv wichtiger Punkte verwendet wird; 5. die Harmonische Proportion, bei der die Saitenlängen- und Schwingungsverhältnisse musikalischer Intervalle auf architektonische Maßverhältnisse übertragen werden, wie zum Beispiel die Oktave = 1:2, Quinte = 2:3 und Quart = 3:4.

Putto (ital., »Kindlein, Knäblein«; zu lat. putus, »Knabe«), Figur eines zumeist nackten, kindlichen Engels.

Quattrocento (ital., »vierhundert«), italienische Bezeichnung für das 15. Jh.

Radiographie (zu lat. radius, »Strahl« und grch. graphein, »(be-)schreiben, zeichnen«), Röntgenuntersuchung; in der Malerei das naturwissenschaftliche Verfahren der gemäldekundlichen Diagnostik, die insbesondere der Sichtbarmachung von Übermalungen und Anstückungen dient.

Refektorium (mittellat. refectorium; zu lat. reficere, »wiederherstellen«), klösterlicher Speisesaal.

Register (mittellat. registrum; zu registrare, »registrieren«), Verzeichnis; in der Malerei der einzelne Abschnitt aus einer Folge zusammenhängender Einzeldarstellungen, wie zum Beispiel einer Heiligenlegende.

Relief (frz.; zu lat. relevare, »erheben«), die aus einer Fläche durch Ausmeißeln oder Modellieren herausgearbeitete Darstellung. Nach Grad der plastischen Tiefe und Hervorhebung unterscheidet man Flach-, Halb- und Hochrelief.

Reliquiar (zu lat. reliquiae, »Überrest, Zurückgelassenes«), das zumeist künstlerisch gestaltete Behältnis für Reliquien, verehrte Gegenstände oder Körperteile eines Heiligen.

Reliquie (lat. reliquiae, »Überrest, Zurückgelassenes«), Körperteil eines Heiligen oder aus dem Besitz eines Heiligen stammender Gegenstand, der besonders verehrt wird.

Renaissance (frz.; ital. rinascimento, »Wiedergeburt«), die von Italien ausgehende progressi-

Relief

ve Kulturepoche des 15. und 16. Jh.s. Die späte Phase etwa von 1530 bis 1600 wird auch Manierismus genannt. Die Bezeichnung geht auf den 1550 von Giorgio Vasari (1511–1574) geprägten Begriff »rinascita« (Wiedergeburt) zurück, der damit zunächst nur die Überwindung der mittelalterlichen Kunst meint. Durch den Humanismus, der mit Berufung auf das antike Vorbild die Herausbildung eines neuen, diesseitig orientierten Menschen-, Welt- und Naturbildes fördert, entwickelt sich unter anderem das Leitbild des »uomo universale«, des geistig und körperlich allseitig begabten und gebildeten Menschen. So gelangen die bildenden Künste vom Rang des Handwerkes in den der freien Künste, wodurch die Künstler einen höheren sozialen Status und ein größeres Selbstverständnis finden. Kunst und Wissenschaft stehen in direkter Verbindung und wirken aufeinander, wie zum Beispiel in der Entdeckung mathematisch berechenbarer Perspektive oder anatomischer Erkenntnisse. Die Baukunst bezieht sich auf die Architekturtheorien Vitruvs (um 84 v. Chr.) und zeichnet sich im wesentlichen durch die Aufnahme antiker Bauelemente und die Ausbildung einer Palast- und Schloßarchitektur aus. Der Zentralbau, ein auf den Mittelpunkt ausgerichtetes Gebäude, wird zum typischen Bauentwurf der Renaissance.

Replik (frz. réplique, »Antwort, Gegenrede, Nachahmung«), eine dem Original nahezu gleichende Wiederholung eines Kunstwerkes durch den Künstler selbst oder seine Werkstatt.

Repoussoir (zu frz. repousser, »zurückdrängen, abschrecken«), im vorderen Bereich der Bildfläche befindliche Figuren oder Gegenstände, wie zum Beispiel Baumstümpfe oder Architekturfragmente, die oftmals der tiefenräumlichen Illusion dienen und zum Teil in das dargestellte, zurückgedrängte Hauptgeschehen einführen.

Retabel (frz. retable, rétable; lat. retabulum, »Rückwand«), hinter oder auf der rückwärtigen Seite des Altartisches befindlicher Aufsatz mit plastischem oder gemaltem Altarbild.

Rilievo schiacciato (ital., »gedrängtes, gequetschtes, plattes Relief«), von Donatello (1386–1466) entwickelte Technik der minutiösen Oberflächenabstufung im Relief, einer plastischen Darstellung auf einer Fläche, durch die in besonderem Maße zeichnerisch-malerische Effekte und tiefenräumliche Illusion erzielt werden.

Romanik (von lat. Romanus, »Römer, römisch«), im ersten Drittel des 19. Jh.s in Frankreich eingeführter Begriff für die am Formenrepertoire römischer Architektur (Rundbogen, Pfeiler, Säule, Gewölbe) orientierte abendländische Baukunst des frühen Mittelalters. Sie umfaßt die Zeitspanne von etwa 1000 (in Frankreich; in Deutschland ab Mitte des 11. Jh.s) bis in die Mitte des 13. Jh.s. In Zentralfrankreich bereits Mitte des 12. Jh.s von der Frühgotik abgelöst, kommt es überall zur Ausbildung nationaler Eigenarten und Stilmerkmale. Vor allem in Burgund, in der Normandie, in Oberitalien und in der Toskana erfährt die Romanik ihre reichste Ausprägung. Hauptaufgabe ist der Kirchenbau. Prägend ist die Addition einzelner plastisch durchgeformter Bauglieder sowie das klare Wechselspiel zylindrischer und kubischer Formen.

Rotunde (ital. rotonda), der Rundbau, der Zentralbau über kreisförmigem Grundriß oder auch der Rundraum innerhalb eines Bauwerkes.

Rustika (lat. rustica; zu rusticus, »ländlich, bäuerlich«), Mauerwerk aus an der Außenseite nur grob behauenen Steinquadern.
Saalkirche (grch. kyriakon, »das zum Herrn Gehörige«), Kirchenbau ohne Seitenschiffe (Seitenräume).
Sacra conversazione (ital., »heilige Unterhaltung«), Darstellungstypus des würdevollen Beieinanders von Maria und mehreren Heiligen. Der Begriff ist irreführend, da keine tatsächliche Unterhaltung dargestellt wird.
Sakristei (mittellat. sacristia; zu sacer, »heilig, geweiht«), der priesterlichen Vorbereitung und Ankleidung dienender Nebenraum einer Kirche, Aufbewahrungsort der Kultgeräte und Gewänder.
Sakralbau (zu lat. sacra, »geweiht, heilig«) ein Bau für kultische Zwecke, im Gegensatz zum Profanbau für weltliche Zwecke.
Sarkophag (grch.griech. sarcophagos, »Fleischfresser«), reichverzierter, aus Holz, Metall, Ton oder Stein gefertigter Sarg.
Satyr, in der grch. Mythologie: lüstern-unkeusches Mischwesen aus Pferd und Mensch im Gefolge des Gottes Dionysos.
Säule, meist stützendes, sich nach oben verjüngendes Bauglied mit rundem Querschnitt, das aus Basis (Fuß), Schaft (Mittelteil) und Kapitell (Kopfstück) bestehen kann. Auf die Formen des Schaftes beziehen sich die meisten Namen, so zum Beispiel die aus einem Stück bestehende monolithische Säule, die aus trommelförmigen Teilen gefertigte Trommelsäule oder die mit senkrechten Hohlkehlen versehene kannelierte Säule.
Säulenordnung, antikes festes Architektursystem, bei dem Säule, Kapitell, Architrav (die Last des Oberbaus tragender Hauptbalken) und Gesims (waagerecht hervortretender Wandstreifen) aufeinander abgestimmt sind. In der griechischen Baukunst kennt man die dorische, ionische und korinthische Ordnung. In der römischen Architektur werden sie im wesentlichen übernommen, es gibt aber auch Variationen wie die toskanische Ordnung mit dorischen Elementen und die Kompositordnung mit ionischen und korinthischen Bauformen.
Schisma (grch., »Spaltung«), die nicht dogmatisch begründete Kirchenspaltung. Das »große abendländische Schisma« innerhalb der katholischen Kirche, bei dem sich zwei Päpste in Avignon und Rom gegenüberstanden, dauerte von 1378 bis 1417.
Scholastik (zu lat. scholasticus, »zur Schule gehörig«), die auf die Philosophie der Antike, die dogmatische Exegese der heiligen Schriften und die Aussprüche der Kirchenlehrer gestützte Philosophie und Wissenschaft des Mittelalters.
Schutzmantelmadonna, in der Malerei die Darstellung Mariens, die die Gläubigen mit ihrem Mantel schützend umfängt. Die Geste des Mantelschutzes stammt ursprünglich aus dem juristisch-weltlichen Bereich: Kinder wurden legitimiert und adoptiert, indem der Vater sie unter seinen Mantel nahm. Hochgestellte Personen, besonders Frauen, konnten Verfolgten unter ihrem Mantel Schutz gewähren und für diese um Gnade bitten. Dieses Mantelschutzrecht der Frauen wurde auf Maria übertragen.
Scorcio (ital., »Verkürzung«), in der Malerei und Graphik (Kunst des Zeichnens und der Drucktechniken) ein in extremer perspektivischer Verkürzung dargestellter Gegenstand.
Sforza, italienische Adelsfamilie, die von 1450 bis 1535 als mailändisches Herzogsgeschlecht

Stilleben

die Herrschaft über den größten Teil der Lombardei besitzt.

Sfumato (zu ital. sfumare, »verrauchen, verdunsten«), eine zumeist auf Leonardo da Vinci (1452–1519) zurückgeführte malerische Darstellungsweise, die weiche, atmosphärisch verschwimmende Konturen, wie durch zarte Dunstschleier gesehen, hervorbringt.

Sibylle (grch. sibylla, »Prophetin«), eine die Zukunft weissagende Frau des Altertums, die der Legende nach Geburt, Passion oder Auferstehung Christi voraussagt. Ursprünglich gab es in der Antike nur eine, dann zehn Sibyllen. Im frühen Christentum wurde die Zahl auf zwölf erweitert, analog zu den zwölf Propheten des Alten Testamentes.

Signoria (ital., »Herrschaft«), seit dem späten Mittelalter leitender Rat beziehungsweise Regierung italienischer Städte. Meist hat den Vorsitz eine einzelne Familie.

Sinopie (ital. sinopia, »Eisenocker, Rötelerde«), die originalgroße Vorzeichnung eines Freskos, eines Wandgemäldes auf feuchtem Putz. Der Ausdruck leitet sich von der Stadt Sinope am Schwarzen Meer ab, wo die hierzu verwendete rötliche Erde abgebaut wurde.

Sockel (lat. socculus, »kleiner Schuh«), in der Architektur der vorspringende Unterbau einer Säule oder eines Gebäudes. Bei Bauwerken schließt er mit einem Gesims ab und ist vereinzelt als Bank oder niedriges Geschoß ausgebildet.

Sopraporte (ital. soprapporta, »über der Tür«), mit einem Gemälde oder einem Relief bestücktes Schmuckfeld oberhalb einer Tür.

Spitzbogen, charakteristisches Element der vertikal ausgerichteten gotischen Baukunst. Im Gegensatz zum romanischen Rundbogen läuft er in seinem Scheitel gebrochen und spitz zu.

Stalaktit (grch. stalaktos, »tröpfelnd«), der von einer Höhlendecke nach unten wachsende Tropfstein; (im Gegensatz zu: Stalagmit).

Stigmatisation (zu grch. stigma, »Stich, Punkt, Brandmal«), nach katholischem Glauben das Erscheinen und Aufbrechen eines der Stigmata, der fünf Wundmale Christi, bei Maria, den Heiligen und anderen Personen.

Stilleben (niederl. still-leven; zu still, »unbeweglich« und leven, »Modell«), auch nature morte oder natura morte (frz. beziehungsweise ital., »absterbende Natur, leblose Schöpfung«), bildliche Darstellung unbelebter, regloser Dinge in künstlerischem Arrangement, wie Blumen, Obst, Bücher, Gefäße und tote Tiere. Als Bildgattung kommt das Stilleben im späten 14. Jh. auf und erlebt seinen Höhepunkt in der niederländischen Malerei des 17. Jh.s.

Stützenwechsel, vor allem in der romanischen Baukunst die wechselnde Abfolge von Säule und Pfeiler (oder auch zwei Säulen und einem Pfeiler) an den Mittelschiffwänden einer Basilika.

Tabernakel (lat. tabernaculum, »kleines Zelt, kleine Hütte«), in der Architektur das aus Säulen und Spitzdach gebildete Ziergehäuse häufig für Statuen, zum Beispiel auf gotischen Strebepfeilern (zusätzlich zur Mauer den Gewölbeschub und die Dachlast abfangende Pfeiler außerhalb eines Bauwerkes); Schrein zur Aufbewahrung der geweihten Hostien.

Tafelbild (lat. tabula, »Brett«), ein auf Holz oder in kleineren Formaten auch auf Kupfer gemaltes Bild. Tafelbilder kommen im 12. Jh. auf und sind insbesondere vor Einführung des Leinwandbildes weitverbreitet.

Tambour (altfrz.; arab. tanbur, »Trommel«), auch Kuppeltambour, zylinderförmiger oder vieleckiger Bereich zwischen Unterbau und Kuppel, der mit Fenstern versehen sein kann.

Tektonik (grch. tektonikos, »die Baukunst betreffend«), der Aufbau und die Zusammenfügung der einzelnen funktional bedingten Bestandteile eines Ganzen, wie zum Beispiel eines Gebäudes.

Tempera (ital.; zu lat. temperare, »vermischen, vermengen«), seit dem 15. Jh. von der Ölmalerei zunehmend verdrängte, gegen Ende des 19. Jh.s wieder aufgegriffene Malerei mit Farben, deren

Tondo

Farbpigmente (farbiges Pulver) mit einem Bindemittel aus Ei, Leim oder Kasein (wichtiger Eiweißbestandteil der Milch) vermischt werden. Auf den Malgrund aufgebracht, trocknet die Temperafarbe sehr schnell, so daß ein Naß-in-Naß-Malen nicht möglich ist. Daher werden feine Schattierungen und Übergänge mit vielen Lagen parallel geführter Striche erreicht. Farbunterschiede zwischen der nassen und der trockenen Tempera machen es bei etwaigen Übermalungen schwer, einen gleichen Farbton zu treffen.

Terrakotta (ital. terracotta; zu lat. terra, »Erde« und ital. cotta, »gebrannt«), gebrannter, unglasierter Ton, der bereits in der Antike als Material für Architekturteile und bauplastische Elemente dient, auch gebräuchlich für Reliefs, Gerät und Kleinplastiken; im 19. Jh. unter anderem beliebt als Material für Bildnisbüsten (Auguste Rodin).

Toga (aus lat. tegere, »bedecken, verhüllen«), weites, altrömisches Obergewand.

Tondo (ital., »rund«), kreisrundes Gemälde oder Relief (plastische Darstellung auf einer Fläche).

Tonnengewölbe (zu mittellat. tunna, »Faß«), Deckenform, deren Querschnitt zumeist ein Halbkreis oder Kreissegment ist, seltener ist der spitz- oder parabelförmige Querschnitt.

Topographie (zu grch. topos, »Ort, Stelle« und graphein, »(be-)schreiben«), Beschreibung einer geographischen Örtlichkeit, möglichst mit genauer Verzeichnung aller Details.

Torso (ital., »Strunk, Rumpf«), ursprünglich eine unvollendete oder nur unvollständig erhaltene, antike Statue. Seit dem 16. Jh. gibt es den Torso auch als bildhauerischen Entwurf, bei dem bewußt auf die Ausführung des Kopfes oder der Arme verzichtet wird. In begrifflicher Ausweitung spricht man heute zum Beispiel auch vom Gebäudetorso.

Trecento (ital., »dreihundert«), italienische Bezeichnung für das 14. Jh.

Trinität (lat. trinitas, »Dreiheit«), Dreieinigkeit; in der christlichen Glaubenslehre die Dreifaltigkeit Gottes in der Einheit von Vater, Sohn und Hl. Geist.

Triptychon (grch. trptychos, »dreischichtig, dreifach«), dreiteilige Bildtafel, insbesondere als mittelalterlicher Flügelaltar, aus einem feststehenden Mittelteil und zwei beweglichen Seitenflügeln bestehend.

Triumphbogen (lat. triumphus, »Siegeszug«), seit dem 2. Jh. v. Chr. ein freistehender Torbau mit Durchgängen zu Ehren eines Kaisers oder Feldherrn.

Tympanon (grch., »Trommelfell, Pauke«), Bogenfeld über einem Portal oder Fläche in einem Giebel.

Uomo universale (ital.), der geistig und körperlich allumfassend begabte und gebildete Mensch, der das kulturelle Leitbild der Renaissance ist.

Vedute (ital. veduta, »Ansicht, Ausblick«), Gattung der Landschaftsmalerei. Sie gibt in der Regel sachlich streng und wirklichkeitsgetreu eine Landschaft oder Stadt wieder. Demgegenüber bestehen die »Vedute Ideate« (Idealveduten) aus Phantasielandschaften oder Stadteinblicken mit imaginären Gebäuden.

Verkündigung, nach dem Lukasevangelium (1, 26 – 38) jener Augenblick, in dem der Engel Gabriel Maria die Nachricht überbringt, daß sie Christus gebären wird. Die Darstellung der Verkündigung ist während des Mittelalters und der

Renaissance eines der weitverbreitetsten Bildthemen der europäischen Kunst.

Vierpaß, dekoratives Motiv der gotischen Kunst, das aus vier kleeblattförmig angeordneten Kreisausschnitten gleicher Größe gebildet ist.

Vierung, der räumliche Bereich einer Kirche, in dem sich Lang- und Querhaus kreuzen.

Vita (ital., »das Leben«; Pl.: Viten), Lebensverlauf; literarische Schilderung des Lebens einer Person.

Volute (lat. voluta, »Schnecke, das Gerollte«), spiralförmig eingerolltes Ornament und Bauglied. Man findet es insbesondere an Kapitellen, vor allem am ionischen Kapitell, und Giebeln sowie als Vermittlung zwischen senkrechten und waagerechten Bauteilen.

Vorhalle, Vorbau vor einem Gebäudeeingang.

Zentralbau, ein in allen Teilen gleichmäßig auf einen Mittelpunkt ausgerichteter Baukörper. In der Renaissance wird er nach dem Vorbild der Antike, zum Beispiel des Pantheons in Rom, bevorzugt aufgegriffen.

Zentralkomposition (lat. centralis, »im Mittelpunkt (liegend)« und compositio, »Zusammensetzung«), Ausrichtung aller Bildelemente auf ein im Mittelpunkt der Darstellung befindliches, zentrales Geschehen.

Zentralperspektive (lat. centralis, »im Mittelpunkt (liegend)« und mittellat., perspectiva (ars), »hindurchblickende (Kunst)«), von Filippo Brunelleschi (1376–1446) zu Beginn des 15. Jh.s entworfene, wissenschaftlich-mathematische Methode perspektivischer Darstellung. Für den Betrachter kreuzen sich alle in die Bildtiefe führenden Linien in einem Fluchtpunkt, einem zentralen Punkt. Auf der zweidimensionalen Bildfläche wird dreidimensionale Illusion durch die genaue Verkürzung und Proportionierung der dargestellten Gegenstände, Landschaften, Gebäude und Figuren gemäß ihrer tiefenräumlichen Anordnung ermöglicht.

Ziborium (lat. ciborium und grch. kiborion, »Becher, Gehäuse«), auch Ciborium, auf vier Säulen ruhende, freistehende Altarüberdachung.

Zunft (althochdt. zumft), die sich im 11. Jh. besonders in den Städten Süddeutschlands herausbildende genossenschaftlich organisierte Vereinigung der Handwerker, die Arbeitszeit, Preise und Ausbildung regelt.

Zwickel, dreiseitig begrenztes Flächenstück. Bogenzwickel ergeben sich beispielsweise aus der rechteckigen Umrahmung von Bögen. Hängezwickel bilden sich bei Kuppelbauten als sphärische Dreiecke in der Überleitung von quadratischem Grundriß zur Rundung der Kuppel.

Zyklus (spätlat. cyclus und grch. kyklos, »Kreis«), in der bildenden Kunst die Folge inhaltlich zusammengehöriger Werke.

Vedute

Künstlerbiographien

Alberti, Leon Battista (1404 Genua oder Venedig – 1472 Rom) verkörpert den Inbegriff des »uomo universale«, des allumfassend begabten humanistischen Gelehrten. Er lebt 1432–1434 in Rom, anschließend in Bologna, Mantua und Ferrara. Seit 1443 hält er sich überwiegend in Rom auf. Alberti ist als Berater der reichen italienischen Fürstenhäuser tätig und entwirft als Baumeister u. a. den Palazzo Ruccellai und die Fassade von Santa Maria Novella in Florenz sowie San Andrea in Mantua. Von seinen zahlreichen Schriften sind die »Zehn Bücher über die Baukunst« die bedeutendsten und begründen seinen Ruhm als der wichtigste Kunsttheoretiker des Quattrocento.

Ammanati, Bartolomeo (1511 Settignano bei Florenz – 1592 Florenz) wird bei Baccio Bandinelli in Florenz und bei Jacopo Sansovino in Venedig zum Bildhauer ausgebildet. Anschließend kehrt er nach Florenz zurück, wo er, abgesehen von Aufenthalten in Venedig, Padua, Rom, Pisa und Neapel, bis zu seinem Lebensende ansässig ist. Als manieristischer Bildhauer in der Nachfolge Michelangelos führt er überwiegend Brunnen und Grabmäler aus. Seinen Ruhm begründet Ammanati, der als einer der bedeutendsten Architekten des Frühbarock in Italien gilt, vor allem mit der Ausführung der Fassade des Collegio Romano in Rom sowie der Ponte Trinità und der Gartenfront des von Brunelleschi begonnenen Palazzo Pitti in Florenz.

Andrea del Castagno (um 1422 Castagno – 1457 Florenz) ist vermutlich ein Schüler des Provinzmalers Paolo Schiavo. Als Günstling Bernardetto de' Medicis wird er möglicherweise Ende der 30er Jahren in den Florentinischen Künstlerkreis eingeführt. Inspiriert von Masaccio und vor allem von dem Bildhauer Donatello (1386–1466) entwickelt er einen höchst eigenständigen Stil, der großen Einfluß auf die florentiner Maler ausübt. Scharf umrissene, muskulöse und von Spannung erfüllte Gestalten sind charakteristisch für seine Kunst, wobei er durch perspektivische Übersichtlichkeit und den zurückgenommenen Raum eine höchste Steigerung ihrer Körperlichkeit erreicht. In manchen Gemälden wird die Wuchtigkeit der Figuren durch die Lichtführung, die flächige Farbgebung oder durch ihre individuellen Züge gemildert.

Andrea del Sarto (1486 Florenz – 1530 Florenz), eigentlich Andrea d'Agnolo di Francesco, lernt wahrscheinlich bei Piero di Cosimo. Zu frühem künstlerischen Ansehen gelangt er durch die Fresken im Klostervorhof von Santissima Annunziata (1509–1515) und die Ausmalung des Chiostro allo Scalzo (1511–1523) in Florenz. 1518 geht er auf Einladung Franz' I. nach Schloß Fontainebleau, kehrt jedoch schon ein Jahr später in seine Heimatstadt zurück. Andrea del Sarto zählt zu den bedeutendsten Meistern der Florentiner Hochrenaissance.

Arnolfo di Cambio (um 1245 Colle Val d'Elsa – um 1305 Florenz) wird in den 1260er Jahren in

der Werkstatt des Nicola Pisano in Pisa und Siena ausgebildet. Seit 1276 lebt er in Rom, wo er u. a. die Grabmäler des Kardinals Annibaldi in San Giovanni in Laterano und des Papstes Hadrian V. in San Francesco zu Viterbo ausführt. 1281 arbeitet Arnolfo in Perugia, 1282 in Orvieto und anschließend wieder in Rom. 1296 kehrt er nach Florenz zurück. Dort ist er als Bildhauer und Architekt u. a. für den Neubau des Doms tätig.

Bellini, Jacopo (um 1400 Venedig – 1471 Venedig) ist Schüler von Gentile da Fabriano. Er folgt seinem Lehrer zwischen 1423 und 1425 auch nach Florenz, wo Bellini Gelegenheit hat, die Werke der Florentiner Frührenaissance kennenzulernen. Sein eigener Stil markiert den Übergang der venezianischen Malerei vom weichen Stil zur Frührenaissance. In seinen Gemälden bemüht er sich um große Plastizität, die er jedoch nicht allein durch eine aus der Zeichnung abgeleitete Verteilung des Lichts sondern auch durch Farbübergänge erzielt. Er wird damit zum Wegbereiter der venezianischen Renaissancemalerei bis zu Giorgione und Tizian. Auch als Zeichner ist er von herausragender Bedeutung. Seine heute in Paris und London befindlichen Skizzenbücher zeigen eine souveräne Beherrschung der Zentralperspektive und ein großes Interesse für die Antike.

Bellini, Giovanni (um 1430 Venedig – 1516 Venedig), der jüngere Bruder von Gentile Bellini (1429 Venedig – 1507 Venedig), lernt bei seinem Vater und dann bei seinem Schwager Mantegna in Padua. Hauptsächlich ist er in Venedig tätig, wo er eine eigene Werkstatt führt und 1483 zum offiziellen Maler der Stadt ernannt wird. Durch Mantegna und niederländische Malerei gelangt er zu einer eigenständigen Behandlung des Lichts und der natürlichen Atmosphäre. Seine Farben sind leuchtend und warm, Formen, Figuren und Raum stimmungsvoll verwoben. Zu seinen bekanntesten Schülern zählen Tizian und Giorgione.

Boccaccio, Giovanni (1313 Paris – 1375 Certaldo) studiert nach einer Kaufmannslehre Rechtswissenschaften in Neapel. Seit 1348 lebt er als freier Dichter und Gelehrter in Florenz. Seine letzten Lebensjahre verbringt er abgeschieden auf seinem Gut in Certaldo. 1374 reist er zum letzten Mal nach Florenz, um die ersten öffentlichen Vorlesungen über Dantes »Göttliche Komödie« zu hal-

Andrea del Sarto

Michelangelo Merisi, Caravaggio

ten. Boccaccio, dessen epische Dichtung in seinem »Decamerone« ihre Meisterschaft erreicht, gilt neben Petrarca als einer der ersten großen Gelehrten des Humanismus. Als Wissenschaftler verfaßt er zahlreiche bahnbrechende Abhandlungen über die Antike.

Botticelli, Sandro (1445 Florenz – 1510 Florenz), eigentlich Alessandro di Mariano Filipepi, ist überwiegend in Florenz tätig. Nach der Lehre als Goldschmied wird er in den 60er Jahren Schüler von Filippo Lippi. Er nimmt Anregungen von Pollaiuolo und del Verrocchio, später von Ghirlandaio und Perugino auf. Impulse erhält er von den Humanisten um Lorenzo de' Medici (1469–1492). Er entwickelt eine stimmungsvolle, antikisierende Form des mythologischen Bildes mit kraftvollen Phantasiegestalten. Um 1482 erhält er den Auftrag für drei große Fresken in der Sixtinischen Kapelle im Vatikan.

Bronzino, Agnolo (1503 Monticelli bei Florenz – 1572 Florenz), eigentlich Agnolo di Cosimo di Maiano, auch Angolo Tori, ist Schüler von Raffellino del Garbo und Pontormo. Von 1530 bis 1533 malt er für den Herzog von Umbrien in Pesaro. Wieder in Florenz wird er 1540 Hofmaler der Medici. Auf seiner Romreise 1546/48 lernt er Werke von Michelangelo kennen. Er ist einer der bekanntesten Vertreter des Florentiner Manierismus. Durch die eigenwertige Verwendung der Farbe erreicht er einen kühlen Charakter und zugleich eine körperlich-plastische Darstellung.

Canaletto (1697 Venedig – 1768 Venedig), eigentlich Giovanni Antonio Canal, erlernt bei seinem Vater die Bühnenmalerei. Weitere Anregungen erhält er von Pannini und vor allem von dem Vedutenmaler Luca Carlesvarijs. Grundlegend für seine Malerei ist die geschulte Darstellung der Perspektive und eine genaue Naturbeobachtung. So erfaßt er in den topographischen Stadtansichten feinfühlig die Schönheit der Architektur und verbindet diese mit der Wiedergabe von Licht und Stimmung. Canaletto, der von 1746 bis 1753 überwiegend in England arbeitet, verhilft der venezianischen Vedutenmalerei über die Grenzen Italiens hinaus zur großen Blüte.

Caravaggio (1571 Mailand (?) – 1610 Porto d'Ercole), eigentlich Michelangelo Merisi, lernt von 1584 bis 1588 bei Simone Peterzano in Mai-

land und arbeitet dann in Caravaggio bei Bergamo. Um 1592 geht er nach Rom, wo er in mehreren Werkstätten tätig ist und Gönner im Vatikan findet. Um 1604 wird er mehrfach inhaftiert und verbringt die letzten Lebensjahre auf der Flucht. Realistische Figurendarstellungen, harte Hell-Dunkel-Kontraste und starke Ausschnitte charakterisieren seine Werke. Von manchen Zeitgenossen abgelehnt, hat Caravaggio großen Einfluß auf viele Künstler in Süd- und Nordeuropa.

Carracci, Annibale (1560 Bologna – 1609 Rom) arbeitet zunächst mit seinem Bruder Agostino zusammen in der Werkstatt des Vetters Ludovico Carracci, dessen Schüler er wohl ist. Um 1585 ist er Mitbegründer der Accademia dei Desiderosi (Akademie der Strebenden) in Bologna und später der Accademia degli Incamminati (Akademie der auf den Weg Gebrachten) in Rom, wo er sich um 1594 niederläßt. Durch intensives Naturstudium gelangt er zu einer harmonischen und unmittelbaren Malerei. Er ist der führende Vertreter der Kunst, die sich wieder auf die Antike und Hochrenaissance besinnt und sich so vom Manierismus löst.

Cellini, Benvenuto (1500 Florenz – 1571 Florenz) läßt sich nach einer Lehrzeit als Goldschmied 1519 in Rom nieder. Dort ist er – abgesehen von Aufenthalten in Florenz, Neapel, Venedig und Paris – bis 1540 ansässig. Anschließend geht er nach Frankreich an den Hof König Franz' I. 1545 kehrt er nach Florenz zurück und tritt in die Dienste Cosimos I. de' Medici ein. Seit 1559 schreibt Cellini, der zu den bedeutendsten Bildhauern des Cinquecento zählt, seine Autobiographie und zwei Traktate über die Goldschmiedekunst und die Bildhauerei.

Cimabue (wohl um 1240 – (?)), eigentlich Cenno di Pepo, arbeitet wohl um 1260 in der Mosaikwerkstatt des Baptisteriums in Florenz. 1272 ist er in Rom und 1301/02 in Pisa nachweisbar. Cimabue beginnt, die Byzantinische Kunst durch Andeutung von Dreidimensionalität und Bewegungen der Figuren zu überwinden. Auch wendet er sich von der mittelalterliche Tradition ab und gelangt so zu nur wenig stilisierten Darstellungen von Monumentalität und Intensität. Mit dieser neuen Auffassung zählt er zu den Wegbereitern der neuen italienischen Malerei.

Annibale Carracci

Domenico Ghirlandaio

Schon der Dichter Dante Alighieri zollt ihm Anerkennung.

Correggio (um 1489 Correggio bei Modena – 1534 Correggio), eigentlich Antonio Allegri, ist einer der bedeutendsten Maler der Hochrenaissance, der in Rom, Parma und in Correggio wirkt. Er ist wohl Schüler von Francesco Bianchi Ferrari. Im Bemühen um den Ausdruck von Leichtigkeit und Anmut wird Correggio Meister der Illusionsmalerei. Er setzt Licht und Farbe als Gegengewicht zu den Formen ein und entwickelt neuartige Hell-Dunkel-Effekte. Mit harten Verkürzungen und Überschneidungen täuscht er Plastizität vor. Durch Licht und Diagonalen erzeugt er einen tiefen Bildraum, der Teil der Handlung wird.

Donatello (1386 Florenz – 1466 Florenz), eigentlich Donato di Niccolò di Betto Bardi, lernt wahrscheinlich bei Lorenzo Ghiberti und Nanni di Banco in Florenz. Er ist überwiegend in seiner Heimatstadt, aber auch in Siena, Rom, Padua und anderen Orten Italiens tätig. Donatello gilt als der größte Bildhauer des Quattrocento. Sein umfangreiches Werk wird an Vielseitigkeit und Neuerungen von keinem anderen Künstler der Zeit übertroffen. In seiner frühen Schaffenszeit fertigt er vor allem marmorne Standfiguren. Seit den 1420er Jahren entstehen überwiegend Bronzeskulpturen.

Duccio di Buoninsegna (um 1250–1260 Siena – 1318/19 Siena) ist zunächst Kassetten-, Möbel- und Buchmaler. Sein Schaffen ist seit 1278 in Siena zu verfolgen. Er arbeitet auch in Florenz und vermutlich an Fresken in der Oberkirche von S. Francesco in Assisi. Inspiriert wird er von der Sieneser Schule und Cimabue. Noch sehr der Byzantinischen Kunst verbunden, greift er doch die neuen Bestrebungen auf und erreicht eine moderne Bildsprache. Feine Linienführung und lichte Farbigkeit kennzeichnen seine Werke sowie eine körperhafte Modellierung und Rhythmisierung der Figuren und der gesamten Bildfläche.

Fra Angelico (um 1397 Vicchio di Mugello bei Florenz – 1455 Rom), eigentlich Guido di Piero, auch Beato Angelico, ist ein bedeutender Maler zwischen Spätgotik und Frührenaissance. Als fertiger Künstler tritt er mit 20 Jahren unter dem Namen Fra Giovanni da Fiesole in das Dominikanerkloster in Fiesole ein. 1436 übersiedelt er

mit dem Konvent nach S. Marco in Florenz, das Cosimo de' Medici dem Orden übergeben hat. 1447/48 und dann ab 1452 arbeitet er in Rom für den Vatikan und auch in Orvieto. In seinen Fresken und Tafelbildern greift er zunehmend die neuen Renaissanceformen auf.

Gentile da Fabriano (um 1370 Fabriano – 1427 Rom), eigentlich Gentile di Niccolò di Giovanni Massi, ist der führende Meister der italienischen Spätgotik. Erst ab 1408 ist er in Venedig nachweisbar. Zwischen 1414 und 1419 arbeitet er für Pandolfo Malatestas in Brescia. Dann geht er nach Florenz, wird 1421 Mitglied der Lukasgilde und 1422 der Ärzte- und Apothekerzunft. Reisen führen ihn 1425 nach Siena, Orvieto und 1427 nach Rom. Seinen eleganten Stil kennzeichnen eine reizvolle Vergoldung und Farbeffekte. Zu seinen Schülern zählen Pisanello und Domenico Veneziano.

Ghiberti, Lorenzo (1378 Florenz – 1455 Florenz) lernt in der Werkstatt seines Stiefvaters, des Goldschmieds Bartolo di Michele (Bartoluccio), und wird wahrscheinlich auch als Maler geschult. 1424/25 besucht er Venedig, 1425 – 1430 lebt er in Rom. Seine Werkstatt in Florenz, in der zahlreiche Künstler ausgebildet werden, zählt zu den bedeutendsten Bronzegießereien des Quattrocento. In seinen letzten Lebensjahren schreibt Ghiberti die »Commentarii«, die die Geschichte der italienischen Kunst sowie eine Autobiographie des universalen Künstlers enthalten.

Ghirlandaio, Domenico (1449 Florenz – 1494 Florenz), eigentlich Domenico di Tommaso Bigordi, ist neben Botticelli der führende Freskenmaler im Florenz der Frührenaissance. Nach einer Goldschmiedelehre wird er von Alesso Baldovinetti ausgebildet. Sein Stil ist von starker Plastizität und betonter Kontur geprägt. Meisterlich arrangiert er die figurenreichen Szenen in den religiösen Bildern, in denen er das Profane durch die Wiedergabe Florentiner Persönlichkeiten als Akteure biblischer Ereignisse hervorhebt und damit die Genremalerei vorausnimmt. In seiner Werkstatt wird Michelangelo ausgebildet.

Giorgione (um 1477 Castelfranco Veneto – 1510 Venedig), eigentlich Giorgio da Castelfranco, auch Giorgio Barbarelli, wird vermutlich gemeinsam mit Tizian in der Werkstatt von Gio-

Benozzo Gozzoli

vanni Bellini in Venedig ausgebildet. Carpaccio, Antonello da Messinas, Leonardo und die Niederländer beeinflussen ihn. Er verzichtet zunehmend auf Umrißlinien zugunsten farblicher Übergänge und stellt so die Erscheinung der Dinge in den Vordergrund. Seine Figuren bewegen sich frei im Raum, die Landschaft wird in ihrer atmosphärischen Wirkung gezeigt.

Gozzoli, Benozzo (1420 Florenz – 1497 Pistoia), eigentlich Benozzo di Lese, verbindet die Malweise der toskanischen und umbrischen Kunst und schafft damit einen Übergang von der Gotik zur Renaissance. Er ist um 1444 Mitarbeiter des Bildhauers Lorenzo Ghiberti in Florenz und um 1448 Fra Angelicos im Vatikan. Danach arbeitet er als selbständiger Meister in Montefalco, S. Gimignano, Florenz und Pisa. Neben Freskenzyklen führt er auch Tafelbilder aus. Charakteristisch für seine Werke sind eine lebendige Erzählweise von aufeinanderfolgenden Episoden und eine frische Farbgebung.

Leonardo da Vinci (1452 Vinci bei Empoli – 1519 Cloux bei Amboise) lernt ab etwa 1468 bei del Verrocchio, bei dem er bis 1477 arbeitet. Seit 1472 ist er Mitglied der Florentiner Malergilde. Von 1482/83 bis 1499 arbeitet er für Ludovico il Moro in Mailand, wohin er 1506 nach Aufenthalten in Mantua, Venedig und Florenz zurückkehrt. 1513 geht er nach Rom und folgt 1516 dem Ruf Franz' I. nach Frankreich. Er wirkt als Maler, Bildhauer, Architekt und Ingenieur und betreibt natur- und kunstwissenschaftliche Studien. Er verkörpert das Renaissance-Ideal des in allen Gattungen tätigen und universal gebildeten Künstlers.

Lippi, Filippino (um 1457 Prato – 1504 Florenz) ist der Sohn und Schüler des Malers Fra Filippo Lippi. Nach dem Tod des Vaters 1469 folgt eine Lehre bei Sandro Botticelli in Florenz. Neben diesem gilt Filippino Lippi als der wichtigste Florentiner Maler an der Schwelle von der Früh- zur Hochrenaissance. Seine fruchtbarste Schaffenszeit fällt in die 1490er Jahre. Er malt große Altargemälde, einzelne allegorische Darstellungen und Bildnisse, tritt aber vor allem auch als Freskomaler hervor. Die Zahl der Zeichnungen von seiner Hand ist sehr groß.

Lippi, Fra Filippo (um 1406 Florenz – 1469 Spoleto) wird 1421 in den Karmeliterorden aufgenommen und lebt bis 1432 in dem Kloster Santa Maria del Carmine in Florenz. 1431 wird er urkund-

Filippino Lippi

lich erstmals als Maler genannt. Nach Aufenthalten in Padua und Venedig wird er seit 1437 von den Medici in Florenz mit zahlreichen Aufträgen betraut. Seit 1452 ist er in Prato ansässig. Dort führt er die großen Wandfresken im Hauptchor des Doms mit Szenen aus dem Leben Johannes des Täufers und des Hl. Stephanus aus. Ab 1467 arbeitet er an den Fresken im Dom von Spoleto.

Mantegna, Andrea (1431 Isola di Carturo bei Padua – 1506 Mantua) geht 1441 in Padua bei Squarcione in die Lehre, der ihn mit der Antike vertraut macht. Entscheidend prägen ihn jedoch die Skulpturen Donatellos und Bildwerke von del Castagno und Jacopo Bellini. Seit 1448 selbständig wird er 1460 an den Hof der Gonzaga in Mantua berufen. Seine Werke zeichnen sich durch einen anatomisch stimmigen Körperbau der Figuren, eine präzise Durchzeichnung der Details wie auch durch eine virtuos konstruierte Perspektive aus. Diese Neuerungen beeinflussen besonders Gentile und Giovanni Bellini.

Marini, Marino (1901 Pistoia – 1980 Viareggio) studiert seit 1917 Malerei und Bildhauerei an der Florentiner Kunstakademie. 1929–1940 lehrt er an der Kunstschule der Villa Reale in Monza. 1940 wird er Professor für Bildhauerei an der Accademia di Brera in Mailand. Marini unternimmt wiederholt Reisen nach Paris, wo er mit avantgardistischen Künstlern wie Kandinsky, Maillol, Braque und Picasso zusammentrifft, hält sich aber auch in England, Holland, Deutschland, Griechenland und den USA auf. 1952 erhält er den Großen Preis für Plastik der Biennale in Venedig. 1962 findet die erste große Retrospektive in Zürich statt. Sein Werk umfaßt neben Porträts und Figuren vor allem Pferde und Reiter.

Martini, Simone (um 1284 Siena – 1344 Avignon), ein Hauptmeister der gotischen Malerei Sienas, steht unter anderem im Dienst seiner Heimatstadt und des Königs Robert d' Anjou in Neapel. Spätestens 1339 geht er an den päpstlichen Hof in Avignon, wo er sich mit dem Dichter und Gelehrten Francesco Petrarca anfreundet. Sein Schaffen wird von Duccio, Giotto und dem Bildhauer Giovanni Pisano sowie von den neuen Bestrebungen der französischen Kunst inspiriert. Seine von Eleganz, Empfindsamkeit und zarter Lyrik geprägte Malerei ist neben der Kunst Giottos die bedeutendste seiner Zeit.

Masaccio (1401 S. Giovanni Valdarno, Arezzo – 1428 Rom), eigentlich Tommaso di Ser Giovanni Cassai, ist einer der revolutionärsten Künstler seiner Epoche. 1422 tritt er der Florentiner Ärzte- und Apothekerzunft sowie 1424 der Lukasgilde bei. Zu dieser Zeit arbeitet er eng mit Masolino zusammen. Kurz vor seinem Tod geht er Ende 1427 nach Rom. Wesentliche Anregungen erhält Masaccio von Donatello und Filippo Brunelleschi. Als erster verbindet er die betont plastischen Figuren mit dem perspektivisch-durchgebildeten Raum. Architektur und Landschaft gibt er naturgetreu wieder.

Masolino (1383 Panicale bei Perugia – 1440 Florenz), eigentlich Tommaso di Cristofano di Fino, wird urkundlich erstmals 1423 bei seinem Eintritt in die Florentiner Gilde der »medici e speziali«, der auch die Maler angehörten, erwähnt. 1425–1427 ist er als Hofmaler in Budapest tätig. Nach seiner Rückkehr arbeitet er gemeinsam mit seinem Schüler Masaccio an den Fresken mit Szenen aus dem Leben Petri in der Brancacci Kapelle von Santa Maria del Carmine in Florenz. Seit 1428 lebt er in Rom, wo u. a. Fres-

ken in San Clemente und der zweiseitig bemalte Altar für Santa Maria Maggiore entstehen.

Michelangelo Bounarroti (1475 Caprese, Toskana – 1564 Rom), eigentlich Michelangiolo di Ludovico di Lionardo di Bounarroti Simoni, lernt nach erstem Malunterricht in Florenz bei Ghirlandaio um 1490 in der Werkstatt des Bildhauers Bertoldo di Giovanni. Im Umkreis von Lorenzo de' Medici wird er zum Studium antiker Skulpturen und der Philosophie angeregt. Während eines Romaufenthaltes von 1496 bis 1501 beschäftigt er sich mit der Bildhauerei. Wieder in Florenz, entstehen erste Gemälde. Von 1505 bis 1520 und ab 1534 ist er für den Vatikan tätig. Dort wird er 1535 zum obersten Architekten, Bildhauer und Maler ernannt. In seiner Malerei entwickelt er ganz neue Ausdrucksmöglichkeiten und schafft individuelle, geistige Gestalten mit hoher plastischer Intensität.

Michelozzo di Bartolomeo Michelozzi (1396 Florenz – 1472 Florenz) erhält seine bildhauerische Ausbildung bei Lorenzo Ghiberti, in dessen Werkstatt er 1417–1424 und 1437–1442 nachgewiesen ist. Eine Zusammenarbeit mit Donatello ist 1424–1433 bezeugt. Obwohl er bis zu seinem Lebensende als Bildhauer tätig ist, vollbringt Michelozzo, der 1446 als Nachfolger Brunelleschis zum Dombaumeister von Florenz ernannt wird, seine größten Leistungen als Architekt. Zwischen 1430 und 1455 gibt es kaum ein größeres Bauvorhaben in der Stadt, an dem er nicht zumindest mitwirkt. Zu seinen Hauptwerken zählen der Palazzo Medici, die Bibliothek von San Marco und die Kirche Santa Annunziata in Florenz.

Nanni di Banco (um 1375 Florenz – 1421 Florenz) ist der Sohn des Antonio di Banco, mit dem er gemeinsam als Bildhauer in der Dombauhütte von Florenz arbeitet. In seinen frühen Werken läßt sich Nanni noch unbeachtet von der geschwungenen Ornamentik des Internationalen Stils vom schweren Pathos antiker Skulpturen inspirieren. In seinem reifen Spätwerk strebt er nach einer starken Bewegtheit der Figuren und einem neuartigen Raumillusionismus. Seine Ausdrucksformen sind so revolutionär, daß sie ihrer Zeit weit vorausweisen.

Parmigianino (1503 Parma – 1540 Casal Maggiore), eigentlich Girolamo Francesco Maria Mazzola, ist überwiegend in Parma tätig. 1523–1527 lebt er in Rom, anschließend in Bologna. 1531 kehrt er nach Parma zurück. Die letzten Lebensjahre verbringt der jung Verstorbene in Casal Maggiore bei Parma. Parmigianino führt Tafelbilder und umfangreiche Freskoaufträge aus. Er gilt als Wegbereiter des Manierismus. Die Figuren in seinen Bildern sind durch gelängte Proportionen gekennzeichnet, das Kolorit ist changierend, teilweise grell.

Perugino, Pietro (um 1448 Città della Pieve bei Perugia – 1523 Fontignano), eigentlich Pietro di Cristoforo Vannucci, ein Hauptmeister der Umbrischen Schule, verbringt seine Lehrzeit wohl in Perugia. Seit 1472 ist er Mitglied der Malerzunft in Florenz, wo er vielleicht Schüler del Verrecchios und Piero della Francescas ist. Seine ausgewogenen und geschlossenen Kompositionen zeigen eine weiche, einheitliche Farbgebung. Er wirkt in Umbrien, Venedig und in der Toskana. Mehrfach ist er zwischen 1478 und 1492 für den Vatikan in Rom tätig. Danach arbeitet er überwiegend in Florenz. Aus seiner Werkstatt geht Raffael hervor.

Pisano, Andrea (um 1290 Pontedera – um 1349 Orvieto) kommt gegen 1330 von Pisa nach Flo-

renz, wo er mit der Arbeit am Südportal des Baptisteriums 1330 erstmals nachgewiesen ist. Nach dem Tod Giottos im Jahr 1337 übernimmt Andrea Pisano die Bauleitung am Campanile des Doms Santa Maria del Fiore in Florenz, 1340 wird er urkundlich als Dombaumeister erwähnt. 1343 – 1347 scheint er zusammen mit seinem Sohn Nino, dem er 1349 auch das Amt des »capomaestro« (Bauleiters) in Orvieto übergibt, eine Werkstatt in Pisa geführt zu haben. Vermutlich stirbt Andrea Pisano nur kurze Zeit später und wird, Giorgio Vasari zufolge, im Florentiner Dom begraben.

Raffaello Santi

Pollaiolo, Antonio del (1431 Florenz – 1498 Rom) beginnt seine künstlerische Laufbahn als Goldschmied und wendet sich um 1460 der Malerei zu. Seit 1484 ist er in Rom ansässig. Dort wird er einer der bedeutendsten Bildhauer des Quattrocento. Als Maler befaßt er sich mit der Fresko- und Tafelmalerei. Sein Stil ist durch eine starke Bewegtheit der Formen und eine klare Linienführung charakterisiert. Als einer der ersten italienischen Künstler der Frührenaissance fertigt der vielseitige Meister auch Kupferstiche an.

Pontormo (1494 Pontormo bei Empoli – 1557 Florenz), eigentlich Jacopo Carrucci, kommt 1508 nach Florenz, wo er zeit seines Lebens ansässig bleibt. Pontormo lernt nach ersten künstlerischen Kontakten mit Leonardo da Vinci und Piero di Cosimo wahrscheinlich bei Fra Bartolommeo und 1512–1513 bei Andrea del Sarto. Gegen 1520 gelangt er zu einem neuen, expressiven, über die klassische Malerei der Hochrenaissance hinausgehenden Stil. Er gilt neben Rosso Fiorentino als Hauptvertreter der ersten Phase des Manierismus.

Raffael (1483 Urbino – 1520 Rom), eigentlich Raffaello Santi, lernt zunächst bei seinem Vater, dem Maler und Dichter Giovanni Santi, und kommt gegen 1500 zu Pietro Perugino nach Perugia. 1504 geht er nach Florenz. 1508 wird er von Papst Julius II. nach Rom berufen. Hier arbeitet er seit 1509 unter anderem an den Fresken in den Stanzen des Vatikan. Nach dem Tod Bramantes wird er 1514 zum Bauleiter der Peterskirche ernannt. 1515 übernimmt er das Amt des Konservators der Altertümer Roms. Raffael ist der bedeutendste Maler der Hochrenaissance.

Peter Paul Rubens

Rembrandt Harmensz. van Rijn (1606 Leiden – 1669 Amsterdam) lernt bei Jacob van Swanenburgh in Leiden und bei Pieter Lastman in Amsterdam. Seit etwa 1625 arbeitet er in Leiden in einer Werkstattgemeinschaft mit Jan Lievens. Gegen 1631 siedelt er nach Amsterdam über, wo er bis zu seinem Lebensende ansässig ist. Rembrandt, dessen Haus und umfangreiche Kunst- und Raritätensammlung 1656 aufgrund finanzieller Schwierigkeiten verkauft werden müssen, ist der bedeutendste und vielseitigste holländische Maler und Radierer des 17. Jh.s.

Robbia, Luca della (1399/1400 Florenz – 1482 Florenz), über dessen künstlerische Herkunft nichts bekannt ist, wird urkundlich erstmals 1431 in Florenz erwähnt. Neben seiner Tätigkeit als Bildhauer entwickelt er eine Technik zur Herstellung glasierter Terrakotta-Skulpturen, in der er vor allem Tondi und Lünetten mit farbigen Reliefs ausschmückt. Luca della Robbia zählt zu den herausragenden Bildhauern des Quattrocento und gehört neben Lorenzo Ghiberti und Donatello zu den Begründern der Florentiner Frührenaissance.

Rubens, Peter Paul (1577 Siegen – 1640 Antwerpen) lernt bei Tobias Verhaecht, Adam van Noort und Otto van Veen in Antwerpen. 1598 wird er als Meister in die Lukasgilde der Stadt aufgenommen. 1600–1608 hält er sich als Hofmaler von Vicenzo Gonzaga II., dem Herzog von Mantua, in Italien auf. Anschließend läßt er sich in Antwerpen nieder. 1609 wird er in Brüssel Hofmaler des Erzherzogspaares Albrecht und Isabella, seinen Wohnsitz behält er jedoch in Antwerpen. Rubens ist der bedeutendste flämische Maler des Barock.

Tintoretto (1518 Venedig – 1594 Venedig), eigentlich Jacopo Robusti, verbringt – abgesehen von einer mutmaßlichen Reise nach Rom in den Jahren 1547/1548 – sein gesamtes Leben in Venedig, wo er bereits 1539 als Meister arbeitet. Seine frühen Werke sind durch die römische Renaissancemalerei beeinflußt. Seit etwa 1560 wird die Lichtführung als Ausdrucksmittel in seinen Bildern immer bedeutender. Tintoretto ist der Hauptvertreter des venezianischen Manierismus. Neben Tizian und Veronese zählt er zu den drei großen Malern Venedigs im Cinquecento.

Tizian (1488/1490 Pieve di Cadore – 1576 Venedig), eigentlich Tiziano Vecellio, wird vermutlich bei Giovanni Bellini in Venedig ausgebildet. Er arbeitet seit 1515 für die einflußreichsten Auftraggeber der Zeit, zu denen die d' Este, Gonzaga, Farnese und Rovere ebenso zählen wie König Franz I. von Frankreich. 1533 wird er Hofmaler Kaiser Karls V. und erhält den Orden vom Goldenen Vlies. 1545 ist er für Papst Paul III. in Rom tätig. In seiner Spätzeit steht Tizian fast ausschließlich in den Diensten Philipps II. Er gilt als der größte venezianische Maler des Cinquecento.

Vasari, Giorgio (1511 Arezzo – 1574 Florenz) kommt mit 13 Jahren nach Florenz, wo er eine vielseitige humanistische Ausbildung erfährt. Seit 1531 lebt er wechselseitig in Rom und Florenz. Auf vielen Reisen durch Italien studiert er die Kunst von der Antike bis in die Gegenwart. Als Maler ist er dem Manierismus verpflichtet und führt Fresken sowie Tafelgemälde aus. Zu den wichtigsten Projekten des Baumeisters Vasari zählen die Uffizien in Florenz. Seinen außerordentlichen Ruf verdankt er jedoch seinen »Lebensbeschreibungen der ausgezeichnetsten Maler, Bildhauer und Architekten« (1550/1568), dem bedeutendsten Quellenwerk der italienischen Kunstgeschichtsschreibung.

Tiziano Vecellio

Veronese, Paolo (1528 Verona – 1588 Venedig), eigentlich Paolo Caliari, kommt 1553 nach Venedig, wo er, abgesehen von einem Aufenthalt in Rom 1560/61, bis zu seinem Lebensende ansässig ist. Seit 1553 arbeitet er für den Dogenpalast, seit 1555 an der Ausstattung von San Sebastiano, seinem wichtigsten Werk. Das Œuvre des vielseitigen Künstlers, der neben Tintoretto als der bedeutendste venezianische Maler der Spätrenaissance gilt, besteht aus Deckenfresken, Altartafeln, mythologischen Historien und Porträts.

Verrocchio, Andrea del (1436 Florenz – 1488 Venedig), eigentlich Andrea de' Cioni, wird nach dem Tod Donatellos der Hauptmeister der Florentiner Bildhauerei. In Florenz fertigt er überwiegend kleinformatige Skulpturen und Bauplastiken an. 1486 geht Verrocchio nach Venedig. Dort entsteht das anspruchsvolle Reiterstandbild des Condottiere Bartolomeo Colleoni, aufgestellt auf der Piazza vor der Kirche Santi Giovanni e Paolo. Als Maler kann ihm zweifelsfrei lediglich die in Zusammenarbeit mit seinem Schüler Leonardo da Vinci entstandene Taufe Christi (um 1470/80) in den Uffizien zugeschrieben werden.

Literaturhinweise

Alberti, Leon Battista: Kleinere kunsttheoretische Schriften (hrsg. von H. Janitschek, Wien 1877); Osnabrück 1970

Baron, Hans: Bürgersinn und Humanismus im Florenz der Renaissance; Berlin 1992

Burke, Peter: Die Renaissance in Italien. Sozialgeschichte einer Kultur zwischen Tradition und Erfindung; Berlin 1984

Baxandall, Michael: Die Wirklichkeit der Bilder. Malerei und Erfahrung im Italien des 15. Jahrhunderts; Frankfurt a. M. 1987

Berti, Luciano: Die Uffizien; Florenz 1979

Berti, Luciano: Florenz – Die Stadt und ihre Kunst; Florenz 1979

Beuys, Barbara: Florenz. Stadtwelt – Weltstadt; Hamburg 1992

Beyer, Andreas (Hrsg.): Florenz. Lesarten einer Stadt; Frankfurt a. M. 1983

Braunfels, Wolfgang: Der Dom von Florenz, Freiburg/Lausanne 1964

Breidecker, Volker: Florenz oder: Die Rede, die zum Auge spricht. Kunst, Fest und Macht im Ambiente der Stadt; München 1990

Brucker, Gene Adam: Florenz. Stadtstaat, Kulturzentrum Witrschaftsmacht; (1860) München 1984

Burckhardt, Jacob: Die Kultur der Renaissance in Italien; München 1988

Burckhardt: Cicerone. Eine Anleitung zum Genuß der Kunstwerke; (1855) Stuttgart 1964

Chastel, Andrè: Die Kunst Italiens (2 Bde.); München 1978

Cleugh, James: Die Medici; München 1977

Davidsohn, Robort: Dic Geschichte von Florenz (4 Bde.); Berlin 1896–1927

Fossi, Gloria: Florenz – Blühende Metropole der Toskana. Ein Begleiter durch Geschichte, Kunst und Kultur; München 1987

Freedberg, S. J.: Painting in Italy 1500–1600; Harmondsworth 1983

Gärtner, Peter J. Filippo Brunelleschi; Köln 1998

Grömling Alexandra und **Lingesleben**, Tilman: Sandro Botticelli; Köln 1998

Grote, Andreas: Florenz. Gestalt und Geschichte eines Gemeinwesens; München 1980

Heilmann, My: Florenz und die Medici. Ein Begleiter durch das Florenz der Renaissance; Köln 1979

Heydenreich; Ludwig H.: Italienische Renaissance. Anfänge und Entfaltung in der Zeit von 1400 – 60; München 1972

Italienische Malerei, Die Meisterwerke vom 14. bis zum 20. Jahrhundert; Köln 1998

Jäger, Michael: Die Theorie des Schönen in der Renaissance; Köln 1990

Krämer, Thomas: Florenz und die Geburt der Individualität; Stuttgart 1992

Lill, Rudolf: Geschichte Italiens vom 16. Jahrhundert bis zu den Anfängen des Faschismus; Darmstadt 1980

McCarthy, Mary: Florenz; Köln 1983

Paatz, Walter und Elisabeth: Die Kirchen von Florenz (4 Bde.); Frankfurt a. M. 1940 – 53

Paatz, Walter: Die Kunst der Renaissance in Italien; Stuttgart 1953

Panofsky, Erwin: Die Renaissancen der europäischen Kunst; (dt.) Frankfurt a. M. 1979

Piper, Ernst: Savonarola. Umtriebe eines Politikers und Puritaners im Florenz der Medici; Berlin 1979

Pope-Hennessy, John: Italian Gothic Sculpture, London

Pope-Hennessy, John: Italian Renaissance Sculpture; London 1955

Quermann, Andreas: Domenico Ghirlandaio; Köln 1998

Raith, Werner: Florenz vor der Renaissance. Der Weg einer Stadt aus dem Mittelalter; Frankfurt a. M. 1979

Reinhardt, Volker: Florenz zur Zeit der Renaissance; Würzburg 1990

Toman, Rolf (Hrsg.): Die Kunst der italienischen Renaissance. Architektur, Skulptur, Malerei, Zeichnung; Köln 1994

Vasari, Giorgio: Le vite de' più eccelenti architetti, pittori e scultori italiani (1550 und 1568); hrsg. von R. Bettarini und P. Barocchi, Florenz 1971

Vasari, Giorgio: Leben der ausgezeichnetsten Maler, Bildhauer und Baumeister, von Cimabue bis zum Jahre 1567, dt. Ausgabe von Ludwig Schorn und Ernst Förster, Stuttgart und Tübingen, 1837, neu herausgegeben und eingeleitet von Julian Kliemann, Worms 1988

Wirtz, Rolf C.: Donatello; Köln 1998

Wittkower, Rudolf: Grundlagen der Architektur im Zeitalter des Humanismus; München 1969

Nachfolgende Doppelseite: Stammbaum der Familie Medici dei Cafaggiolo, Biblioteca Riccardiana, Florenz

M GIVENCHO MILES
M IACHOPO MILES
CHONTE
MICHELE
FRANCHO
SIMONE
IACHOPO
DOMENICO
FRANCESCO
LUCHA
AVERARDO
IACHOPO
CHONTE
IACHOPO
PIERO
TOMASO
ANTONIO
GIOVANI
GIOVENCHO
ANTONIO
IACHOPO
FULIGNIO
GIULIANO
LORENZO
GIOVANI
TOLOSINO
FRANCESCO
M MILES
TOMASO
ANTONIO
FRANCESCO
GIOVENCHO
BERNARDO
NICCOLO
LAZERO
MARCHO
GIULIANO
FRANCHO
GUIDO
BERNARDO
BERNARDO
LORENZO
PIERO
ANTONIO
IACHOPO
GIOVANI
TOMASO
AVERARDO
PANDOLFO
AVERARDO
GUIDO
IULIO
ANTONIO
M AVERARDO
ZANOBI
BERNARDO
LORENZO
M AVERARDO
GIOVANI
GULIANO
MARTESTA
RAFAELLO
FRANCIESCO
FRANCHO
GOVENCHO
GULIANO
GULIANO
LORENZO

TALENTO
FRANCHO
CHARISSIMO
GOVENCHO
MARIO
BARTOLOMEO
IACHOPO
IACHOPO
MALAESTA
TALENTO
MATEO
TOMASO
TALENTO
MARIO
PAGHOLO
TALENTO
FRANCHO
TALENTO
BARTOLOMEO
LORENZO
GIOVANNI
MICHELE
AVERARDO
MEO
MAEO
GIOVANNI
M. PIERO
M. PIERO
LORENZO
GIOVANNI
P. FRANCHO
GIOVANNI
CHOSIMO
LORENZO
S. GIOVANNI
P. FRANCHO
CHOSIMO
LORENZO
S. ALEXANDRO
S. IPOLITO

…-Hochwasser, 1333

Hungersnot und Große Pest, 1348

Aufstand der Wollkämmer, 1378

Florenz unterwirft Pisa, 1406

Verbannung der Medici, 1433

Verbannung des … de' Medic…

1350 1375 1400

Simone Martini: Verkündigung, um 1333

Nardo di Cione: Freskenzyklus der Cappella Strozzi, um 1357

Andrea Bonaiuti: Fresken in der Cappellone degli Spagnoli, 1365

Gentile da Fabriano: Anbetung der Könige, 1423

Masaccio und Masolino: Freskenzyklus der Cappella Brancacci, begonnen 1424

Masac… Trinität, um 1…

…panile, 1334

Neubau der Ponte Vecchio, 1345

Loggia dei Lanzi, begonnen 1374

Alte Sakristei von San Lorenzo, 1419–1428

Ospedale degli Innocenti, 1419–1445

Wettbewerb zur Ausführung der zweiten Baptisteriumstüren, 1401–1402

Lorenzo Ghiberti: Johannes d. T., um 1414

Giovanni Boccaccio: Il Decamerone, 1348–1353

Francesco Petrarca: Il Canzoniere, 1366

Cennino Cennini: Trattato della pittura, um 1400

Leone Battista Alberti: De pictura, 1436

Geschichte

Bildung des primo popolo, 1250

Einführung des Goldflorin, 1252

Sieg der Ghibellinen bei Montaperti und Vertreibung der Guelfen, 1260

Rückkehr der Ghibellinen, 1280

Einsetzung einer neuen Verfassung unter Vorherrschaft der Oberen Zünfte, 1282

Abschaffung der Leibeigenschaft, 1289

Einsetzung einer neuen Verfassung (Ordinamenti della giustizia) unter Beteiligung der niederen Zünfte (arti minori) 1293

Erneute Verbannung der Ghibellinen, 1302

1250 | 1275 | 1300

Malerei

Coppo da Marcovaldo: Madonna del Carmine, um 1250–1260

Cimabue: Kruzifix, um 1290

Giotto di Bondone: Maesta, um 1310

Giotto di Bondone: Freskenzyklus in Santa Croce, 1320

Architektur

Duomo Santa Maria del Fiore, begonnen 1296

Santa Croce, begonnen 1294

Palazzo Vecchio, begonnen 1299

Skulptur

Arnolfo di Cambio: Hl. Reparata, nach 1296

Andrea Pisano: Südportal des Baptisteriums, 1300–1336

Literatur und Kultur

Dante Alighieri: Divina Commedia, 1311–1321

LVCCA
FIORENZA
SIENA
LIVORNO
GORGONA
CAPRAIA
MARE
TYRRHENV
ETRVRIA
CAELI TEMPERIE
AGRORVM CVLTV
VRBIVM ET OPPIDORVM
CELEBRITATE
VILLAR·ET SVBSTRVCTIONVM
FREQVENTIA
FLVMINVM AC FONTIVM
COMMODITATE
PISCOSIS LACVBVS
SALVBRIB·AQVAR·REMEDIIS
MERCATVRAE VSV
MILITVM ROBORE
LIBERAL·ARTIVM STVDIIS
INGENIORVM PRAESTANTIA
INCOLARVM DENIQVE
IN PONTIFICES ROMANOS
OBSERVANTIA
ET PIETATE ERGA D·O·M·
INSIGNIS
SIENA
FIORENZA

VMBRIAE PARS
Borgo S. Sepolcro
AREZZO
PERVSIA
TODI
SPOLETV
Interamna
Narnia
Bolsena
Lago di Bolsena
Aquapendente
Proceno
TIBERIS F.
Nar F.
CORTONA
ORBETELLO
P. S. Stefano

Geschichte

Florenz wird Hauptstadt des Großherzogtums Toskana, 1569

Cosimo de' Medici wird Großherzog der Toskana (1570)

Alessandro de' Medici wird Herzog von Florenz (1531–1537)

Giambologna: Reiterstandbild Cosimo I., 1594

25 | 1550 | 1575 | **1600**

Malerei

Tizian: Venus von Urbino, 1538

Parmigianino: Madonna mit dem langen Hals, 1534–1540

Architektur

Palazzo Pitti, begonnen 1557

Uffizien, begonnen 1559

Errichtung des Corridoio Vasariano, 1565

Skulptur

Benvenuto Cellini: Perseus mit dem Haupte der Medusa, 1545–1554

Bartolomeo Ammanati: Neptunbrunnen, 1560–1575

Giambologna: Raub der Sabinerin, 1581–1583

Literatur und Kultur

Benvenuto Cellini: Autobiografia, 1558–1566

ccolo Machiavelli: Principe, 1513

Giorgio Vasari: Le Vite, Erstausgabe 1550

r der
, 1434

ionskonzil in
orenz, 1439)

ngszeit Cosimo
edici, 1434–1464

Verschwörung der
Pazzi, 1478

Regierungszeit
Lorenzos de' Medici,
1469–1492

Belagerung der Stadt durch das
franz. Heer Karls VIII., 1494

Vertreibung der
Medici, 1494

Verbrennung
des Girolamo
Savonarola, 1498

Regierungszeit des Gonfaloniere
Piero Soderini, 1502–1512

Rückkehr der Medici,
1512

1450 | 1475 | 1500

Fra Angelico: Fresken im
Dormitorium von San
Marco, nach 1440

Paolo Uccello:
Schlacht von San
Romano, um 1456

Benozzo Gozzoli: Cappella
dei Magi, 1459–1461

Leonardo da Vinci:
Anbetung der Könige,
um 1481

Sandro Botticelli:
Geburt der Venus,
um 1485

Domenico Ghirlandaio:
Freskenzyklus der
Cappella Tornabuoni,
nach 1485

Andrea del Sarto:
Fresken im Chiostro
dello Scalzo, 1510–1526

ndung der
uppel, 1436

Palazzo Medici-Riccardi,
begonnen 1444

Palazzo Rucellai,
um 1450

Neugestaltung der
Fassade von Santa
Maria Novella, 1458

Palazzo Strozzi,
begonnen 1489

Nanni di Banco:
Giebelrelief der
Porta della Man-
dorla, um 1421

Lorenzo Ghiberti:
Paradiespforte,
1425–1452

Donatello:
Judith und Holofernes,
um 1455

Andrea del Verrocchio:
Der Ungläubige Thomas
(1467–1483)

Michelangelo Buonarroti:
David, 1501–1504

Tod des Humanisten
Leonardo Bruni, 1444

Gründung der »Platonischen
Akademie« durch Cosimo
de' Medici, 1459

Lorenzo Ghiberti:
Commentarii, um 1450

Marsilio Ficino: Vita
Platonis, 1477

Leone Battista Alberti: De re aedi-
ficatoria, 1452; erschienen 1485

Pico della Mirandola: De
hominis dignitate, 1486

Angelo Poliziano:
Favola d' Orfeo, 1494

Florentiner Bauformen

Sakralbauten

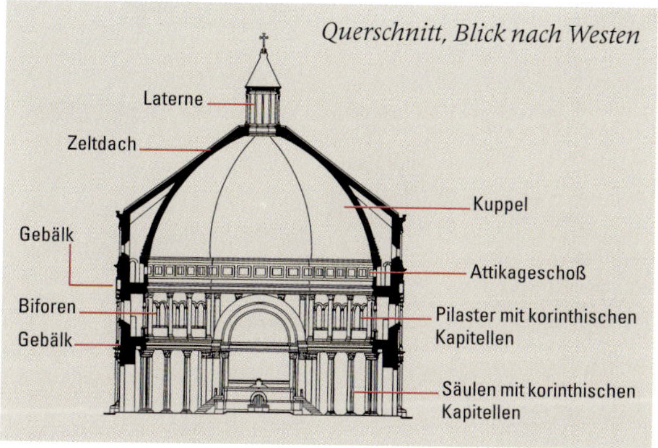

Battisterio San Giovanni

Nebenstehende Querschnitt-Zeichnung läßt die doppelschalige Konstruktion der Taufkirche erkennen. Die strukturell-einheitliche Anlage wurde am Außenbau durch eine reiche Wandgliederung umfangen, die neben Blendarkaden, korinthischen Halbsäulen und Pilastern weitere Einzelmotive antiker Vorbilder zu einem harmonischen Ganzen verbindet.

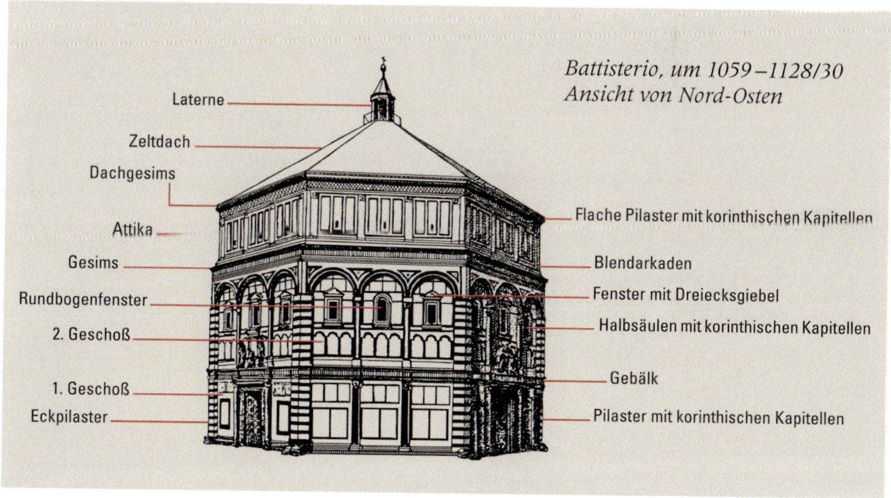

Duomo Santa Maria del Fiore

Das Langhaus ist nach dem Vorbild der französischen Kathedralgotik mit vierteiligen Kreuzrippengewölben im Travéesystem – die Seitenschiffjoche entsprechen der halben Breite des Mittelschiffs – gewölbt. Den entscheidenden baulichen Akzent setzt die zweischalig konstruierte, auf einem breiten Tambour ruhende Kuppel. Über dem achteckigen Grundriß schließen sich drei gleichförmige seitliche Konchen an, die den Chorbereich beinahe im Sinne eines eigenständigen Zentralbaus zusammenfassen.

Duomo Santa Maria del Fiore, 1296 – um 1430, Ansicht

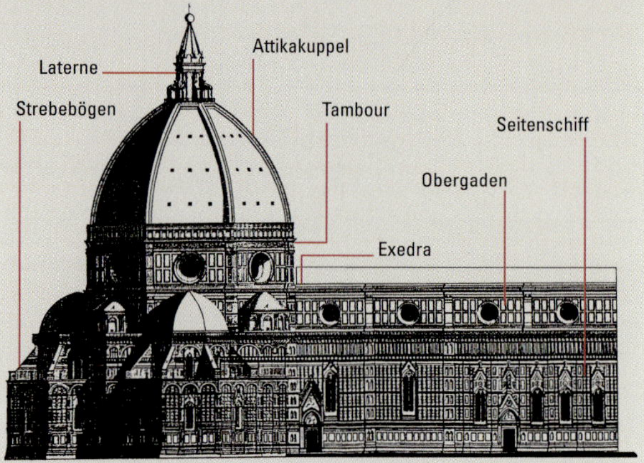

Längsschnitt

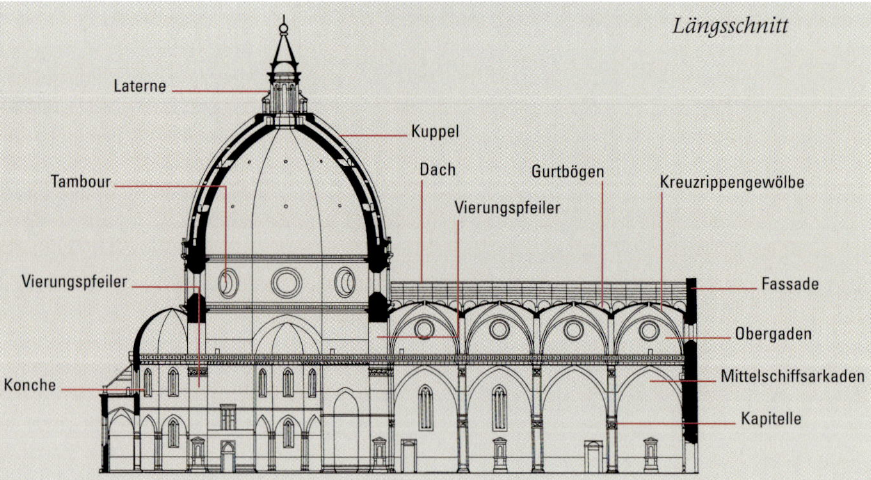

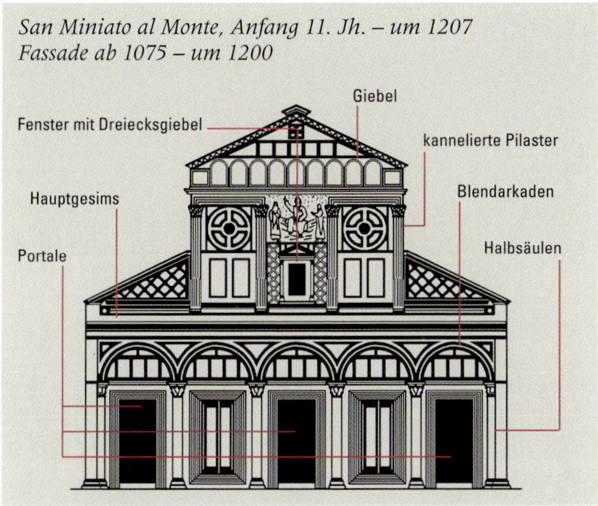

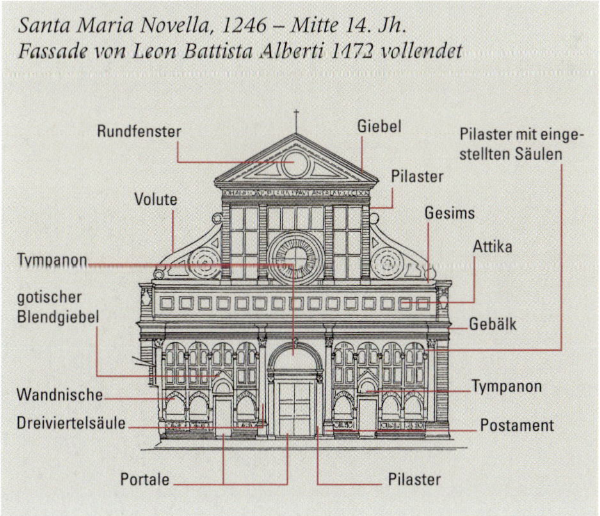

Fassaden

San Miniato al Monte und Santa Maria Novella

Der Rückgriff auf antikes Formenvokabular beherrscht die Fassadengestaltung von San Miniato al Monte. Eine gleichmäßige, auf Halbsäulen ruhende Abfolge von Blendarkaden gliedert den unteren Abschnitt. Oberhalb des Hauptgesimses bestimmen die geometrischen Grundformen Kreis, Quadrat und Dreieck sowohl den architektonischen Aufbau als auch die Muster der Inkrustation. Ungeachtet der romanischen Entstehungszeit wird San Miniato folgerichtig als Bau der Protorenaissance bezeichnet. Noch Alberti sollte bei seiner Umgestaltung der Fassade von Santa Maria Novella im 15. Jh. Anregungen von diesem bedeutenden Vorgängerbau herleiten. Bei Alberti treffen wir auf eine vergleichbare Betonung der Mittelachse und einen ähnlich breiten horizontalen Abschluß des unteren Geschosses. Die Balance der vertikalen und horizontalen Gliederung beruht hier nicht zuletzt auf genauem mathematisch-geometrischem Kalkül.

Palazzo Vecchio

Bei der Errichtung des Florentiner Stadtpalastes wurde ein älterer Geschlechterturm als Zeichen städtischer Macht und Herrschaft in den Baukörper einbezogen. Das wuchtige Rustikamauerwerk, die im unteren Geschoß kleineren Fenster, der Zinnenkranz und ein vorkragender Wehrgang unterstreichen den wehrhaften Charakter des Bauwerks.
Zahlreiche Bauherren späterer Zeit griffen bei der Errichtung privater Familienpaläste bewußt auf das Vorbild dieses bedeutenden, Selbstverständnis und Souveränität der Kommune repräsentierenden Bauwerks zurück. Die Dreigeschossigkeit, die Rustika, das kräftig ausgebildete Kranzgesims sowie Form und auch die Verteilung der Fenster zählten zu den variantenreich ausgeführten Zitaten, mittels derer sie ihrer Loyalität gegenüber der Stadt augenfällig Ausdruck verliehen.

Palazzo Vecchio, Arnolfo di Cambio, 1299–1314

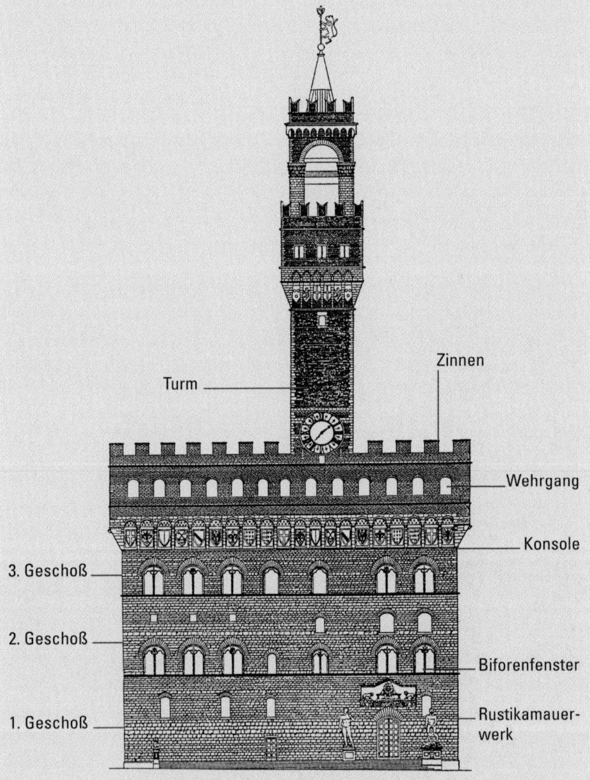

Säulenordnungen

Die Säule zählte schon in der Antike zu den wesentlichen architektonischen Bestandteilen der Tempelbaukunst. Je nach Gestaltung von Basis (Fuß), Schaft (Körper), Kapitell (Kopf) und Kämpferzone (Gebälkaufsatz über dem Kapitell) unterscheidet man drei klassische Säulenordnungen – dorisch, ionisch und korinthisch –, aus denen sich weitere Nebenformen herleiten.

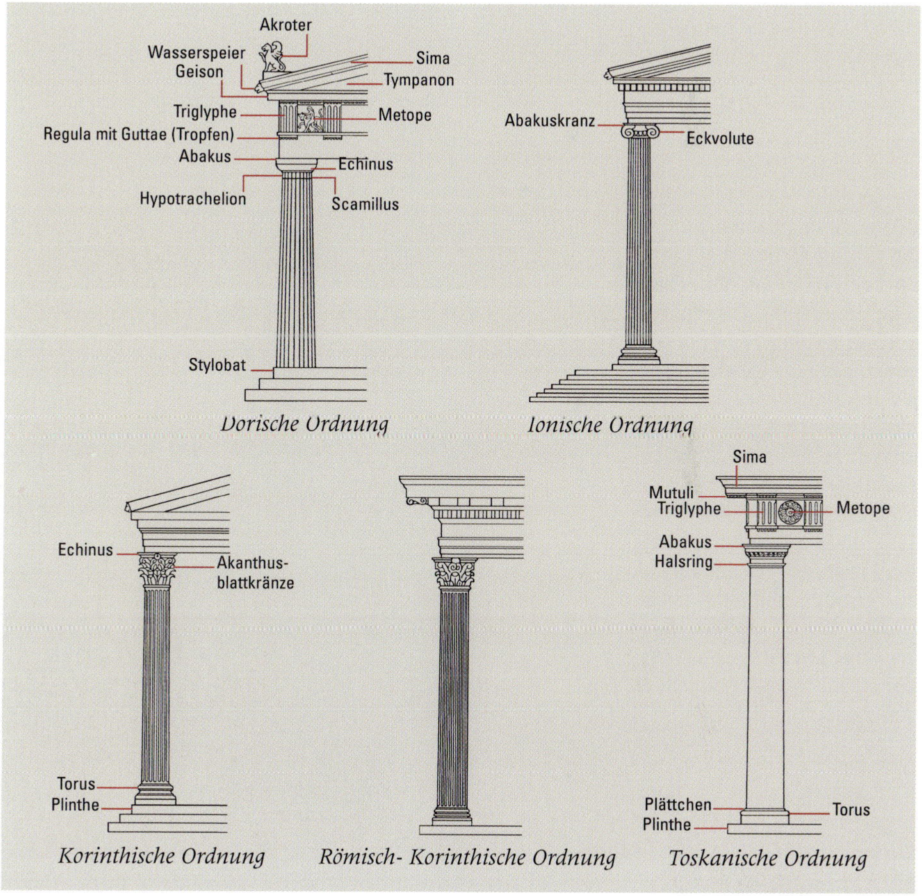

Profanbauten

Palazzo Rucellai

Albertis Fassade des Palazzo Rucellai – ausgeführt durch B. Rossellino – vereint typische Merkmale der Florentiner Palastarchitektur mit Motiven römisch-antiker Baukunst. Die sorgfältig bearbeiteten Rustikaquader sind in ein Gliederungssystem eingebunden, das im wesentlichen durch die vertikale Pilasterordnung rhythmisiert wird, während in horizontaler Richtung ein jeweils vollständig ausgebildetes Gebälk die Geschosse voneinander abgrenzt. In Anspielung auf das Koloseum in Rom treffen wir unten auf eine dorische, darüber auf eine ionische und oben auf eine korinthische Säulenordnung. Wie bei anderen Renaissancepalästen der Stadt befindet sich unten eine Sokkelbank. Ein auf Konsolen ruhendes Kranzgesims schließt den Bau nach oben hin ab. In der strengen Systematik mit der Alberti die Wandgliederung einer geometrisch geordneten Binnenstruktur unterwarf, unterscheidet sich sein Entwurf von allen zuvor errichteten Wohnpalästen in Florenz.

Palazzo Rucellai, Ansicht

Palazzo Rucellai, Fassadengliederung

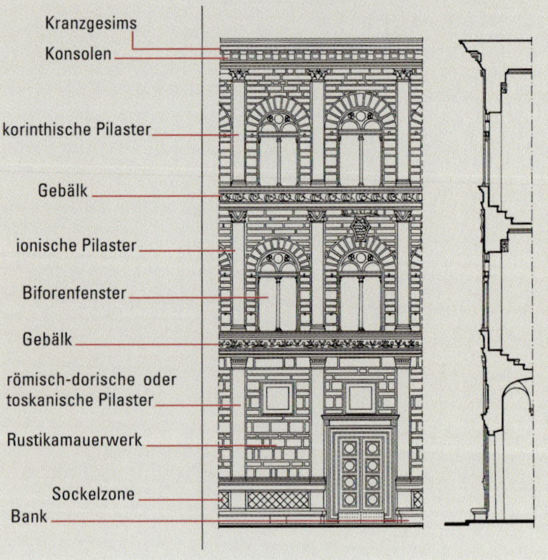

Palazzo Medici-Riccardi

Trotz späterer baulicher Veränderungen und Erweitungen der ursprünglichen Anlage, darf Michelozzos Palazzo Medici-Riccardi als herausragendes Beispiel einer wohlgeordneten florentinischen Palastanlage gelten. Der Grundriß ist, wie für die großen Florentiner Paläste üblich, um einen zentralen Innenhof angelegt, der für Licht und Luft in den Räumen sorgt. Am Außenbau ist nicht nur die Höhe der drei, durch umlaufende Gesimse voneinander getrennten Geschosse, sondern auch die plastische Ausprägung des rustizierten Mauerwerks von unten nach oben hin verringert. Daß der Architekt Michelozzo zudem auf seine präzisen Kenntnisse der Baukunst des Altertums zurückgriff, zeigt sich nicht zuletzt in dem nach klassischen Vorbildern gestalteten Gebälk.

Fenster

Neben dem praktischen Zweck der Belüftung und Belichtung von Innenräumen erfüllen Fenster in der Baukunst eine wichtige ästhetische Funktion und zählen zu den variantenreichsten architektonischen Gestaltungsformen.
Rechteckige Fensteröffnungen wurden schon während der Renaissance häufig von seitlichen Pilastern (Wandpfeilern) oder Säulen flankiert, auf denen der Fenstersturz ruht und von einem Segment- oder Dreiecksgiebel überfangen ist.
An Palastbauten wurden rundbogig geschlossene Fenster oftmals durch vielgestaltig abgestufte Rustikaquader umfaßt.
Das Maßwerkfenster entstand zu Beginn des 13. Jahrhunderts, weil die großen Öffnungen gotischer Fenster aus statischen Gründen unterteilt werden mußten. Die wichtigste Grundform des Maßwerks ist der Paß.

Palazzo Medici-Riccardi, Michelozzo, um 1440/45 – um 1460

Fenster mit Segmentgiebel über Pilastern

Fenster mit Dreiecksgiebel über Säulen

Rundbogenfenster mit rustizierten Quadern

Rundbogenfenster

Biforenfenster

Maßwerkfenster

Register

Bild- und Kartennachweise

Die überwiegende Anzahl der Abbildungen stammt von SCALA Istituto Fotografico Editoriale in Florenz. Darüber hinaus dankt der Verlag den Museen, Sammlern, Archiven und Fotografen für die erteilten Reproduktionsgenehmigungen und die freundliche Unterstützung bei der Realisierung dieses Buches.

Archiv für Kunst und Geschichte, Berlin (66, 430 oben); Artothek, Peissenberg – Foto: Hans Hinz (391); © Biblioteca Nazionale Centrale, Firenze (348), mit freundlicher Genehmigung des Ministero per i Beni e le Attività Culturali (322); Bildarchiv Preußischer Kulturbesitz, Berlin (392); Astrid Fischer-Leitl, München (19, 27, 207, 285, 387, 441); Fratelli Alinari, Firenze (300); Achim Gaasterland, Köln (436); Robert Jahnke, Boslar (22/23, 24/25, 60, 69 rechts, 85, 95 unten, 196/197, 198, 232/233, 235, 266/267, 306, 312 oben, 340, 341 342, 358 links, 396, 398, 399 oben, 406 oben, 418/418, 430 unten, 432/433, 434 links, 476, 477, 484, 516); Rolli Arts, Essen (33, 36, 41, 58/59, 86/87, 129, 200/201, 205, 211, 217, 242/243, 276/277, 281, 314/315, 326/327, 344/345, 372/373, 424/425, 448/449, 466/467, 480/481, 489, 502, 503, 504, 508, 513, 515, 517, 518, 548 – 555); Kunsthistorisches Institut der Universität Berlin, Berlin (173); Nicolò Orsi Battaglini, Firenze (254, 255, 258/259, 358 rechts, 363, 404, 445, 447); RMN, Paris (21); Fulvio Zanetti/Laif, Köln (29).